U0628421

郑欣淼文集

鲁迅与宗教文化

郑欣淼 著

北京出版集团
北京出版社

图书在版编目（CIP）数据

鲁迅与宗教文化 / 郑欣淼著. — 北京：北京出版
社，2023.8
（郑欣淼文集）
ISBN 978 - 7 - 200 - 18302 - 3

Ⅰ．①鲁… Ⅱ．①郑… Ⅲ．①鲁迅（1881 - 1936）—
宗教文化—思想评论 Ⅳ．①B920

中国国家版本馆 CIP 数据核字（2023）第 191604 号

郑欣淼文集
鲁迅与宗教文化
LUXUN YU ZONGJIAO WENHUA

郑欣淼　著

*
北　京　出　版　集　团
北　京　出　版　社　出版
（北京北三环中路 6 号）
邮政编码：100120
网　　　址：www．bph．com．cn
北 京 出 版 集 团 总 发 行
新 华 书 店 经 销
北京雅昌艺术印刷有限公司印刷
*
170 毫米×240 毫米　16 开本　25.75 印张　330 千字
2023 年 8 月第 1 版　2023 年 8 月第 1 次印刷
ISBN 978 - 7 - 200 - 18302 - 3
定价：155.00 元
如有印装质量问题，由本社负责调换
质量监督电话：010 - 58572393
责任编辑电话：010 - 58572383

CONTENTS

第一章 鲁迅宗教观概述/1

第一节 鲁迅论宗教起源/1

一、自然观上的彻底唯物主义/1

二、宗教的产生：需要、信仰、对"无限""绝对"的

探究/3

三、宗教是为解释"威权"制造的一种根据/9

四、宗教不等于迷信/11

第二节 鲁迅宗教观的变化/12

一、宗教作用的复杂性及其正面价值/12

二、宗教观前后期的变化/16

第三节 宗教与文化/20

一、宗教是一种文化现象/20

二、在中国一个月出几本关于宗教学的书也不算多/25

第四节 宗教与艺术/26

一、宗教与原始艺术/27

二、宗教与神话/28

　　　　三、宗教与诗歌、小说/32

　　第五节　宗教与科学/33

　　　　一、宗教批判与旧风俗习惯改革/33

　　　　二、把和尚、道士等的宝座让位给科学家/36

第二章　鲁迅与佛教/40

　　第一节　鲁迅与佛教的因缘/40

　　　　一、绍兴浓厚的神佛环境/40

　　　　二、近代佛学复兴的背景/44

　　第二节　章太炎对鲁迅的影响/48

　　　　一、"用宗教发起信心，增进国民的道德"/48

　　　　二、佛教与改造国民性/57

　　第三节　鲁迅对佛经的研究/61

　　　　一、搜求、研读佛经——注重唯识宗和华严宗/61

　　　　二、抄录、校勘、刻印佛经/64

　　　　三、鲁迅身边的佛教研究氛围/68

　　　　四、对于佛经只当作人类思想发达的史料看/71

　　第四节　鲁迅对佛教造像、碑帖、题记的研究/73

　　　　一、《六朝造像目录》/73

　　　　二、造像题记的研究/77

　　　　三、佛教艺术造诣/83

　　第五节　鲁迅的佛学造诣/85

　　　　一、佛教教理的实质/85

　　　　二、佛教史的研究与见解/93

　　　　三、佛经翻译史的研究/98

　　　　四、为学佛者指津解惑/102

　　第六节　佛教对中国古代文学、艺术、哲学的影响/105

　　　　一、"汉唐气魄"与佛陀东来/105

二、天竺寓言之富，如大林深泉/108

三、六朝志怪的发达与印度思想的输入/111

四、释氏辅教之书/114

五、因果报应与"大团圆"及"瞒和骗"的文艺/117

第七节　佛教对中国绘画、民俗和儒家思想的影响/122

一、中国绘画六朝以来就大受印度美术影响/122

二、佛教信仰民俗/130

三、舍身求法的和尚与中国的脊梁/132

四、宋儒窃取禅师语录/135

第八节　鲁迅佛学知识的运用/136

一、佛教语言、典故的活用/136

二、求神拜佛只能更长久地麻醉自己/144

三、荡涤"北朝式道德"/146

第三章　鲁迅与道教/149

第一节　道教起源于巫/149

一、"巫的思想"在中国还很盛/149

二、方士的最高理想是仙道/154

第二节　道家思想/161

一、道家思想与道教/161

二、道家思想与老子/162

三、道家思想与庄子/171

第三节　得道成仙，长生不老/177

一、中国人往往憎和尚、尼姑、耶教徒，而不憎道士/177

二、"一人得道，鸡犬升天"/180

三、服饵与房中术/181

第四节　对道教法术的解剖/190

一、符箓："鬼画符"/190

二、从《太平歌诀》看市民"厚重的麻木"/192

三、乌烟瘴气的扶乩/195

四、幻想以迷信改变运命的禳解/197

五、张天师作法降雨而西湖水已干/198

第五节　从对神灵的态度看中国人欺软怕硬的
性格弱点/200

第六节　道教对中国文学艺术的影响/210

一、先秦诸子文辞之美富者，实惟道家/211

二、六朝志怪与神仙方术/213

三、唐传奇的道教色彩/216

四、宋志怪"仍多变怪谶应之谈"/218

五、《封神榜》根柢"则方士之见而已"/219

六、《金瓶梅》多叙床第之事与明代"颓风渐及士流"的
社会风尚/221

七、祥林嫂的绝望与道教鬼神惩戒观念/222

第七节　道教阻碍历史发展的消极因素/226

一、"现在的屠杀者"："做了人类想成仙，生在地上
要上天"/226

二、隐士历来是一个美名/231

第四章　鲁迅论"三教合流"/235

第一节　三教合流：中国思想史、文化史上的重要现象/235

一、孔子死后总是当着"敲门砖"的差使/235

二、两汉经学的谶纬化及其严重的神学趋向/237

三、汉以后言论机关被业儒的垄断，宋元以来尤其厉害/240

四、儒教在中国封建社会起到宗教的某些作用，但又
不同于一般意义上的宗教/241

第二节　鲁迅对儒教的批判/243

一、集中攻击孔子是中国近现代革命斗争任务的要求/243

二、鲁迅批孔坚持实事求是的态度/245

三、鲁迅对封建礼教的批判/246

四、对于孝道的批判/248

五、对于祖先崇拜的批判/251

六、对于封建节烈观的批判/253

七、对于尊孔读经论的批判/256

八、对于儒医的批判/258

第三节　儒释道三教合流/261

一、汉代显露三教合一的端倪/262

二、魏晋玄学：道表儒里/263

三、在中国，宗教战争是向来没有的/266

四、封建统治者推行三教并用的政策/267

五、"三教辩论"变成大家打诨/270

六、理学先生谈禅、和尚作诗：三教同源机运的成熟/272

第四节　三教同源与中国国民性的弱点/275

一、中西宗教观的差别/275

二、自晋以来，集儒释道为一身的封建士大夫历朝都有/281

三、戴季陶："做戏的虚无党"的典型/283

四、中国古典文学中的三教合流/288

五、鲁四老爷房中陈抟的"寿"字和《四书衬》/292

六、三教合流与中国人的鬼神观/292

第五章　鲁迅与基督教/294

第一节　基督教与西方文化/294

一、希伯来文化："教宗文术，此其源泉"/295

二、马丁·路德"力击旧教而仆之"/297

三、《创世记》为"景教之迷信"/298

四、地球实在在回旋/299

第二节　基督教对西方文学艺术发展的重要影响/302

一、拜伦和《该隐》/302

二、"《神曲》的《炼狱》里，就有我所爱的异端在"/305

三、陀思妥耶夫斯基式的忍从与俄国的基督文化传统/308

四、《泰绮思》：人性和宗教教义的冲突/312

五、"同路人"作品中的宗教气味/315

六、托尔斯泰的人道主义精神/318

七、教皇宫的伟大壁画/320

八、哥特式艺术及影响/323

第三节　基督教的欺骗性/324

一、死人复活之类的"奇迹"/324

二、"诗人死后坐在上帝身旁吃糖果"/325

三、服膺"以眼还眼，以牙还牙"/327

第四节　基督教在中国/329

一、"巨唐道光，景风东扇"/329

二、元明时"景教父师以教理暨历算质学于中国"/330

三、留意传说中的诸暨反教会事件/331

四、中国许多人信奉基督教，并非出于信仰/333

五、中国废止读经，教会学校还在读《四书》/334

六、《圣经》与近代"诗界革命"/335

七、"宁可使中夏无好历法，不可使中夏有西洋人"/337

第五节　从耶稣受难谈起/339

一、"人之子"被可悯怜的同胞送上十字架/339

二、耶稣受难与中国左翼文艺和无产者的处境/343

三、反对把搜求公道的希望寄托于罗马教皇/348

四、欧洲先前虐杀耶稣教徒，其残虐实不及中国/350

五、"婴儿杀戮"与用汽车冲杀游行学生/350

第六章　鲁迅与伊斯兰教/352

第一节　伊斯兰教与中国/352

　　一、穆罕默德与伊斯兰教/352

　　二、伊斯兰教与希伯来文化/354

　　三、"学问，虽远在中国，你们亦当往求之"/355

　　四、伊斯兰教与儒家思想/356

第二节　伊斯兰教对世界文化发展的贡献/357

　　一、翻译诠释之业大盛/357

　　二、伊斯兰科学的兴盛/358

　　三、占星术与炼金术/359

　　四、历法：穆斯林的贡献/360

　　五、阿拉伯文学成就/361

第三节　鲁迅关注北新书局事件/363

第七章　鲁迅与其他宗教/365

第一节　希腊罗马宗教/365

　　一、宙斯与奥林匹斯诸神/365

　　二、"神思富美"的希腊神话/367

　　三、《斯巴达之魂》与蝶尔飞神之灵/368

　　四、万苦不屈的普罗米修斯/369

　　五、"我从别国里窃得火来，本意却在煮自己的肉"/371

　　六、"别一个窃火者"/372

　　七、潘多拉的盒子/372

　　八、"银河"不是"牛奶路"/373

　　九、风马牛/374

　　十、"普洛克鲁思德斯之床"与国民党图书杂志审查委员会/375

十一、赫拉克勒斯战胜安太乌斯的启示/376

十二、"思士陵天，骄阳毁其羽翮"/377

十三、古希腊艺术与所谓"静穆"之境/378

十四、罗马宗教与希腊宗教/381

十五、"灵台无计逃神矢"/382

十六、反封建礼教的《爱之神》/383

第二节　拜火教/385

一、《沉默之塔》中拜火教徒的分裂/385

二、翻译《察拉图斯忒拉的序言》/386

三、崇奉火与光明的宗教/386

四、"寂没塔"：拜火教的独特葬式/388

五、拜火教教主"苏鲁支"/388

第三节　摩尼教/389

一、摩尼与摩尼教/389

二、从摩尼教到秘密宗教及与农民起义/390

第四节　印度宗教/391

一、吠陀教与《吠陀》四种/391

二、《摩诃婆罗多》与《罗摩衍那》/393

三、婆罗门教的杀人祭神/394

四、毗那夜迦般的恶少年/396

五、"我爱这攻击别国的'撒提'之幼稚的俄国盲诗人埃罗先珂"/397

后记/398

再版后记/400

第一章
鲁迅宗教观概述

　　作为现代中国文化革命巨人的鲁迅，以他百科全书式的渊博，对人类丰厚的文化遗产进行了广泛的吸收和认真的择判，其中的一个重要部分就是宗教文化。鲁迅结合现实斗争对宗教文化的研究，不仅能加深我们对多姿多彩的宗教文化的认识，而且为我们树立了批判吸收旧文化、建设无产阶级新文化的典范。关于鲁迅与各种宗教的关系，我们后面会进行比较详细的论述。这里，着重探讨鲁迅的宗教观，即他对于宗教的起源、实质、作用等基本问题的认识及其发展。

第一节　鲁迅论宗教起源

一、自然观上的彻底唯物主义

　　宗教作为社会意识形态之一，上层建筑的一部分，是同科学、同唯物主义根本对立的一种唯心主义思想体系。幻想有一个主宰物质世界的、超自然的，具有人格和意识存在的神，以及对神的信仰和崇拜，是一切宗教唯心主义的核心。

　　必须明确，鲁迅早期在自然观方面是一个坚定的唯物论者。南京求学时，在接触维新派宣传的西方资产阶级民主主义思想的同时，鲁迅也比较全面地学习了近代自然科学。他在1903年写的《中国地质略论》中，就提出"因迷信以弱国"的看法，指出当时"风水宅相之说，犹深刻人心"。他说，我们今天借以居住和生活的地球，它现在的一切状况，是经历长期发展变化而来的，是自然界客观发展规律的作用，并不是什么"神秘不可思议之物"来"支配吾人之运命"。在"风水宅相之说"影响下，"广漠美丽最可爱之中国"，却造成"力杜富源，自就阿鼻"的恶果。他号召人们在封建迷信的欺骗中清醒过来，"不知宅相大佳，公等亦死；风水不破，公等亦亡"，"斩绝妄念，文明乃兴"。1907年，鲁迅发表了专门介绍生物进化论的重要论文——《人之历史》，着重介绍了海克尔的种系发生学，即生物种系的发展史。德国生物学家海克尔在达尔文学说的基础上，提出了生物学上的一个重要规律，即生物发生律，又叫"重演律"。重演律说明：个体胚胎发育过程反映了物种的发展过程，个体发育过程就是种系发展过程的精简和缩短的重演。从海克尔创立的生物进化系谱树上可以看到，人类的祖先就是猿类。"远稽人类由来，及其曼衍之迹，群疑冰泮，大闷犁然"，人类自身的演进及生物进化的过程就一目了然。鲁迅系统地介绍了这种科学新成就如何打破了西方基督教的上帝创造万物的"神创论"唯心主义谬说（"故进化论之成，自破神造说之始"），粉碎了把生物品种看成永远不变的"物种不变论"的形而上学观点。进化论是批判宗教神学的有力武器。鲁迅晚年还指出："格里莱倡地动说，达尔文说进化论，摇动了宗教、道德的基础。"[①]发表于1908年的《科学史教篇》，则专门介绍了欧洲自然科学从希腊、罗马到19世纪的发展历史，阐述了发展科学对推动社会前进的重要性，并通过科学发展中的兴衰史，总结出"世界不直进，常曲折如螺旋，大波小波，起伏万状，进退久之而达水裔"的发展规律，说明科学与社会的发展道路同样是不平坦的，但是不管有何种阻力和曲折，发展总是"无有纪极"，永无止境。显而易见，鲁迅这种自然观

---

① 《且介亭杂文·中国语文的新生》。

上的彻底唯物主义同以神学为本的宗教是根本不相容的。

二、宗教的产生：需要、信仰、对"无限""绝对"的探究

那么，鲁迅早期是怎样看待宗教的起源呢？他说："夫人在两间，若知识混沌，思虑简陋，斯无论已；倘其不安物质之生活，则自必有形上之需求。故吠陀之民，见夫凄风烈雨，黑云如盘，奔电时作，则以为因陀罗与敌斗，为之栗然生虔敬念。希伯来之民，大观天然，怀不思议，则神来之事与接神之术兴，后之宗教，即以萌蘖。虽中国志士谓之迷，而吾则谓此乃向上之民，欲离是有限相对之现实，以趣无限绝对之至上者也。人心必有所冯依，非信无以立，宗教之作，不可已矣。……宗教由来，本向上之民所自建，纵对象有多一虚实之别，而足充人心向上之需要则同然。"①

从鲁迅的论述看，在宗教起源问题上，他强调了以下三点：

其一，强调宗教产生是人类精神满足需要驱动的结果。

人是具有复杂需要结构的高级动物。这种需要是动物本能欲求的升华和扩大。需要是客观存在于机体中的冲动，它的满足方式则会因社会背景、时空结构以及具体个人的不同而不同。人除了物质生活的需要之外，更要有"形而上"即精神生活的需要。宗教之所以产生，一个重要原因就在于人类需要认识和解释他们周围存在的一切和发生的一切，例如，世界是怎么发生的？自然物和自然力又如何发生关系？人为什么会死？为什么会做梦？等等。另外，人类要应付各种人生的问题，如死亡、疾病、饥荒、洪水等，当人类在遭逢悲剧、焦虑和危机时，也需要有一种东西来抚慰他们的心灵。因此，这种对宗教的需要就产生于原始人类的认识和实践活动中。拿鲁迅所举的吠陀教来说，它是古代印度雅利安人的宗教，以自然力为崇拜对象，以神话为表现形式，信仰的众多神灵都是日月星辰、风雨雷电、山川草木

---

① 《集外集拾遗补编·破恶声论》。

之类自然势力和自然对象，并根据这些神所在位置分为天、空、地三界，因陁罗就是空界最有权威的大神，是雷霆之神。神话说他的母亲是牛，他是破裂其母之胁而生，生后即为一勇猛善战者，跳舞惊动天地，手中常持金刚杵为武器。因陁罗又是佛教中最高的神"帝释天"。这么多的自然势力和自然对象之所以在印度雅利安人所创作的神话中被神格化，根本原因是由于他们对大自然奥秘的无知和对自然物的依赖而产生的惊奇感和敬畏感，即鲁迅所说的"栗然生虔敬念"。正如印度诗哲泰戈尔所说："一个有着生气和自然幻想的人民在文明的黎明期醒来，感觉到含蓄在生命中的无穷神秘。这是他们的简单的信仰，将大自然的每一个力量和元素归诸神性。"[1]古印度人以为日月星辰、风雨雷电等自然物和自然现象为神所操纵，是神力的显示，因此便向之礼拜赞颂，祈求恩赐。

在鲁迅看来，人们精神方面的需要是十分重要的，理应得到满足；宗教的产生就是人类一种积极的精神作用的表现，是人类区别于动物的精神活动的一个标志。这从鲁迅反对当时那种"禁止赛会"的主张中也可以看出来。他说，农民耕稼，很少休息，待有了余闲，就有报赛活动，即迎神赛会，一方面酬谢神灵，并祈祷保佑；另一方面，农民则从这些活动中求得精神的愉悦。然而有一些号称"志士"的人，却打着反对迷信的旗号极力阻遏。鲁迅指出，报神赛会之类的活动是一种精神创造，不是随便什么人都能做到的，"元气黮浊，性如沉渣，或灵明已亏，沦溺嗜欲"的人是没法说的，只有那些"厥心纯白"的"朴素之民"，劳作终岁，"必求一扬其精神"，才有这类活动。[2]因此，报神赛会活动是农人精神发泄的需要，是一种自慰，别

---

[1] 泰戈尔：《麦克尼古尔编〈印度教圣典〉序文》，转引自吕大吉主编：《宗教学通论》，中国社会科学出版社1989年版，第430页。

[2] 《集外集拾遗补编·破恶声论》。

人是不应干预的。[①]

其二，强调信仰在宗教产生中的作用。

鲁迅认为："人心必有所冯依，非信无以立。"这是正确的见解。信仰是人生中必不可少的一种保障，是人生的精神支柱、心理支柱。因为人类认识阶段性的限制，迫使人这种具有超越性思维本能的动物不得不把终极追求赋予信仰。据《简明不列颠百科全书》解释，信仰指在无充分的理智认识足以保证一个命题为真实的情况下，就对它予以接受或同意的一种心理状态。信仰显然是一种由内省产生的现象。宗教本身就是一种信仰。"宗教的真理不可能成为理论认识的客体。人对自己经常犯罪的认识的体验和人对幸福的向往，使他产生对惩罚的神和宽容的神的信仰，而要证明这种信仰的真理性则是不可能的。"[②]宗教是客观世界虚幻的反映，是颠倒了的世界观，它只有通过贬低理性、推崇信仰才能使人们相信它、崇拜它。宗教信仰的特征，一是信仰的超人间化，二是信仰的盲目性。"生无信仰心，恒被他笑具。"[③]因此，宗教信仰是一种与理性相排斥的东西，是对超现实的神秘力量的盲目崇拜，鼓吹的是愚昧。西方历史上就有过信仰主义，亦称"僧侣主义"，是"一种以信仰代替知识或赋予信仰以一定意义的学说"[④]。其典型代表为基督教神学家德尔图良，他提倡盲目信仰宗教，曾说过：上帝之子死了，虽然是不合理的，但却是可信的；埋葬了，又复活了，虽然是不可能的，但却是可肯定的。创立"信仰意志"一语的美国唯心主义哲学家詹姆斯，也声称人们的行动往往不受理智的支配，而为信仰所决定；只要人们从主观愿望或意向出发而信以为真，从信仰这些东西（如上帝的存在、灵魂的不朽等）中得到精

---

① 鲁迅在后期的《五猖会》《社戏》《无常》等作品中，满怀深情地回忆了这类报赛活动给予年幼的他的深刻印象，以及受到农民欢迎喜爱的情景。

② ［苏］约·阿·克雷维列夫：《宗教史》下卷，中国社会科学出版社1982年版，第115页。

③ 《法苑珠林》卷九四。

④ 《列宁全集》第37卷，人民出版社1984年版，第361页。

神上的满足或安慰，那么这些东西就是真实的。他认为，信仰意志无法证明，无法推翻，因而宗教必须永远存在。我们说，鲁迅指出宗教产生、存在中的信仰因素，这是重要的，但他对信仰又缺乏进一步的具体分析，因为既有建立在唯物主义坚实基础之上的信仰，又有完全是盲目的唯心主义的信仰，而宗教信仰就是唯心主义的信仰，其实质是排斥理性，与科学对立。应该指出的是，鲁迅这里推崇信仰的作用，对宗教基本持肯定的态度，同他当时业已萌生且正在深入探求的改造国民性思想有着相通之处。

鲁迅在日本改变医学救国的初衷后，便把重点放在改造国民性这个不少先进的中国人所注目的问题上。他认为，要推翻清朝专制统治，改造社会弊端，必须从改变人们精神面貌、振作人心，即改造国民性做起。这就要强调个性解放，"国人之自觉至，个性张，沙聚之邦，由是转为人国"①。在鲁迅看来，宗教对于改变人们的思想是有裨益的，主要由于它依靠的是信仰。教徒对所崇奉的宗教极度笃信，对教规恪守不渝，就因为他有坚定的信仰。鲁迅十分推崇信仰，认为这对一个人来说至关重要。而许多中国人，尤其是那些"精神窒塞，惟肤薄之功利是尚，躯壳虽存，灵觉且失"的"浇季士夫"，却毫无信仰、节操可言。他所期望的有信仰的人，其特点是"不合众嚣，独具我见"，"洞瞩幽隐，评骘文明，弗与妄惑者同其是非，惟向所信是诣，举世誉之而不加劝，举世毁之而不加沮，有从者则任其来，假其投以笑骂，使之孤立于世，亦无慑也"。这样的人多了，"则庶几烛幽暗以天光，发国人之内曜，人各有己，不随风波，而中国亦以立"。②鲁迅这种重视宗教信仰作用的认识，也是当时社会思潮的反映。当时有人就说："盖宗教者，自科学一面观之，诚为魔魔之怪物；而自群学一面观之，则宗教者实群治之母，而人类不可一日无者

---

① 《坟·文化偏至论》。
② 《集外集拾遗补编·破恶声论》。

也。……有宗教斯有信仰，有信仰斯有能力，有能力斯能举淆然各别之社会，统于一尊，而建种种大事业，此耶教之经验然也。"①

其三，强调宗教是人类对"无限""绝对"的探究。

一些宗教研究者认为，宗教源于人的恐惧感。而对死亡的恐惧又是最普遍的本能之一。人的生命是有限的。自然环境的艰苦，人生的祸福无常，也使人深感生之艰难。超越有限肉体的存在以及感性的现实生活，追求人生的终极意义及生死之本，把生与死沟通起来，这是人类自从有了自我意识以后所努力探索的一个基本问题。宗教的产生，就是人类这种探索、追求的反映。宗教，可以说都是对死亡的态度。在远古时期，原始人对于死亡的恐惧和由此而产生的"死后去往何方"的问题，加上联想到梦境中的种种景象，便产生了"灵魂"观念。在他们看来，躯体只不过是灵魂暂时寄居的所在，灵魂则可以永远地活下去。这就为原始人开拓了一个"不死"的境界。它是原始人为了求得生存、摆脱死亡，在意识中产生的一种虚幻的反映。例如，我国山顶洞人死者身上和周围撒着赤铁矿粉末。据研究，这种葬式说明，他们相信赤铁矿的粉末能使死者的"灵魂"归来，并到"永恒"的世界中去"生活"。这表明，他们相信有一个彼岸世界存在的思想。这就是最初的宗教观念。人为宗教更是如此。佛教认为，度生如渡海，只有超越生存，走向涅槃；基督教宣扬在世赎罪，为的是死后升入天堂，求得永生；伊斯兰教则要人认前定，修后世。因此，鲁迅把人类这种欲离"有限相对"的现世以达"无限绝对"境界的努力探究，看作是宗教产生的一个重要原因；但这又不是所有人都能做到的，而是"向上之民"的创造。据研究，鲁迅这一思想曾受托尔斯泰的影响。鲁迅留日期间曾读了包括《忏悔录》在内的不少托尔斯泰的著作。托氏在《忏悔录》中说："不管宗教提供的回答如何不尽合情理，如何荒诞，但有一种优点，就是在每一个回答中引入了有限对永

---

① 许之衡：《读〈国粹学报〉感言》，载《国粹学报》第 6 期，1905 年 7 月。

恒的关系，缺少了它便不能有答案。"①当然，鲁迅不是简单搬用托氏的话，而是通过吸收、消化，成为他早期完整的宗教观的一个有机组成部分。

鲁迅早期在宗教的起源问题上，有着深刻的见解，例如认为宗教是人类为了满足精神需要而创造的，是原始社会发展到一定阶段的产物，宗教的产生有其必然性等，而不是如某些唯心主义学者和神学家们所坚持的宗教无起源论，认为宗教是人类社会的永恒现象等。但是，鲁迅在宗教起源问题上，仍有很大的偏颇。宗教是上层建筑。马克思主义把辩证唯物主义的世界观贯彻到社会历史领域，提出了历史唯物论。唯物史观用社会的经济基础去说明一切上层建筑的特性和本质，用经济基础的变化和发展来说明上层建筑的变化和发展，这就揭示了上层建筑各部分的本质。用这个观点来看待宗教，就不能用精神去说明精神，从宗教本身去说明宗教，即是说，宗教产生、发展的根本原因不在宗教自身之中，用人的恐惧感、依赖感、好奇心来解释宗教的起源，或者用人的天性、人生的需要、道德的要求、社会安宁的必需等来说明宗教的根据，都是用精神性的因素来说明宗教这种精神性现象，而不是在社会经济基础中去寻求宗教的根据和本质。鲁迅在宗教起源问题上的偏颇也在这里。

还应该看到，鲁迅当时所论述的宗教，主要指原始社会的宗教。原始社会极端低下的生产力使人们在自然面前无能为力，原始人的智力蒙昧未开，分不清自然力和人的区别，于是便把支配自己生活的自然力人格化，变成超自然的神灵。原始社会的宗教是自然宗教。鲁迅所列举的古代印度的吠陀教，是由约公元前2000年古印度西北部的雅利安游牧部落的信仰演化而成。当时印度社会虽已开始从原始社会末期向奴隶制社会过渡，而其宗教仍以自然崇拜为主。但是，随着社会和历史的发展，宗教也不断演变。特别是随着阶级的出现，自然宗教

---

① 参阅智量等：《俄国文学与中国》，华东师范大学出版社1991年版，第199页。

就向人为宗教即神学宗教的形态发展。在阶级社会，原始宗教观念和阶级社会的现实结合起来，成为阶级社会所需要的一种意识形态。"它愈来愈变成统治阶级专有的东西，统治阶级只把它当作使下层阶级就范的统治手段。同时，每个不同的阶级都利用它自己认为适合的宗教。"①

很显然，早期鲁迅主要分析了宗教产生的心理上的、认识上的根源，对于社会根源则注意不够，而忽视了这一点，就难以全面、正确地认识宗教的起源及其本质。这种偏颇与鲁迅当时思想认识上的局限性有关。鲁迅早期形成了唯物主义的自然观，并在此基础上形成了唯物主义的哲学思想，但还没有发展到辩证唯物主义和历史唯物主义的高度，在观察和分析宗教等问题时，就难免存在着唯心主义观点。根据历史唯物主义的基本原理，一切宗教产生的最深刻的根源，始终存在于社会的物质生活条件之中。就人为宗教而言，它的产生与发展尤其有着深刻的社会根源，这种社会根源集中地表现为阶级压迫及由此造成的社会苦难。鲁迅在逐渐树立了唯物史观后，对于宗教的这些根源便有了明确的认识，有许多深刻的论述。

三、宗教是为解释"威权"制造的一种根据

1933年9月初，希特勒在纽伦堡国社党大会闭幕时发表的演说中，说什么"原人时代就有威权，例如人对动物，一定强迫它们服从人的意志，而使它们抛弃自由生活，不必征求动物的同意"，从而为自己的侵略行为寻找根据。出于同一目的，日本耶稣教会负责人中田宣称："《以色亚》章（按：指《圣经·旧约·以赛亚书》第五十五章）中一汝所不知之国，与亦不知汝之国，及《启示录》第七篇（按：指《圣经·新约·启示录》第七章）一天使降自东方，执上帝之玺，皆指日本而言。"又说："上帝将以日本征服向来屠杀犹太人

---

① 恩格斯：《路德维希·费尔巴哈和德国古典哲学的终结》，《马克思恩格斯全集》第4卷，人民出版社1960—1985年版，第252—253页。

之白人……日本以武力解放犹太人，实现《旧约》预言。"按照希特勒以及日本耶稣教会的这类"理论"，要自由自在地吃牛肉、骑马，要无所顾忌地侵略他人，就须宣布自己是上司，别人是下属，或是把人比作动物，或是把自己打扮成天使。这是赤裸裸的强权统治和压迫有理的谬论。鲁迅指出，这里最要紧的还是"武力"，并非理论：

> 不论是社会学或是基督教的理论，都不能够产生什么威权。原人对于动物的威权，是产生于弓箭等类的发明的。至于理论，那不过是随后想出来的解释。这种解释的作用，在于制造自己威权的宗教上，哲学上，科学上，世界潮流上的根据，使得奴隶和牛马恍然大悟这世界的公律，而抛弃一切翻案的梦想。①

人类进入阶级社会以后，残酷的阶级压迫把广大劳动人民推入了苦难的深渊。一方面，掌握国家机器的统治阶级为了巩固他们的统治，就利用宗教等意识形态领域，灌输统治阶级所需要的思想意识，借助于宗教宣扬的神权来印证王权的必要性、合理性和神圣不可侵犯性，借助于宗教宣扬的宿命论来欺骗和麻醉劳动人民。另一方面，广大劳动群众对物质上的解放感到绝望的时候，就去寻找精神上的解放来代替，这就为追求精神虚幻幸福的宗教提供了产生与发展的条件。恩格斯说过："在早期基督教的历史里，有些值得注意的与现代工人运动相同之点。基督教和后者一样，在其产生时也是被压迫者的运动：它最初是奴隶和被释放的奴隶、穷人和无权者，被罗马征服或驱散的人们的宗教。"②但是一切宗教的理论，从根本上来说，都是为统治阶级的压迫和剥削的合理化做的解释，都是要劳动人民像奴隶、牛马一样安于现状，把受剥削、受压迫认作世界的"公律"，"而抛弃

---

① 《准风月谈·同意和解释》。
② 《马克思恩格斯全集》第22卷，第525页。

一切翻案的梦想"。鲁迅这里通过具体事例，深刻地揭示了宗教产生的阶级根源。

四、宗教不等于迷信

神和人的关系是宗教中的核心问题。在宗教中，人是信仰者、崇拜者，神是被信仰者、被崇拜者。但是，神是怎样产生的？说到底，神是人按照自己的模样和需要创造出来的。拿原始宗教的神的形象来说，有神论观念产生以后，原始人所设计的神的形象虽然多种多样、千奇百怪，但有一点是相同的，即它们都可以从人的身上找到原型。神和人一样，有五官，有身躯，有手脚。由于原始人意识到手的力量和作用，于是就设计出长手和多手的神；原始人要祈求免除风雨的灾害，就创造出呼风唤雨的面目狰狞的神；等等。古代思想家早就指出了这一点，如古希腊爱利亚学派的代表人物克塞诺芬尼就认为，神是按照人的形象创造出来的，"埃塞俄比亚人说他们的神皮肤是黑的，鼻子是扁的；色雷斯人说他们的神是蓝眼睛、红头发的"[①]。鲁迅对此也有深刻的论述。他说："天才们无论怎样说大话，归根结底，还是不能凭空创造。描神画鬼，毫无对证，本可以专靠了神思，所谓'天马行空'似的挥写了，然而他们写出来的，也不过是三只眼，长颈子，就是在常见的人体上，增加了眼睛一只，增长了颈子二三尺而已。"[②]天才们为什么设法"天马行空"似的描神画鬼？因为神鬼是不存在的，他们所创造出来的任何形象的神，都可从人间找到它的原型。人是神的原本和模特儿，是人按照自己的形象和意愿创造了神，而不是相反。这就充分说明，宗教是社会的产物，宗教观念的内容，归根到底是人与人之间社会关系的反映。人与神的关系，是人与人的社会关系在宗教中的反映。

---

① 《古希腊罗马哲学》，三联书店 1957 年版，第 46 页。
② 《且介亭杂文二集·叶紫作〈丰收〉序》。

第二节 鲁迅宗教观的变化

一、宗教作用的复杂性及其正面价值

鲁迅的思想，是一个不断发展的过程，作为他思想一个重要方面的宗教观，在思想发展的前后期也有明显的重要转变。鲁迅早期的宗教观，曾受章太炎的很大影响，对此我们将在下一章介绍。鲁迅早期对于宗教的实质、社会作用的看法，是和前述他的宗教起源认识紧密相关的。在这些问题的认识上，有几个明显的特点：

其一，反对用简单的观点对待宗教。

鲁迅在《破恶声论》中指出，当时有这么一种"志士"，他们掇拾一些新名词，"稍耳物质之说，即曰：'磷，元素之一也；不为鬼火。'略翻生理之书，即曰：'人体，细胞所合成也，安有灵魂？'"这些人自以为懂得一点自然科学知识，把宗教简单地斥之为"迷信"。鲁迅坚决反对这种浅陋的认识。他已意识到宗教是一种复杂的社会现象，有着深刻的产生根源，有其必然性，那些"志士"则"不思事理神閟变化，决不为理科入门一册之说范围"，因此仅用"迷信"二字是骂不倒的。鲁迅的这种认识无疑是深刻的。革命导师都反对用简单的观点对待宗教。恩格斯在《布鲁诺·鲍威尔和早期基督教》一文中指出："对于一种征服罗马世界帝国、统治文明人类的绝大多数达一千八百年之久的宗教，简单地说它是骗子手凑集而成的无稽之谈，是不能解决问题的。要根据宗教借以产生和取得统治地位的历史条件，去说明它的起源和发展，才能解决问题。"①在《关于德国的札记》一文中他又说："仅仅用嘲笑和谩骂是不可能消灭像基督教这样的宗教的，还应该从科学方面来克服它，也就是说从历史上

_____

① 《马克思恩格斯全集》第 19 卷，第 328 页。

来说明它，而这一任务甚至连自然科学也是无力完成的。"基督教如此，佛教、伊斯兰教等宗教也是同样的。列宁也曾经指出，把宗教的根源归结为人民群众的"愚昧无知"，归结于"僧侣的欺骗"，"这是一种肤浅的、资产阶级的、狭隘的文化主义观点"[①]。鲁迅虽然不是站在科学唯物史观的高度看待宗教，但他反对用简单的观点对待宗教的思想，则是颇有见地的。

其二，注意到宗教在社会生活中的积极因素。

在漫长的人类社会发展史上，宗教占有重要地位，发生了或正在发生着重大的影响。对这些影响应进行具体的分析。早期，鲁迅较多地从积极方面看待宗教，即重视宗教的正面价值。就世界三大宗教之一的基督教来说，在中世纪欧洲，曾成了封建制度的主要支柱，并把意识形态的其他一切形式都置于基督教神学控制之下，对广大人民和进步科学家进行残酷的迫害。鲁迅看到了这一点。但他认为这只是一个方面，另一方面，宗教又对人们陶冶思想、涤荡精神起过很大的作用。他说："盖中世纪宗教暴起，压抑科学，事或足以震惊，而社会精神，乃于此不无洗涤，熏染陶冶，亦胎嘉葩。二千年来，其色益显。"他还以德国宗教改革领袖马丁·路德、美国第一任总统华盛顿、领导英国17世纪资产阶级革命的克伦威尔以及诗人弥尔顿、历史学家卡莱尔等，作为这种"嘉葩"的代表。鲁迅甚至以为，有了如此显著的成果，"以偿沮遏科学之失，绰然有余裕也"[②]。我们说，鲁迅对基督教神学控制中世纪时的作用的评价显然是偏颇的，但他重视到了宗教的复杂作用特别是某些积极方面，则是深刻的认识。

宗教确实存在非科学、非道德、非理性的一面，存在愚昧、野蛮、黑暗的一面，在历史发展进程中起了消极甚至反动的作用，这是宗教最本质的方面。但是，宗教如果只是一切谬见的总成，是一切

① 《列宁选集》第 2 卷，第 373 页。
② 《坟·科学史教篇》。

科学的死敌，那么对于宗教的否定就是一件非常容易的事。事情并不那么简单。宗教有着极大的包容性，或者说是两重性，它既有反科学的一面，但本身又孕育或包含了科学；既有非道德的一面，但在宗教教规教典里，又蕴含着丰富的人类共同的伦理思想、道德准则。就是说，它既存在着负面或负面价值，又确实存在着与它的负面或负面价值相对的一面，即正面或正面价值。而这又往往容易为掌握一些自然科学知识的人所忽视。

在把科学视为"神圣之光"的鲁迅看来，科学是不能代替宗教的。他用德国著名的博物学家海克尔与哲学家尼采的主张为例来说明这个观点。他说："欲以科学为宗教者，欧西则固有人矣，德之学者黑格尔（这里指博物学家海克尔），研究官品，终立一元之说，其于宗教，则谓当别立理性之神祠，以奉十九世纪三位一体之真者。三位云何？诚善美也。顾仍奉行仪式，俾人易知执着现世，而求精进。"海克尔主张科学与宗教结成联盟，建立"一元论的宗教"，在"理性的宫殿"里供奉真、善、美三位一体的女神，甚至主张也要奉行宗教仪式，使人们知道把握现实世界，以求进取。尼采则运用达尔文的进化论学说，激烈地攻击基督教，鼓吹超人哲学，"虽云据科学为根，而宗教与幻想之臭味不脱，则其张主，特为易信仰，而非灭信仰昭然矣。顾迄今兹，犹不昌大"。鲁迅虽然肯定海克尔、尼采等为"才士"，但认为他们的观点是行不通的，"盖以科学所底，不极精深，揭是以招众生，聆之者则未能满志"①。鲁迅十分重视人的精神生活，而宗教对人的精神生活有着细致的分析。"盖使举世惟知识之崇，人生必大归于枯寂，如是既久，则美上之感情漓，明敏之思想失，所谓科学，亦同趣于无有矣。"②因此鲁迅认为，不论宗教、科学、艺术、文学，都是人类社会发展的重要成就，要确定哪一个重要，现在还不

---

① 以上引文均见《集外集拾遗补编·破恶声论》。
② 《坟·科学史教篇》。

可能。

马林诺夫斯基在论述宗教的功能时说：

> 对宗教的需要，是出于人类文化的绵续，而这种文化绵续的含义是：人类努力及人类关系必须打破鬼门关而继续存在。在它的伦理方面，宗教是使人类的生活和行为神圣化，于是变为最强有力的一种社会控制。在它的信条方面，宗教与人以强大的团结力，使人能支配命运，并克服人生的苦恼。每个文化中都必然的有其宗教，因为知识使人有预见，而预见并不能克服命运的拨弄；又因为一生长期合作和互助，造成了人间的情操，而这种情操便反抗着生离死别；并且，再次和现实接触的结果，都启示着：一种敌对的不可测的恶意与一种仁慈的神意并存着，对于前者必须战胜，对于后者则当亲善。文化对于宗教的需求虽然是演（衍）生的和间接的，但宗教最后却是深深的（地）生根于人类的基本需要，以及这些需要在文化中得到满足的方法之上。①

我们当然不能同意他那种宗教永伴人类生活的观点，但他对宗教的功能的分析，不能说不是深刻的。马林诺夫斯基的这段论述，对于我们加深对鲁迅有关宗教作用认识的理解，是有帮助的。

其三，对中国古代宗教的重视和肯定。

宗教有一神教与多神教的区别。一神教是认为只有一个神存在并对之进行崇拜的宗教，认为该教所信奉的神是创造并主宰世界，无所不在、无所不能、无所不知、无形无象的精神体。多神教为崇拜众多神灵的宗教，在其产生早期，相信众多神灵并存，崇拜者可随己意在不同情况和需要下选择不同的特定神灵加以膜拜。中国古代宗教属多神教。鲁迅指出，中国"夙以普崇万物为文化本根，敬天礼地，实

---

① 《文化论》，中国民间文艺出版社 1987 年版，第 78—79 页。

与法式，发育张大，整然不紊。覆载为之首，而次及于万汇，凡一切睿知义理与邦国家族之制，无不据是为始基焉。……虽一卉木竹石，视之均函有神閟性灵，玄义在中，不同凡品，其所崇爱之溥博，世未见有其匹也"①。鲁迅把中国古代的"普崇万物"看作是中国人溥博的崇爱心的表现，是对大自然"神閟性灵"的探究，是一种伟大的创造，因而也是中国文化的本根。这从中国古代瑰丽雄奇的神话传说中有着充分的反映。但是，有人却指责这是"迷妄"，理由是中国人所崇拜的，"不在无形而在实体，不在一宰而在百昌"。鲁迅对此给予驳斥："敢问无形一主，何以独为正神？"鲁迅认为，崇奉的无论是"无形"或"实体"、"一宰"或"百昌"，都没有高下之分，因为"宗教由来，本向上之民所自建"，纵使对象有"虚实多一"之别，"而足充人心向上之需要则同然"。因此，那些"哂神话为迷信，斥古教为谫陋"的，都是些不识好歹的人。

二、宗教观前后期的变化

马克思在《黑格尔法哲学批判·导言》中，对宗教有这么一段经典的论述："宗教里的苦难既是现实的苦难的表现，又是对这种现实的苦难的抗议。宗教是被压迫生灵的叹息，是无情世界的感情，正像它是没有精神的制度的精神一样。宗教是人民的鸦片。"②在这段话里，马克思指出了宗教产生的多方面根源和它的社会作用，概括了宗教的本质。对于宗教的这些认识，鲁迅在思想上也经历了一个发展变化的过程。

鲁迅早期肯定宗教，重视宗教在改变人们精神中的作用，自有其深刻的社会历史根源。在当时国民尚未觉醒的寂寞时代，鲁迅大声疾呼人们确立革命信仰和远大理想，为争取民族解放和民主革命的胜利

---

① 《集外集拾遗补编·破恶声论》。
② 《马克思恩格斯选集》第1卷，第2页。

而斗争，是有积极意义的。

辛亥革命后的黑暗现实强烈地刺激着鲁迅。在袁世凯阴谋当皇帝的鼓噪声中，思想文化领域里复辟之声也甚嚣尘上。袁世凯一面提倡复古，一面颁布"祀天""祭圣"的法令，搞神道设教，求救于宗教的蒙昧主义。帝国主义分子对袁世凯不遗余力地给以支持。美国传教士李佳白主张基督教和孔教互相敬爱、互相劝勉、互相辅助。江西龙虎山的张天师等中国的和尚道士、康有为等封建遗老都成了李佳白的尚贤堂的座上客。耶稣和孔子的"携手"，帝国主义文化同封建文化结成的反动同盟，使鲁迅进一步看穿了宗教蒙骗、麻醉人民的实质。

梦寐以求的辛亥革命终于发生了，但是旧的统治秩序和统治者依然故我，没有什么改观。鲁迅探索着革命失败的原因。为什么不惜牺牲推翻清政府的革命者得不到人们的理解和支持，反而遭到一群小市民的嘲弄，被骂"发了疯了"（《药》）？为什么贫无立锥之地的阿Q也对革命党深恶痛绝，以为革命便是造反，造反便是与他为难（《阿Q正传》）？为什么"皇帝坐龙庭"在江南水乡引起的一场风波过去之后，天真的六斤仍免不了裹脚的悲惨命运（《风波》）？为什么已到了民国，却把为推翻清朝统治而死难的诸先烈同前清的隆裕太后放在一起，设水陆道场，虔诚追荐？① 等等。鲁迅感到，这一切都由于旧的传统思想在作怪，不扫除这些旧思想，无论换上什么招牌，都无济于事。而这传统思想、古旧文明，就包括他早期所肯定过的宗教。

在狂飙突进的"五四"运动中，鲁迅对国民性的弱点毫不留情地加以揭露，对产生这些弱点的根源试图从各方面进行剖析，其中一个重要方面就是桎梏、毒害人民群众思想的宗教神学。鲁迅有一段话就很能说明他对于某些宗教以及传统思想的态度：凡是阻碍社会前进的，"无论是古是今，是人是鬼，是《三坟》《五典》，百宋千元，

---

① 《鲁迅日记·癸丑日记（一九一三年）》。

天球河图，金人玉佛，祖传丸散，秘制膏丹，全都踏倒他"[1]。

在生命的最后10年，鲁迅显示了作为一个坚强的、成熟的马克思主义者的特色。他在一些杂文中娴熟地运用历史唯物主义，正确地阐述了宗教的起源，分析了宗教对社会历史发展的重大影响。鲁迅紧密结合当时激烈的阶级斗争和民族斗争，进一步揭露宗教的欺骗性，抨击帝国主义和国民党反动派利用宗教和封建迷信推行愚民政策的行径。

在阶级社会里，反动统治阶级对广大劳动人民进行压迫和剥削，总是软、硬两手并用，其中就包括宗教。宗教是为剥削制度辩护的，给过剥削生活的人廉价地出售享受天国幸福的门票；对于被压迫和被剥削的人民群众，宗教却劝他们把希望寄托在天国的恩赐上，放弃在现实中做人的权利。鲁迅用马克思主义的锐利武器揭穿了宗教设下的骗局。1925年鲁迅就说过："说佛法的和尚，卖仙药的道士，将来都与白骨是'一丘之貉'，人们现在却向他听生西的大法，求上升的真传，岂不可笑！"[2]后来他又一针见血指出："和尚喝酒养婆娘，他最不信天堂地狱。巫师对人见神见鬼，但神鬼是怎样的东西，他自己心里是明白的。"[3]宗教家鼓吹"眼泪洗明了眼睛"之类"便当的方法"，"那固然是非常之好的，然而这样便宜事，恐怕世界上也很少有"[4]。但千百年来，宗教这种"精神上的劣质酒"[5]却把人们灌得昏昏沉沉，使得他们"怯懦、自卑、自甘屈辱、顺从屈服"，按照"愚民的各种特点"[6]去规范自己。

宗教在社会生活中起着复杂的作用，与政治的关系也是密切的。

---

① 《华盖集·忽然想到》。

② 《华盖集·导师》。

③ 《集外集拾遗补编·通信》。

④ 《且介亭杂文末编·我要骗人》。

⑤ 马克思：《〈莱茵观察家〉的共产主义》，《马克思恩格斯全集》第4卷，第218页。

⑥ 列宁：《社会主义和宗教》，《列宁全集》第10卷，第62页。

一方面，统治阶级要千方百计利用它，作为麻痹和欺骗劳动人民的工具。另一方面，在历史上，它也曾为被统治阶级所利用，作为人民起义的外衣。恩格斯说过："中世纪把意识形态的一切形式——哲学、政治、法学，都合并到神学中，使它们成为神学中的科目。因此，当时任何社会运动和政治运动都不得不采取神学的形式；对于完全受宗教影响的群众的感情说来，要掀起巨大的风暴，就必须让群众的切身利益披上宗教的外衣出现。"①这里指的是基督教神学统治的中世纪欧洲，在古代和近代的中国也往往如此。被统治阶级在对既定的制度进行"武器的批判"时，往往借用宗教这个"批判的武器"，以此来抨击它所进攻的对象，动员尽量广大的群众参加斗争。鲁迅在《匪笔三篇》中曾提到中国古代的"陈涉帛书"、"米巫题字"和近代的"义和团传单"，宗教就在其中起了很大作用。

"陈涉帛书"，指的是我国第一次大规模的农民起义——陈胜吴广起义中的事。发难之前，他们就用了宗教式的神秘语言进行动员。陈胜，字涉，秦二世元年（公元前209年），他和吴广被派戍守渔阳，走到蕲县大泽乡，因雨误期，按秦代法律将被斩首，于是揭竿起义。"乃丹书帛曰：陈胜王。置人所罾鱼腹中"②，泄露陈胜应当做王的"天意"，并用篝火狐鸣的形式，以号召群众，使戍卒们"敬受命"以至决心推翻暴秦。

"米巫题字"，指的是东汉张道陵创立五斗米道之事。五斗米道为早期道教的一派。"受其道者辄出米五斗，故谓之'米贼'。"③张道陵的道徒与巫觋一样，都以符箓为术，即在纸或布上画些似字非字的图形，因此鲁迅称之为"米巫题字"。东汉末，张道陵之孙张鲁曾在汉中建立政教合一的政权近三十年。西晋后，一部分道徒在士大夫

---

① 《马克思恩格斯选集》第4卷，第251页。

② 《史记·陈涉世家》。

③ 《后汉书·刘焉传》。

中传播，一部分仍在农民中从事秘密活动。东晋时，孙恩、卢循利用五斗米道领导农民起义，前后达十余年。

"义和团传单"，指的是义和团在传单中借用神灵号召群众之事。19世纪末，反帝爱国的组织义和团的活动，带有浓厚的宗教迷信色彩，在一些宣言和传单中，往往借用神灵、符咒来号召群众，如"口头咒语学真言，升黄表，焚香烟，请来各等众神仙。神山洞，仙大山，扶助人间把拳玩。兵法易，助学拳，要摈鬼子不费难"①，等等。

鲁迅所举以上事例说明："创立宗教的人，必须本身感到宗教的需要，并且懂得群众对宗教的需要。"②结合鲁迅其他论述可以看到，在宗教的产生、实质、社会作用等问题上，后期的鲁迅已达到了深刻而正确的认识。

第三节　宗教与文化

一、宗教是一种文化现象

如上所述，鲁迅的宗教观，在思想发展的前后期有着重大的变化，但有一点是坚持不变、一以贯之的，就是他始终把宗教作为一种文化现象来对待。

自从有了人类，也就开始有了文化。文化是人类对大自然和社会认识的积淀，它深深植根于直接的现实，植根于人类生存的条件下，成为人类文明的纽带。宗教与人类文化有着密切的关系。从宗教的实在整体来说，它既是一种社会意识形态，又是一种社会实体。从它是一种社会意识形态来说，它既是一种特定形态的思想信仰，又是具有

---

① 《拳匪纪事》。
② 恩格斯：《布鲁诺·鲍威尔和早期基督教》，《马克思恩格斯全集》第19卷，第329页。

一定内容的文化现象。作为文化现象的宗教，它的产生是人类历史发展的必然产物，是人类获得自我意识时的一种异化现象。[①]在人类的文化知识活动领域中，宗教一直是重要的组成部分。几乎每一个民族的文化发展都凝聚着宗教文化的结晶。大约从人类发展的新人阶段出现宗教开始，迄今为止的人类文化没有不是和宗教联系在一起的。在中国，不管是土生土长的道教、原始宗教和从外面传入的佛教、基督教、天主教、伊斯兰教等，都和中国传统文化有着密不可分的联系，在传统文化里表现了广泛的内容，覆盖了大部分领域。不论是哲学、历史、文学、艺术、伦理等社会科学领域，还是医学、化学、天文学、生命科学等自然科学领域，宗教都发生过重大影响，留下了丰富的文化遗产。另外，各种宗教文化也保持着自己鲜明的民族或地域的特色，在不同信教群众和不同领域中起着重要的作用。正因为宗教包含着丰富的文化内涵，因此，宗教本身就是一种文化现象。鲁迅始终把宗教作为文化现象来对待，即使他在批判宗教所起的麻痹人民的作用时，也反对用简单否定的态度对待宗教。

关于鲁迅对佛教、道教、基督教等各种宗教文化的研究和论述，我们在后面的各章将分别进行具体的考察。这里，通过几个事例，看看鲁迅对宗教文化及宗教研究的重视。

1913年2月，鲁迅发表《拟播布美术意见书》，用唯物主义的观点，阐明了艺术和现实的关系。他指出："可知美术云者，即用思理以美化天物之谓。"就是说，美术是通过美术家的思维所反映的客观世界。在"播布美术之方"即传播美术的方式中，鲁迅提出了三条措施，即建设事业、保存事业、研究事业。"保存事业"中列了四项，三项都与宗教有关：

　　著名之建筑：伽蓝宫殿，古者多以宗教或帝王之威力，令国

---

① ［罗］亚·泰纳谢：《文化与宗教》，中国社会科学出版社1984年版。

人成之；故时世既迁，不能更见，所当保存，无令毁坏。……

碑碣：椎拓既多，日就漫漶，当申禁令，俾得长存。

壁画及造像：梵刹及神祠中有之，间或出于名手。近时假破除迷信为名，任意毁坏，当考核作手，指定保存。

鲁迅以上所列，都属于宗教艺术方面。宗教艺术是通过塑造具体生动的神秘形象来反映社会生活的意识形态之一。黑格尔说过："艺术到了最高的阶段是与宗教直接相联系的。"[①]也就是说，艺术和宗教在这个阶段上是处于同一个基础上的，艺术以感性形象化的方式把真实（绝对精神）呈现于意识，因此，它在对象上与内容上是与宗教接近的。宗教往往需要利用艺术来使人们更好地感到宗教的真理，或是用图像说明宗教真理以便于想象。宗教艺术依靠形象的色、声、形、情等静态和动态的美来表达人们对神灵的赞美，对永恒生活的理解、情感和愿望；通过艺术的感染力，使人达到一种妙不可言的境界。鲁迅认为，包括这些伽蓝、碑碣、壁画、造像等在内的美术，"可以表见文化"。为什么这样说呢？因为"凡有美术，皆足以征表一时及一族之思惟（维），故亦即国魂之现象；若精神递变，美术辄从之以转移。此诸品物，长留人世，故虽武功文教，与时间同其灰灭，而赖有美术为之保存，俾在方来，有所考见"[②]。这些东西虽然表现的是宗教的内容，但它是我国劳动人民智慧的结晶、伟大的创造，是中华民族的瑰宝，起着"发扬真美，以娱人情"的作用，足以长留人世。因此，鲁迅大声疾呼，要"所当保存，无令毁坏""当申禁令，俾得长存""当考核作手，指定保存"。

鲁迅也十分重视宗教研究。他在佛学上下了很大功夫，读了大量佛典，有许多深刻的见解。对于对中华民族的精神发生过重要影响的

---

① 黑格尔：《美学》第 1 卷，商务印书馆 1979 年版，第 105 页。

② 《集外集拾遗补编·儗播布美术意见书》。

道教，他也曾进行认真的探究。他在《中国小说史略》等著作中的不少精湛的论述和观点，就得益于对于宗教问题的深入了解。这里仅举他为了比较"无常"的画像而多方搜求不同版本的《玉历钞传》一事。

无常为佛家语，迷信传说中的勾魂使者。《十王经》说，阎魔王遣阎魔卒缚人三魂：一名夺魂鬼，二名夺精鬼，三名缚魄鬼。这些鬼卒就叫作"无常使"。鲁迅1925年曾写过《无常》《五猖会》等文章，回忆幼时民间迎神赛会中出现的"活无常"，它是为人们所最愿意看到的鬼物。鲁迅说："我也没有研究过小乘佛教的经典，但据耳食之谈，则在印度的佛经里，焰摩天是有的，牛首阿旁也有的，都在地狱里做主任。至于勾摄生魂的使者的这无常先生，却似乎于古无征，耳所习闻的只有什么'人生无常'之类的话。大概这意思传到中国之后，人们便将他具象化了。这实在是我们中国人的创作。"①

无常的画像，《玉历钞传》上就有。《玉历钞传》即《玉历至宝钞传》，内容系讲述地狱十殿的情况，宣扬因果报应，鲁迅小时候就读过。《玉历钞传》上还有一种和活无常相对的鬼物，装束也相仿，叫作"死有分"。在他的印象中，无常是戴一顶二尺来高的帽子，但后来看到的画像却不是这个样子，有的书上的活无常是花袍，纱帽，背后插刀，而戴高帽子的却成了死有分。为了弄清这个问题，他就托常维钧、章廷谦等人搜求各种带有画像的《玉历钞传》。在鲁迅书信中，有好几封给章廷谦的信，都谈到这件事：

1926年11月30日的信中说："但欲得木版有图之《玉历钞传》一书，未知有法访求否？此系善书，书坊店不出售，或好善之家尚有存者。我因欲看其中'无常'画像，故欲得之。如无此像者，则不要也。"

在1927年5月15日的信中，又提到此事："我想托你办一件要公。即：倘有暇，请为我在旧书坊留心两种书，即《玉历钞传》和

---

① 《朝花夕拾·无常》。

《二十四孝图》，要木版的，中国纸印的更好。如有版本不同的，不妨多买几种。"

后来章廷谦给鲁迅寄去了《玉历钞传》，鲁迅在1927年7月7日的复信中说："《玉历钞传》亦到，可惜中无活无常，另外又得几本有的，而鬼头鬼脑，没有'迎会'里面的那么可爱，也许终于要自己来画罢。"

鲁迅搜集到的内有无常画像的书籍有两种，一是《玉历钞传警世》（或无下二字），二是《玉历至宝钞传》（或作编）。其中有北京龙光斋本、鉴光斋本，天津思过斋本、石印局本，南京李光明庄本，杭州玛瑙经房本，绍兴许广记本，广州宝经阁本、翰元楼本等。但是这些版本的《玉历钞传》中的无常画像，都不是鲁迅幼年看过的那一种。于是他便自己动手，画了一个他所记得的目连戏或迎神赛会中的无常像。鲁迅在紧张、繁忙的工作、战斗中，花费这么多的时间和精力，不惮其烦地搜集荒诞迷信的《玉历钞传》，当然有着一定的目的。《玉历钞传》在旧时代流传甚广，对中国老百姓有着很大的影响，从中可以了解充斥当时社会的宗教迷信思想，可以看到一般中国人的鬼神观、生死观以及社会习俗等。从这点来看，它是值得研究的。鲁迅在对该书研究后得出了这么一个结论："《玉历》式的思想是很粗浅的：'活无常'和'死有分'，合起来是人生的象征。人将死时，本只须死有分来到。因为他一到，这时候，也就可见'活无常'。"①

古今中外，不少文学作品都与宗教有关，或直接宣扬宗教思想或渗透着宗教意识，或受宗教观念的一定影响。鲁迅主张对这些作品采取审慎的态度，进行科学的分析，反对那种简单、粗暴的做法。《莽原》半月刊第2卷第11期（1927年6月）发表刘半农所译雨果《〈克洛特格欧〉的后序》，原作被删节很多。译者在删节处所作按语中曾一

---

① 《朝花夕拾·后记》。

再声言"这里是提倡宗教的话……我实在不愿意译"，"这仍是'神道设教'的愚民政策，不值得译出"，等等。对于这种简单、武断的做法，鲁迅"就觉得他'狄克推多'得骇人，不料更甚了"。"狄克推多"是英语Dictator的音译，独裁的意思。因为作为译者，要相信读者，不必由自己去作评判；同时也只有全译，才能使读者对作品有全面了解。一见有提倡宗教的话就深恶痛绝，而不结合整篇作品进行深入研究与具体分析，这既反映了译者在宗教问题上的肤浅认识，也是一种不严肃的翻译态度。

二、在中国一个月出几本关于宗教学的书也不算多

鲁迅对当时国内宗教研究状况也非常留意。宗教学是一门科学。宗教研究在当时的中国还很薄弱，尚未引起社会的广泛重视。鲁迅认为，"偌大的中国，即使一月出几本关于宗教学的书，那里算多呢""但这些理论，此刻不适用"。为什么呢？因为在这方面留心的人少，书店也不愿意印行。宗教、民俗研究者江绍原，曾将《二十五年来之宗教史研究》《廿五年来之早期基督教研究》等著译寄给鲁迅，并得到了鲁迅的关心和指导。鲁迅在致江绍原的信中说："今虽讨'赤'，而对于宗教学，恐仍无人留心。""所以我以为先生所研究的宗教学，恐怕暂时要变成聊以自娱的东西，无论'打倒宗教'或'扶起宗教'时，都没有别人会研究。"对当时宗教研究的冷落局面表示了强烈的不满和慨叹。江绍原拟撰写《血与天癸：关于它们的迷信行为》及《二十世纪之宗教学研究》两种书，征求鲁迅的意见，鲁迅说："关于要编的两种书的计划，我实在并无意见。《血与天癸》……我想，大抵有些人看看的；至于《二十世纪之宗教学研究》，则商务馆即使肯收，恐怕也不过是情面。"①

---

① 以上引文见《书信·271114 致江绍原》以及《书信·271120 致江绍原》。

第四节 宗教与艺术

作为伟大的文学家，鲁迅对宗教与文学艺术的密切关系做了认真的研究，并对人类文化知识活动领域重要组成部分的宗教所起的作用，给予了深刻的论述。

马克思提出人们掌握世界有四种方式，其中就有"艺术的方式"和"宗教的方式"。[①] 这两种方式是接近的，例如都是运用幻想和想象，同是带有情感的特点，等等。在原始人看来，万物都有灵性，一切由神灵主宰。他们的生产和生活中各种重大事件，往往以宗教性的活动或仪式作为开端或结束。他们的活动过程和思想过程，可以说都渗透着形形色色的自然崇拜、图腾崇拜、祖先崇拜以及巫术仪式等等初级形式的宗教活动，或者说这类宗教活动是原始人类社会生活的重要组成部分。由于原始艺术以这种生活为自己的养料来源和反映对象，因此它一般来说总是伴随着图腾崇拜、幻想、宗教情感体验。原始的艺术与宗教同样起源于原始社会的社会生活和经济基础，同为原始社会意识形态统一的组成部分，但在对艺术起源产生作用的各种直接而非根本的因素中，宗教由于在当时具有广泛而深刻的影响，因而居于突出的地位。马克思曾指出："在野蛮期的低级阶段，人类的高级属性开始发展起来。""宗教情感"与人的尊严、雄辩、正直、刚毅、勇敢一起，成为人的品格的一般特质；而在宗教领域中，发生了对自然力量的崇拜以及对于人格化神灵和伟大的主宰的模糊观念，促使了原始的诗歌创作。人类借助于"想象"，还创造出了神话、传奇和传说的文学。[②] 恩格斯在谈到原始舞蹈的产生时也指出，原始舞蹈是

---

① 参阅《马克思恩格斯选集》第 2 卷，第 104 页。

② 《路易斯·亨·摩尔根〈古代社会〉一书摘要》，载《马克思恩格斯论艺术》第 2 卷，中国社会科学出版社 1983 年版，第 4—5 页。

"一切宗教祭典的主要组成部分"①。可见，原始宗教和原始艺术都是人类特有的表达思想和感情的一种方式，原始宗教从观念、情感到仪式几乎都用"象征"或艺术的方式来表达，而艺术的各种类型也几乎都曾在原始宗教活动中被运用过，宗教与艺术有着极为密切的关系。

鲁迅也通过认真研究，揭示了宗教与艺术的这种密不可分的关系。这里试以他关于原始艺术以及神话、诗歌、小说等艺术形式的产生的分析研究，来看看宗教所起的重要作用。

一、宗教与原始艺术

鲁迅曾以著名的西班牙亚勒泰米拉洞穴（阿尔塔米拉洞窟）为例，指出了原始的艺术与宗教的关系：

> 画在西班牙的亚勒泰米拉（Altamira）里的野牛，是有名的原始人的遗迹，许多艺术史家说，这正是"为艺术的艺术"，原始人画着玩玩的。但这解释未免过于"摩登"，因为原始人没有十九世纪的文艺家那么有闲，他的画一只牛，是有缘故的，为的是关于野牛，或者猎取野牛，禁咒野牛的事。②

亚勒泰米拉洞穴在西班牙北部桑坦德省境，发现于1878年，内有旧石器时代用三种颜色画成的壁画。该洞穴很大，其长度接近305米。有名的"大壁画"（Great fresco）画于洞穴顶部，是一幅14米长的大型作品，画有包括15头野牛、3只野猪、3只母鹿、2匹马和1只狼在内的动物形象。其中垂死挣扎的野牛和受惊若狂的野猪，造型生动，姿态逼真。亚勒泰米拉洞穴是最早发现的旧石器时代的洞穴壁画。接着，诸如此类的壁画不断被发现，它们大都集中在法国南部和西班牙

---

① 《马克思恩格斯选集》第 4 卷，第 88 页。
② 《且介亭杂文·门外文谈》。

北部。何以在物质条件极其艰苦的时代能产生出一批辉煌的艺术作品来？爱德华·拉蒂德、亨利·克里斯蒂等人认为，史前人的经济生活非常容易，因此有足够的时间去从事艺术创造活动。他们以为人类有一种固有的天性，就是希望从艺术上去表现自己。这种把旧石器时代艺术解释为是出于审美目的的理论被称为"为艺术而艺术"①。鲁迅不同意这个观点。他所说的原始人画牛，"为的是关于野牛，或者猎取野牛，禁咒野牛的事"，指壁画所反映的是一种狩猎巫术艺术。原始艺术还不是为着纯粹审美的目的，而是为着实用或功利的目的所进行的活动。这种实用或功利的目的，常常体现在图腾仪式或巫术活动之中。从当时人类以渔猎为主的艰辛生活环境来看，不难推知这幅画流露了一种复杂的宗教心理与情感，或是出外狩猎前的虔诚祈望，或是对行将牺牲的生灵的怜悯慰藉。总之，人们希望得到护佑，使人能在险恶的环境中生存、繁衍。

二、宗教与神话

神话是原始人对世界起源、自然现象和社会生活的朴实而又虚幻的反映。在人类的童年时代，由于认识水平低下，他们不可能用抽象思维对周围世界做科学的说明，只能通过想象和幻想，做形象化的解释。他们朴素地把自然界想象成同人一样有意志、有情感，于是就出现了关于自然条件的各种各样的神话。这种人同自然浑然一体的观念，便是最初的原始宗教意识。所以，神话是人类最古的思想形式，是"用一种不自觉的艺术方式"对周围世界所做出的艺术概括。神话故事具体叙述超越一般人类世界的，以及对于这个世界具有重要意义的事件和状态。故事中的角色往往是诸神，或其他非凡存在物，如动物、植物、初民，或改变人类境况的具体的伟人。神话既表现了原始人对神灵与神性英雄的信仰、崇拜，也表现了原始人对他们的不满、

---

① 参阅朱狄：《原始文化研究》第2章，第4节。

怨恨和反抗。神话普遍存在于人类传说史和社会史中，它是人类文化的一个基本组成部分。

鲁迅对神话的产生有不少论述："夫神话之作，本于古民，睹天物之奇觚，则逞神思而施以人化，想出古异，诙诡可观，虽信之失当，而嘲之则大惑也。"①"昔者初民，见天地万物，变异不常，其诸现象，又出于人力所能以上，则自造众说以解释之：凡所解释，今谓之神话。"②

马克思认为，神话产生于"人类童年时代"："任何神话都是用想象和借助想象以征服自然力，支配自然力，把自然力加以形象化；因而，随着这些自然力之实际上被支配，神话也就消失了。"③鲁迅的神话观与马克思是相类的。

神话是和原始宗教同时产生的，并保留了原始宗教的痕迹，它不仅有着属于文学艺术方面的审美的东西，还有着属于宗教崇拜等其他方面的东西。鲁迅指出："神话不特为宗教之萌芽，美术所由起，且实为文章之渊源。"④他对希腊等神话评价甚高，认为："欧西艺文，多蒙其泽，思想文术，赖是而庄严美妙者，不知几何。倘欲究西国人文，治此则其首事，盖不知神话，即莫由解其艺文，暗于艺文者，于内部文明何获焉。"⑤鲁迅对中国瑰奇的神话创造充满自豪。早在1908年，他就对那些借口科学，"拾外人之余唾"，而怀疑中国"神龙"为必无的人，给予讥斥。对龙的崇拜是原始宗教的反映。在这里，龙被说成是掌管雨水的动物神，可以给人带来吉祥。尽管它是幻想之物，古人却相信它的真实存在。后来，中华民族就自称为龙的传人。鲁迅说："夫龙之为物，本吾古民之神思所创造，例以动物学，

---

① 《集外集拾遗补编·破恶声论》。
② 《中国小说史略》第二篇。
③ 《马克思恩格斯选集》第2卷，第113页。
④ 《中国小说史略》第二篇。
⑤ 《集外集拾遗补编·破恶声论》。

则既自白其愚矣……抑国民有是，非特无足愧恧已也，神思美富，益可自扬。"①那些断定龙不存在并嘲笑这是迷信的人，根本不懂得这是我们的祖先丰富的想象力的表现，是精神活动的伟大创造。我们应该为此感到骄傲。

中国的神话，用鲁迅的说法，"大抵以一'神格'为中枢"，也就是以所奉祀的某个天帝鬼神为中心，演述出一些神话故事。"迨神话演进，则为中枢者渐近于人性，凡所叙述，今谓之传说。"传说大都叙述古事迹或古英雄，其中的神已经有些人格化了，大多是些"半神"，如简狄吞燕卵而生商，尧时"十日并出"，尧使羿射之的话，都是和凡人不同的。因此传说比之神话，一般较为晚近。随着原始社会的解体，阶级的分化，神话和传说也起了很大变化。传说再演进，"则正事归为史；逸史即变为小说"②。与一些国家比起来，中国古代的神话材料较少，缺乏含有神话的大著作。对于其中的原因，日本盐谷温解释说有两点：一是中华民族先居黄河流域，生活非常勤苦，因此重实际而轻玄想，故神话不能发达及流传下来；二是孔子以修身齐家治国平天下等实用为教，不欲言鬼神，太古荒唐之说，俱为儒者所不道，故以后多有散亡。鲁迅则认为："其故殆尤在神鬼之不别。天神地祇人鬼，古者虽若有辨，而人鬼亦得为神祇。人神淆杂，则原始信仰无由蜕尽；原始信仰存则类于传说之言日出而不已，而旧有者于是僵死，新出者亦更无光焰也。"③

鲁迅曾提到"传说之言日出而不已"的一个例子。他说："吾乡皆谓太阳之生日为三月十九日，此非小说，非童话，实亦神话，因众皆信也。"④据说绍兴人以三月十九日为太阳生日，是因为明末崇祯皇帝自缢于这一天。清兵入关后，绍兴人民为了反抗清朝的残酷统治，

---

① 《集外集拾遗补编·破恶声论》。
② 《中国小说史略》第二篇。
③ 《中国小说史略》第二篇。
④ 《书信·250315 致梁若容》。

就怀起对故帝的悼念，渴望推翻清朝，恢复汉族的政权，因而设想出一次祭祀活动，叫作请"太阳菩萨"，用来避免满人的无理干扰。因汉人向以"日为君像"，祭太阳神，实际上在祭祀崇祯帝。因而绍兴人特加太阳神的佛号为"太阳明明朱光佛"。并由绍兴当时绅商捐款建庙，庙置庙产，雇有庙祝守庙，每年三月十九日，附近居民来此烧香者络绎不绝，并于是日演两场戏。①

鲁迅在《中国小说史略》中说，中国古代神话"仅散见于古籍，而《山海经》中特多"。《山海经》是公元前4世纪—公元前2世纪间的作品，"记海内外山川神祇异物及祭祀所宜"。内容主要是我国民间传说中的地理知识，还保存了不少上古流传下来的神话故事，里面有"人面的兽，九头的蛇，三脚的鸟，生着翅膀的人，没有头而以两乳当做眼睛的怪物"等。②此书《五藏山经》的各经后面，大量列举了祀神所用之物，有雄鸡、猪、犬、牝羊、圭、璧、璋、糈等，而"糈"字在各经中所见最多。王逸注《楚辞·离骚》"怀椒糈而要之"说："糈，精米，所以享神。"是说巫师用精米来享神。《山海经》祀神物中多用糈，又有关于医药、咒禁、神怪等记叙，反映了它与原始宗教的密切关系。因此鲁迅在《中国小说史略》中称《山海经》为"古之巫书"。而巫是专门沟通人与鬼神的。鲁迅还指出："若求之诗歌，则屈原所赋，尤在《天问》中，多见神话与传说。"他认为楚辞中的《天问》，"是中国神话和传说的渊薮"③。

综合鲁迅的论述，可以看到，在原始时代，最初的神话是同原始宗教密切联系的，但是两者又有原则的区别。这种区别在于："宗教把人的本质变成了幻想的现实性。"④正如荣格所说的"一个民族的

① 见孙越舫：《鲁迅笔下的绍兴习俗考》，载《鲁迅研究资料》第13辑。

② 《朝花夕拾·阿长与〈山海经〉》。

③ 许寿裳：《亡友鲁迅印象记》。

④ 马克思：《黑格尔法哲学批判·导言》，载《马克思恩格斯选集》第1卷，第1页。

神话集是这个民族的活的宗教"①。神话作为社会意识形态，它是随着社会历史条件的变化而变化发展的。到了阶级社会后，宗教和神话开始分离开来。在这分离的过程中，宗教吸收了原始神话中一些神作为宗教神学一部分，例如我国古代神话中的东王公、西王母、赤松子等，就被道教所吸收，成为仙人。而神话中的积极因素同时也得到了发展，并成为创作新的神话的源头。

三、宗教与诗歌、小说

鲁迅曾说过："诗歌起源于劳动和宗教。其一，因劳动时，一面工作，一面唱歌，可以忘却劳苦，所以从单纯的呼叫发展开去，直到发挥自己的心意和感情，并偕有自然的韵调；其二，是因为原始民族对于神明，渐因畏惧而生敬仰，于是歌颂其威灵，赞叹其功烈，也就成了诗歌的起源。"②

这是鲁迅前期的观点。在1934年写的著名的《门外文谈》中，他着重说明诗歌起源于劳动，是"不识字的诗人的作品"。但是，宗教对诗歌的发展，确有重要作用，这是不容否认的。诗歌要求具有强烈的感情和丰富的想象，不能凭仗哲学和智力来认识，"所以感情已经冰结的思想家，即对于诗人往往有谬误的判断和隔膜的揶揄"。原因是他们只在自己自然科学的某一方面，精细地钻研着一点有限的视野，"便决不能和博大的诗人的感得全人间世，而同时又领会天国之极乐和地狱之大苦恼的精神相通"③。这说明，宗教能够扩大艺术家的视野，同时在某种程度上可净化人的心灵，成为艺术美的一种崇高追求。

前边说了，神话是和原始宗教同时产生的，并保留了原始宗教的痕迹。鲁迅指出我国小说的起源，就可追溯到神话。在我国古代小说

---

① ［瑞士］荣格：《集体无意识和原型》，载《文艺理论译丛》第1辑，第276页。
② 《中国小说的历史的变迁》。
③ 《集外集拾遗·诗歌之敌》。

中，就有大量的宗教内容，所谓"神鬼精物，数术波流；真人福地，神仙之中驷，幽验冥征，释氏之小乘"①。不论中外，小说与宗教的关系都是十分密切的。

第五节　宗教与科学

一、宗教批判与旧风俗习惯改革

鲁迅不仅是伟大的文学家，而且是伟大的思想家、革命家。他不是就宗教谈宗教，而是紧密联系当时的实际，把宗教问题同中国的社会改革、同旧文化的改革结合起来，同尖锐、激烈的民族斗争、阶级斗争结合起来，同提倡科学、揭发和批判各种封建蒙昧思想和活动结合起来。总之，他把宗教研究、宗教批判作为中国文化批判与建设的一个重要方面来进行。这是鲁迅宗教观的一个显著特点。这主要表现在两个方面，一是重视改革旧的风俗习惯，二是大力提倡科学。

鲁迅十分重视包括风俗习惯在内的旧思想旧文化的改革。他指出："现在已不是在书斋中，捧书本高谈宗教，法律，文艺，美术……等等的时候了，即使要谈论这些，也必须知道习惯和风俗，而且有正视这些的黑暗面的勇猛和毅力。因为倘不看清，就无从改革。仅大叫未来的光明，其实是欺骗怠慢的自己和怠慢的听众的。"②这里正确地指出了宗教等问题同风俗习惯的密切关系。风俗习惯主要是指一个民族（或一定地域的人们）在物质生活和文化生活方面长期形成的共同习惯，它包括衣着、饮食、居住、生产、婚姻、丧葬、节庆、礼仪等方面的习俗、信仰和禁忌，它既是民族的外部特征之一，又体现了民族的共同心理素质，是构成民族的重要因素之一，具有群

---

① 《古籍序跋集·〈古小说钩沉〉序》。
② 《二心集·习惯与改革》。

体性、地域性、稳定性以及可变性等特点。作为文化的一个组成部分的风俗习惯是社会生活的反映，反过来又对社会的发展产生一定的影响。鲁迅一直重视风俗习惯问题。他在1930年给许世瑛开的书单中，就有记叙"晋人清谈之状"的《世说新语》、"论及晋末社会状况"的《抱朴子外篇》、"可见汉末之风俗迷信等"的《论衡》、"反映明末清初之名士习气"的《今世说》等。①

宗教与风俗习惯是有区别的，但有密切联系。有的民族风俗习惯是宗教教义、教规的一部分。如信佛教的人吃素食、禁杀生的习惯，以及一些宗教节日，都属于这一类习俗，它们有着浓厚的宗教色彩。有的风俗习惯来源于宗教，但后来逐渐演变为民间的普遍习俗。例如，我国汉族地区吃"腊八粥"，就是如此。宋代吴自牧的《梦粱录》中说，农历十二月初八日，"寺院谓之腊八。大刹等寺俱设五味粥，名曰'腊八粥'"。相传吃"腊八粥"的习惯来源于佛教。释迦牟尼出家修道，有一次多日化不到东西，又累又饿，适被一位放牧的牧女碰到，取来泉水，加上野果，把身边所带午饭熬成乳糜状粥，释迦牟尼吃后精神焕发，继续修道。腊月八日终于成佛。后来每到这一天，寺庙和尚集会，诵经效法，熬粥供奉，以示纪念。久而久之，吃"腊八粥"逐渐演变为民间习俗，但已不再有祭神敬佛的色彩，而是含有欢庆丰收的意义了。

风俗习惯是在长期社会生活中形成的，其中有积极的健康的，也有消极的甚至是坏的。坏的旧的风俗习惯对人民群众起着潜移默化的毒害作用，使旧的思想绳绳不断，成为社会改革的阻碍。20世纪30年代，报刊上开展关于"社会改革"问题的讨论，鲁迅便把社会改革同旧的风俗习惯的改革联系起来。鲁迅认为，要进行社会改革，必须注重研究风俗习惯，同旧的习惯势力做长期的顽强的斗争。他赞扬并接受了列宁的意见，指出："真实的革命者，自有独到的见解，例如乌

①《集外集拾遗补编·开给许世瑛的书单》。

略诺夫（按：即列宁）先生，他是将'风俗'和'习惯'，都包括在'文化'之内的，并且以为改革这些，很为困难。我想，但倘不将这些改革，则这革命即等于无成，如沙上建塔，顷刻倒坏。"①

旧的风俗习惯的一个重要表现是封建迷信活动，而这又与宗教有很大关系。应该说，宗教也是一种迷信。不过，宗教并不是停留在一般迷信的基地上，它是一种精致的理论化了的迷信，是一种完整的世界观。我们前边已经说过，早期的鲁迅就反对用简单的观点对待宗教，批驳了那种把宗教视为"迷信"的论调，并且发出了"伪士当去，迷信可存"的呼吁。这是鲁迅对宗教产生根源深入了解的正确的观点，在当时有其特殊的意义和作用。但是，宗教与封建迷信，都是对自然和社会的歪曲的虚幻的反映，就其思想体系来说，都是唯心主义的有神论和宿命论。有些封建迷信活动，是人类蒙昧、野蛮时代的产物的残余，带有原始宗教的影子，例如祈禳、禁忌、占卜、巫术等。在当时的旧中国，许多宗教活动又与封建迷信结合在一起，或者说不少封建迷信活动披着宗教的外衣。批判封建迷信活动，既可使人们从愚昧落后中解放出来，又可使人们进一步认识宗教的实质。鲁迅终其一生，对占卜算命、扶乩请仙、驱鬼治病、相面揣骨、阴阳风水等封建迷信活动给予了坚决的揭露和有力的抨击。

例如，鲁迅买了上海魁华书局印行的1924年的日历，待使用起来后，发觉十分奇怪，如从1月23日到29日的七天是这样编排的：

　　　一月二十三日　　土曜日　　星期三　　宜祭祀会亲友结婚姻
　　　又　二十四日　　金曜日　　星期四　　宜沐浴扫舍宇
　　　又　二十五日　　金曜日　　星期五　　宜祭祀
　　　又　二十六日　　火曜日　　星期六

---

① 《二心集·习惯与改革》。

又　二十七日　火曜日　星期日　宜祭祀……

又　二十八日　水曜日　星期一　宜沐浴剃头捕捉

又　二十九日　水曜日　星期二

这真是个"奇怪的日历"，一直翻到12月31日，"终于没有发现一个日曜日和月曜日"；"宜剃头""宜剃头捕捉""宜祭祀"等等，只能"加增昏谬"而已。①

又如，在封建社会，深信死人的安危与生人的祸福关系极大，因此不仅要选择好坟地，而且不能乱动，"掘人祖坟"是万万不能容忍的事。元代江南释教都总统杨琏真伽，曾率徒役在浙江绍兴等地发掘宋代诸皇陵墓，"至断残支体，攫珠襦玉柙，焚其胔，弃骨草莽间"，并下令"哀陵骨，杂置牛马枯骼中，筑一塔压之，名曰镇南"。②这样做的目的，是为了使宋室倒霉。"后来幸而给一位义士盗走了，没有达到目的，然而宋朝还是亡。"鲁迅又说，如果说宋朝是因元代掘其祖陵灭亡，而曹操设了"摸金校尉"之类的官员，专门盗墓，他的儿子却做了皇帝，自己也被谥为"武帝"，好不威风。"这样看来，死人的安危，和生人的祸福，又仿佛没有关系似的。"③

二、把和尚、道士等的宝座让位给科学家

鲁迅还通过大力提倡科学来反对宗教神学。宗教的实质是反科学的。崇尚、依靠科学，是人们摆脱愚昧落后认识的根本途径。科学的每一发现，都无情地打击着宗教迷信。恩格斯这样形象地描述科学和宗教斗争的历史过程，他说："在科学的猛攻之下，一个又一个部队放下了武器，一个又一个城堡投降了，直到最后，自然界无限的领域

---

① 《集外集拾遗补编·奇怪的日历》。

② 见陶宗仪：《南村辍耕录·发宋陵寝》。

③ 《花边文学·清明时节》。

都被科学所征服，而且没有给造物主留下一点立足之地。"①鲁迅一直非常重视科学的伟大力量和作用。在20世纪初年写的《科学史教篇》中，就对自然科学大唱赞歌，称科学为照耀世界的"神圣之光"，可以起到遏止颓势而激励人心的作用。科学是打破宗教神学的锐利武器，伽利略倡地动说，达尔文说进化论，就"摇动了宗教，道德的基础"②。鲁迅明确宣告："孔教和佛教都已经死亡，永不会复活了。我不信上帝，只信科学和道德。"③"五四"运动中，鲁迅高举"民主和科学"的旗帜，向中国传统思想发起了勇猛的进攻和清算。他认为，中国已得了"昏乱病"，这昏乱病的根源，就包括宗教思想在内："我们几百代的祖先里面，昏乱的人，定然不少：有讲道学的儒生，也有讲阴阳五行的道士，有静坐炼丹的仙人，也有打脸打把子的戏子。所以我们现在虽想好好做'人'，难保血管里的昏乱分子不来作怪，我们也不由自主，一变而为研究丹田脸谱的人物：这真是大可寒心的事。"④

鲁迅指出，这昏乱病虽然严重，但已有了医治它的药，这就是"科学"，即用科学的思想来扫除昏乱的心思和助成昏乱的物事（"儒道两派的文书"）；只要不打着"祖传老病"的旗号反对吃药，这个昏乱病总是会痊愈的。鲁迅这里强调的科学，主要是指"科学精神"或"科学思想"，它既反迷信、反神权，又反盲从、反武断，当然也包括了自然科学，因为任何科学都是同迷信、盲从、武断不相容的。

在现代中国，民主是同封建专制主义对立的，科学是同偶像迷信和一切愚昧落后思想对立的。民主和科学不但是反封建的思想武器，而且表达了要使人民政治生活和思想观念现代化的要求和愿望。激进

---

① 《马克思恩格斯选集》第3卷，第529页。
② 《且介亭杂文·中国语文的新生》。
③ 转引自巴特斯特：《新中国思想界的领袖》，见李何林编：《鲁迅论》。
④ 《热风·三十八》。

民主主义者认为，"宗教上、政治上、道德上自古相传的虚荣、欺人、不合理的信仰，都算是偶像，都应该破坏"①。他们主张"以科学说明真理"，努力使自己的认识"步步皆踏实地"，"事事求诸证实"。②在鲁迅看来，中国腐旧的封建传统思想之所以能一代一代地贻害后人，就是由于人们缺乏科学的态度和精神，一味地迷信、盲从。他指出："现在有一班好讲鬼话的人，最恨科学，因为科学能教道理明白，能教人思路清楚，不许鬼混，所以自然而然的成了讲鬼话的人的对头。"③鲁迅主张用科学的态度对待传统观念和社会问题，使主观思想合乎客观实际，做到明白道理，思路清楚，排除虚妄。坚持科学态度，就必须打破旧偶像。"旧像愈摧毁，人类便愈进步。"中国的旧偶像，既有封建统治者在各地建立专祠的孔子、关羽，也有民间供奉的掌管瘟疫和灾害的瘟将军、五道神。鲁迅认为，中国立志改革者应当学习外国那些偶像破坏的大人物，"即使所崇拜的仍然是新偶像，也总比中国陈旧的好。与其崇拜孔丘关羽，还不如崇拜达尔文易卜生；与其牺牲于瘟将军五道神，还不如牺牲于Apollo"④。

鲁迅还揭穿了那些反对、抵制自然科学的人的一个伎俩——捣乱。那些好讲鬼话的人，往往先把科学东拉西扯，羼进儒释道的糟粕，弄得是非不分，连科学也带了妖气。"五四"运动时期，山东历城一个孩子叫江希张，传说不到十岁，就著有《四书白话解说》《大千图书》等书，其实都是他父亲江钟秀和别人代写的。这位"神童"在《大千图书》中说他创立"三千大千世界之说"，是鉴于"近来物质家，创无天帝鬼神之说，一时靡然从风，不知其贻害之大，将有使全球民物同归于尽者"，扬言要使"天下人人莫不敬天畏天"。他自诩有"天眼通"，所看到的地球以外的星系，却是五花八门，如"赤

---

① 陈独秀：《偶像破坏论》，《新青年》5卷2号。
② 陈独秀：《敬告青年》，《青年杂志》1卷1号。
③ 《热风·三十三》。
④ 《热风·四十六》。

精天……有毒火坑，以水晶盖压之。若遇某星球将坏之时，即去某星球之水晶盖，则毒火大发，焚毁民物"。这全是信口开河，瞎编一通，正如鲁迅所说："他拿了儒，道士，和尚，耶教的糟粕，乱作一团，又密密的插入鬼话。"因此，这部书"讲天堂的远不及六朝方士的《十洲记》，讲地狱的也不过抄袭《玉历钞传》"。该书中"嗣汉六十二代天师正一真人张元旭"的序文，更是极力攻击科学家所主张的"世界无帝神管辖，人身无魂魄轮回之说"，认为科学害了人。鲁迅指出："据我看来，要救活这'几至国亡种灭'的中国，那种'孔圣人、张天师传言由山东来'的方法，是全不对症的，只有这鬼话的对头的科学！——不是皮毛的真正科学！"[1]对于20世纪30年代报刊上不时刊登的一些诸如"毒蛇化鳖""乡妇产蛇""冤鬼夺命"等奇闻，以及不少地方盛行的"烧香拜龙，作法求雨，赏鉴'胖女'，禁杀乌龟"[2]"放爆竹救月亮""放焰口施饿鬼"等迷信习俗，鲁迅也进行了尖锐的批判。鲁迅生前期望有那么一天，"和尚，道士，巫师，星相家，风水先生……的宝座，就都让位给了科学家，我们也不必整年的见神见鬼了"[3]。当然，科学与宗教的关系是复杂的，既根本对立，也相互渗透、交织。因此要卓有成效地批判宗教，彻底战胜宗教，不仅要有科学的高度发展，而且要提倡理性，坚持唯物辩证法的科学的世界观和方法论。

---

① 以上引自《热风·三十三》。
② 《花边文学·奇怪》。
③ 《且介亭杂文·运命》。

第二章

鲁迅与佛教

佛教最讲"因缘"。研究鲁迅与佛教，自然应该首先探讨鲁迅与佛教的因缘，即最初怎样引起他对佛教的兴趣，又怎样促使他进一步深入佛学堂奥，并在形成自己的思想体系上具有了鲜明的特色。

第一节　鲁迅与佛教的因缘

一、绍兴浓厚的神佛环境

考察鲁迅与佛教的关系，应注意到故乡绍兴的神佛氛围以及中国佛学在近代复兴这两个方面。

鲁迅的故乡绍兴，有着信奉神佛的浓厚的空气。在这样的环境里，鲁迅从小就与佛教有了缘分。他一生下来，家里就忙着向菩萨为他"记名"。所谓"记名"，就是报名的意思。向菩萨报过名，即表示他已是"出家人"了[①]。这样还不放心，在他不满一岁时，父亲就抱他到附近长庆寺，拜住持龙和尚为师，师父赠他银质八卦一个，上面镌刻着"三宝弟子法号长庚"。这个法名，后来也曾作过笔名（"常庚""庚"），并且在《在酒楼上》这篇小说里，"赠给了恐吓自己

---

① 俞芳：《鲁迅先生的母亲谈鲁迅先生》，载《新文学史料》1979 年第 4 期。

的侄女的无赖"①。他还得到两件"法宝"：一个是非喜庆大事不给穿的"百衲衣"；一个是每逢出门必挂在身上的"牛绳"——上面挂着历本、银筛之类的"避邪物"。鲁迅从小拜和尚为师，并不是真的到寺里当和尚，而是舍在寺里的意思。那时社会有一种习俗，认为许多妖魔鬼怪专喜欢杀害有出息的人，尤其是孩子；孩子要下贱，才能平安无事。一般人家为了避邪，好让孩子健康成长，就让孩子拜和尚为师。这是因为和尚这种人，从他们自己的立场看，将来可以成佛，自然很高超，但从读书人的立场来看，他们无家无室，不会做官，却是下贱之流。所以孩子拜和尚为师，鬼怪就不来搅扰了。鲁迅是长男，"物以稀为贵"，父亲怕他养不大，就采取了这个避鬼的法子，舍给寺院了。

鲁迅在晚年写的《我的第一个师父》一文里，深情地回忆了龙师父及其一家人的生活。在他的印象里，师父是一个颇具叛逆性格而又很可亲近的人："瘦长的身子，瘦长的脸，高颧细眼，和尚是不应该留须的，他却有两绺下垂的小胡子。对人很和气，对我也很和气，不教我念一句经，也不教我一点佛门规矩；他自己呢，穿起袈裟来做大和尚，或者戴上毗卢帽放焰口，'无祀孤魂，来受甘露味'的时候，是庄严透顶的，平常可也不念经，因为是住持，只管着寺里的琐屑事，其实——自然是由我看起来——他不过是一个剃光了头发的俗人。"

论理，和尚是不应该有老婆的，然而他有，并且养了4个儿子。孩子长大了，也当了和尚，有了家小。龙师父这种蔑视佛门"清规"的行为，无疑给了年幼的鲁迅一些有益的启示。

鲁迅还生动地记述了龙师父带第二个儿子受大戒（即从沙弥升为和尚的仪式）的过程。两排香放在他剃得精光的囟门上，同时烧起来，鲁迅担心他叫痛。但他的师父却有法子叫他儿子不喊痛。他不说

---

① 《且介亭杂文末编·我的第一个师父》。

戒律，不谈教理，只在当天清早，叫了鲁迅的师兄去，厉声吩咐道："拼命熬住，不许哭，不许叫，要不然，脑袋就炸开，死了！"鲁迅说，这个法子，"实在比什么《妙法莲花经》或《大乘起信论》还有力，谁高兴死呢，于是仪式很庄严的进行，虽然两眼比平时水汪汪，但到两排香在头顶上烧完，的确一声也不出"。鲁迅感到"如释重负"，善男信女们也个个"合十赞叹，欢喜布施，顶礼而散"了。这些佛教仪式及其他佛事活动，使鲁迅对佛教有了最初的感性的认识。

许多与佛教有关的民间故事，也给年幼的鲁迅留下了深刻的印象。其中有祖母讲述的《水漫金山》的白蛇娘娘的故事。白蛇娘娘被法海和尚镇压在雷峰塔下，鲁迅很为白蛇娘娘抱不平，怪法海太多事。"和尚本应该只管自己念经。白蛇自迷许仙，许仙自娶妖怪，和别人有什么相干呢？他偏要放下经卷，横来招是搬非，大约是怀着嫉妒罢，——那简直是一定的。"①鲁迅那时听了这个故事的唯一的希望，就是盼望雷峰塔倒掉，让被压在塔下的白蛇娘娘出来。

佛经里有一部《高王经》，即《高王观世音》。《魏书·卢景裕传》中说："有人负罪当死，梦沙门教讲经。觉时如所梦，默诵千遍，临刑刀折。主者以闻，赦之。此经遂行于世，号曰《高王观世音》。"旧俗在人死时，把《高王经》烧成灰，捏在死者手里，意思是死者到"阴间"如受刑时可减少痛苦。鲁迅小时候还不懂什么叫《高王经》，为什么要烧成灰捏在死人手里，但他对此却有很深的印象。他回忆说，他父亲临去世时，住在一门里的"精通礼节"的一位太太，立即忙碌起来，给他父亲换衣服，又将纸和一种什么《高王经》烧成灰，用纸包了给他父亲捏在拳头里，并让鲁迅不断地叫着"父亲"，直到咽了气。②

鲁迅年幼时，十分喜欢看民间戏剧。这些戏剧，差不多都与神

---

① 《坟·论雷峰塔的倒掉》。
② 《朝花夕拾·父亲的病》。

佛有关，反映的是因果报应，目的是敬神禳灾。那时东昌坊口的手工业工人和绍兴乡下的农民，经常在过年过节时，临时搭台演出目连戏和社戏。目连戏是绍兴的地方戏，演的是《目连救母记》。据《盂兰盆经》：目连是佛的大弟子，有大神通，尝入地狱救母。当时绍兴凡做戏，总带着一点社戏性，供着神位，是看戏的主体，人们去看，不过叨光。但目连戏所邀请的看客，范围可较广了，自然请神，而又请鬼，尤其是横死的怨鬼。《目连救母记》，开场是"起殇"，中间鬼魂时时出现，收场是好人升天，恶人落地狱。据鲁迅回忆，他在十余岁时，曾在野外演出的《目连救母记》中应募扮演义勇鬼卒的角色："爬上台去，说明志愿，他们就给在脸上涂上几笔彩色，交付一柄钢叉。待到有十多人了，即拥上马，疾驰到野外的许多无主孤坟之处，环绕三匝，下马大叫，将钢叉用力的连连刺在坟墓上，然后拔叉驰回，上了前台，一同大叫一声，将钢叉一掷，钉在台板上。"[1]就算演完了。

　　佛教中的一些人物，当时可以说妇孺尽知的了。鲁迅在散文诗《雪》中，描写了南国雪的柔美。当下雪之后，孩子们就高兴地塑起了雪罗汉。这雪罗汉塑得比孩子们还高，上小下大，分不清是葫芦还是罗汉，然而很洁白，很明艳。"孩子们用龙眼核给他做眼珠，又从谁的母亲的脂粉奁中偷得胭脂来涂在嘴唇上。这回确是一个大阿罗汉了。他也就目光灼灼地嘴唇通红地坐在雪地里。"罗汉即阿罗汉，据经典说，有十六位佛的弟子受了佛的嘱咐，不入涅槃，常住世间，受世人的供养而为众生作福田。十六罗汉传到中国后，受到佛教徒的普遍尊敬，后来又演变成十八罗汉、五百罗汉，许多寺院塑造了五百罗汉像。连孩子们都知道罗汉，可见流传的深远与广泛了。

　　不只是绍兴，当时整个社会上，神佛观念都有不小的影响。鲁迅十八岁考入洋务派官僚所创办的一个"洋学堂"——设在南京的江南

---

① 《且介亭杂文末编·女吊》。

水师学堂，名称虽新而骨子仍旧，充斥着封建迷信那一套。这个学校原先有一个游泳池，因为淹死过两个年幼的学生，早已填平了，还在上面造了一所小小的关帝庙，想借神灵的威力来镇压那两个淹死鬼。更为荒唐的是每年阴历七月十五日，办学的人总请一群和尚到雨天操场来放焰口，一个红鼻而胖的大和尚，头戴毗卢帽，捏诀，念咒："回资罗，普弥耶吽，唵耶吽！唵！耶！吽！！！"这个情景，在过了近三十年后的鲁迅回忆起来，觉得用"乌烟瘴气"四个字来概括，"庶几乎其可也"。①

二、近代佛学复兴的背景

如果说，上述绍兴的神佛环境以及民情风俗，使年幼的鲁迅对佛教有了深刻的感性认识，那么，近代中国佛学的复兴，则促使鲁迅对佛教的学说、原理有了较多的接触，对他产生了较大的影响。

佛学与佛教是有区别的。佛教是由释迦牟尼开启的关于人们如何通过一定途径，以脱离生死苦海、求得解脱的言行教法。佛教作为一个成熟的宗教，包括教主、教义、教徒组织、清规戒律、仪轨制度和情感体验等复杂内容。简言之，佛教就是由佛、法、僧三者综合构成的宗教实体。所谓佛学，从广义上讲，就是对这些内容进行具体的研究和总结分析。一般所说的佛学，是专指佛教的原理、学说部分，是超越信仰之上的理性内核，也是佛教中最有生命力的东西。

佛教东汉末自印度传来中国后，经过魏晋南北朝时期的弘传，隋唐时发展到了极盛，形成了各个不同的宗派，宋明以后则逐渐衰落，原来佛学思想较丰富的法相宗，几乎被人遗忘了，到了近代则又出现了新的转机，呈现出复兴的迹象。梁启超说过："晚清思想家有一伏流，曰佛学。"他在分析其原因时指出，佛学是对清代沉溺于文字、音韵、训诂之学的"汉学"的反动，从龚自珍、魏源，到康、梁诸今

---

① 《朝花夕拾·琐记》。

文学家，"多兼治佛学"；"故晚清所谓新学家者，殆无一不与佛学有关系，而凡有真信仰者率皈依文会"①。从19世纪中叶开始，崇信佛教、钻研佛学似乎成了一种时代风尚，社会上逐渐形成了复兴佛学的运动。我们看到，"开风气"的龚自珍，晚年沉醉于佛学之中，说什么"烈士暮年宜学道""才人老去例逃禅"，笃信因果报应、生死轮回；以擅长经世而知名的魏源，暮岁也潜心佛典，成了虔诚的佛门弟子；谭嗣同鼓吹冲破罗网的著名的《仁学》一书，是随从杨文会一年而产生的，"治佛教之唯识宗、华严宗，用以为思想之基础，而通之科学"②；康有为"潜心佛典，深有所悟"③，佛学成为他哲学思想的重要来源，并在《大同书》中预言将来的宇宙定是佛学的世界；梁启超对佛学一往情深，愈老弥笃，认为佛学"广矣！大矣！深矣！微矣！"热情讴歌佛教信仰"乃智信而非迷信""乃兼善而非独善""乃入世而非厌世""乃自力而非他力"④；严复，作为中国近代最早系统宣传和介绍西学的主要代表人物，在翻译《天演论》《法意》等著作时所加的按语，对佛学不乏赞叹之词；章太炎怒斥孔教，力非耶稣，唯独对佛教钟爱之至。此外，南社、同盟会的不少成员也熟读内典，或从佛学里汲取激励自己的精神力量，或到其中寻求精神寄托的天地。从地主阶级的革新派到资产阶级的改良派、革命派，这么多的人与佛学结下了不解之缘，自然有着深刻的阶级的、社会的、历史的根源。

　　"理论在一个国家的实现程度，决定于理论满足这个国家的需要的程度。"⑤中国近代是大变革的时期。中国佛学在近代的复兴，有着多方面的原因，但最重要的是时代的要求。随着西方的枪炮打开封

---

① 《清代学术概论》。

② 《清代学术概论》。

③ 梁启超：《南海康先生传》。

④ 《论佛教与群治之关系》。

⑤ 马克思：《黑格尔法哲学批判·导言》，《马克思恩格斯选集》第1卷，第10页。

闭古老的中国大门后，"中国向何处去"就成了近代中国社会的一个严峻的课题，许多先进人士、知识分子为此苦苦地寻求着答案。中国佛学思想，内容丰富，理论周密，分析方法精致，对近代的一些思想家、革命家有着强大的吸引力，他们遂把目光转向了佛学，或借助佛教教义来宣扬资产阶级的政治主张，抨击封建纲常和等级制度，或把尊称"佛陀""大雄"的教宗请来充当资产阶级革命的守护神。由于这个原因，中国近代佛学的复兴，具有以下几个明显特点：

一是振兴佛学的主力是在家的居士。

其中成就最大的是杨文会，堪称近代佛学研究的开拓者。杨文会（1837—1911年），字仁山，早年习孔、老、庄、列诸子之学，并学天文、地理、历数、音韵等。1863年于病中读《大乘起信论》，对佛教产生信仰，乃立志搜求佛经，刻印流通。他在海外遍求宋明以来中国已佚的佛教各派典籍，1866年创办南京金陵刻经处，大量刊印佛经，后又在刻经处创办佛教学堂，即祇洹精舍，大力培养佛学人才，1910年又在南京创设佛学研究会，着力传播佛教学术文化。其他如欧阳渐、谭嗣同、吴雁舟、宋恕、章太炎、梁启超等，对佛学的复兴都起了很大的作用。

二是佛学复兴的主流是法相唯识学。

法相唯识宗为中国佛教宗派之一，出于古印度大乘佛教瑜伽宗，由唐代高僧玄奘及其弟子窥基所传。它以主张外境非有、内识非无，成立"唯识无境"为基本理论。由于它集中地分析了世界各种（心的和物的）现象，所以叫作法相学派；分析到最后，认为一切现象不过是识（精神、观念）所表现出来的，所谓"三界唯心，万法唯识"，因此也叫唯识学。其教义过于烦琐，仅三传即衰微。因其逻辑严密，颇具吸引力，当明末清初之际，又开始变成热门。特别是杨文会从日本追回的散佚佛籍，多国内失传的法相宗著作，又加以刊行，一时研究法相唯识之学成为一种时髦。有人认为，法相宗从清到民国时代，在学界几乎代表了中国佛学，有点像唐末以后，禅宗几乎代表中国佛教的样子。

三是"以己意进退佛说"①。

近代的一些思想家、革命家研究佛学，主要是企图从传统佛学中寻找批判封建主义的思想武器，汲取激励人民起来革命的精神力量。因此，他们对传统的佛学进行了不同的解释比附，或者说进行了一番改良，使之资产阶级化了，以达到追求政治解放和思想解放的目的。当时维新思潮的一个特色，就是以佛法解释孔孟，谈西学则取证佛经。例如，康有为论及佛、耶、儒三教时，认为"耶教出于佛""孔子与佛，皆哲学至精极微，道至圆满"②。谭嗣同论述佛学与西学关系时，强调佛学比西学高明，"西学皆源于佛学，亦唯有西学，而佛学乃复明于世"③。梁启超更把佛学说成与资产阶级民权论相一致，"其立教之目的，则在使人人皆与佛平等而已"，"有一众生不成佛，彼誓不成佛。……故舍己救人之大业，唯佛教足以当之"④。很显然，佛学思想只是他们宣传资产阶级"平等""博爱"思想的工具。

佛学这种唯心论的哲学成了近代中国进步思想家的武器，发挥了一定的积极作用。这是毫不奇怪的。在世界历史上也不乏这方面的先例。例如，马丁·路德的宗教改革，1649年的英国革命，都曾在基督教新教的唯心主义意识形态下投入历史的斗争。马克思在论述英国革命时曾指出："克伦威尔和英国人民为了他们的资产阶级革命，就借用过旧约全书中的语言、热情和幻想。"⑤对于受中国传统文化影响较深，并且经历了旧民主主义革命的鲁迅来说，受到佞佛这种浓厚的时代风气的浸濡，也就不足为奇了。

---

① 梁启超：《清代学术概论》。

② 康有为：《欧洲十一国游记》。

③ 《仁学》。

④ 《论佛教与群治之关系》。

⑤ 《马克思恩格斯选集》第 1 卷，第 604 页。

第二节 章太炎对鲁迅的影响

一、"用宗教发起信心，增进国民的道德"

在佛学思想上，章太炎对鲁迅的影响尤为重大。

被鲁迅尊称为"有学问的革命家"的章太炎，1903年因《苏报》案在上海被捕，3年后出狱，即东渡日本，不久就主持同盟会的机关杂志——《民报》，同时为青年讲学，鲁迅就是在此时得以亲炙，从先生学过小学。许寿裳在回忆录中肯定地说，鲁迅的读佛经，当然是受章太炎的影响。[①]有的论者则认为，在这方面鲁迅与章太炎没有什么关系，佐证是鲁迅自己的话。在《关于太炎先生二三事》中，鲁迅曾明确地说："我爱看这《民报》，但并非为了先生的文笔古奥，索解为难，或说佛法，谈'俱分进化'，是为了他和主张保皇的梁启超斗争，和'××'的×××斗争，和'以《红楼梦》为成佛之要道'的×××斗争，真是所向披靡，令人神旺。"

鲁迅还指出，章太炎视为最要紧的两点："第一是用宗教发起信心，增进国民的道德；第二是用国粹激动种性，增进爱国的热肠"，"仅止于高妙的幻想"。笔者以为，对鲁迅的话应进行全面的历史的分析。这里有三点需要注意：

其一，鲁迅撰写此文的主旨及针对性。章太炎于1936年6月逝世后，遭到官绅的歪曲。他们假纪念之名，行歪曲之实，把章当作"复古的先贤"，作为他们鼓吹尊孔读经的"金字招牌"。又有文侩勾结小报，作文奚落以自鸣得意。也还有一些人，并没有抓住章的精神实质，在纪念文章中有明显的错误观点。如许寿裳，作为章的弟子，他怀着崇敬的心情，撰写了《纪念先师章太炎先生》一文，刊登于北

---

① 许寿裳：《亡友鲁迅印象记》。

平女子文理学院主办的期刊《新苗》。该文述及章氏1906年在东京留学生欢迎会上的演说，在节引其中"用宗教发起信心，增进国民的道德""用国粹激动种性，增进爱国的热肠"一段话后，认为在当时"外侮益亟，民气益衰"的情况下，必须大力提倡佛教，像章太炎所主张过的那样："以勇猛无畏治怯懦心，以头陀净行治浮华心，以唯我独尊治猥贱心，以力戒诳语治诈伪心。"否则，"前路茫茫，何能有济？"鲁迅收到许寿裳寄赠的《新苗》后，复信说："得《新苗》，见兄所为文，甚以为佳。所未敢苟同者，惟在欲以佛法救中国耳。"①

实践已充分证明，"佛法救国"的道路是走不通的。在国难当头的紧迫形势下，需要发扬的是章太炎留在辉煌的革命史上的革命精神和大无畏气概，这才是"先哲的精神，后生的楷模"。正是基于此，鲁迅抱病执笔，略其小节，突出和肯定了章太炎的革命业绩，澄清了一些人在日寇侵逼下的糊涂认识，洗去了少数人抹在死者身上的泥污。这充分体现了鲁迅的原则立场，不仅在当时具有重要的现实意义，就是在今天，对于我们全面正确地评价人和事，也是很有启发的。

其二，写这篇文章时的鲁迅，已是一个成熟的、坚定的马克思主义者，又由于是及门弟子，对章的长处和短处知之甚深，分析也就切中腠理。章在辛亥革命前鼓吹的"佛法救国"主张，在已掌握辩证唯物主义和历史唯物主义武器的鲁迅看来，自然不过是"高妙的幻想"。

其三，鲁迅说他爱看《民报》，不是为了先生的"说佛法"，而是为了他和主张保皇的梁启超的斗争，应该看到，这是就个人主观动机而言，并不等于实际的效果。章太炎这一时期的文章，涉及政治、哲学、法律、宗教、道德、历史、国家制度等领域，范围很广，对早期鲁迅思想的形成产生了广泛而深刻的影响。这是多数论者的共同看法。他的佛学思想不可能不对鲁迅产生影响。这种影响也可能是不自觉的。比如，鲁迅同样讲他看《民报》不是为了"文笔古奥"，但也

---

① 《书信·360925 致许寿裳》。

正如他所说，结果却是"受了章先生的影响，古起来了"①；"喜欢做怪句子和写古字，这是受了当时的《民报》的影响"②。因此，重要的是应看章太炎的佛学思想对鲁迅的实际影响。事实上，鲁迅在这方面确实受到章太炎的影响，他早期对于佛学的强烈兴趣，他矻矻地研读佛经，都与章太炎有很大关系。这是不容亦无须避讳的事实。

清末的学佛者，大约有两种人：一为虔诚的佛教徒，很迷信佛教；一为佛学派，只研究法相宗、华严宗的哲理，章太炎即其中的一个。对于佛教，章氏早在1897年已受到夏曾佑的影响，略涉《法华经》《华严经》《涅槃经》等，但不太理解其中奥妙，也未引起兴趣。在因《苏报》案的三年禁锢期间，他认真研究了《瑜伽师地论》和《成唯识论》这两部法相唯识学的要籍。《瑜伽师地论》，传说由古印度弥勒口述，无著记录，唐玄奘译。该书是印度教瑜伽行派的基本著作，也是中国佛教法相宗依据的主要典籍之一。由于它论述了瑜伽师修行时所经历的十七个阶段（十七地），所以也叫作《十七地论》。全书论释眼、耳、鼻、舌、身、意六识的自性及其所依，禅观渐次发展过程中的精神世界，以及修行瑜伽禅观的各种果位。认为世界万有不过是人们的根本心识——阿赖耶识的暂时显现，要人离弃有无、存在非存在等各种名相，而悟入"中道"。《成唯识论》也是法相宗所依据的重要论书之一，世亲所著，中心内容是论证世界的本源是"阿赖耶识"，世界万有是唯识所变，"实无外境，唯有内识"。对这两部书，他在监狱中，"役毕，晨夜研诵，乃悟大乘法义"③。

章太炎首先是一个革命家，他的研究佛学，接受佛教思想，主要是出于资产阶级民主革命的政治需要。他同当时许多先进的中国人一样，是在从接受西方近代自然科学知识的基础上形成自己自然观的。

---

① 《集外集·序言》。

② 《坟·题记》。

③ 《自述学术次第》，转引自汤志钧编：《章太炎年谱长编》上册，第198页。

他坚决反对封建迷信，反对宗教有神论，但他并不主张废除宗教，甚至想利用宗教来实现他的政治主张。章太炎认为，要革命便要有感情，没有感情，纵然有百千万亿的拿破仑、华盛顿，也是人各有一心，不能团结，而要达到这种感情，有两件事情是重要的，其中一件就是"用宗教发起信心，增进国民的道德"。因此，他提倡建立无神的宗教。这个无神的宗教，在他看来，就是佛教。他说，佛教讲"万法唯识"，把一切包括上帝在内，都看作人心的产物，"此心是真，此神是幻"①，由此而断定佛教是无神教。

章太炎之所以认为佛教是无神的宗教，有着一定的原因的。佛教一开始就是以无神论的姿态出现的。原始佛教在反对婆罗门神权统治及其梵天创世说的斗争中，认为上帝和神造万物的观点不符合"无常""缘起"的原理，而专讲业报轮回，教导人们依靠自力超度，脱离"苦趣"（之后，佛教徒，特别是一些佛教学者们，便常常以佛教是无神论相标榜）；后来又由于在思辨哲学上有进一步发展，使许多人往往只看到这种精致的僧侣主义同粗鄙的有神论在形式上的差异，而看不到它由于承认超自然超现实的神秘本体、彼岸世界的存在，最终目的是论证灵魂不灭和死后成佛，因此正是地地道道的有神论。这是佛教最易迷惑人的地方。其实，随着佛教的发展，梵化的理论和神学思想的出现，许许多多被神化了的佛、菩萨以至罗汉，纷纷成了被崇拜的偶像，怎能说佛教是无神的！没有鬼神崇拜而称之为宗教，并明确称之为"无神教"，违背了"宗教"一词的基本含义。恩格斯在批判19世纪40年代的路易·勃朗派改良主义者时就说过："如果无神的宗教可以存在，那么没有哲人之石的炼金术也是可以存在的了。"②

章太炎十分推崇佛教，认为"佛教的理论，使上智人不能不信；

---

① 《建立宗教论》，载《民报》第9号。
② 《马克思恩格斯选集》第4卷，第230页。

佛教的戒律，使下愚人不能不信；通彻上下，这是最可用的"[1]。但佛教又是一个很大的笼统的概念。称无著为"先师"的章太炎，在佛教中最为推崇的则是法相，其次为禅宗，再次为三论与华严；于净、密二宗，则"有所不取"；于三台宗，则更加持批判态度。章太炎把他所要立的不设偶像崇拜的"新"宗教取名为"唯识教"。他说："今之立教，唯以自识为宗。识者云何？真如即是唯识实性，所谓圆成实也。"[2]何谓"真如"？佛教宣称，它是一种神秘的精神本体，不可用言语、思维来表达，而只能由宗教神秘主义的直观（"悟"）来理解。佛教宣称它是唯一真实和永恒不变的，而其他一切都是虚幻不实的。章太炎所要建立的就是这样一种以神秘化了的主观精神为根本的宗教。

从当时的资产阶级民主革命的实际出发，章太炎认为提倡佛教有以下几点好处：

一是认为佛教的平等之说有利于提倡革命。

章太炎1906年出狱东渡，在东京留学生的欢迎会上，公开用佛教的平等之说号召排满革命：

> ……佛教最重平等，所以妨碍平等的东西，必要除去。满洲政府待我汉人种种不平，岂不应该攘逐？且如婆罗门教分出四姓阶段，在佛教中最所痛恨。如今清人待我汉人，比那刹帝利种虐待首陀罗更要厉害十倍。照佛教说，逐满复汉，正是分内的事。又且佛教最恨君权，大乘戒律都说："国王暴虐，菩萨有权，应当废黜。"又说："杀了一人能救众人，这就是菩萨行。"其余经论，王贼两项，都是并举。所以佛是王子，出家为僧，他看做王就与做贼一样，这更与恢复民权的话相合。[3]

---

[1] 《演说辞》，载《民报》第6号。

[2] 《建立宗教论》，载《民报》第9号。

[3] 《演说辞》，载《民报》第6号。

他这里将佛教"一切众生，皆是平等"的教义挹注到资产阶级民主革命的新思想中，解释成"佛教最恨君权"，以此来鼓动人民起来斗争，推翻清朝政府。

二是认为佛教有助于净化道德。

章太炎极端重视革命党人的思想建设和道德修养。他在《革命之道德》这一集中反映自己伦理思想的文章中，提出了道德决定革命的重要思想。他说"两道德相若也，则必求一不道德者而后可以获胜"；而"人人皆不道德，则惟有道德者可以获胜"。他认为当时中国所缺不是智谋，而是道德。要进行推翻清政府的革命，必须依靠道德高尚之人。他认为没有道德高尚之人参加和领导革命，即使"病其口，焦其唇，破碎其齿颊，日以革命号于天下"，却无济于事。戊戌维新和唐才常自立军起义失败，都是由于其领导人缺乏高尚的道德所致。他在东渡后，接触最多的是一批留日学生。留学生中良莠不齐，其中"竞名死利"为"新党之变形者"比比皆是。因此他在痛斥康梁等"新党"同时，对中国这个新的知识阶层中不良分子的"廉耻道丧"针砭尤深，把疗治"诈伪无耻""缩朒畏死""贪叨图利""偷惰废学""浮华相竞""猜疑相贼"①这六种中华道德的痼疾，提高到关系革命成败、民族兴亡的高度。

那么，怎样医治这道德堕废的病根呢？章太炎认为，孔教与理学已无能为力。他说，孔教虽然有极大的好处，但他的精神却是"极坏"。因为孔子当时虽然与贵族争平民的地位，却不敢去联合平民推翻贵族政体，并教人不脱离"富贵利禄"思想。"民德衰颓，于今为甚，姬孔遗言，无复挽回之力，即理学亦不足以持世。"②"我们今天要实行革命，提倡民权，若夹杂一点富贵利禄之心，就像微虫霉菌，可以残害全身，所以孔教是断不可用的。"唯有宗教可用，"世间道

---

① 《印度中兴之望》，载《民报》第 17 号。

② 《人无我论》，载《民报》第 11 号。

德，率自宗教引生"①。因此，他极力主张"要用宗教发起信心，增进国民的道德"。他为了证明佛教与中国习俗相宜，是治病的良药，还举了中国历史上的一些例子："昔我皇汉刘氏之衰，儒术堕废，民德日薄，赖佛教入而持世，民复挚醇，以启有唐之盛。迄宋世佛教转微，人心亦日苟偷，为外族并兼。"②"明末之世，与满洲相抗、百折不回者，非耽悦禅观之士，即姚江学派之徒。"他还认为："日本维新亦由王学为其先导，王学……其义理高远者，大抵本之佛乘。"③他特别欣赏法相、华严二宗："这华严宗所说，要在普度众生，头目脑髓，都可施舍于人，在道德上最为有益。这法相宗所说，就是万法唯心，一切有形的色相，无形的法尘，总是幻见幻想，并非实在真有……在哲学上今日也最相宜。要有这种信仰，才得勇猛无畏，众志成城，方可干得事来。"

他并且断言："提倡佛教，为社会道德上起见，固是重要；为我们革命军的道德上起见，亦是重要。"④

三是佛教有助于培养"依自不依他"的精神。

章太炎非常重视人的能动性，提倡人应有坚定不移的意志。他在当时的一些文章中多次严厉批评国人缺乏坚定的节操和坚毅的意志，缺少执着的个性，人心散乱，无所附丽，常常一哄而起，"咸与维新"，又常常一哄而散。因此他提出要"依自不依他"。所谓"依自不依他"，按照章氏的诠释，就是"厚自尊贵"，即"自贵其心，不以鬼神为奥主""自尊无畏""自信""悍然独往"等。这里的"自"指主体；"他"是异己的力量，既指上帝鬼神之类超自然的崇拜，也指天理、公理、规律等。它标志着人对业经选择的目标，以强大的意志力量一以贯之地追求、实行。章太炎把"依自不依他"看作

---

① 《演说辞》，载《民报》第 6 号。
② 《送印度钵逻罕、保什二君序》，载《民报》第 13 号。
③ 《答铁铮》，载《民报》第 14 号。
④ 《演说辞》，载《民报》第 6 号。

是中国历史上各个哲学派别的共同点："盖支那德教，虽各殊途，而根源所在，悉归于一，曰'依自不依他'耳。"①他认为，中国自古以来就有不尊天敬鬼神而依赖自身的优秀道德传统，其中尤以佛教为最，特别是禅宗，"自贵其心，不援鬼神，与中国心理相合"。他还说，依靠法相唯识宗和王（阳明）学相结合的主观唯心主义哲学，虽然有所失于我见，"然所谓我见者，是自信而非利己，犹有厚自尊贵之风，尼采所谓超人，庶几相近，排除生死，布衣麻鞋，径行独往。上无政党猥贱之操，下作懦夫奋矜之气。以此揭橥，庶于中国前途有益"②。章太炎从当时进行的推翻清朝政府的革命斗争出发，认为需要像法相宗、禅宗那样可以引起人们庄敬震动之情的宗教，来培养执着专一的意志品格，"但使确固坚厉，重然诺，轻死生"，才能担当起救国救民的责任，实现革命的大业。应该看到，在社会动荡、价值迷失的情况下，章太炎提出"依自不依他"，强调真正的道德必须以坚毅执着的意志力量为中坚，是有着特殊的意义的。但是，"依自不依他"显然存在着重大的理论缺陷，主要表现在他过分强调人的自由意志，否认社会规律，否认客观必然性，因高扬人格的尊严而要求推翻一切限制人意志自由的社会规范，因而流露出强烈的唯意志论倾向。

考察章太炎辛亥革命前的佛学救国理论，应该注意的是，他所倡导的并不是固有的传统意义上的佛教，而是经过一番改造的，其实只是他自己的思想。他虽自称宗奉无著、世亲的唯识、法相之学，却并未真正皈依于此门下。例如，他在法相宗中，推崇的是《成唯识论》《瑜伽师地论》《摄大乘论》《大乘密严经》《大乘入楞伽经》等，前三种属于法相宗的基本论著，但后两种则为一般治法相宗者所不采，因为《大乘密严经》系密宗主要经典，《大乘入楞伽经》则系达摩用以阐扬禅宗教义的最初教本。章太炎又承认佛教出于婆罗门正

---

① 《答铁铮》，载《民报》第 14 号。
② 《答铁铮》，载《民报》第 14 号。

宗，他曾试图介绍一位印度婆罗门学者至中国讲授吠檀多哲学，说：
"某等详婆罗门正宗之教，本为大乘先声，中间或相攻伐；近则佛教
与婆罗门教渐已合为一家。得此扶掖，圣教当为一振。"主持南京祇
园精舍的杨仁山，对此给予严厉斥责："佛法自东汉入支那，历六朝
而至唐、宋，精微奥妙之义，阐发无遗，深知如来在世，转婆罗门而
入佛教，不容丝毫假借。今当末法之时，而以婆罗门与佛教合为一
家，是混乱正法，而渐入于灭亡，吾不忍闻也。"[①]应该说，章太炎
在这里是把资产阶级的平等、自由、民主等思想材料注入了佛身，或
者说是他从佛学中借用了若干现成的思想资料与语言，从而使佛教政
治化、抽象化，使佛的形象适应资产阶级革命的需要。就拿他所提倡
的平等观念来说，据他讲，主要来自佛教法相宗的"众生平等"，指
望在社会生活的各个领域内兑现。但是，这与佛教宣扬的死后平等有
所不同。他的平等观念的理论来源还是卢梭的天赋人权论。他推崇卢
梭，认为是"提出民权自由"的初祖[②]，在《五无论》中宣传"人类平
等"，《国家论》中把个人平等看作社会的基础，认为国家是个人的
组合，"是势不得已而设立者，非理所当然而设立者"等，几乎都可
以从卢梭的《民约论》里找到出处。

毛泽东说过，佛教"同帝国主义联系较少，基本上是和封建主
义联系着"[③]。章太炎与他同时代的一些人希图从我国固有的思想中
找到适合于资产阶级要求的哲学理论，便采取了与我国传统文化有深
刻联系的佛教思想，要把佛教的主观唯心主义改造成资产阶级革命斗
争的武器。这是当时中国资产阶级企图"作为社会的代表出现"，但
又在政治上脱离人民群众、深感实力不足的反映。从历史上看，资产
阶级除了它的最卓越的无神论代表，如狄德罗为首的"百科全书派"

---

① 《杨仁山居士遗集·等不等观杂录》卷八，转引自汤志钧编：《章太炎年谱长编》
上册，第301页。

② 《演说辞》，载《民报》第6号。

③ 《毛泽东选集》第5卷，第68页。

之外，不仅不主张消灭宗教，并且还大力鼓吹利用宗教。斯宾诺莎就主张把宗教留给平民，作为道德方面"教育"平民的工具。休谟则主张建立"真正的宗教"，因为宗教是"道德最可靠的根基，社会最坚固的支柱"，需要通过"宗教的动机"把人们"约束"在道德范围之内。①法国启蒙思想家伏尔泰有一句名言：因为神对秩序有用处，所以没有神也必须创造一个。但是，诚如鲁迅后来所说的，"用宗教发起信心，增进国民的道德"，只是"高妙的幻想"。章太炎本想借宗教形式克服理论力量的不足，促进理论的实现，结果却事与愿违。他在辛亥革命的准备时期虽然高张勇猛无畏、救度众生的佛幡，并未引起多大影响，就连他的同志也并不理解他的苦心，他的倡佛被批评为"何异待西江之水以救枯鱼？"②

二、佛教与改造国民性

以上较为详细地介绍了章太炎有关"用宗教发起信心，增进国民的道德"的思想，以便进一步了解章对鲁迅的影响。与鲁迅同时从章先生学的许寿裳认为，鲁迅读佛经，当然是受章的影响。与鲁迅交往较多，青年时代即为鲁迅所看重，并且在佛学上受到鲁迅启蒙的徐梵澄，也说鲁迅在日本留学时，已研究佛学③。这些当是可信的，虽然现在还未找到更为直接有力的证明。鲁迅1904年4月后到仙台医学专门学校学习，感到仙台住宿条件不及在东京弘文学院学习时的东樱馆，在本年10月8日致蒋抑卮的信中说："事物不相校雠，辄昧善恶。而今而后，吾将以乌托邦日东樱馆，即贵临馆亦不妨称华严界也。"这里的"华严界"，即指佛教华严宗宣传的一种至高完美的境界。《华严经》用"海印三昧"描绘圆融无碍的最高境界——佛境，形容此时世界上的森罗万物像海水一样地被显现出来，每一滴水都相互圆融，每

---

① 休谟：《自然宗教对话录》，第219页。
② 《答铁铮》，载《民报》第14号。
③ 徐梵澄：《星花旧影》，见《鲁迅研究资料》第11辑。

一滴海水又都具备百川之味，代表与体现了海水的特征。鲁迅这里是戏笔，但如果对华严宗不了解，是不大可能用此作比喻的。

鲁迅在佛学思想上受到章太炎的影响，主要是通过以下两个方面：

其一是参加章太炎主持的"国学讲习会"，听取章讲授中国的小学（即文字学）及历史。章讲完《说文解字》后，还讲过《庄子》，是运用他广博的佛学知识来加以说明的，属于佛教的圆通部门，这部讲义的一部分后来整理成书，即《齐物论释》这一名著。章太炎当时潜心于佛学，不仅阅读与钻研了佛学各宗派的许多经论，而且对整个古代印度哲学深感兴趣，注意研究包括教论、胜论、吠檀多等各派在内的婆罗门学说。他购得对佛教曾有重大影响的古印度吠檀多精神哲学典籍《奥义书》十种，大都是英、德、日译本，便想请其弟子周作人译出一些，后来考虑此为转译，恐有讹误，便自己想学梵文。他认为："亚洲语言文学，汉文而外，梵文及亚拉伯文最为成就，而梵文尤微妙，若得输入域中，非徒佛学之幸，即于亚洲和亲之局，亦多关系。"[①]章太炎曾特地请了一位梵文教师在智度寺专门开课教习，今还保存有一份1909年春夏之间他约请鲁迅、周作人兄弟二人同往听讲的便笺：

> 豫哉、启明兄鉴：数日未晤。梵师密史逻已来，择于十六日上午十时开课，此间人数无多，二君望临期来莅。此半月学费弟已垫出，无庸急急也。手肃，即颂撰祉。麟顿首。十四。[②]

其二是章太炎在《民报》上一系列文章的影响。章太炎在接编《民报》后，便大力倡言佛学。他在《民报》上共发表的二十多篇论文中，其中《俱分进化论》《无神论》《建立宗教论》《人无我论》《五无论》《四惑论》《国家论》《大乘佛教缘起考》《辨大乘起信

---

① 《致苏曼殊函》。
② 原件今藏北京鲁迅博物馆。

论之真伪》等篇是谈佛和与佛学有关的，其他的篇章也间或涉及。《民报》的这一倾向，使革命派中许多人迷惑不解，因而遭到不少非议，《民报》亦因此被讥评为"佛报"。但是，贯穿当时章太炎政治思想的主要线索，如前所述，是借用佛学语言的平等观，传播"排满"的民族主义思想。他的文章，从理论上积极宣传民主主义革命，继续与康有为、梁启超的《新民丛报》展开革命与改良的辩论，其文犀利，影响巨大。许寿裳回忆说，章太炎任《民报》编辑，"其中胡汉民、汪兆铭等诘难康梁诸作，文笔非不锋利，然还不免有近于诟谇之处，唯有先生持论公允，读者益为叹服，而又注意于道德节义，和同志们互相切励；松柏后凋于岁寒，鸡鸣不已于风雨，《革命道德说》《箴新党论》二篇，即系本此意而作"[1]。汪东也认为："尤其章太炎的文辞渊雅，立论以经史为根据，这样，就使当时的士大夫阶级在思想上发生了很大震动。"[2]章太炎这一系列充满革命精神、具有所向披靡的战斗风格的文章，也令当时的鲁迅为之"神旺"，对于他的思想的许多方面，诸如社会政治观、道德观、宗教观以及文化观等，都产生了重大而复杂的影响。

章太炎倡佛对鲁迅的影响，主要有这么几个方面：

首先，对鲁迅改造国民性思想的形成的影响。鲁迅留学日本，在改变医学救国的初衷后，便把重点放在改造国民性这个不少先进的中国人所瞩目的问题上。他认为，要推翻清朝专制统治，改造社会弊端，必须从改变人们精神面貌做起，即进行精神上的革命。具体来说，就是要"掊物质而张灵明，任个人而排众数"。这是因为，"十九世纪文明一面之通弊"，在于"重其外，放其内，取其质，遗其神"，"性灵之光，愈益就于黯淡"。根治这一弊病，就必须"重

---

[1] 许寿裳：《章炳麟》，第52页。
[2] 汪东：《辛亥革命前后片断回忆》，见苏州市《文史资料选辑》总第6辑。

个人"，崇奉主观，张皇意力。①"人各有己，不随风波，而中国亦以立。"②对于鲁迅的这些思想观点，我们在读了章太炎的《建立宗教论》《四惑论》等后，就不会感到陌生，就能看到它们之间的联系。应该注意的是，在鲁迅早期的几篇论文中，也曾用过佛教典故或语言，如1903年发表的《斯巴达之魂》中，把公元前480年抗击波斯入侵的希腊斯巴达军队称之为"不动明王"，说波斯的数万军队"不能撼此拥盾屹立，士气如山，若不动明王之大磐石"。不动明王，即不动金刚明王，佛教密宗中的菩萨，梵名摩诃毗罗遮那，佛经中说他心性坚定，有降服恶魔的法力。又如在《文化偏至论》中谈到19世纪末的"重个人"时说："试察尔时人性，莫不绝异其前，入于自识，趋于我执，刚愎主己，于庸俗无所顾忌。"其中"我执"即是佛家语。在佛学中，"我执"对"法执"而言，亦曰"人执"，谓不明人为"五蕴"（色、受、想、行、识）假合，执为有常一主宰之我也，一切"烦恼障"皆由此生。这也是章太炎那时著作中经常出现的词语。

其次，重视佛教在改造国民性中的作用。鲁迅认为，佛教对于纯净人们的道德，改造愚弱的国民性，激发人们的民族民主革命激情，有着积极的作用。在这方面，显然是章太炎"用宗教发起信心，增进国民的道德"主张的影响。光绪二十四年（1898年），清政府下诏兴办新学。自湖广总督张之洞起，各地都掀起"庙产兴学"运动，主张没收寺庙财产，以其中十分之七充当教育经费，一时出现了驱僧、毁像、占庙、提产的毁佛运动。鲁迅对这种做法很反感，认为"迩来沙门虽衰退"，但和那些"志操特卑下，所希仅在科名"的学生比起来，"其清静远矣"。他说，如果认为佛教"无功于民，则当先自省民德之堕落；欲与挽救，方昌大之不暇，胡毁裂也"③。当然，重视佛教的作用，在鲁迅改造国民性思想发展过程中，只是早期的一个特

① 《坟·文化偏至论》。

② 《集外集拾遗补编·破恶声论》。

③ 《集外集拾遗补编·破恶声论》。

点。后来把依靠佛学发起信心，救国救民看作是"高妙的幻想"，不仅是鲁迅对章太炎这一思想的正确评价，应该说也是他通过实际革命斗争来总结、清理自己思想而得出的结论。

最后，重视个人的道德实践。章太炎十分重视道德的作用，企图通过倡佛来增进人们的道德。他主张大小事都要讲道德，时时要以道德自重，不要把道德只挂在嘴上，而要身体力行，养成良好的道德习惯。章太炎本人也是如此做的。他朴质热忱，勇猛无畏，鲁迅给予高度评价："考其生平，以大勋章作扇坠，临总统府之门，大诟袁世凯的包藏祸心者，并世无第二人；七次追捕，三入牢狱，而革命之志，终不屈挠者，并世亦无第二人。"[①]真正做到了如佛教华严宗所说的"普度众生，头目脑髓，都可施舍与人"。鲁迅正是章太炎这种精神的传人。他曾说过："仆生长危邦，年逾大衍，天灾人祸，所见多矣，无怨于生，亦无怖于死，即将投我琼瑶，依然弄此笔墨，夙心旧习，不能改也。"[②]他一生自奉俭约，砥砺品行，"严气正性，宁愿覆折，憎恶权势，视若蔑如，皎皎焉坚贞如白玉，懔懔焉劲烈如秋霜"[③]。毛泽东赞誉他的骨头是最硬的："他没有丝毫的奴颜和媚骨，这是殖民地、半殖民地人民最可宝贵的性格。"[④]

第三节　鲁迅对佛经的研究

一、搜求、研读佛经——注重唯识宗和华严宗

鲁迅在佛学上下过很大功夫，曾经大量地求购并认真地研读佛经。

佛经，即佛教典籍，本来是佛教传教的文字记录。佛教在中国

---

① 《且介亭杂文末编·关于太炎先生二三事》。

② 《书信·330628 致台静农》。

③ 许寿裳：《亡友鲁迅印象记》。

④ 《毛泽东选集》第 658 页。

的流传和扩大影响，一方面靠僧团的传教活动，另一方面则要靠佛典的传译与流通。佛、法、僧是佛教的三宝。具体来说，佛典主要包括古印度佛教的经、律、论三部分典籍，再是印度以外中国、朝鲜、日本等地佛教学者的撰述。"经"有狭、广二义。狭义地说，即佛陀说法的记录。佛陀姓乔答摩，名悉达多，释迦牟尼是他的一种尊称，是"释迦族的圣人"的意思。据说他生前说法教化，信众甚多，他遗留下的弟子形成僧团，严格戒律，整理经典，遂发展为世界三大宗教之一。广义地说，规定教团和僧侣行为规范的"律"以及从理论上解释"经"的"论"，也可统称为"经"，如古代所说"众经""一切经"等。我们说的鲁迅读佛经，即是广义上的包括经、律、论三部分在内的典籍。经、律、论又合称"三藏"。全部汉文佛典数量非常庞大。我国清代官刻的《乾隆版大藏经》，收经一千六百多部、七千一百多卷。在漫长岁月里，大量佛典的制作，当然主要是为了宗教宣传。佛陀的教法、佛陀的形象，也主要是依靠这些佛典流传下来的。但佛典的价值，又远远超越宗教宣传。在这些浩如烟海的典籍中，除了教义宣传和迷信说教，还包含着关于社会、历史、经济、法律、哲学、伦理学、心理学、美学、文学、艺术、语言学、逻辑学以及医学等自然科学许多领域的广阔而有价值的内容。

鲁迅大量地购读佛经，主要在1914—1916年这三年。现存《鲁迅日记》，最早从1912年5月5日记起。从《鲁迅日记》看，鲁迅于是年5月25日在北京琉璃厂购得第一部佛经——《观无量寿佛经图赞》。1913年3月1日，购得《法苑珠林》。1914年4月18日，在有正书局买《选佛谱》一部，《三教平心论》《法句经》《释迦如来应化事迹》《阅藏知津》各一部；次日，又购《华严经合论》三十册，《决疑论》二册，《维摩诘所说经注》二册，《宝藏论》一册，"共银六元四角又九厘"，是鲁迅买佛经花钱最多的一次。从此后就大量购进佛经，研究佛经。1914年全年共买佛书一百来种（部）、二百五十册，占全年买书总数的一半。除过购买，还经常借阅，一是借同事朋友的，一是借图书馆的。1917年9月22日记载："午后往图书分馆借《涅槃经》。"许寿裳撰写的《鲁迅先生年谱》，1914年内写着"是年公余研究佛经"①。他说："民国三年以后，鲁迅开始看佛经，用功很猛，别人赶不上。"②

鲁迅另一次较多地购买佛经是1921年。是年6月18日"买楞伽经论等四种八册"；7月7日购"《大乘起信论海东疏》《心胜宗十句义论》《金七十论》各一部"；9月3日"买《净土十要》一部"等。查《鲁迅日记》，最后一次较多地买佛经是1925年7月14日，在佛经流通处买《弘明集》一部四本，《广弘明集》一部十本，《杂譬喻经》五种共五本，"共泉三元八角四分"。

从鲁迅所买所读佛典看，内容十分广泛，几乎涉及中国佛教的各个宗派以及佛学的各个方面。他所购的多为重要的佛教典籍，如《妙法莲华经》《金刚经》《维摩诘经》《楞伽经》《心经》《华严经》《阿弥陀经》等，有的还不止一个版本。中国佛教的三论宗、天台宗、法相宗、华严宗、禅宗、律宗、密宗、净土宗等各个宗派，他都有所涉猎。他还购买了原始佛教的经典《长阿含经》《中阿含经》等，讲述佛传故事的《佛本行经》等，佛教史书《居士传》、四朝《高僧传》等，佛教类书《法苑珠林》等，佛典音义著作《一切经音义》等，介绍佛教典籍的《阅藏知津》，以及入门性质的《佛教初学课本》等。

鲁迅这个时期佛学研究范围虽然很广，但更多注重的是唯识宗和华严宗。这不仅由于当时佛学界广为流行的是唯识、华严，而且也可看到章太炎对他的影响。从《鲁迅日记》看，除过记载抄录、校勘《出三藏记集》与《法显传》外，特意记录阅读佛经的仅一处：1914年10月4日"午后阅《华严经》竟"。这一年，鲁迅先后买了不少有关华严宗的典籍，如《华严决疑论》《大方广佛新华严经合论》《华

① 见《我所认识的鲁迅》一书附录。
② 许寿裳：《亡友鲁迅印象记》。

严眷属三种》《华严一乘决疑论》《大方广佛华严经著述集要》《大方广佛华严经》《贤首国师别传》等。《华严经》即《大方广佛华严经》的简称，为华严宗立宗的重要经典。该经典认为，世界是毗罗遮那佛（《华严经》所说莲花藏世界，即佛报身之净土的教主）的显现，一微尘映世界，一瞬间含永恒，世界一切现象互为依持，互为因果，相即相入，圆融无碍，即所谓"法界缘起"。"华严"意为莲花严饰，是指真如妙法的完美，也暗示法界缘起如重重花瓣组合成一个整体。华严宗据此主张事事无碍，自称"一乘圆教"。《华严经》为大乘佛教的重要经典，它不仅表述了深刻的哲学思想，而且本身有着很高的文学价值。它为了阐扬圆融无碍的法界缘起思想，发挥宗教悬想，论述了自利利他的菩萨行，即修证的各个阶段。全经按说法地点分七处，按场面是八会，即寂灭道场会、普光法堂会、忉利天会、夜摩天宫会、兜率天宫会、他化自在天宫会、普光法堂会（同第二会地点）、逝多林会。按戏剧说，就是七幕八场。《华严经》恢宏开阔，汪洋恣肆，富于大胆想象。它所创造的境界与文字，给人以强烈的印象。①鲁迅是从哲理、文学方面来研究佛学，《华严经》自然会引发他的强烈的兴趣。

二、抄录、校勘、刻印佛经

鲁迅大量搜求佛典，有的一时买不到，就借来抄录，有的还进行校勘。他抄录、校勘的主要有《出三藏记集》《法显传》《百喻经》等。

《出三藏记集》，佛典经录，南朝齐梁僧祐著，十五卷。"出"，即翻译；"三藏"，即经、律、论；"记集"，即记载东汉至梁所译经、律、论的目录、序记以及译经人的传记等。这是我国现存最早而又完整的佛经目录，是研究当时佛教典籍的重要资料。《鲁迅

---

① 参阅孙昌武：《佛教与中国文学》第 1 章，上海人民出版社 1988 年版。

日记》载："从季上借得《出三藏记集》残本，录之，起第二卷"
（1914年9月13日）；"写《出三藏记集》至卷第五，竟"（1914
年9月27日）；"写《出三藏记集》第一卷讫，据日本翻高丽本"
（1915年7月25日）。鲁迅开始没有这部书，特借抄许季上的。从
《鲁迅日记》看，1914年10月6日，周作人从老家绍兴寄来一本《出
三藏记集》，但他于1915年仍补抄了第1卷。现存鲁迅抄录第1至
第5卷手稿，所据为明南藏本及日本翻高丽本，对个别异字加眉批
存疑。

　　《法显传》，亦称《佛国记》《历游天竺记》，佛教传记，东晋
沙门法显著。法显是我国历代西行求法的佛教僧侣中最著名的人物之
一。唐代义净《大唐西域求法高僧传》把法显评为求法僧侣中可和玄
奘先后辉映的大师："显法师则创辟荒途，奘法师乃中开正路。"法
显鉴于律藏残缺，为了到印度寻求中国佛教迫切需要的戒律，于399
年，以六十二岁高龄，和同学慧景、道整、慧应、慧嵬等从长安出
发，西度流沙，翻越葱岭，到天竺求法，前后凡十四年，经历三十四
国，携回很多梵本佛经。后在建康（今南京）道场寺与佛陀跋陀罗共
译六卷本《大般泥洹经》及《摩诃僧祇律》、《方等般泥洹经》、
《杂藏经》、《杂阿毗昙心论》等。这些都是中土旧日所无的大小乘
三藏中的基本要籍。从前和法显一同西行求法的，先后有十人，或半
途折回，或病死异国，或冻没道中，或久留不还，只有法显一人，历
尽艰辛，终于完成夙愿，求得经律，又冒了海路的危险回到祖国，并
且翻译流通，体现了勇猛精进、为法忘身的精神。法显根据所见所闻
撰写的《法显传》，为中国古代以亲身经历介绍印度和斯里兰卡等国
情况的第一部旅行记，对于后来去印度求法的人，起了很大的指导作
用。它不仅为当时亚洲佛教的重要史料，也为研究古代中亚、南亚诸
国历史和中外交通的重要资料。鲁迅曾全部抄录此书。在《鲁迅日
记》中载有："夜写《法显传》起"（1916年3月3日）；"夜写《法
显传》讫，都一万二千九百余字，十三日毕"（1916年3月16日）。

鲁迅抄录后，曾以他本进行校勘。在抄稿的天头，写有240余条眉批，多为指出书中异字，这说明鲁迅是看过多种版本《法显传》的。[①]

《百喻经》，旧题为《百句譬喻经》，原题《痴华鬘》，四卷（或作五卷），为5世纪印度僧伽斯那所集，他的弟子求那毗地在南齐时到我国建康后译出。该经以寓言的形式，以98喻（加上卷首引言，卷末偈语，今称百喻）来说明佛教的基本教义。"痴"是"无明"的代称，是佛教关于三世轮回说的"十二因缘"的第一；"华鬘"是穿花成串作为装饰，佛教徒把它挂在别人颈上，以示祝福。"痴华鬘"的意思，就是以花鬘献给世人以解除愚痴，摆脱苦难。该书有着重要的文学价值，鲁迅是非常喜爱它的，并收藏有三种版本。1914年金陵刻经处刻行的本书单行本，系鲁迅断句。他还认真予以校订。《鲁迅日记》1915年7月20日记载："夜以高丽本《百喻经》校刻本一过。"他依据日本翻刻高丽宅永己丑年本校勘，写有眉批七十余处。凡字词不同，高丽本没有或多出的句子，均加眉批注明，并在校勘的字词旁，加重点号以醒人目。在校本卷末，鲁迅写有题识二行："乙卯七月二十日以日本翻刻高丽宝永己丑年本校一过。异字悉出于上，多有谬误，不可尽据也。"[②]

为了研究佛学，鲁迅还去北京一些佛寺进行考察、瞻礼。他去过的寺院有陶然亭慈悲庵、法源寺、雍和宫、圣安寺、崇效寺、龙泉寺等。现特举几处：

陶然亭慈悲庵。陶然亭在北京南城墙脚下，内有慈悲庵，始建于元代，庵内现存辽寿昌五年（1099年）慈智大德师佛顶尊胜大悲陀罗尼幢，金天会九年（1131年）题写有净法界陀罗尼等梵文的经幢。1912年5月19日，鲁迅与许寿裳同游陶然亭，"其地有造像，刻梵文，寺僧云辽时物，不知诚否"。

---

① 参阅《鲁迅藏书研究》第40页，中国文联出版公司1991年版。
② 转引自赵英：《籍海探珍》中国文史出版社1991年版，第62页。

　　法源寺。位于北京广安门内大街西砖胡同，建于696年，共七进六院，布局严谨，藏有历代文物，均为雕刻艺术和铸造技术的佳作，是市内现存历史最悠久的古刹。1913年5月6—13日（阴历四月初一日至初八日），法源寺举行纪念释迦文佛降世2940年大会，楼上佛教法物陈列所将寺内法藏宝物、名画、古佛、舍利陈列出来供人观览，并借所设水陆道场，追荐前清隆裕太后及民国死难诸先烈。5月8日下午，鲁迅"与齐寿山往戴芦龄寓，拟同游法源寺，不果"。5月10日午后，"因往观礼，比至乃甚嚣尘上，不可驻足，便出归寓"①。

　　雍和宫在北京安定门内东北侧，创建于1694年，为北京最大的藏传佛教寺庙。宫内有紫檀木雕、五金制作的"五百罗汉山"，金丝楠木雕佛龛，檀木大佛。1913年8月12日午后，鲁迅同戴芦龄、许季上游雍和宫。

　　大乘佛教修习的主要内容有六种，称为"六波罗蜜"，其中一种就是布施（檀那），指施予他人以财物、体力和智慧等，为他人造福成智而求得积累功德以至解脱的一种修行办法。鲁迅也曾有过这类布施行为。据《鲁迅日记》，1914年7月27日："上午收本月俸二百四十元，捐入佛教流通处二十元，交季上。"1915年12月17日："季上匃人洒扫圣安寺，助资二元。""匃"即"鸠"，就是说，许季上花钱雇人打扫圣安寺，先生资助了两元钱。曾任上海中华书局编辑、著有《中国大文学史》的谢无量，其弟万慧法师，久居印度、缅甸，研究佛学，鲁迅曾给予帮助。1916年8月4日记道："施万慧师居天竺费银十元，交季上。"对鲁迅的布施，我们当然不能看作是他的一种修行办法，因为他并不是信仰佛教的，但由此可以看出鲁迅对佛教的重视和关心。

　　鲁迅的母亲信佛。1914年，为庆祝母亲六十生辰，鲁迅托金陵刻经处刻印《百喻经》一百册。1914年7月29日记道："托许季上

---

　　① 以上引自《鲁迅日记》。

寄金陵刻经处银五十元，拟刻《百喻经》。"10月7日记道："寄南京刻处印《百喻经》费十元。"两次共寄六十元。1915年1月该经印成，末页有这样的附记："会稽周树人施银六十元敬刻此经，连圈计字二万一千另八十一个，印送功德书一百本，余资拨刻《地藏十轮经》。"《百喻经》前边介绍过了，是一部既富深刻哲理，又有重要文学价值的佛经，受到鲁迅的厚爱。《地藏十轮经》为《大乘大集地藏十轮经》的略名，唐玄奘译。佛依地藏菩萨之问而说十种之佛轮。十轮者，即佛之十力也。

三、鲁迅身边的佛教研究氛围

鲁迅这一时期的嗜读佛经，固然原因很多，但不可忽视的一个重要方面，就是佛教在社会上还有相当的影响。如1912年，教育部为普及社会教育举办了夏季演讲会，请一些中外学者讲演，所设科目好多种，除过政治、哲学、经济、文化教育等外，还有佛教。特别需要指出的是，鲁迅当时所在的教育部社会教育司的一些同事以及他的亲友，或是佛教徒，或是佛学爱好者，即在鲁迅周围，有一个浓厚的研探佛学的气氛，他们对鲁迅有着直接的影响，并且起了互相促进的作用。这里介绍几位：

夏曾佑，字穗卿，1912—1915年任教育部社会教育司司长，是鲁迅的顶头上司。他原是清光绪年间的进士，参加过康有为的变法维新和谭嗣同等所提倡的"诗界革命"，有一定的影响。他是一名深通佛学的新学之士，其佛学思想曾对梁启超、谭嗣同产生相当影响。梁、谭与他过从时，常常争论学问。梁自承"十次有九次我被穗卿屈服"。[①]前边说了，章太炎最初接触佛学，也是受夏的影响。夏又是一位历史学家。鲁迅1935年4月19日在回答唐弢所问时认为，关于清朝的史书，萧一山的《清代通史》和夏曾佑的《中国历史教科书》两书

---

① 丁文江、赵丰田：《梁任公先生年谱长编初稿》，第37页。

较好。①鲁迅因工作关系，也到他家里去，有时也被拉着同饮酒。如《鲁迅日记》1913年5月11日记云："上午得戴芦龄简，招往夏司长寓，至则饮酒，直至下午未已，因逃归。"社会教育司浓厚的佛学空气，应该说与夏曾佑是有很大关系的。

许季上，名丹，字季上，历任教育部主事、视学、通俗教育会编审员，曾与鲁迅在社会教育司第二科共事。他是个佛教徒，在印度留过学，精习梵文，又曾在北京大学兼课，讲授印度哲学。鲁迅与他过往甚密。1914年鲁迅刻印《百喻经》，就由他经手。据《鲁迅日记》，1913—1918年，他们公余往来频仍。两人曾互借对方的佛书。许季上先后借过鲁迅的《阅藏知津》《法苑珠林》《付法藏因缘经》《金刚经六译》等，鲁迅向许借过《出三藏记集》等。他们还互赠佛书等。例如1913年4月7日，许赠鲁迅《劝告菩提心文》一册、《等不等观杂录》一册。许还赠过鲁迅"木刻印《释迦立像》一枚，梵书'唵'字一枚"（1914年9月14日）以及《梦东禅师遗集》（1918年5月21日）等。鲁迅则赠过"支那本藏经'请'字二册"（1914年12月7日）、《大方等泥洹经》（1914年9月8日）。许季上还常陪同鲁迅选购佛经，例如，1914年9月26日就陪鲁迅往有正书局，买"《大安般守意经》一部一册，《中阿含经》一部十二册，《阿毗达摩杂集论》一部三册，《肇论》一册，《一切经音义》一部四册，共银四元二角六分二厘"。1914年9月17日，许季上从常州天宁寺邮购回一批佛书。鲁迅分得《广弘明集》《金刚经论》《十八空百广百论》《菩提资粮论》等六部十八本。

梅光羲，字撷云，当时任教育部秘书，为中国佛教会及中国佛学会会员。据《鲁迅日记》，1912年5月24日："梅君光羲贻佛教会第一、二次报告各一册"；同年10月19日载："梅撷云赠《佛学丛报》第一号一册"。《佛学丛报》，月刊，上海有正书局发行，1912年

---

① 《书信·350419 致唐弢》。

创刊，梅赠鲁迅的是该刊创刊号。他们也有工作上的往来。《鲁迅日记》1912年6月14日记载："与梅光羲、胡玉缙赴天坛及先农坛，考察其地能否改建公园。"

许寿裳，字季茀，同鲁迅一起受过章太炎的教诲，对佛学很感兴趣。他们民国初年在教育部时，常去琉璃厂逛书店，购买佛经，并相互约好，尽可能不重复。许寿裳回忆说，鲁迅"买了《瑜伽师地论》，见我后来也买了，劝我说道：'我们两人买经不必重复。'我赞成，从此以后就实行，例如他买了《翻译名义集》，我便不买它而买《阅藏知津》，少有再重复的了"①。他们还彼此介绍什么佛书值得买。如许寿裳爱看《高僧传》，介绍给鲁迅，鲁迅曾借阅，后来就买了唐、宋、明《高僧传》各一部。有时候许寿裳一人去琉璃厂，偶然碰到一批难买到的佛经，就先代鲁迅买下来，如《鲁迅日记》1914年7月28日载："下午得季市笺并《大方广佛华严经著述集要》一夹十二册，《十二门论宗致义记》一部，《中论》　部，《肇论略注》一部，各二册，从留黎厂代买来，共直三元二角二厘。"

周作人，鲁迅的二弟，也爱看佛书。据他讲，早在南京学堂的时候，就曾叩过杨仁山居士之门，承蒙传谕可修净士。在日本留学时，已读到《楞严经》和《菩萨投身饲饿虎经》。②周作人1917年4月以前在老家绍兴。这期间，鲁迅从北京先后给他寄去不少佛书，每次几乎都是一大包。如，"上午寄二弟书一包，内《释迦谱》四本，《贤首国师别传》一本，《选佛谱》二本，《佛教初学课本》一本"（1914年6月9日），"午后寄二弟书一包，计《起信论》两本，《僧肇宝藏论》一本，护教诸书七本，共十本也"（1914年7月5日），"上午寄二弟书籍三包：一、《贤愚因缘经》四本，《肇论略注》二本。二、《大唐西域记》四本，《玄奘三藏传》三本。三、《续高僧传》十

---

① 许寿裳：《亡友鲁迅印象记》。
② 《知堂回想录》：《二〇六拾遗（午）》《八二学希腊文》。

本"（1914年7月29日）等。在周作人1914年的日记中，有着收到鲁迅所寄佛书并逐本阅读的记载。①1921年6月2日—9月21日，周作人在北京西山碧云寺养病。在此期间，鲁迅先后五次到崇文门外花市大街附近的卧佛寺为周作人购买佛经，有《净土十要》《楞伽经论》《梵网经疏》《立世阿毗昙论》等十五种（部）。

四、对于佛经只当作人类思想发达的史料看

如何看待鲁迅这时期的读佛经？毋庸讳言，辛亥革命后令人失望的局面，险恶的政治环境，以及一时找不到真正的出路等原因，在鲁迅思想上形成了矛盾，产生了寂寞、失望、怀疑和痛苦的情绪，因此抄古书、读佛经，想借此摆脱那"如大毒蛇似的寂寞""缠住了我的灵魂"所造成的痛苦。佛学原本是一种消极遁世的精神麻醉剂，佛经中充斥着那套空灵的唯心主义，超然出世、"四大皆空"的消极思想。然而鲁迅毕竟是鲁迅。对于永远是革命战士的鲁迅来说，坚忍执着的战斗精神同因果报应的佛门教义水火不相容，勇于面对现实的清醒态度同追求超脱世间的"涅槃寂静"格格不入，始终把自己与国家、民族的命运连在一起的宽广胸怀同只为个人"来生"打算的猥贱用心更是风马牛不相及。正如许寿裳所说："他对于佛经只是当做人类思想发达的史料看，借以研究其人生观罢了。别人读佛经，容易趋于消极，而他独不然，始终是积极的。他的信仰是在科学，不是在宗教。"②在一定意义上说，宗教是人类追寻人生的绝对意义的产物，因此它有着大量的人生观方面的内容，特别是佛教，作为一种宗教哲学，在人类的理论思维的历史上留下了丰富的经验教训。鲁迅就对人说过："释迦牟尼真是大哲，我平常对人生有许多难以解决的问题，而他居然大部分早已明白启示了，真是大哲！"③徐梵澄回忆说，鲁迅

---

① 见《周作人日记（1914—1915年）》，载《鲁迅研究资料》第14辑。

② 许寿裳：《亡友鲁迅印象记》。

③ 许寿裳：《亡友鲁迅印象记》。

先生的胸襟达到了一极大的沉静境界，仿佛是无边的空虚寂寞，几乎要与人间绝缘。如诗所说"心事浩茫连广宇"，外表则冷静得可怕，尤其是晚年更是如此。这冷静境界，在思想上成就了精辟的见解，看事物异常深透，所谓"静则生明"。在另一方面，于健康也有了大帮助。徐梵澄认为，鲁迅先生达到这一境界，与得力于长期看佛经的修养是有关的。①

应该看到，对鲁迅来说，读佛经还是为了进一步研究中国社会历史，寻找社会病根。鲁迅留日时就立下了改造国民性的宏愿，以做一名"精神界之战士"而投身到革命洪流中的。理想与现实的矛盾促使他严于解剖自己，认真地总结经验教训。他逐渐发现了自己，渐渐地对自己的怀疑产生了怀疑，因此在失望时仍不悲观，在怀疑中仍有追求。鲁迅辛亥革命前从改造国民性出发而推重佛教，真诚地企望通过佛学的振兴有助于社会的改革、国民道德的改造和革命者无私无畏的精神的培养，但严峻的现实证明这不过是"高妙的幻想"。袁世凯在大搞尊孔读经的同时，也大力提倡佛教，当时各地广设佛教会，积极展开活动。鲁迅采取的行动是"沉入于国民中"与"回到古代去"。所谓"沉入于国民中"，主要是进一步认识中国社会，探索国民性的弱点；所谓"回到古代去"，主要是认真考察中国历史，研究中国传统文化，诊察封建社会的痼疾，寻找针砭国民性的药方。作为自己早先就十分重视而又是中国传统文化一个重要部分的佛学，鲁迅下功夫去钻研，是非常自然的，也是值得的。

---

① 徐梵澄：《星花旧影》。

第四节 鲁迅对佛教造像、碑帖、题记的研究

一、《六朝造像目录》

鲁迅在购阅佛经的同时，还大力搜求碑帖拓片，其中的一个重点是造像及有关佛寺的碑、铭、志、记等。

佛教重视造像。释迦牟尼即离世，诸大弟子想慕不已，刻木为佛，以形象教人，故佛教亦称像教。佛事中不但造像功德无量，即观像崇拜者也有极大功德。造像即雕刻塑造佛像。造像立碑始于北魏，所造者以释迦、弥陀、弥勒、观音、势至为多。造像开始是刻石，或刻山崖，或刻碑石，或造石窟，或造佛龛，后来则或施以金涂彩绘。其形式有一尊一石或多尊共一石的，有带龛形的，佛座上刻有铭文。大型的石雕龛像叫作"造像碑"，一面以至四面都雕刻佛菩萨像。有的在下方刻有供养人像或者题名。南北朝是石刻造像最盛的时期，这些作品也是当时雕塑创作最重要的一类。历史上由于寺庙建筑多毁，泥、木作品无存，而石刻造像在各地则有大量遗存，其中不少制作精美，与石窟雕塑具有同等的艺术和文物价值。鲁迅收集的重点就是造像最盛的六朝时期。

鲁迅对佛教造像及与佛教有关的文物十分重视。在北京教育部任职期间，鲁迅就参加并领导了古物调查工作，其中任务之一，就是调查古代美术品的存佚情况。现存一份鲁迅当年写下的《古物调查表钞》，共27页，内容为河北、山东、河南等地现存的造像、塔寺和石碑，并尽可能地注明了建造的时间、地点和收藏人。他还从《畿辅通志》中摘录有关河北省三十余县的石刻录，共3.6万字，对了解和研究河北省的造像、墓志和碑刻，具有重要的参考作用。鲁迅从1915年4月起，大量收集研究汉代画像和六朝造像，他的《鲁迅日记》中就有不少求搜造像等碑帖的记载，如这一年7月1日，买

《李显族造像碑颂》《潞州舍利塔下铭》；3日，买《常岳造像》及残幢、《凝禅寺三级浮屠碑》；4日，买北齐等慈寺残碑及杂造像等七枚，北魏石渠造像等十一种十五枚；7日，买《同州舍利塔额》一枚，《青州舍利塔下铭》并额两枚；10日，买《张荣千造像记》三枚，《刘碑》《马天祥造像记》各一枚，《岐州舍利塔下铭》一枚，等等。在这方面，鲁迅花费了大量的精力及财力。据1915年《鲁迅日记》"书账"，全年共买拓本一百一十九种，1916年买进一千二百种左右。除从北京的书店购得外，他还常得到友人馈赠或请人在外地代买代拓，杨莘士即为其中之一。1915年《鲁迅日记》就有这样的记载，如：2月6日，"杨莘士赠颜鲁公像拓一枚，又刘丑奴等造像拓一枚"；6月10日，"杨莘耜从西安买石刻拓本来，计《梵汉合文经幢》一枚，《摩利支天等经》一枚，《田僧敬造像记》共二枚，《夏侯纯陀造像记》共二枚，《钳耳神猛造像记》共四枚"；11月27日，"杨莘耜赠《周天成造像》拓本一枚"等。这时远在绍兴的周作人，也搜集了些碑帖拓片，寄给北京的鲁迅。如周作人1915年3月11日《周作人日记》载："在仓桥买跳山建初摩崖妙相寺石佛背铭，共五纸，当寄北京。"次日《周作人日记》，便有"上午寄北京拓片一包，建初摩崖四，石佛二，武梁石室一，共七分"的记载。《鲁迅日记》本月17日，有收到这些拓片的记载。鲁迅还利用到外地讲学的机会搜罗金石拓本。1924年他在西安讲学时，就从古董铺中收购了如大智禅师碑侧画像、《卧龙寺观音像》等拓本。鲁迅收集到的造像，除个别是道教的外，主要是佛教的。搜求碑帖拓片，鲁迅坚持了二十来年。1935年5月，鲁迅对于收集画像事"拟暂作一结束"，原因是"年来精神体力，大不如前，且终日劳劳，亦无整理付印之望，所以拟故置之"[①]。事实上他并未停下来。这年8月11日，他在致台静农信中，谈到极希望得到全份的南阳汉墓石刻画像。

---

① 《书信·350514 致台静农》。

在他过世前的两个月，得到王正朔寄来的南阳汉石画像六十七枚，接信的当日即复信，并托王正朔于冰消后，将桥基石刻拓出寄来。①

　　收集碑帖拓片，属金石之学。金石学为自宋以来较发达之学。鲁迅不仅大量搜求，而且进行认真的整理。在1916—1918年的《鲁迅日记》上，常有"录碑"、"夜独坐录碑"及"夜校碑"等记载。为了研究、整理这些拓本，鲁迅先后购置了大量的金石文字书、金石地志书、金石图像书以及金石目录等，直到1935年，还买了容庚辑的《金文续编》、王振铎编的《汉代圹砖集录》、王潜刚辑的《观沧阁所藏魏齐造像记》。鲁迅所用以对勘的主要有《陶斋藏石记》《金石萃编》《金石续编》等。《陶斋藏石记》为清代端方所著，凡四十四卷。端方曾任两江总督，所录均为其所藏之碑刻、钱范、瓦砖等铭文拓片，始于汉代，止于明代，共七百余件，录释文于前，后附考订，并详载原物之尺度。《金石萃编》，为金石著录之集大成者，清代王昶编，凡一百六十卷。该书自周代迄金代，以建碑年月为序，共收碑志一千余件，每一碑目下，列碑石形制、尺寸、行字数、额字、所在地等，刊碑志全文，系以历代论著、题跋语摘，复加按语于后。鲁迅看到《金石萃编》的错误很多，于是"立意要来精密的写成一本可信的定本"②。他的方法是先用尺量了碑文的高广，共几行，每行几字，随后按字抄录下去，到了行末便画上一条横线。石刻原文均依碑文字体摹写，对有些损泐处间作校补，在绝大多数碑文之后辑录了宋明以来金石著录及方志上的有关资料。鲁迅所辑录和校勘的石刻，共790余种。他生前已编出《六朝造像目录》，共收造像1335项，造像题记343篇。鲁迅经过长期的悉心研究，在这方面有很高的造诣，也有一定的影响。在收到台静农所寄北魏石刻曹望等造像记后，鲁迅根据方若著的《校碑随笔》：原石"正书二十二行，行九字，后余一行，末刻

---

　　①《书信·360817致王正朔》。
　　②周遐寿：《鲁迅的故家》。

一大字"，指出"摹刻本全失原石笔意"。[①]《鲁迅日记》1929年5月31日载："午后金九经偕冢本善隆、水野清一、仓石武四郎来观造像拓本。"金九经是朝鲜人，北大日文、朝文讲师，因往未名社而认识鲁迅。冢本善隆为日本京都大学教授，研究中国佛教美术。水野清一当时在北大研究考古，后研究中国雕塑艺术。仓石武四郎是京都大学汉文教授。他们三人由金九经陪同，观看了鲁迅所藏石刻造像拓片和六朝砖拓片。

鲁迅所收碑帖相当丰富，这里仅介绍他对于佛教造像及与佛教有关的碑铭志记的研究。

鲁迅大量收集包括佛教造像在内的碑帖拓片，除出于对佛教的研究外，一个重要的原因，是想撰写一部《中国字体变迁史》，1933年6月18日在致曹聚仁的信中说："我数年前，曾拟编中国字体变迁史。"所谓字体，大致包含两个方面。一是指文字的不同体式，如篆书、隶书、草书、楷书、行书等。韩愈《石鼓歌》："辞严义密读难晓，字体不类隶与科。"科同蝌，指蝌蚪文。二是书法的流派或风格特点，如钟（繇）王（羲之）字体、颜（真卿）柳（公权）字体之类。字体有时也指字的形体结构。

汉字是历史上最悠久的文字之一。从字体发展的历史看，自甲骨文之后，经历了金文、篆文、隶书、草书、真书、楷书这样几个阶段。鲁迅对汉字的产生、演变及改革，进行过深入的研究。他虽然没有写成《中国字体变迁史》，但从《门外文谈》《中国语文的新生》《关于新文字》《论新文字》《汉字和拉丁化》等一系列文章中，仍可看到他的精湛的论述和超卓的见解。他在《门外文谈》这篇用马克思主义观点解释文字和文学的起源和发展历史的杰作中，指出汉字起源于图画，"写字就是画画"；有些字不好画，古人"早就将形象改得简单，远离了事实。篆字圆折，还有图画的余痕，从隶书到现在的

楷书，和形象就天差地远"。文字是无数的仓颉所创造的，大家心心相印，口口相传，文字就多起来，史官一采集，便可以敷衍记事了。"现在我们能在实物上看见的最古的文字，只有商朝的甲骨和钟鼎文。"鲁迅认为，汉字是劳动人民创造的，必须把它交给大众，但方块汉字对劳动人民来说，又是十分繁难的，成为他们的障碍，因此必须进行改革，并且提出了汉字改革必然要走拼音化的主张。

二、造像题记的研究

鲁迅研究中国字体的变迁而重视六朝造像，这因为造像必有铭文题记，六朝造像上的铭文题记与书法艺术关系甚深。清代书法，康雍之际竞尚董其昌，乾隆之世争效赵孟頫，是为帖学兴盛期。及清代后期，随着金石考据之学大兴，碑学盛行起来。阮元是倡导北碑的先驱者，他在《北碑南帖论》中提出："短笺长卷，意态挥洒，则帖擅其长；界格方严，法书深刻，则碑据其胜。"包世臣的《艺舟双楫》，又把阮元的鼓吹推向了一个高潮。他竭力推崇北魏书法："北朝人书，落笔峻而结体庄和，行墨涩而取势排宕。"[1]以为有河朔清刚之气，可以救晋草唐楷柔弱之弊。康有为继承包世臣的理论、观点，写了一本论书法的书，名为《广艺舟双楫》，发出了"尊魏卑唐"的口号。他还认为，学碑可考隶楷之变，可考后世书体之源流。在他们的号召下形成了尊碑抑帖之势，由此一改风靡了几百年的媚弱书风，气象为之一新。造像题记书法精美，品类繁多，在北碑中之地位极为重要。康有为对造像题记评价甚高。他说："吾见六朝造像数百种，中间虽野人之所书，笔法亦浑朴奇丽有异态。"[2]"魏碑无不佳者，虽穷乡儿女造像，而骨血峻宕，拙厚中皆有异态，构字亦紧密非常，岂与晋世皆当书之会邪，何其工也！"[3]他还指出某些

---

[1]《艺舟双楫·历下笔谈》。

[2]《广艺舟双楫·本汉第七》。

[3]《广艺舟双楫·十六宗第十六》。

造像题记在书法艺术上有承先启后的作用，如认为"北碑《杨大眼》《始平公》《郑长猷》《魏灵藏》，气象挥霍，体裁凝重，似《受禅碑》；《张猛龙》《杨翟》《贾思伯》《李宪》《张黑女》《高贞》《温泉颂》等碑，皆其法裔"①。康有为把南北朝碑按高低分为"神""妙""高""精""逸""能"等六级品题，入选者共七十七种，其中造像题记二十四种，约占三分之一。正由于造像题记在中国书法艺术史上占有重要的地位，鲁迅才花了那么大的精力去认真研究。

鲁迅所收集的造像题记，很多具有较高的书法艺术价值，有的还是珍品。如《报德像碑》，为摩崖石刻，北齐天保六年（555年）刻，在山西平定东30余里石门口长国寺前岩上。正书，李清作，燕州释仙书。王昶《金石萃编》云："书法高深，为北朝杰作。"康有为谓："雅朴莫如释仙"②，并列为"能品"。又如《报德寺造像碑》，即《七佛颂》，东魏武定三年（545年）立。隶书，书法方正疏朗，瘦挺雅秀，颇多楷意。鲁迅录《陶斋藏石记（九）》云："石碑精整钜丽，自来金石书未经著录，诚瑰宝也。"再如《武德于府君等义桥石像之碑》，东魏武定七年（549年）立，在河南河内县武德镇（今河南省博爱县武阁寨村），清乾隆十七年（1752年）为村民掘得。鲁迅录《道光河内县志》云："文甚流丽，书体宽博有余而少风致，较他北朝书颇异，与僧惠造像记笔法相同，疑是一人所书，北派中可别立一宗也。"

因东晋、刘宋禁碑，南朝造像题记远不如北朝之多，传世极少，然甚为珍贵。康有为说过："南碑数十种，只字片石，皆世希有；既流传绝少，又书皆神妙，较之魏碑，尚觉高逸过之，况隋、唐以下乎？"③鲁迅收集的《□熊造无亮佛相记》，为始康郡晋丰县□熊造

---

① 《广艺舟双楫·传卫第八》。

② 《广艺舟双楫·十家第十五》。

③ 《广艺舟双楫·宝南》。

像题记，刘宋元嘉二十五年（448年）刻。鲁迅录罗振玉《唐风楼金石文字跋尾》云："考南朝造像极少，此虽寥寥数十字，不啻韩陵片石，洵可宝贵。书法极似爨龙颜寇谦之碑，其时方由古隶变今隶，故字体极朴厚。"

除过佛教造像题记，石刻佛经字体多变，与书法艺术关系亦极大。如房山云居寺，自隋至明连续千余年的不断镌刻，经石总数达一万五千石，刻佛经一千多种，是研究金石、书法的丰富资料。鲁迅整理了隋代刻的《宝梁经》，录《陶斋藏石记（十六）》云："今观此经书法与房山佛经同中有异，异中有同，其为隋刻无足疑者。然房山佛经书虽秀整，其结体稍落蹊径，此刻笔既遒健，而字里行间，尤多逸气，不似彼过于缜密，转觉有意求工者，是又在妙法莲华之上矣。"

鲁迅搜集的一些有关佛寺的碑、铭、志、记，对于研究字体变迁也有很大的参考价值。如他抄的《晖福寺碑》《龙藏寺碑》等，在中国书法史上就占有重要地位。北魏《宕昌公晖福寺碑》，太和十二年（488年）建，碑在陕西澄城。康有为评其为"妙品上"。隋《龙藏寺碑》，开皇六年（586年）恒州刺史王孝伶为劝造龙藏寺而立，在今河北正定隆兴寺内。刘熙载《艺概》谓此碑，欧阳公（修）以为"字画遒劲，有欧、虞之体"。康有为说："隋碑渐失古意，体多闿爽，绝少虚和高穆之风，一线之延，唯有《龙藏》。《龙藏》统合分隶，并《吊比干文》《郑文公》《敬使君》《刘懿》《李仲璇》诸派，荟萃为一；安静浑穆，骨鲠不减曲江（张九龄），而风度端凝，此六朝集成之碑，非独为隋碑一也。"①

鲁迅还通过造像题记，注意一些字的写法的变化。如《元宁造像记》，为北魏孝昌二年（526年）荥阳太守元宁立。题记"荥阳"为"荧阳"。鲁迅据《蛾术编》："禹贡荥波从水，汉志河南郡荥阳县

---

① 《广艺舟双楫·取隋第十一》。

亦从水，今乃从火，二字古通用。"弄清了彼此的关系。

鲁迅的书法清秀俊逸，遒劲有力，独具一格。郭沫若称颂说："所遗手迹，自成风格。熔冶篆隶于一炉，听任心腕之交应，朴质而不拘挛，洒脱而有法度。远逾宋唐，直攀魏晋。世人宝之，非因人而奖也。"①鲁迅的书法造诣，分明与努力钻研包括上述在内的优秀传统书法艺术，并能大胆另辟蹊径分不开的。

从鲁迅辑校的佛教造像题记中，还可以窥见并探悉不同时代的社会、政治、宗教等状况。

《圣母寺四面像碑》，北周保定四年（564年）所造，在陕西关中。所列造像人姓名多怪异，且复姓不少，如"罕开""昨和""同蹄""屈男""荔非""钳耳""弥姐"等。鲁迅录《籀膏述林（八）》云："此碑记文浅俗，所列造像之姓名多诡异。盖北朝丧乱，关中诸郡，异族杂处，此碑即俚俗羌虏所为，不尽通儒义也。"原来散居在我国西北部的各部羌人，从东汉政府多次发动对羌战争以来，不断被东汉政府用强力迁徙于关中诸郡，与汉人杂居。经过几代繁衍，及至西晋时，关中也已成为羌人密集的地区了。据晋惠帝时太子洗马江统著《徙戎论》估计，内迁各族人口与关中汉人的比例是："关中之人，百余万口，率其多少，戎狄居半。"南北朝时期是充满战争和动乱的年代，是我国历史上第二次民族大迁移的时期。《圣母寺四面像碑》的"诡异"姓名，就是当时关中诸郡异族杂处的一个反映。又如北魏正光□年（约520年）《荔非元造像记》，鲁迅据《陶斋藏石记（十）》的考释文字，证实复姓荔非氏者，系西羌种类，又纠正有的史书将"非"写为"菲"之误。

《杜乾绪等造像记》，隋开皇十二年（592年）立，在河南叶县。铭序首云："大随开皇十二年。"为什么把"隋"写作"随"呢？鲁迅引录了《金石萃编》的考释文字："考'随'本春秋时

---

① 《〈鲁迅诗稿〉序》。

国，即今随州，隋文帝初受封于随。及有天下，以随从辵，周齐奔走不宁，故去辵作隋。然见之碑刻，往往通用。以逮唐初诸碑，书'随'为'隋'者，不可枚举。此碑仍作'大随'，盖未尝有定制也。"

《诸葛子恒等造像碑》，隋开皇十三年（593年）立，在山东兰山右军祠。此碑对隋文帝颂扬备至。鲁迅引录《临沂县志》对时代背景做了说明："按隋史：帝后周禅，恐民心不服，多称符瑞以耀之，其伪造而献者，不可胜计。王邵撰皇隋灵感志奏之，上令宣示天下。此碑铺张扬厉，引赤乌斩蛇故事，并有河图久验、翔凤俱臻等语，正是此意。子恒诸人，殆亦王邵之流亚欤？"按隋朝建立者杨坚，是北周静帝的外祖父，后逼迫外孙皇帝退位，自立为帝，改国号为隋。由于是篡位而立，为了证明其权威性、合法性，于是"多称符瑞以耀之"。诸葛子恒等百人自述从军劳绩，兼颂隋高功德，就是适应了这种需要。

《王法规廿四人等造石室像记》，东魏武定五年（547年）立，在山西平定州乱柳村西。题有"上为佛法兴隆，皇帝陛下、勃海大王又为群龙"的话，此书"皇帝陛下"指东魏孝静帝，"勃海大王"即执政大臣高欢，把皇帝与大臣并列，这是颇不寻常的。鲁迅辑《山右石刻丛补（一）》评道："大凡霸府已盛之时，文字必兼言之。……史称高欢事孝静忠谨，以此观之，则乡民造一佛像亦必举之并帝而列，则其移魏之迹可见，欢虽欲掩之，而千年石刻犹揭露如此，固不可得而掩也。"高欢佯作忠谨，实为霸业而成，后来其次子高洋灭东魏，建北齐。"南北朝习俗，佞佛托祈国福兼媚权贵，造像几遍天下。"东魏武定七年（549年）的《高岭以东诸村邑仪道俗造像记》（在山西盂县兴化寺），也题有"上为皇帝陛下、勃海大王延祚无穷，王宝礼隆"之类的献媚文字，此处的勃海大王为高欢之子高澄。但是武定六年（548年），魏孝静帝就被高澄幽禁；武定七年（549年）高澄为部下所杀，其弟高洋执掌大权；武定八年（550年），高洋称帝，废东魏帝为中山王，未几杀之。鲁迅引录《金石续编》评曰："造像延祚，果何益也！"

值得重视的是鲁迅对《大云寺弥勒重阁碑》的考证。鲁迅曾收藏了不少有关佛教方面的碑拓，但进行认真抄校并写有考证性文章的仅《大云寺弥勒重阁碑》一份。鲁迅特托人从西安买回新拓本，对胡聘之《山右石刻丛编》收录的此文进行了考证："为补正二十余所，疑碑本末泐，胡氏所得拓本恶耳。"鲁迅为什么要校这通碑，当然有其道理。但是这碑却有很重要的历史价值，是研究唐代政治斗争的重要资料，从中可以看到佛教与中国政治的密切关系。

武则天改元称帝后，为了维护自己的女皇宝座，自称"慈氏越古金轮圣神皇帝"，用佛教的金轮灵光来神化自己。据《旧唐书》记载：载初元年（689年），有僧人十人伪撰《大云经》，表上之，武则天十分高兴，因为经中有"有一天女……即以女身，当王国土，得转轮王"。就是说女人可以为王。僧人怀义、法朗等又造《大云经疏》，称武则天是弥勒降生，当做阎浮提主，武则天于是就在这年9月自立为皇帝，改国号为周，改元为"天授"，大赦天下。升佛教于道教之上，令诸州各置大云寺，各藏《大云经》一本，总度僧千人，怀义与法朗等九人，并封县公，皆赐紫袈裟银龟袋。[①]这里，武则天竭力利用佛经来宣传和证明其新取得地位的合理性，而佛教也发挥了它的特殊作用。《大云寺弥勒重阁碑》，唐天授三年（692年）立，在山西猗氏县仁寿寺，该碑文称："天授二年二月二十四日准制置为'大云寺'；至三年正月十八日，准制回换额为'仁寿寺'。"通过该碑，可见佛教作为一股重大的社会势力，与统治阶级的政治关系是密切的，是统治阶级实行封建统治的补充工具。当然，彼此也有冲突，但一致性方面是主要的。我们也有理由认为，鲁迅认真考证这通碑，也是他钻研佛教的一个方面。

---

① 《旧唐书·则天皇后本纪》。

三、佛教艺术造诣

鲁迅还十分重视佛教美术，除过造像外，又购买了大量的图片、画册，如云冈石窟佛像和正定木佛像的照片等。许寿裳说，鲁迅收集并研究汉魏六朝石刻，不但注意其文字，而且研究其画像和图案，是旧时代的考据家赏鉴家所未曾着手的。[①]

由于对佛教造像的精深研究，使鲁迅在这方面具备了丰富的知识。1914年1月25日，季自求访鲁迅，谈及古画问题。季自求在当日日记中写道："途中过一地摊，见画一轴，写释迦像甚奇，异于常画：一青面红发状貌狰狞之神乘一白马，两旁二神作护持状。青面神之顶际则群云缭绕，上有文佛、法相庄严。其创古拙，疑是明人手笔。问其价，亦不昂。乃见豫才，因具道之。豫才言，此当是喇嘛庙中物，断非明代之物。盖明以前佛像无作青面狰狞状者。余深叹服，遂不作购置之想。"[②]

喇嘛庙即藏传佛教寺庙。藏传佛教主要在藏族地区形成和发展，其教义兼容大小乘以大乘为主，大乘中以显、密俱备，而侧重密宗，且以无上瑜伽密为最高修行次第。佛画中有一类是明王像，即佛、菩萨的忿怒像。根据佛教密宗的理论，佛和菩萨都有两种身：一是正法轮身，即是佛、菩萨由所修的行愿所得真实报身；二是教令轮身，即是佛、菩萨由于大悲而示现威猛明王之相。密宗称以智慧的光明摧破一切烦恼业障，所以称为明王。明王像一般是多面多臂，手持各种法物降服恶魔的忿怒相，看起来具有极恐怖的威严。藏传佛教寺庙中常有这类佛画。季自求所见的大约就是明王像。

1924年鲁迅曾赴西安讲学。在游览孔庙时，看到历代帝王画像中，宋太祖的胡子是向上翘的，有人便断定"这都是日本人假造

[①] 许寿裳：《亡友鲁迅印象记》。
[②] 转引自鲁迅博物馆、鲁迅研究室编：《鲁迅年谱》第一卷，第311页。

的""这胡子就是日本式的胡子"。鲁迅用两种历史文物批驳了这种视胡子为国粹的形式主义:一是汉武梁祠石刻画像,"清乾隆中,黄易掘出汉武梁祠石刻画像来,男子的胡须多翘上"。二是北魏至唐的信士像,"我们现在所见北魏至唐的佛教造像中的信士像,凡有胡子的也多翘上"。信士像,是我国从三国以来一些信仰佛教的人,出资在寺庙和崖壁间塑造或雕刻佛像时,在其间所附带塑刻的出资者自身的像。鲁迅指出,中国到了元明的画像,则胡子大抵受了地心的吸力作用,向下面拖下去了。他反诘道:"日本人何其不惮烦,孳孳汲汲地造了这许多从汉到唐的假古董,来埋在中国的齐鲁燕晋秦陇巴蜀的深山邃谷废墟荒地里?"[①]他认为,拖下去的胡子倒是蒙古式,是蒙古人带来的,然而我们的聪明的名士却当作国粹了。这虽只是信手拈来的一个例子,但也可以看出鲁迅对佛教造像的精细研究。

鲁迅于1928年在杭州西泠印社买得《贯休罗汉像石刻》影印本一册。贯休为五代前蜀画家、诗僧。俗姓姜,字德隐。唐天复年间(901—903年)入蜀,蜀主王建赐以紫衣,号禅月大师。工画,学阎立本,笔力圆劲。所绘罗汉真容,粗眉大眼,丰颊高鼻,形骨古怪,称为"梵相"。又画《释迦十弟子》,颇为门弟子所宝。存世《十六罗汉图》,相传是他的作品。1935年,鲁迅把这本《贯休罗汉像石刻》画册赠增田涉,又在一封信中说:"关于贯休和尚的罗汉像,我认为倒是石拓的好,亲笔画似乎过于怪异,到极乐世界去时,如老遇到这种面孔的人,开始也许希奇,但不久就会感到不舒服了。石恪的画我觉得不错。"[②]石恪,五代宋初画家,字子专,成都郫县(今属四川)人,工佛道人物画,风格刚劲,夸张奇崛,开南宋梁楷减笔人物画的先声。宋太祖赵匡胤时,尝奉旨绘相国寺壁画,授以画院之职,坚辞还乡。从鲁迅的片段论述,可以看到他对佛教绘画的造诣。

---

① 《坟·说胡须》。

② 《书信·350430致增田涉》。

第五节　鲁迅的佛学造诣

鲁迅对佛典下了很大功夫，其钻研之精，领会之深，如许寿裳所说，是一般人所不及的。他深刻地剖析了佛教的实质，揭穿了佛教欺骗麻痹人民的手法，并对佛教发展中的一些问题提出了自己的看法，体现了一个伟大的思想家的思想深度和特色。

鲁迅的佛学造诣，可以从四个方面来认识。

一、佛教教理的实质

（一）释迦教训：活在人间还不如下地狱的稳妥

首先，鲁迅深刻地剖析和揭露了佛教教理作为"鬼画符"的实质。

两千多年来，佛教以它那虚幻的"极乐世界"的许诺，拨动了受苦受难的群众的心弦，吸引了无数的善男信女，也使许多失意文人、落魄政客为之颠倒。鲁迅把佛教的一套唯心主义教理斥之为"鬼画符"，进行了深刻的批判。他说："话要回到释迦先生的教训去了，据说：活在人间，还不如下地狱的稳妥。做人有'作'就是动作（＝造孽），下地狱却只有报（＝报应）了；所以生活是下地狱的原因，而下地狱倒是出地狱的起点。这样说来，实在令人有些想做和尚，但这自然也只限于'有根'（据说，这是"一句天津话"）的大人物，我却不人相信这　类鬼画符。"①

佛教的基本教义是四圣谛、八正道、十二因缘。佛教理论的基本出发点，是宣扬整个世界和全部人生为无边之苦海。这种"苦"，主要不是专指感情上的痛苦，而是泛指精神的逼迫性，即逼迫恼忧的意

---

① 《华盖集续编·有趣的消息》。

思。它有二苦、三苦、四苦、五苦、八苦，乃至一百一十种苦等无量诸苦。佛教认为，人生在世，一切皆苦，包括一切感受都是苦，乐也是苦的一种特殊表现。这样一直到死，死了又生，生生死死不断轮回受苦。那么人生痛苦的根源是什么？在佛教看来，苦的原因既不在超现实的梵天，也不在社会环境，而由每人自身的"惑"（指贪、嗔、痴等烦恼）、"业"（指身、口、意等活动）所致。"惑""业"为因，造成生生不息之果。由于"业"的性质不同，所得的报应也就不同，来世就会在不同的境界中轮回。佛教宣传，众生在善恶因果的严密关系中，修善的随福业而上升，作恶的随罪业而下堕。如此上升下堕，死此生彼，生生延续，世世升沉，不断在苦海中沉浮，在"六道轮回"中流转，永无了期。因此摆脱痛苦之路，唯有皈依佛教，依据佛理，修持戒、定、慧三学，彻底转变自己世俗欲望和认识，才能脱离"生灭无常"的人间，获得"解脱"。佛教修行，以涅槃为终极目的。所谓涅槃，实际只是死的化名。佛学是研究死的学问，它要人专心在"死"字上下功夫，希望死后摆脱轮回之苦。

（二）涅槃：奴隶幻想脱离苦海的唯一方法

我们知道，任何宗教的学说都是现实的歪曲的反映。佛教也不例外。说人世间充满苦难，并非无稽之谈。人世确实是苦难重重的。佛教的四谛说，在一定程度上反映出在印度早期专制主义时期中由于那些掠夺、剥削、压迫而出现的社会不安定的情况，歪曲地反映了人民在社会和自然压迫下的痛苦和呻吟。人世的重重困难，主要是阶级压迫和阶级剥削造成的，或者说，统治阶级的无尽的贪欲和掠夺，才是真正的社会苦难的原因。正是在产生苦难的根本原因这一最重要问题上，佛教进行了最大的歪曲。它把产生苦难的原因单纯归结为个人的求生意志或人性的堕落，把来自社会的苦难着重说成是生理的痛苦，把现实的苦难转化为主观的幻觉。它把劳动者和剥削者说成是有同等的痛苦，也就模糊了奴隶社会阶级对立的严峻事实。总之，它歪曲了社会苦难的实质内容，把阶级压迫和阶级剥削所造成的苦难后果完全推卸到被压迫群众身上去，让被压迫群众在剥削和奴役面前服服帖帖，自我克制。佛教之所以能够传来不久便很快地受到封建统治阶级的赏识，以致后来历代封建王朝对它扶植、利用，正是由于封建统治阶级看到了这个外来的宗教，对于维护他们的封建统治是非常有用的。

佛教在旧社会影响很广。特别是小乘佛教宣传人死后"神不灭"、轮回、因果报应等等，更是在广大群众中有着普遍的影响。鲁迅说："我常常感叹，印度小乘教的方法何等厉害：它立了地狱之说，借了和尚，尼姑，念佛老妪的嘴来宣扬，恐吓异端，使心志不坚定者害怕。那诀窍是在说报应并非眼前，却在将来百年之后，至少也须到锐气脱尽之时。这时候你已经不能动弹了，只好听别人摆布，流下鬼泪，深悔生前之妄出锋头；而且这时候，这才认识阎罗大王的尊严和伟大。"①

佛教向人宣传的这一套，都是遥远的许诺，无法兑现，无法对证。鲁迅曾举过一个例子：江浙人相信风水，富翁往往预先寻墓地，有风水先生给人寻好了坟穴，起誓道："您百年之后，安葬下去，如果到第三代不发，请打我的嘴巴！"②这当然是空头支票了。佛教的许诺与风水先生的预言，有着异曲同工之妙。鲁迅认为，时代流迁了，到现在，"我以为这些老玩意儿，也只好骗骗极端老实人。连闹这些玩意儿的人们尚且未必信，更何况所谓坏人们"。因此对我们来说，要做就做，不要寄希望于将来百年之后，与其说明年喝酒，不如立刻喝水；待21世纪的剖拨戮尸，倒不如马上就给他一个嘴巴。他说："至于将来，自有后起的人们"，决不是现在人即将来所谓古人的世界，如果还是现在的世界，中国就会完！"③

_____

① 《华盖集续编·有趣的消息》。

② 《且介亭杂文二集·"题未定"草（五）》。

③ 《华盖集续编·有趣的消息》。

佛教宣扬轮回观念，认为众生各依所作善恶因缘，在天、人、阿修罗、地狱、饿鬼、畜生六道中不断循环转化，所谓"有情轮回生六道，犹如车轮无始终"。鲁迅用阶级分析的观点，分析了中国不同经济地位的人对待"死"的观念。他说："穷人们是大抵以为死后就去轮回的，根源出于佛教。佛教所说的轮回，当然手续繁重，并不那么简单，但穷人往往无学，所以不明白。这就是使死罪犯人绑赴法场时，大叫'二十年后又是一条好汉'，面无惧色的原因。"穷人会不会堕入畜生道呢？他们是不这样想的，因为"他们确信自己并未造出该入畜生道的罪孽，他们从来没有能堕畜生道的地位，权势和金钱"。对于拥有地位、权势和金钱的人来说，他们是要"化为居士，准备成佛"，"像活着时候的超出人理一样，自以为死后也超出了轮回的"。鲁迅指出："就大体而言，除极富贵者和冥律无关外，大抵穷人利于立即投胎，小康者利于长久做鬼。"①宗教中臆造的天堂地狱是人间严峻的阶级对立现实的反映。极富贵者可以与"冥律"无关、升天成佛，而被压迫者死后只能轮回，这充分说明佛教在实质上是为统治阶级服务的，它宣扬的轮回观念是对被压迫者的欺骗与恫吓。

在指出佛教轮回说的实质的同时，鲁迅也认为它曲折地反映了人民群众心里的愿望。他说："他们——敝同乡'下等人'——的许多，活着，苦着，被流言，被反噬，因了积久的经验，知道阳间维持'公理'的只有一个会，而且这会（按指陈源支持杨荫榆组织的公理维持会）的本身就是'遥遥茫茫'，于是乎势不得不发生对于阴间的神往。"因为"公正的裁判是在阴间"！"无论贵贱，无论贫富，其时都是'一双空手见阎王'，有冤的得伸，有罪的就得罪。"②鲁迅指出："这些信仰，也许是迷信罢，但神道设教，于'挽世道而正人

---

① 《且介亭杂文末编·死》。
② 《朝花夕拾·无常》。

心'的事，或者也还是不无裨益。况且，未能坏人'投畀豺虎'于生前，当然也只好口诛笔伐之于身后，孔子一车两马，倦游各国以还，抽出钢笔宋作《春秋》，盖亦此志也。"①鲁迅的看法是正确的。佛教轮回说的普遍流行，一方面可以看到佛教对群众的毒害，另一方面，它也是广大受压迫群众要求"公正的裁判"的愿望的曲折反映。

鲁迅还结合现实斗争，批判了佛教教义的虚伪性和欺骗性。

佛教所宣扬的那一套，似乎能解决人生的根本问题，摆脱人世间的一切痛苦，但那只是虚幻的彼岸，于现实人生是无补的。"五四"时期，在妇女解放问题上，有些人重视参政权而轻视经济权。鲁迅认为，要求经济权固然是很平凡的事，然而也许比要求高尚的参政权以及博大的女子解放之类更烦难。他说："天下事尽有小作为比大作为更烦难的。譬如现在似的冬天，我们只有这一件棉袄，然而必须救助一个将要冻死的苦人，否则便须坐在菩提树下冥想普度一切人类的方法去。普度一切人类和救活一人，大小实在相去太远了，然而倘叫我挑选，我就立刻到菩提树下去坐着，因为免得脱下唯一的棉袄来冻杀自己。"②

在菩提树下"冥想普度一切人类的方法"的人，就是释迦牟尼。菩提，佛教名词，指对佛教"真理"的觉悟。佛教传说，释迦牟尼有感于人生的生老病死等苦恼，在29岁时立志出家修行，遍历各地，苦行六年，仍未能悟道，后坐在毕钵罗树下发誓说："若不成正觉，虽骨碎肉腐，亦不起此座。"静思七日，就克服了各种烦恼，顿成"正觉"。故称毕钵罗树为菩提树。他的志愿尽管宏大，所设想的普度众人的方法尽管那么完备，但却解决不了任何现实的具休的问题。

鲁迅又说过："我知道伟大的人物能洞见三世，观照一切，历大苦恼，尝大欢喜，发大慈悲。但我又知道这必须深入山林，坐古树

① 《华盖集续编·有趣的消息》。
② 《坟·娜拉走后怎样》。

下，静观默想，得天眼通，离人间愈远遥，而知人间也愈深，愈广；于是凡有言说，也愈高，愈大；于是而为天人师。"①

这"伟大的人物"，指的仍是神化了的释迦牟尼。佛之所以能成为"天人师"，能洞见过去、现在、未来的三世，具备六种广大的神通，原因是离人间愈遥远而知人间愈深广，凡有言说愈高大。常人为什么做不到呢？根柢在于"活在人间"。远离人间所提出的人类解脱之道，只不过是唯心主义的诳言。

如果认为佛法可以帮助人们脱离苦海、祛灾免难，那只能是自欺欺人。柔石等"左联"五位作家1931年1月17日被国民党逮捕，因柔石衣袋里还藏着鲁迅与北新书局所签订的一份合同，听说官方因此正在寻找鲁迅，鲁迅遂于1月20日和家属避居上海黄陆路花园庄，2月28日回寓。他在回忆这一段往事时说："记得《说岳全传》里讲过一个高僧，当追捕的差役刚到寺门之前，他就'坐化'了，还留下什么'何立自东来，我向西边走'的偈子。这是奴隶所幻想的脱离苦海的唯一的好方法，'剑侠'盼不到，最自在的唯此而已。我不是高僧，没有涅槃的自由，却还有生之留恋，我于是就逃走。"②

《说岳全传》第五十九回写岳飞被十二道金牌召回，途经瓜州，夜宿驿站，做了个噩梦，后到此间金山寺访高僧道悦，道悦为之解梦，言有缧绁之忧。秦桧杀害岳飞后，就命何立去捉拿道悦和尚。何立到了寺庙，看见道悦和尚正升座说法，讲了一阵，口中吟出一偈：

> 君年三十九，是非终日有。
>
> 不为自己身，只为多开口。
>
> 何立自东来，我向西边走。
>
> 不是佛力大，岂不落人手？

---

① 《华盖集·题记》。

② 《南腔北调集·为了忘却的纪念》。

说完以后，闭目垂眉，就在法堂上"坐化"走了。佛家传说有些高僧临终前盘膝端坐，安然而逝，称作"坐化"。高僧逃脱牢狱之灾的唯一高招是"坐化"即死去，又说是去了西天，这显然是无可奈何的随意编造，是奴隶脱离苦海的幻想。鲁迅的揭示真是一针见血。

1922年8月，汪静之出版了新诗集《蕙的风》，其中大都是要求自由恋爱的情诗，反映了被"五四"运动唤醒的青年反抗封建礼教的要求。胡梦华却诽谤此书为"《金瓶梅》一样""堕落轻薄"的作品，认为"应当严格取缔"。鲁迅驳斥了这一论调。《蕙的风》里有"一个和尚悔出家"的话，胡梦华便说是诬蔑了普天下和尚，而且大呼释迦牟尼佛。鲁迅指出："这是近于宗教家而且援引多数来恫吓，失了批评的态度的。其实一个和尚悔出家，并不是怪事，若普天下的和尚，没有一个悔出家的，那倒是大怪事。中国岂不是常有酒肉和尚，还俗和尚么？非'悔出家'而何？倘说那些是坏和尚，则那诗里的便是坏和尚之一，又何至诬蔑了普天下的和尚呢？这正如胡君说一本诗集是不道德，并不算诬蔑了普天下的诗人。至于释迦牟尼，可更与文艺界'风马牛'了，据他老先生的教训，则作诗便犯了'绮语戒'，不论道德或不道德，都不免受些孽报，可怕得很的！"①

鲁迅这里谈的是文艺批评，但从他对汪诗"一个和尚悔出家"的辩诬，可以看出他对佛教的一些看法来。他在《我的第一个师父》中说过，成人愿意"有室"，和尚自然也不能不想到女人。以为和尚只记得释迦牟尼或弥勒菩萨，乃是未曾拜和尚为师，或与和尚为友的谬见。鲁迅曾对徐梵澄多次说过做和尚怎样使神经不正常，使人乖戾。徐认为，先生是学过医的，这些道理必有根据。②

正因为鲁迅的信仰是科学而不是宗教，他所以重视佛教，是把佛教作为人类文化遗产来对待，而对佛教教义采取的是分析、研究、批

---

① 《热风·反对"含泪"的批评家》。
② 徐梵澄：《星花旧影》。

判的态度。这从他与一些佛教界人士交往的态度上可以看出来。与鲁
迅同时留日的蒯若木，民国初年在北京任职。他喜谈佛法，有一句口
头禅："现居士身而说法。"他看见鲁迅总谈佛法。鲁迅虽然看过不
少佛书，但对佛教却不相信，所以话不投机，还是各说各的。1906年
以后，鲁迅热心学习德文，蒯若木便说："你还是先学佛法，学成之
后自有神通，其一是他心通，那时什么外国语都自然能够理解了。"
十年后鲁迅在北京街头遇到过蒯，后来对朋友笑说："若木似乎佛法
也还未学成，因为前天我路上遇见他坐了马车走过，要不然有了神足
通，何必再要什么马车呢？"[①]鲁迅反对神化佛教，但对佛教的研究
还是重视的。1934年5月10日，鲁迅会晤了日本佛教学者铃木大拙及
日本镰仓圆觉寺佛庵住持眉山、日华佛教会常务理事草宣、京都大德
寺山内聚光院住持戒仙。铃木大拙赠送一套《六祖坛经·神会禅师语
录》给鲁迅。鲁迅写下"如露复如电"书赠眉山。此句出自《金刚般
若波罗蜜经》，该经最后有"六如偈"曰："一切有为法，如梦幻泡
影，如露亦如电，应作如是观。"此即著名的"金刚六喻"。鲁迅化
用其中一句赠之。

在鲁迅的日记和书信中，还提到与太虚见面的事，从中也可以
看出鲁迅对佛教以及一些佛教界名人的态度。太虚，俗姓吕，本名淦
森，法名唯心，十六岁出家，依宁波天童寺寄禅和尚受具足戒，后在
南京从杨文会学《楞严经》，从苏曼殊学英文。他提出教理革命、教
制革命、教产革命的口号，撰文鼓吹"佛教复兴运动"，建立新的僧
团制度，被视为佛教新派代表人物。他曾任世界佛教联合会会长、中
国佛教总会会长、厦门南普陀寺住持等职。1926年10月，太虚和尚在
美国讲学后取道南洋回国时曾游厦门。他要到南普陀寺讲经，闽南佛
化青年会提议，拟令童子军献鲜花，随太虚行踪而散之，以示"步步
生莲花"之意。此议竟未实行。鲁迅讽刺说："否则和尚化为潘妃，

---

① 周遐寿：《鲁迅的故家》。

倒也有趣。"①潘妃，为南齐东昏侯的妃子。据《南史·齐本纪》，东昏侯"为潘妃起神仙、永寿、玉寿三殿，皆匝饰以金璧。……又凿金为莲华以贴地，令潘妃行其上，曰：'此步步生莲华也。'"

《鲁迅日记》1926年10月21日记云："晚南普陀寺及闽南佛学院公宴太虚和尚，亦以柬来邀，赴之，坐众三十余人。"关于这次宴会情形，鲁迅在《两地书·六〇》中曾说："我决计不去，而本校的职员硬要我去，说否则他们将以为本校看不起他们。个人的行动，会涉及全校，真是窘极了，我只得去。罗庸说太虚'如初日芙蓉'，我实在看不出这样，只是平平常常。入席，他们要我与太虚并排上坐，我终于推掉，将一位哲学教员供上完事。太虚倒并不专讲佛事，常论世俗事情，而作陪之教员们，偏好问他佛法，什么'唯识'呀，'涅槃'哪，真是其愚不可及，此所以只配作陪也欤。其时又有乡下女人来看，结果是跪下大磕其头，得意之状可掬而去。"

二、佛教史的研究与见解

（一）大乘教的发达使佛教变得浮滑

再则，鲁迅对佛教史进行了认真研究并提出自己的一些见解。

佛教起源于印度，并在印度流传了一千五百年左右，它的发展过程，大致可分为原始佛教、部派佛教、大乘佛教、密教等四个时期。鲁迅认真研究了佛教的发展史，并对有的问题提出了自己的看法，这主要是下面相互关联的两点：一是关于大、小乘佛教；二是关于居士与僧尼。

关于大、小乘佛教，认为大乘教使佛教变得浮滑，失去佛教的一些本来面目。

鲁迅说："我对于佛教先有一种偏见，以为艰苦的小乘教倒是佛教，待到饮酒食肉的阔人富翁，只要吃一餐素，便可以称为居士，算

---

① 《两地书·五八》。

作信徒，虽然美其名曰大乘，流播也更广远，然而这教却因为容易信奉，因而变为浮滑，或者竟等于零了。"①

佛教产生于公元前6—公元前5世纪。释迦牟尼涅槃百年之后，佛教教团由于对佛教教义和戒律有不同的解释，出现了明显的分裂，形成了很多派别。1世纪开始出现大乘佛教，它是由大众部中的一些支派演变而成。"乘"是车乘、乘载之意。"大乘"意为能够运载更多的人，从生死大河之此岸，到达菩提涅槃之彼岸世界。大乘佛教产生后，把早期佛教和部派佛教都贬称为"小乘"，意思是小乘只能运载少数人到达彼岸。在大乘看来，小乘是"小道"或"小业"，是佛陀内小根器的人所说的教法。

大乘佛教与小乘佛教的主要差异是：在教义上，小乘一般主张"我空法有"，即否认有实有的我体，但不否认客观的物质世界的存在；大乘则主张"我法二空"，把世界一切归之于空，一切存在都如泡如影，如幻如梦。小乘的主要经典是《阿含经》等，大乘的主要经典有《般若经》《法华经》《华严经》《维摩诘所说经》等。在对佛的看法上，小乘一般认为佛只有一个，即释迦牟尼，并把释迦牟尼视为觉者、教主，大乘则提倡三世十方有无数佛，并进一步把佛神化，强调依靠佛的神恩和他力得救。在追求理想上，小乘要求所谓利己、独善，偏重于个人解脱，把"灰身灭智"、证得阿罗汉作为最终目的，大乘则强调利他，提出尽人皆能成佛，宣扬大慈大悲，普度众生，把成佛度世、建立佛国净土作为最高目标。在修持的内容和方法上，小乘主要修习戒、定、慧三学和八正道等，大乘则要实施六度：布施、持戒、忍辱、精进、禅定、智慧。可见，大乘佛教哲学比小乘更加精致，唯心主义更彻底、更露骨，因而欺骗性更大。在我国流传广且影响大的是大乘佛教。

当然，大乘佛教的产生有其深刻的历史的社会的根源，有其必然

---

① 《集外集拾遗补编·庆祝沪宁克复的那一边》。

性。在部派佛教时期，主要代表是大众部和上座部两大派。从现存资料看，大乘学说是从部派佛教发展来的，各部派对它都有或多或少的影响，其中大众系的几派，对它的影响尤深。大众系各派的思想，后来渐趋大乘化，逐渐发展，终于有了独立的大乘的一派。从社会条件看，大乘佛教产生并流行于百乘和笈多两王朝，也不是偶然的。当时两王朝在政治上已出现了一个统一的局面，佛教内部仍日趋分歧，难以适应形势的发展，这就迫使佛教不得不向统一的方向努力。由于小乘各部因循守旧，是不大讲通融的，而新兴的大乘，既超然于各部之上，又能吸取诸部之长，有资格担负组织新说适应统一形势的重任。又由于这两个王朝对佛教都不大支持，就迫使大乘向下层发展以求得群众的支持。[①]因此，大乘佛教对小乘佛教所进行的变革，是适应当时形势发展的需要，为了吸引更多的人信奉佛教，在客观上也推动了佛教的发展，在佛教发展史上，自有其重要的意义。但是，小乘佛教比较接近释迦牟尼的原意，大乘佛教戒律比较松弛，容易信奉，这也是事实。因此，鲁迅一再指出这个区别："释迦牟尼出世以后，割肉喂鹰，投身饲虎的是小乘，渺渺茫茫地说教的倒算是大乘，总是发达起来，我想，那机微就在此。"

那"机微"是什么？就是"志愿愈大，希望愈高，可以致力之处就愈少，可以自解之处也愈多"[②]。

（二）居士的增多是佛门败坏的反映

关于居士与僧尼，认为居士的增多是佛教败坏的反映。

佛教徒有四众之分，就是出家男女二众，在家男女二众。俗称在家佛教徒为"居士"。在梵文里，居士原指古印度吠舍种姓工商业中的富人，因信佛教者多，故佛教用以称呼在家佛教徒之受过"三皈"（对佛、法、僧的归顺依附）、"五戒"（不杀生、不偷盗、不邪

---

① 参阅吕澂：《印度佛学源流略讲》，上海人民出版社 1979 年版，第 83—84 页。

② 《三闲集·叶永蓁作〈小小十年〉小引》。

淫、不妄语、不饮酒等五项戒条）者。佛教发展到大乘阶段，承认在家修行也是成佛途径。小乘佛教认为人生痛苦的原因在于人的本质，即由于种种行为（"业"）和种种烦恼（"惑"）而产生苦果，应当重"教"尊"闻"，追求断"业"灭"惑"，不使再生，所以主张个人远离社会，出家到山洞和丛林中去，过禁欲生活。大乘则认为，人生之所以需要解脱，不是因生命就是苦，而是因生命就是空。他们强调不应逃避现实世界，而要面对并理解现实世界，努力使自己的宗教实践不脱离世间的实际，在现实中求得解脱。因此，大乘，特别是在初期很重视在家，不提倡出家。按照大乘的某些主张，出家也是难以做到的。例如，布施中的财施，只有在家且有钱财的人才能做到。同时，出家僧徒的生活方式也发生了变化，尤其是上层僧侣，接受大量的布施，食用精美食品，身着高贵华丽的袈裟，住在庄严宏伟的寺院。[1]据《维摩诘经》中说，维摩诘是吠舍离城富有而又神通广大的大乘居士，曾以称病为由，同释迦牟尼派来问病的文殊师利等反复论说佛法，义理深奥，"妙语"横生。该经宣扬达到解脱不一定过严格的出家修行生活，关键在于主观修养，"示有资生而恒观无常，实无所贪；示有妻妾婇女，而常远离五欲淤泥"，据称此为"通达佛道"，是真正的"菩萨行"。清代曾有人编《居士传》，记中国东汉以来历代著名居士的传略，其中有不少政治家和文人。例如，唐代白居易晚年居香山寺为居士，王维是禅宗南宗神会禅师的弟子。鲁迅指出，晋以来的名流，每一个总有三种小玩意儿，其一就是《维摩诘经》。这说明都以礼佛当居士为时髦。近代也出了不少有名的居士。

鲁迅说过："给一处做文章时，我说青天白日旗插远去，信徒一定加多。但有如大乘佛教一般，待到居士也算佛子的时候，往往戒律荡然，不知道是佛教的弘通，还是佛教的败坏？"[2]

---

① 参阅方立天：《中国佛教与传统文化》，上海人民出版社 1988 年版，第 36—37 页。
② 《三闲集·在钟楼上》。

　　理解鲁迅提出的这两个相互联系的观点，需要注意两点：

　　其一，鲁迅确实揭示了佛教史上的事实，他的见解是深刻的。例如，各个时代都有一些潜心礼佛的居士，他们虽然没有出家，仍然是虔诚的佛教徒，如近代有名的杨仁山居士，鲁迅就认为是好的。但也有相当多的则是以《维摩诘经》为幌子，以当居士为时髦，他们的增多，当然只能是佛教的败坏。鲁迅曾说："不知现在高僧大德还有没有……一般皆是行同白衣，心如俗子。"[①]实际当年好的比丘或居士，寥若晨星。

　　其二，鲁迅的这些论述紧密结合当时的斗争实际，有很强的针对性。大乘佛教宣扬成佛很容易，特别是阿弥陀净土宗，提倡口念佛号，宣传"若一念称阿弥陀佛，即能除却八十亿劫生命之罪"。这不仅使处在苦难中的人民群众产生幻想，得到廉价的精神上的满足，那些军阀、官僚在下台之后也念起"阿弥陀佛"，摇身一变成了"居士"，似乎"放下屠刀，立地成佛"，其实统统是假的，这不过是韬晦之计，等待的是东山再起。鲁迅在一首诗中写道："一阔脸就变，所砍头渐多，忽而又下野，南无阿弥陀。"[②]他说："民国以来，有过许多总统和阔官了（僚）[③]，下野之后，都是面团团的，或赋诗，或看戏，或念佛。"[④]当时国民党军阀、政客经常发生内讧，上台下野，走马灯似的丑恶表演，"即使弄到这地步，也没什么难解决：外洋养病，名山拜佛，这就完结了"[⑤]。例如，军阀孙传芳下台后在天津紫竹林做了居士，戴季陶在考试院下野后发起什么"启建金光明道场"的把戏等，这不仅看去有些滑稽，而且只能使佛教愈益变得浮滑，正如鲁迅尖锐指出的："军人自称佛子，高官忽挂念珠，而佛法就要涅

---

① 徐梵澄：《星花旧影》。

② 《集外集拾遗·赠邬其山》。

③ 括号内为作者注。

④ 《准风月谈·外国也有》。

⑤ 《伪自由书·天上地下》。

槃。"①涅槃者，消失殆尽也。

三、佛经翻译史的研究

鲁迅认真研究了中国历史上不同时代佛经翻译的特点。

鲁迅的一生是顽强拼搏、辛勤奉献的一生。他勤奋创作，努力翻译。在他留给我们的700万字的作品中，其中310万字是翻译作品。他翻译介绍过俄国、法国、德国、日本等国古典作家作品，和苏联、保加利亚、罗马尼亚、捷克、匈牙利、芬兰、荷兰、西班牙等十多个国家的现代作家的作品。为了搞好翻译，鲁迅对中国古代的译经事业进行了认真的研究，从中得益不少。

佛经是佛法的体现和代表。佛教在中国的弘传是和佛经的翻译事业分不开的。汉明帝时翻译的《四十二章经》，相传是现存最早的译经。我国汉译佛典的翻译方法，大体经历了从"口授"即口头诵出到经本的翻译的过程，初期的译经者大多为西域僧人，他们多数不懂汉文，只请汉人做译经的助手，而助译的汉人又不懂外文，因此译经质量不高。经过东晋二秦以至南北朝时代，译经工作有了很大进展，佛典要籍已初步译出。到了隋唐时代，佛典翻译才真正成熟，其特点是由精通教义、通晓梵汉语言的中国僧人担任主译，同时翻译制度也日臻完善，译经的目的性明确，系统性增强。宋代为汉译佛经的尾声。我国汉译佛典绝大部分完成于魏晋南北朝和隋唐时期，其间鸠摩罗什、真谛、玄奘和不空被誉为"四大翻译家"。

"古之和尚"在译经时，对外国姓氏、地名实行严格的音译，鲁迅对此是赞许的。1922年，一些坚持复古、守旧、排外的"国学家"，诬蔑新文学家作新体小说的秘诀就是故意"多放几个译音进去，如柴霍夫、屠格涅夫、高尔基、苏德曼、德谟克拉西等，使旧文学家看了莫名其妙才是"。鲁迅针对这种论调指出：

---

① 《准风月谈·"滑稽"例解》。

其实是，现在的许多翻译者，比起往古的翻译家来，已经含有加倍的顽固性的了。例如南北朝人译印度的人名：阿难陀，实叉难陀，鸠摩罗什婆……决不肯附会成中国的人名模样，所以我们到了现在，还可以依了他们的译例推出原音来。

这"屠介纳夫"和"郭歌里"，虽然古雅赶不上"柯伯坚"，但于外国人的氏姓上定要加一个《百家姓》里所有的字，却几乎成了现在译界的常习，比起六朝和尚来，已可谓很"安本心"的了。然而竟还有人从暗中来掷石子，装鬼脸，难道真所谓"人心不古"么？

他提出，现在的翻译家应该好好学习"古之和尚"，凡有人名地名，什么音便怎么译，不但用不着白费心思去嵌镶，而且还须去改正。①

鲁迅认为，既然名为译书，自然要忠于原著，以信为主，"宁信而不顺"，决不能"宁顺而不信"。他的所谓"不顺"，就是装进异样的句法——输入新的表现方法。梁实秋借口反对"硬译"，否定和阻挠马克思主义文艺理论的翻译和传播。梁说："中国文和外国文是不同的，……翻译之难即在这个地方。……我们不妨把句法变换一下，以使读者能懂为第一要义，因为'硬着头皮'不是一件愉快的事，而且'硬译'也不见得能保存'原来的精悍的语气'。"②鲁迅对此给予了驳斥。他以"唐译佛经"等为例，说明中国由于文法不完备，历来就很有些生造和引起变迁的情形："中国的文法，比日本的古文还要不完备，然而也曾有些变迁，例如《史》《汉》不同于《书经》，现在的白话文又不同于《史》《汉》；有添造，例如唐译佛经，元译上谕，当时很有些'文法句法词法'是生造的，一经习用，便不必伸出手指，就懂得了。现在又来了"外国文"，许多句子，即

① 《热风·不懂的音译》。
② 梁实秋：《论鲁迅先生的"硬译"》。

也须新造，——说得坏点，就是硬造。"①

　　唐代是我国译经史上最辉煌的时期。元朝统治者曾强制规定诏令、奏章和官府文书都必须使用蒙古文，而附以汉文的译文。唐代和元代这类翻译多为直译，保存了原文的一些语法结构，有的词还用汉语音译，对当时及后来的汉语词汇和语法，都产生过不小的影响。例如华梵（胡）结合的译经文体，就在译本中保留了相当多原典的特点，如原典的反复叮咛，高度夸张的表现，倒装句、提缀语的大量运用等，都丰富了汉语的新因素。当然，对于"硬译"出来的词句，也不是全行接收，还有待于自我批评，所以鲁迅又指出："一面尽量的输入，一面尽量的消化，吸收，可用的传下去了，渣滓就听他剩落在过去里。"②

　　我们通过鲁迅对严复翻译的评介，可以看到他对直译的推许以及对中国历史上各个时期译经特点的熟谙。严复是近代中国一位重要的启蒙思想家和翻译家。他翻译的赫胥黎《天演论》、亚当·斯密《原富》、孟德斯鸠《法意》和穆勒《名学》等八种西方学术著作，第一次比较系统地把西方资产阶级的政治、经济等各方面的学术思想介绍到中国来，使近代中国人向西方资本主义寻找真理的活动达到了一个崭新的阶段。他在翻译过程中，结合自己的翻译实践，首先提出了"信、达、雅"三条翻译标准，在翻译西籍史上，影响尤为重要。鲁迅认真地研究过严复的译书，他说："严又陵为要译书，曾经查过汉晋六朝翻译佛经的方法"，"现在严译的书都出版了，虽然没有什么意义，但他所用的工夫，却从中可以查考"。③严复翻译的《天演论》，曾经风行一时，产生了巨大的社会影响。鲁迅说他当年在南京城南买来了白纸石印的一厚本《天演论》，高兴地看到书中"写得很好的字"，并且"一口气读下去，'物竞''天择'也出来了，苏格

---

① 《二心集·"硬译"与"文学的阶级性"》。
② 《二心集·关于翻译的通讯》。
③ 《二心集·关于翻译的通讯》。

拉第，柏拉图也出来了，斯多噶也出来了"①。

但鲁迅在提到《天演论》时，或说是严复"译述"的，或说是他"做过"的，而不说是他翻译的，这是为什么呢？就是严复翻译此书，采取的是"达旨"即意译的办法，而不是直译，正如他说的："词句之间，时有所颠倒附益，不斤斤于字比句次，而意义则不倍本文。"但无论如何，于"信"上是略有不足的。严复也承认自己那种译法不足为训，劝人勿学："题曰达旨，不云笔译，取便发挥，实非正法。什法师有云：'学我者病。'来者方多，幸勿以是书为口实也。"②严复后来的译本，则"看得'信'比'达雅'都重一些"③。严复所说的什法师，即我国后秦高僧、著名佛经翻译家鸠摩罗什。鸠摩罗什广习大乘经论，在西域有很高的荣誉。在高僧释道安的一再劝说下，苻秦建元十八年（382年），苻坚派兵征西域，嘱咐攻下龟兹时，从速送鸠摩罗什入关。鸠摩罗什58岁才被迎入关，后在长安逍遥园西明阁译经。他和弟子八百多人，曾用意译的方法，译出佛经74部，共384卷。他的译文以"曲从方言，趣不乖本"为原则，又考虑到中土诵习者的要求，在传译上或增或削，务求达意。如在译《法华经》时，常为表达言外的含义而有增文；译《智度论》时，又以秦人好简，裁而略之；译《中经》，则将其中繁重乖缺处分别加以删补。严复翻译《天演论》，显然受到他的影响。鲁迅指出，严复的翻译，"实在是汉唐译经历史的缩图"。他又说："中国之译佛经，汉末质直，他没有取法。六朝真是'达'而'雅'了，他的《天演论》的模范就在此。唐则以'信'为主，粗粗一看，简直是不能懂的，这就仿佛他后来的译本。译经的简单的标本，有金陵刻经处汇印的三种译本《大乘起信论》"。④

---

① 《朝花夕拾·琐记》。

② 《天演论·译例言》。

③ 《二心集·关于翻译的通讯》。

④ 《二心集·关于翻译的通讯》。

鲁迅这里通过评论严复的翻译，简明而准确地指出了中国历史上不同时期翻译佛经的风格和特点。例如，关于"汉末质直"的评语就很确当。汉末的佛典翻译，主要有安世高、支娄迦谶等译师，他们大率用质朴的直译，《出三藏记集》就说安世高的译本"直而不野"，称支娄迦谶的译本"了不加饰"，评竺佛朔的译本"弃文存质"等。关于六朝译经的"达"而"雅"，可举周作人的一段话来说明，他说："四十二章经与佛遗教经仿佛子书文笔，就是儒者也多喜称道，两晋六朝的译本多有文情俱胜者，什法师最有名，那种骈散合用的文体，当然因了新的需要而兴起，但能恰好的利用旧文字的能力去表出新意思，实在是很有意义的一种成就。"①唐代大翻译家和学者玄奘，用19年工夫，与弟子译成经书75部，共1335卷。他当时提出的译经标准是"既须求真，又须喻俗"，即既要做到译文忠于原文，而又通俗易懂。他采取了直译与意译相结合的译法，译笔严谨，远超过前人的译经。但唐代译经着重求信，因此质胜于文。鲁迅的评论是正确的。

四、为学佛者指津解惑

鲁迅曾为学佛者指津解惑。

鲁迅有着深厚的佛学造诣。他曾为初学者指津，为求知者解惑。这里，着重介绍他对徐梵澄研究佛学的指导。

徐梵澄，湖南长沙人，原名琥，又名诗荃，在青年时代即为鲁迅所看重。1929年去德国留学，应托为鲁迅代购德文书刊及木刻作品等，以"救荒"于中国文坛。1932年回国后，除写揭露时弊的杂文外，还翻译了尼采的《苏鲁支语录》、《快乐的知识》以及《尼采自传》等。徐梵澄对佛学的研究，也始于鲁迅的启蒙。他曾回忆说："我起初说我看《大乘起信论》，先生说不如看《百法明门论》，因为《大乘起信论》究竟是一部伪书。"

---

① 《知堂回想录·二〇六·拾遗（午）》。

　　《大乘起信论》，传为古印度马鸣著，是以"如来藏"（真如）为中心理论，为发起大乘信根而作的一部大乘佛法概要的论书。全书由"因缘分""立义分""解释分""修行信心分""劝修利益分"五部分组成。此书由于文义明整，解行并重，古今佛教学人盛行传诵，多以之作为大乘佛教入门书，对中国佛教发展有很大的影响。特别是华严宗和禅宗，在其创立和发展过程中都受到《大乘起信论》的影响。该书思想对于近世佛教学术界的影响也很大。在鲁迅的小说《端午节》中，主人公方玄绰不愿加入教员们的联合索薪行动，其中有一段这样描写他的心理活动："他最不敢见手握经济之权的人物，这种人待到失了权势之后，捧着一本《大乘起信论》讲佛学的时候，固然也很是'蔼然可亲'的了，但还在宝座上时，却总是一副阎王脸，将别人都当奴才看，自以为手操着你们这些穷小子们的生杀之权。"从这里也可见《大乘起信论》影响的普遍。但是，古来对此书的撰造和译者已有疑问。通传该书为马鸣造，在《马鸣菩萨传》和《付法藏因缘传》中，却没有这方面记载。书中所谈如来藏缘、阿黎耶识转现等义，和马鸣只说空、无我义也不相类。该书称为梁真谛所译，但译语与真谛的《摄大乘论》《金光明经》《佛性论》等用语也颇不一致。译出的地点和年月，也是说法不一，莫衷一是。隋法经的《众经目录》将此书列入疑惑部。因此，一些学者认为此书非马鸣所撰，而为中国人托名之作，即鲁迅所说的"伪书"。

　　鲁迅劝徐梵澄看的《百法明门论》，全称为《大乘百法明门论略录》，世亲著，唐玄奘译。世亲为古印度大乘佛教瑜伽系学者，该书被称为瑜伽十支论之一。瑜伽行派和法相宗把世俗世界及其设想的彼岸世界的一切现象分为"五位百法"，即心法8种，心所有法51种，色法11种，心不相应行法24种，无为法6种，共5类100个概念。此书为法相宗依据的重要论书之一。此书译出后，各家热烈学习，其地位提高到与唯识、因明并驾。正由于这部佛典的重要性，因此受到鲁迅的重视，认为初学者应认真地看。

　　徐梵澄当时好走极端，性格比较激烈，认为"入世"则当革命，虽摩顶放踵，捐生喋血，利天下而为之，否则不如"出家"，当和尚去。鲁迅先生在信中开导说："捐生喋血，固亦大地之块，足使沉滞的人间，活跃一下，但使旁观者于悒，却大是缺点。……此外，作和尚也不行。我常劝青年稍自足于其春华，盖为此也。"

　　鲁迅认为革命当然好，但要固定目标，从容中道。譬如战场上金鼓震耳，烟尘蔽天，眼精手快的战士从容不迫，端起枪来打他一个正着，此之谓"中道"。气不当妄使，力不可妄用，倘失败了，又应积蓄气力，重新振作。如或一蹶，又走另一极端，行出世道，亦不可。人生在世界上，是"出"不到那里去的。这些精辟的见解，是对于处在人生旅程的歧路处的青年的重要指点。

　　徐梵澄还曾听过鲁迅先生对于佛学的不少见解，听过先生讲禅宗故事。他真切地感受到鲁迅先生高深的佛学造诣，尤其敬佩他能"入乎佛学，亦能出乎佛学"[①]。

　　鲁迅还说，研究诸教之斗争，当先看《弘明集》和《广弘明集》。在给章廷谦的一封信中，也说："要看为和尚帮忙的六朝唐人辩论，则有《弘明集》《广弘明集》也。"[②]《弘明集》《广弘明集》，都是佛教文献汇编。《弘明集》，南朝齐梁间佛教史学家僧祐编。书名取"道以人弘，教以文明，弘道明教"之意。全书辑录东汉末至南朝梁百人有关佛教论著，多为书启论述之文，旨在阐扬佛教。所载牟子《理惑论》、宋炳《明佛论》、宋屈《土炳答何承天书难白黑论》、郑道子《神不灭论》、慧远《沙门不敬王者论》等，均为研究中国佛教历史的重要资料。该书还保存有如范缜《神灭论》等反佛文献。《广弘明集》为中国佛教律宗之南山宗创始人唐释道宣撰。本书汇编了南北朝至唐僧侣共134人有关佛教的论著，记述佛教从传入至

---

　　① 以上引文均见徐梵澄：《星花旧影》。
　　② 《书信·290106致章廷谦》。

唐初历朝的兴废、佛道斗争以及关于佛教义理的讨论等，分归正、辨惑、佛德、法义、僧行、慈济、戒功、启福、悔罪、统归十篇。本书虽为《弘明集》的续编，但因体例稍异，故不称"续"而称"广"。这两部书，不仅是研究佛教历史的重要资料，也是了解中国思想史、政治史、文化史的珍贵文献。鲁迅青年时代就熟读过这两部书，并且善于比较、思考，从中吸取了有益的东西。周作人回忆说，当时的鲁迅"不去看孔孟而看佛老，可是并不去附和道家者流，而佩服非圣无法的嵇康，也不相信禅宗，却岔开去涉猎《弘明集》，结果觉得有道理的还是范缜的《神灭论》"[①]。在他的杂文中，还引用过其中的材料。例如，在《论"他妈的！"》一文中，鲁迅把许多中国人常用的"他妈的"称为中国的"国骂"，探讨"他妈的"始于何时代时，引了《广弘明集》卷七的一段故事：北魏邢子才"以为妇人不可保，谓元景曰：'卿何必姓王？'元景变色。子才曰：'我亦何必姓邢，能保五世耶？'"鲁迅接着指出，此"则颇有可以推见消息的地方"。

第六节　佛教对中国古代文学、艺术、哲学的影响

一、"汉唐气魄"与佛陀东来

上文谈了鲁迅对佛教本质的深刻认识，以及对它作为精神鸦片所起的麻醉人民的消极作用的揭露，但这只是一个方面。在佛学问题上，鲁迅主要是站在中外文化交流、中国文化发展的高度，充分肯定了印度佛教文化对中国中古以来文化发展的深远影响，赞扬了中国历史上那种对外族文化敏于探求、勇于吸收的"汉唐气魄"，提出了在文化上大胆开放、为我所用的"拿来主义"的口号。

文化是一种历史的累积现象。社会物质生产发展的连续性是文

---

① 周启明：《鲁迅的青年时代》，第47页。

化累积的基础。文化累积的能力，是人类有别于动物的一种特有的能力。应当看到，所谓累积，不仅是指累积自己这个地区、民族、国家的文化，而且文化积累的过程，也就是文化交流和文化传播、文化融合和文化冲突的过程。在我国文化发展的过程中，以佛教为中心的印度文化系统，在汉唐盛世中，逐渐传来，被我们引进、翻译、学习和消化，融入我们民族精神生活的很多方面；经过消化后进一步再创造，反过来又丰富了人类文化。鲁迅以汉唐为例，主张大量吸收外来文化。他说："遥想汉人多少闳放，新来的动植物，即毫不拘忌，来充装饰的花纹。唐人也还不算弱，例如汉人的墓前石兽，多是羊，虎，天禄，辟邪，而长安的昭陵上，却刻着带箭的骏马，还有一匹鸵鸟，则办法简直是前无古人。"①鲁迅十分推崇这种敢于大胆吸收外来文化的"汉唐气魄"。这也是中华民族的优良传统，是中国文化发展的一个重要条件。历史也证明，与世隔绝，孤立发展，只能走上衰微灭亡的道路。

"汉唐气魄"，也十分鲜明地体现在对佛教文化的态度上。"汉唐虽然也有边患，但魄力究竟雄大，人民具有不至于为异族奴隶的自信心，或者竟毫未想到，凡取用外来事物的时候，就如将彼俘来一样，自由驱使，绝不介怀。"从汉到唐，中国封建社会总体上走着上坡路，国力充盛，毫无顾忌地吸取从外域传来的各种新东西。西汉哀帝元寿元年（公元前2年），佛教传入中国内地，魏、晋、南北朝时得到发展，至隋唐达于鼎盛。东汉明帝永平八年（65年），楚王英崇奉浮屠（佛陀），洁斋赎罪，并盛宴供应沙门和居士。明帝又派蔡愔、秦景等十八人到大月氏，得佛画像和佛典，与中天竺沙门迦叶摩腾、竺法兰一同返归洛阳，建立白马寺，并先后译出了《四十二章经》等几部佛典。桓帝延熹年间（158—167年）在宫中崇祀浮屠，和黄老并重。佛教既受提倡，佛典的翻译便格外需要，西域的佛教学者相继来

---

① 《坟·看镜有感》。

到中国，如安世高、安玄从安息来，支娄迦谶、支曜从月氏来，竺佛朔从天竺来，康孟祥从康居来。由此译事渐盛，法事也渐兴。

这里再以唐代为例，可以看出对佛教文化的豁达态度。唐代经济繁荣，文化发达，各种宗教十分活跃。除过原有的佛、道二教之外，又出现了如景教、祆教、摩尼教等外来新宗教。这与唐代统治者制定的宗教政策有关。道教因其所奉教主老子与唐室同姓备受崇敬，但唐代统治者在尊崇道教的同时，对其他宗教采取兼容并收、诸教并行的态度。原有的佛教，唐代政府更是大力扶持，中间虽有武宗灭佛，但时间很短。当三论宗祖师吉藏初到京师时，受到唐高祖的优礼，被聘为十大德之一。唐太宗重视佛教的译经事业，为从印度归来的玄奘组织了大规模的译场。他还下诏在全国"交兵之处"建立佛寺，悼念阵亡战士，以安抚人心。玄奘病重时，高宗派御医急赴，未至已卒，为之废朝数天。中国佛教的十个宗派，除天台宗、禅宗以外，其他八个都是在长安的大慈恩寺、大兴善寺、华严寺、香积寺等六座寺院创立的。当时长安宗派纷生，寺庙林立，谈禅佞佛之风遍及帝王公卿、工商百姓。唐代的译经基本上由国家主持，成绩很可观，译出的佛典总数达到372部、2159卷。至此，印度大乘佛教的要典基本上都已翻译了过来。贞观十五年（641年）文成公主入藏，带去佛像、佛经等，使汉地佛教深入藏地。唐代长安是一座世界闻名、国际交往频繁的都市。西方僧尼风闻长安佛法隆盛，无不慕名而至。当时朝鲜半岛的新罗和日本的很多学僧来中国学习中国佛教各宗学说，得到各宗大师的传承，归国开宗。中国高僧也有去日本传教的。我们由此看到了鲁迅一再盛赞的"汉唐气魄"的风貌。这是一个民族积极向上、有自信力和自尊心的表现。鲁迅从中外文化交流的历史经验中提出了著名的"拿来主义"的口号。我们应该记住鲁迅的话："但是要进步或不退步，总须时时自出新裁，至少也必取材异域，倘若各种顾忌，各种小心，各种唠叨，这么做即违了祖宗，那么做又像了夷狄，终生惴惴如在薄冰上，发抖尚且来不及，怎么会做出好东西来。"①

陈寅恪认为："故二千年来华夏民族所受儒家学说之影响，最深最巨者，实在制度法律公私生活之方面，而关于学说思想之方面，或转有不如佛道二教者。"特别是佛教，经国人吸收改造，在我国思想上"发生重大久远之影响"②。同时随着佛教的传入，印度的逻辑学、文法学、声韵学、医药学、天文学、数学、历法学以及音乐、舞蹈、绘画、雕塑等等都带进中国来了。鲁迅在他的一些论著和杂文中，也明确指出了佛教文化对中国文化广泛而深远的影响。以下从文学、艺术、哲学等方面撮要谈谈鲁迅的论述。

二、天竺寓言之富，如大林深泉

我们通过鲁迅的论述，首先看看佛教对中国文学的重大影响。

鲁迅说过："至于释迦牟尼，可更与文艺界'风马牛'了，据他老先生的教训，则作诗便犯了'绮语戒'，不论道德或不道德，都不免受些孽报，可怕得很的！"③但事实上，佛教与文学有着十分密切的关系。这不仅因为佛教要利用文艺的形式传播它的教义，而且佛典的构成本身就包含着丰富的文学成分。特别是到了大乘佛教阶段，佛教本身更富于玄想色彩，其教义包含着利用幻想与形象的要求，还提出了不少关系到文学形象性的理论。随着佛教的传入与佛典的翻译，对中国文学的发展起了重要的积极的作用。东晋以后，佛教翻译家逐渐创造了一种融冶华梵的新体裁——翻译文学，为中国文学史开辟了新的园地。汉译的佛典，有很多就是优美的文学作品，它们最常用记事的文体，以生动的形象，奇妙的想象以及曲折的情节，引人入胜。例如，古印度马鸣所著的长篇叙事诗《佛所行赞》，叙述释迦牟尼的生平，他从释迦牟尼投胎降生讲起，一直叙述到他涅槃、火化后八分舍

---

① 《坟·看镜有感》。
② 《金明馆丛稿二编·冯友兰〈中国哲学史〉下册审查报告》。
③ 《热风·反对"含泪"的批评家》。

利。他用诗歌的形式把释迦牟尼的生平传说与佛教的宗教义理巧妙地结合并表达出来，达到很高的艺术水平。译本虽未用韵，论者亦谓之"犹觉其与《孔雀东南飞》等古乐府相仿佛"[1]。又如印度大乘佛教的重要经典《妙法莲华经》，本身就是一部优秀的文学作品，它想象丰富，色彩浪漫，其中"火宅"（即"朽宅"）、"化城"、"系珠"、"髻珠"、"穷子"、"药草"、"医子"等故事，构成了有名的"法华七喻"。该经把充满众苦的尘世喻为"火宅"："三界无安，犹如火宅"。经中谈到大火焚烧房屋时，用了这么一段偈颂来形容：

> 于后舍宅，忽然火起，四面一时，其炎俱炽。
> 栋梁椽柱，爆声震裂。摧折堕落，墙壁崩倒。
> 诸鬼神等，扬声大叫。雕鹫诸鸟，鸠槃荼等，
> 周章惶怖，不能自出。恶兽毒虫，藏窜孔穴，
> 毗舍阇鬼，亦住其中。薄福德故，为火所逼，
> 共相残害，饮血啖肉。野干之属，并已前死，
> 诸大恶兽，竞来食啖。臭烟熢㶿，四面充塞，
> 蜈蚣蚰蜒，毒蛇之类，为火所烧，争走出穴，
> 鸠槃荼鬼，随取而食。又诸饿鬼，头上火燃，
> 饥渴热恼，周章闷走。其宅如是，甚可怖畏，
> 毒蛇火灾，众难非一。

"火宅"等喻，成为后来中国诗文中常用的事典。鲁迅的《野草·死火》中也曾用了这个比喻："这是死火。有炎炎的形……疑这才从火宅中走出。"

佛典中有一种譬喻经，即专用譬喻、寓言来说法的。部派佛教中也有专门的譬喻师。譬喻经典在汉译中比较著名的，有《大庄严论

---

[1] 梁启超：《翻译文学与佛典》。

109

经》《贤愚经》《杂宝藏经》《旧杂譬喻经》《杂譬喻经》等，都是集中选录诸经中的譬喻故事，属于经抄性质。后来相当有名的，则有南齐求那毗地所译《百句譬喻经》，简称《百喻经》。前边说过，鲁迅1914年庆祝母亲六十寿辰，曾捐资刻印该经。1926年5月，北新书局出版王品青校点的《痴华鬘》。《痴华鬘》是《百喻经》的原名。鲁迅为此书写了题记，不仅高度评价了《百喻经》的文学价值，而且肯定了印度寓言对国外文艺的重大影响。他说：

> 尝闻天竺寓言之富，如大林深泉，他国艺文，往往蒙其影响。即翻为华言之佛经中，亦随在可见，明徐元太辑《喻林》，颇加搜录，然卷帙繁重，不易得之。佛藏中经，以譬喻为名者，亦可五六种，惟《百喻经》最有条贯。其书具名《百句譬喻》；《出三藏记集》云，天竺僧伽斯那从《修多罗藏》十二部经中钞出譬喻，聚为一部，凡一百事，为新学者，撰说此经。萧齐永明十年九月十日，中天竺法师求那毗地出。以譬喻说法者，本经云，"如阿伽陀药，树叶而裹之，取药涂毒竟，树叶还弃之，戏笑如叶裹，实义在其中"也。……尊者造论，虽以正法为心，譬故事于树叶，而言必及法，反多拘率；今则已无阿伽陀药，更何得有药裹，出离界域，内外洞然，智知所见，盖不惟佛说正义而已矣。①

这部经的第十经《三重楼喻》，说一个愚人想不要基础而建楼房，曾被鲁迅用到杂文中，以批驳反动派对早期苏联建设成就的攻击。他在林克多《苏联闻见录》序中说，苏联的苦斗，是不可忽略的，"否则，就如印度的《譬喻经》所说，要造高楼，而反对在地上立柱，据说是因为他要造的，是离地的高楼一样"。

---

① 《集外集·〈痴华鬘〉题记》。

三、六朝志怪的发达与印度思想的输入

由于佛典的翻译和流传，佛教对中国古代文学的各个方面发生了很大的影响。魏晋以后中国文学的各个领域，无论是诗歌、散文，还是后来发展起来的小说、戏曲，都与先秦、两汉文学呈现出不同的面貌，其中一个重要原因，就是佛教经典的文体和佛教理论的价值观念、生活观念、生命观念以及佛教宣传方法的渗透、感染。这里，我们试以鲁迅对中国古典小说史的研究为例，探讨佛教对中国文学发展的重大而直接的影响。

鲁迅明确指出，魏晋南北朝志怪小说的发展与佛教盛行有密切关系。汉代道教始兴，佛教初传，到魏晋南北朝都大行于世，影响及于社会各阶层，佛教尤盛。这一时期，佛教得到南朝历代统治者的大力提倡，其中尤以梁武帝溺信佛教为最。他起初崇奉道教，即位的第三年（504年）4月8日，率僧俗两万人，在重云殿重阁，亲制文发愿，舍道归佛。他建寺造像，办斋设会，讲经著说，四次舍身同泰寺为寺奴，由群臣一亿万钱奉赎回官。鲁迅生前想做一部《中国文学史》，拟分六章，题目都定好了，其中第5章为魏晋南北朝部分，题为《酒，药，女，佛（六朝）》。①十六国和北朝弘法尤烈，十分自觉地把佛教与政治结合起来，当作精神统治的工具。佛教传入，又把诸如佛、菩萨、罗汉、天王、诸天、伽蓝神、阎罗王、观世音、魔、夜叉、饿鬼等等都拉进了鬼神队伍，又与中国传统的鬼神观念结合在一起，就使得社会上鬼神迷信观念十分普遍，六道轮回、因果报应等深入人心。这势必要造成大批鬼神传说的出现和流传，使志怪小说有了极为丰富的素材来源和幻想基础。正如鲁迅所说："此外还有一种助六朝人志怪思想发达的，便是印度思想之输入。因为晋、宋、齐、梁四朝，佛教大行，当时所译的佛经很多，而同时鬼神奇异之谈也杂出，所以当

---

① 许寿裳：《亡友鲁迅印象记》。

时合中、印两国底的鬼怪到小说里，使它更加发达起来……"①

梁吴均《续齐谐记》中有一个著名的阳羡鹅笼书生故事：

> 阳羡许彦于绥安山行，遇一书生，年十七八，卧路侧，云脚痛，求寄鹅笼中。彦以为戏言，书生便入笼，笼亦不更广，书生亦不更小，宛然与双鹅并坐，鹅亦不惊。彦负笼而去，都不觉重。前行息树下，书生乃出笼谓彦曰："欲为君薄设。"彦曰，"善。"乃口中吐出一铜奁子，奁子中具诸肴馔。……酒数行，谓彦曰："向将一妇人自随，今欲邀之。"彦曰："善。"又于口中吐一女子，年可十五六，衣服绮丽，容貌殊绝，共坐宴。俄而书生醉卧，此女谓彦曰："虽与书生结妻，而实怀怨，向亦窃得一男子同行，书生既眠，暂唤之，君幸勿言。"彦曰："善。"女子于口中吐出一男子，年可二十三四，亦颖悟可爱，乃与彦叙寒温。书生卧欲觉，女子口吐一锦行障遮书生，书生乃留女子共卧。男子谓彦曰："此女虽有情，心亦不尽，向复窃得一女人同行，今欲暂见之，愿君勿泄。"彦曰："善。"男子又于口中吐一妇人，年可二十许，共酌，戏谈甚久，闻书生动声，男子曰："二人眠已觉。"因取所吐妇人，还纳口中。须臾，书生处女乃出谓彦曰："书生欲起。"乃吞向男子，独对彦坐。然后书生起谓彦曰："暂眠遂久，君独坐，当悒悒耶？日又晚，当与君别。"遂吞其女子，诸器皿悉纳口中，留大铜盘可二尺广，与彦别曰："无以藉君，与君相忆也。"彦大元中为兰台令史，以盘饷侍中张散；散看其铭题，云是永平三年作。

鲁迅在引述了以上故事后指出，此类思想，盖非中国所故有，而是受印度思想的影响。唐代段成式"已谓出于天竺"，他的《酉阳

杂俎》（《续集》《贬误篇》）中说："释氏《譬喻经》云，昔梵志作术，吐出一壶，中有女子与屏，处作家室。梵志少息，女复作术，吐出一壶，中有男子，复与共卧。梵志觉，次第互吞之，拄杖而去。余以吴均尝览此事，讶其说以为至怪也。"鲁迅对此做了进一步的阐析：

> 所云释氏经者，即《旧杂譬喻经》，吴时康僧会译，今尚存；而此一事，则复有他经为本，如《观佛三昧海经》（卷一）说观佛苦行时白毫毛相云，"天见毛内有百亿光，其光微妙，不可具宣。于其光中，现化菩萨，皆修苦行，如此不异。菩萨不小，毛亦不大。"当又为梵志吐壶相之渊源矣。魏晋以来，渐译佛典，天竺故事亦流传世间，文人喜其颖异，于有意或无意中用之，遂蜕化为国有，如晋人荀氏作《灵鬼志》，亦记道人入笼子中事，尚云来自外国，至吴均记，乃为中国之书生。①

鲁迅上面所引《观佛三昧海经》的经文，源于佛家圆融互摄理论。其说以为世界万事万物均发源于心，心无大小，"相"亦无大小，故毛内有菩萨，菩萨不小，毛亦不大。所说的"白毫毛相"，是佛教所说佛的32种形象之一，谓佛眉长有白色毫毛，长一丈五，平时缩卷于眉毛旁。这种夸诞的描写，不受时空限制的无拘无束的幻想力，表现了强烈的浪漫色彩，与中国固有的"夸而有节，饰而不诬"的理性精神完全不同。鲁迅指出："就此也可知六朝的志怪小说，和印度怎样相关的大概了。但须知六朝人之志怪，却大抵一如今日之记新闻，在当时并非有意做小说。"②

---

① 《中国小说史略》第五篇。
② 《中国小说的历史的变迁》。

四、释氏辅教之书

在这个时期，一些佛教徒又借志怪来弘教，写了不少宣明因果应验的佛家观念的志怪书，鲁迅称之为"释氏辅教之书"："释氏辅教之书，《隋志》著录九家，在子部及史部，今唯颜之推《冤魂志》存，引经史以证报应，已开混合儒释之端矣，而余则俱佚。遗文之可考见者，有宋刘义庆《宣验记》，齐王琰《冥祥记》，隋颜之推《集灵记》，侯白《旌异记》四种，大抵记经像之显效，明应验之实有，以震耸世俗，使生敬信之心，顾后世则或视为小说。"①

这类"释氏辅教之书"，本身既是志怪小说的重要部分，它们的大量涌现又为志怪小说的繁荣起了推波助澜的作用。

正因为佛教在魏晋南北朝的广泛流传，才使得反映鬼神奇异之谈的志怪小说发展起来，而在此以前则是不可能有的。鲁迅据此对现在所谓的"汉代小说"进行了考证，认为《神异经》《十洲记》《汉武故事》《汉武帝内传》《洞冥记》《西京杂记》等六种俱为后人所做，其中《汉武故事》《汉武帝内传》两书的考证，就有赖于鲁迅对中国小说发展与佛教关系的深刻了解。他说，托名班固所做的"《汉武故事》《汉武帝内传》则与班固别的文章，笔调不类，且中间夹杂佛家语，——彼时佛教尚不盛行，且汉人从来不喜说佛语——可知也是假的"②。

鲁迅还指出，宋代"说话"文体的出现，与佛教也有很大的关系，即从文学继承关系上，它受到唐代俗讲、变文的不少影响。他说："然用白话作书者，实不始于宋。清光绪中，敦煌千佛洞之藏经始显露，大抵运入英法，中国亦拾其余藏京师图书馆；书为宋初所藏，多佛经，而内有俗文体之数种，盖唐末五代人钞，如《唐太宗入冥记》，《孝子董永传》，《秋胡小说》则在伦敦博物馆，《伍员入

---

① 《中国小说史略》第六篇。
② 《中国小说的历史的变迁》。

吴故事》则在中国某氏，惜未能目睹，无以知其与后来小说之关系。以意度之，则俗文之兴，当由二端，一为娱心，一为劝善，而尤以劝善为大宗，故上列诸书，多关惩劝，京师图书馆所藏，亦尚有俗文《维摩》《法华》等经及《释迦八相成道记》《目连入地狱故事》也。"①

　　鲁迅说的唐末五代人所抄的俗文体故事，即所谓"变文"。变文是一种把晋、宋以来僧徒的转读经文发展到讲唱佛经故事的通俗新文体，为寺院僧侣向听众做通俗宣传之用。佛经文体的一个重要特点是散韵兼行。经中说义理的散文叫"长行"，长行之后，重述长行内容的诗歌叫"重颂"，此外还有不依长行而独立叙说义理的诗歌，叫"偈颂"。偈颂是有节律的韵语。我国僧侣讲经，有讲有唱，就是适应佛经这种散文和韵文相结合的体裁，以便启示听众。到了唐代，由于口语的转变，需要把经文转变为通俗易懂的文体，这就形成了变文。也就是说，变文是寺院向俗众讲经的"俗讲"的本子。俗讲面对的是未出家的人，为了获得较好的效果，自然较为通俗。中晚唐时代，佛教俗讲盛行，变文也同时发达。韩愈《华山女》一诗形容它的盛况是"街东街西讲佛经，撞钟吹螺闹宫廷"。据日本僧人圆仁《入唐求法巡礼行记》记载，当时长安有不少出名的俗讲法师，如左街的海岸、体虚、齐高、光影，右街的文溆等。其中文溆名气尤大，连敬宗皇帝都"幸兴福寺，观沙门文溆俗讲"②。和佛教俗讲流行的同时，民间艺人也采用变文的形式讲唱故事，以讲唱历史故事为最多。从现存的变文来看，内容可分两类：一类是演述佛经故事的，如《维摩诘经讲经文》《大目乾连冥间救母变文》等；另一类是演述历史故事或民间传说的，如《伍子胥变文》《王昭君变文》等。

　　演述佛经故事的变文，几乎都是散韵交替的体裁，故事性强，想象丰富，描写生动，铺叙繁缛，在当时深受群众的喜爱。例如鲁迅所

①《中国小说史略》第十二篇。
②《资治通鉴·唐纪五十九》。

提到的《维摩》（即《维摩诘经讲经文》），篇幅在三十卷以上，据经文加以渲染扩大，是原文的一百来倍。这里试举其中的一段：

> 经云："于是文殊"乃至"入城"。
>
> 文殊受敕，领众前行，声闻五百同随，菩萨八千为伴。于是庵园会上，听众无边，陪大士尽往于毗耶，从文殊同过于方丈。时当春景，千花竞笑于园林；节届青阳，万木皆荣于山野。由是文殊师利亲往方丈之中，遂设威仪，排比行李。于是宝冠覆顶，璎珞严身。辞千花台上世尊，问一丈室中居士。龙神引路，菩萨前迎。瑞气盈空，天花映日。幢幡乃双双排路，龙节而队队前行。毫光与晃日争辉，雅乐与梵音合杂。菩萨八千侍从，声闻五百同行，一时礼别慈尊，尽赴维摩问疾。是时也，人浩浩，语喧喧，杂沓云中，欢呼日下。过翠微之瑞气，散缭绕之祥霞。肉发峨峨，珠衣灼灼。曳六铢之妙服，戴七宝之头冠。襃金缕以叠重，动香风而逦迤。领雄雄之师子，举步可以延风，座千叶之莲花，含水烟之翠色。领天徒之众类，离佛会之庵园。天女天男，前迎后绕，空中化物，云里遥瞻。整肃威仪，指挥徒众。毗耶城里人皆见，尽道神通大煞生。[1]

唐代变文对宋及其以后白话小说的发展，从题材、路数、体制等各个方面，都有着显著的影响。例如南宋瓦肆说书，有"说经""说参请""说浑经"等家数，总称为"说经"，说话人仍是僧侣，这显然渊源于唐寺院的俗讲。再从体裁上看，宋的讲史之体，"在历叙史实而杂以虚辞"，如《新编五代史平话》，"大抵史上大事，即无发挥，一涉细故，便多增饰，状似骈俪，证以诗歌，又杂诨词，以博笑噱"；小说之体，"在说故事而立知结局"，如《京本通俗小说》的短篇小说，

---

[1] 《维摩诘经讲经文·文殊问疾卷》。

多是"大抵诗词之外，亦用故实，或取相类，或取不同，而多为时事。取不同者由反入正，取相类者较有浅深，忽而相牵，转入本事，故叙述之始，而立意已明……凡其上半，谓之'得胜头回'"，然后转入正文。①这样的格式，有着脱胎于变文的明显痕迹。鲁迅关于宋之白话小说与唐代变文关系的论述，是符合历史实际的。

五、因果报应与"大团圆"及"瞒和骗"的文艺

鲁迅还分析了佛教思想对中国古代小说的渗透、影响。佛教的无常苦空、地狱轮回、因果报应、修持得福等思想，不仅广泛地熏染着一般的人民群众，而且深刻地影响到小说等通俗文学作品。如果深入地研究，可以看到，从六朝志怪一直到近代小说，几乎程度不同地存在着佛教思想的成分。这里仅以鲁迅批判较多的充斥在小说里的因果报应思想为例。

因果报应，是佛教用来说明世界一切关系并支持其宗教体系的基本理论。"因"，亦称"因缘"；"果"，或称"果报"，"酬因曰果"。佛教认为，任何思想行为，都必然导致相应的后果，"因"未得"果"之前，不会自行消失；反之，不作一定之业因，亦不会得相应之结果。所谓"已作不失，未作不得"②。据此提出"三世因果"，以为现世界人们的贫富穷达，是前生所造善恶诸业决定的结果；今生的善恶行为，也必然导致后生的罪福报应。因此，佛教鼓励人们改恶从善，其至宣传"放下屠刀，立地成佛"。一千多年来，宣扬佛教教义，引导广大群众相信佛教，力量最大的莫过于因果报应的传说和描述。小说等通俗文学，常有因果报应的内容，阐明报应不爽的思想，以发挥其劝善止恶的作用。六朝志怪小说，如宋刘义庆《宣验记》、齐王琰《冥祥记》、隋颜之推《冤魂志》等，大抵"记经像之显效，

---

① 《中国小说史略》第十二篇。

② 《瑜伽师地论》卷三十八。

明应验之实有"。这类作品的佚存文字，见鲁迅辑录的《古小说钩沈》。中国古代许多著名的长篇小说，如《金瓶梅》《红楼梦》等，也都受到佛教因果报应思想的影响。

被鲁迅称之为明代世情小说中最著名的一部《金瓶梅》，描述市侩、商人、暴发户西门庆勾结官府，蹂躏妇女，为非作歹，由发迹到灭亡的丑恶史。书中暴露了流氓恶棍的横行霸道，荒淫无耻。但是小说又把人生的命运归结为生前注定。书中结尾写西门庆死后，其妻携其遗腹子孝哥，欲到济南去，路上遇着普净和尚，引至永福寺，以佛法感化孝哥，终于使他出了家，改名明悟。鲁迅指出，此书结末"用释家言"：孝哥方睡在永福寺方丈，普净引其母及众往，指以禅杖，孝哥"翻起身来，却是西门庆，项带沉枷，腰系铁索。复用禅杖只一点，依旧还是孝哥儿睡在床上。……原来孝哥儿即是西门庆托生"。终卷诗说：

> 闲阅遗书思惘然，谁知天道有循环。
> 西门豪横难存嗣，经济癫狂定被歼。
> 楼月善良终有寿，瓶梅淫佚早归泉。
> 可怜金莲遭恶报，遗臭千年作话传。[①]

鲁迅说："此之事状，固若玮奇，然亦第谓种业留遗，累世不一，出离之道，惟在'明悟'而已。"[②]至于丁耀亢的《续金瓶梅》，则是对于《金瓶梅》的因果报应之说，即武大后世变成淫夫，潘金莲也变为河间妇，终受极刑；西门庆则变成一个骏憨男子，只坐视着妻妾外遇，"以见轮回是不爽的"。鲁迅指出："从此以后世情小说，就明明白白的，一变而为说报应之书——成为劝善的书了。这样的讲

①《金瓶梅》第一百回。
②《中国小说史略》第十九篇。

到后世的事情的小说，如果推演开去，三世四世，可以永远做不完工，实在是一种奇怪而有趣的做法。但这在古代的印度却是曾经有过的，如《鸯堀摩罗经》就是一例。"①

善恶分明、果报显著的思想，表现在中国古代小说中，就是正、反两面阵线鲜明，故事一定要有完满的结果，即大团圆。因此，在中国小说中，善恶交织的人物、不可解决的矛盾是不存在的，也不会有正面人物遇到不可克服的矛盾而受到惩罚那种命运悲剧的观念。即使是悲剧，结尾也必定皆大欢喜。这种思想的影响相当广泛、深入。鲁迅指出，像《红楼梦》那样的悲剧，是社会上常有的事，作者又是比较的敢于写实，而那结果也还是贾氏家业再振，兰、桂齐芳，贾宝玉出家当和尚，还披上大红猩猩毡斗篷。"至于别的人们，则早在册子里一一注定，末路不过是一个归结：是问题的结束，不是问题的开头。读者即小有不安，也终于奈何不得。"②

鲁迅指出，这种"大团圆"，主要是为了弥补缺陷，粉饰现实，掩盖社会矛盾。"'作善降祥'的古训，六朝人本已有些怀疑了，他们作墓志，竟会说'积善不报，终自欺人'的话。但后来的昏人，却又瞒起来。"《大元圣政国朝典章》第五十七卷记载，元代刘信将三岁的儿子抛入醮纸火盆，妄希福佑；但是在元杂剧《小张屠焚儿救母》中，却说是为母延命，母命得延，儿亦不死了。《醒世恒言》中的《陈多寿生死夫妻》，说的是一女愿侍痼疾的丈夫，两口子先后又自杀过，到了清代宣鼎《夜雨秋灯录》的《麻疯女邱丽玉》中，则说是有蛇坠入药罐里，丈夫服后便痊愈了。鲁迅说："凡有缺陷，一经作者粉饰，后半便大抵改观，使读者落诬妄中，以为世间委实尽够光明，谁有不幸，便是自作，自受。"③

---

① 《中国小说的历史的变迁》。

② 《坟·论睁了眼看》。

③ 《坟·论睁了眼看》。

有时遇到彰明的史实，瞒不下，如关羽、岳飞的被杀，怎么办呢？便只好另设骗局了。一是前世已造夙因，一是死后使他成神。岳飞是南宋抗金名将，被宋高宗和内奸秦桧杀害。本是反映民族斗争与忠奸斗争的《说岳全传》，则说金兵入侵中原是因为宋徽宗不敬天地，因此玉皇大帝发怒，命赤须龙下界，降生为金兀术；如来佛又怕赤须龙无人制服，所以派大鹏鸟下凡，降生为岳飞，保卫宋室江山；秦桧是黑龙转世，秦桧之所以害死岳飞，是报前世大鹏啄伤黑龙的宿怨。三国蜀汉大将关云长被孙权杀死，《三国演义》则写他死后显圣成神。这正如鲁迅所说："定命不可逃，成神的善报更满人意，所以杀人者不足责，被杀者也不足悲，冥冥中自有安排，使他们各得其所，正不必别人来费力了。"[1]

因果报应，不仅见于古代小说，而且有人据以论史。明代朱权（朱元璋第十七子，封宁献王，别号涵虚子）奉敕撰写的《通鉴博论》中说："汉高祖取天下，皆功臣谋士之力。天下既定，吕后杀韩信、彭越、英布等，夷其族而绝其祀。传至献帝，曹操执柄，遂杀伏后而灭其族。或谓献帝即高祖也；伏后即吕后也；曹操即韩信也；刘备即彭越也；孙权即英布也。故三分天下而绝汉。"鲁迅在《书苑折枝》中引了这段话，称之为"大奇"。

中国古典文学遗产自有其伟大的、不朽的价值，但它作为封建文化的一部分，自然有着保护封建经济基础的欺骗、麻醉作用的一面。佛教用因果报应掩盖现实矛盾，而让人们把希望寄托到来世。鲁迅把在这种影响下产生的文艺，称之为"瞒和骗"的文艺，它使人们不敢正视现实人生，忍辱求安，聊以自欺，而且欺人。因为不敢正视人生，"由此也生出瞒和骗的文艺来，由这文艺，更令中国人更深地陷入瞒和骗的大泽中"。鲁迅要求作家打破这种自欺欺人的"大团圆"思想，取下假面，真诚地、深入地、大胆地看待人生，并且写出它的

---

[1]《坟·论睁了眼看》。

血和肉来。

以上我们从鲁迅的有关论述中，看到佛教对中国文学深刻而广泛的影响。这里，再介绍一下鲁迅对民间目连戏及其所创造的"无常""女吊"等艺术形象的热情描述，既可以看到佛教对民间文艺的影响，也可以看到人民大众如何通过这些艺术形象反映他们的愿望、理想，体现他们的思想感情、情趣和气质。

目连故事很早就传入了中国。支谦译有《目连因缘功德经》，竺法护译了《目连上净居天经》等，都是讲目连神通的。明末浙江山阴（今绍兴）人张岱，在他的《陶庵梦忆·目连戏》中记载当时的演出盛况时说："选徽州旌阳戏子，剽轻精悍，能相扑打者三四十人，搬演《目连》，凡三日三夜。"这类在迎神赛会时的演剧，为的是敬神禳灾，全本里一定有一个恶人，戏快完时便是这恶人收场的时候，阎王就出票来勾摄了，活无常于是乎就出现在戏台上。戏里鬼魂很多，但人们最喜欢看到的是活无常。对于活无常，我们前边已介绍过。鲁迅说，民间的迎神赛会，"虽说是祷祈，同时也等于娱乐"，大多是劳动人民的活动，所以他们便把自己长期以来"活着，苦着，被流言，被反噬"积累下的许多痛苦的经验教训，倾注在他们扮演的"无常"身上。无常是在"许多人期待着恶人的没落的凝望中"出现的，雪白的一条莽汉，粉面朱唇，眉黑如漆，蹙着，不知是在笑还是在哭。但他一出台就须打108个嚏，同时也放108个屁，才自叙履历。说有一次阎罗王叫他去拿隔壁的癞子，他到了那里，看"阿嫂哭得悲伤"。原来癞子是被庸医误死的，引起他的怜悯，他就用自己仅有的那点权力，"暂放他还阳半刻"。他对冤死者的同情却受到阎罗的责罚，从此再不宽纵了。他决定："难是弗放者个！哪怕你，铜墙铁壁！哪怕你，皇帝国戚！"[1]鲁迅后来在《门外文谈》中对此做了充分肯定，说这"鬼而人，理而情，可怖而可爱的无常"，"何等有

---

[1] 《朝花夕拾·无常》。

人情，又何等知过，何等守法，又何等果决，我们的文学家做得出来么？"无常的形象体现了劳动人民淳厚的性格和对统治者刚直不阿的品质。

绍兴目连戏中创造的有特色的鬼魂，除过上面说的"无常"外，另一个就是"带复仇性的，比别的一切鬼魂更美，更强的鬼魂"，即"女吊"。她是童养媳，备受虐待，终于弄得投缳。她出场时，是"石灰一样白的圆脸，漆黑的浓眉，乌黑的眼眶，猩红的嘴唇"。她两肩微耸，四顾，倾听，似惊，似喜，似怒，终于发出悲哀的声音，慢慢地喝道："奴奴本是杨家女，呵呀，苦呀，天哪！"①她要做厉鬼以复仇。鲁迅十分赞赏人民群众创造的这个敢于报仇的"女吊"形象，因为在她身上体现了劳动人民不甘于被压迫的反抗精神和斗争勇气。

第七节　佛教对中国绘画、民俗和儒家思想的影响

一、中国绘画六朝以来就大受印度美术影响

这里，我们通过鲁迅的论述，看看佛教与中国艺术的关系。

中国古代艺术有着悠久的历史和光辉的成就。自汉魏以来，由于佛教的新鲜刺激和重大影响，使建筑、绘画、雕塑、音乐等各个领域更加异彩纷呈，出现了新的变化和发展。

佛教对中国绘画的影响是相当大的。鲁迅指出："至于怎样的是中国精神，我实在不知道。就绘画而论，六朝以来，就大受印度美术的影响，无所谓国画了。"②鲁迅这里说的"印度美术"，就是指佛教艺术主要是佛教绘画而言。

---

① 《且介亭杂文末编·女吊》。

② 《书信·350204 致李桦》。

　　早期佛教反对偶像崇拜，并无佛像、佛画，只表现佛说法的场所。佛像艺术的出现，是1—2世纪的事情。那是一种受到古希腊文化影响的、印度文化和西域文化相混合的"犍陀罗"文化的产物。贵霜王朝的犍陀罗地区，原受希腊人影响达数百年。当时在希腊文化和佛教文化的相互渗透下，也有不少希腊人逐渐信佛，他们素有崇拜偶像的习惯，就开始了刻作佛像。初期佛像如希腊人，深目高鼻，鬈发，衣饰华丽，有圆形光圈。从这个时候起，佛像开始逐渐在佛教的伽蓝中普遍地被供奉起来。大乘佛教经典又特别强调绘画佛像的功德，就使佛教绘画艺术得到了极大发扬。

　　随着佛教的传来，佛教艺术也同时传入了中国。现存佛教艺术遗迹的丰富是十分惊人的。现存的佛像，仅龙门一处就有十万余躯。现存的佛教壁画，仅敦煌莫高窟一处就有四万五千多平方米。除壁画和画像外，佛教艺术中主要是雕塑，当时的雕塑上皆以颜色描画，也是离不了画的。这些画不但粉本直接或间接地来自外国，而且有外国画家（画僧）参加绘制。佛教画传入中国之前，中国绘画没有什么主流。佛教画从传入中国至唐代近千年间，一直成为中国画坛的主流，最好的绘画都是以佛像为画题的。正如有人说的，唐以前的绘画主要是佛教绘画，绘画是为佛教服务的。佛画如此之盛，画家就应运而生，名家辈出。见于记载的中国画家第一位画佛像者，是汉末至三国吴人曹不兴，之后的大画家如卫协、戴逵、戴勃、顾恺之、曹仲达、陆探微、张僧繇，直至唐吴道子、王维、周昉等，无不以画佛像为能事。佛教画像传入中国之前，中国绘画主要以线条为主，基本上是勾线后淡淡地平涂一层颜色，被称为"迹简意澹而雅正"，保留至今的汉代绘画表现了一种朴直古劲的风格。而传来的佛教绘画，则是以色彩浓淡表现物体的主体感与明暗光影，通称"凹凸法"或"晕染法"，即先用粉调少许赭红（或肉色），平涂，然后再在肉色底子上，以赭红色由外向内晕染，越向内越接近于肉色，最后再以原肉色接染，形成凹凸画法，具有很强的立体感。这些画法都是中国所没有

123

的，传入汉地后，对中国画坛产生了巨大影响。南朝的佛画家以张僧繇为最，创立了"张家样"。梁武帝建佛院寺塔，大都令他作画，当他在建康一乘寺用这种晕染法画出花的凹凸感时，轰动一时，乃至于一乘寺也改名为凹凸寺了。北朝的佛画家，以北齐的曹仲达为最。曹本是西域曹国人，带有西域的作风，在中原既久，画艺渐进于中国民族风格。他创立的"曹家样"，为唐代盛行的四大样式之一，所谓璎珞天衣，带有犍陀罗式的作风，后世画家称为"曹衣带水"，与吴道子的"吴带当风"并称。后来以王维为代表的水墨山水画，改造了中国已往传统山水画的风格，开创了超然洒脱、高远淡泊的画风，其意境是在佛教禅宗影响下产生的。因此，鲁迅认为中国绘画自六朝以来"大受印度美术的影响"，完全符合事实。

鲁迅指出，中国画由于受佛教绘画影响，"无所谓国画了"。这就说明，所谓中国画，并不是一成不变的，而是在不断继承传统和吸收外来艺术上，有所突破和发展的。即如中国早期的佛教绘画来说，虽从外国传来，但由于作者多是中国画家，所以一开始也就糅进了传统的画法，尽管是用很厚的颜色晕染，仍是先勾线条，其衣纹或背景更是传统成分居多。这是个互相改造、互相吸收的过程。愈到后来，这种外来的画风愈被传统画法所改造，到唐代，已完全变成了中国作风的画法了。

鲁迅强调在绘画艺术上要承受古代遗产的润泽。他说，我们"生在中国，即必须翻开中国的艺术史来"；以绘画而言，"在唐，可取佛画的灿烂，线画的空实和明快"[①]。诚如鲁迅所言，唐代佛画是"灿烂的"。唐代佛画明显出现了向世俗化发展的倾向。画家们把想象与现实结合起来，在佛的形象中寄托对现实生活的要求。于是天女被描绘成体态丰腴、容貌端丽的女性，菩萨居然和豪贵家中的姬妾、歌女一个样。从敦煌所存唐代壁画看，色彩鲜丽，十分富美。唐代佛教最

---

① 《且介亭杂文·论"旧形式的采用"》。

流行的是净土宗，因此净土变相在壁画中表现得最多。在净土变相中，把极乐世界装饰得非常美丽，其中有七宝楼台、香花伎乐、莲池树鸟，表现出无尽的美景，用富丽的物质现象去描绘观想法门境界。画面上表现的乐观美满的生活，与出世苦行禁欲的态度有很大差异，而且所绘的佛、菩萨、诸天、力士等，都是美丽与健康的化身，这和唐代的社会生活、人民的爱好是完全一致的。[①]例如敦煌莫高窟中属盛唐时代的第172窟，其南壁的一幅净土变，表现的是须弥海上的西方阿弥陀佛的极乐世界。在其富丽堂皇、复杂环回的宫苑中，坐着西方如来和他的观音、势至二大菩萨及其他菩萨和往生的人们；殿前有正在演奏音乐和歌舞的伎乐菩萨们，另外还有些神鸟和飞天等也在散洒雨花与随声歌舞。绿色的琉璃瓦，朱红色的廊柱，整个画面色彩浓淡适宜，调和典雅。

　　鲁迅所欣赏的唐代线画，也与佛教有关。所谓线画，就是在磨光的石面上，以阴线勾勒成画，这种雕刻早在汉代就有。汉魏石刻中线条简练，风格雄浑质朴。唐代石刻线画的线条光洁匀称，曲线美感强烈，画面有圆润柔和的韵律感，体现了繁丽、纤细而又活泼的风格，即如鲁迅所说的"空实和明快"。唐代线画题材，除大量的反映宫廷生活情况以外，也有不少的宗教内容。如长安大雁塔的石门楣、门框上线刻有佛像、菩萨、天王、殿堂等画像。塔的底层南门两侧有《大唐三藏圣教序》和《大唐三藏圣教序碑记》两个碑，碑侧有阴刻蔓草花纹，碑额、碑座有造型生动的蟠螭及天人乐舞浮雕画像。小雁塔院内出土的"净土变相"画像石，线条流利，既达到了形神兼备的绘画效果，也富有生意盎然的雕刻趣味。

　　鲁迅在研究了包括佛画在内的中国历代绘画后，运用阶级分析的观点，指出在人类的阶级社会，"既有消费者，必有生产者，所以一面有消费者的艺术，一面也有生产者的艺术"。连环图画和年画"虽

---

① 参阅常任侠：《中国佛教美术的来源及其概况》，载《法音》1982年第1期。

然未必正是真正的生产者的艺术，但和高等有闲者的艺术对立，是无疑的"。鲁迅认为，"满幅云烟"的佛画，是"豪华的装潢"，则是大受消费者艺术的影响了。①

鲁迅也收藏了不少有关佛教艺术的书画，如《高昌壁画菁华》《云冈专刊》《新疆访古录》《敦煌石室真迹录》等。《高昌壁画菁华》是鲁迅1916年12月5日返乡探亲途中购买的，金石学家罗振玉编辑，罗在序中说："名山大川，万众瞻礼，丹青之士，观摩其旁，得增进其艺术，此其善也。"书中共收我国新疆高昌的佛教壁画二十一幅，佛像个个形态丰满，画工精妙，堪称我国绘画艺术的瑰宝。《云冈专刊》共收云冈石窟的石佛寺正门、全景、近景、石窟外壁、寺内巨佛、壁画等照片二十余帧，集中表现了世界最大佛教群像雕刻之一的云冈石窟的雕刻艺术及石窟全貌。鲁迅还收藏了一些介绍佛教艺术的外文书籍。鲁迅生前十分注重佛教艺术，大量收集、整理佛教绘画和石刻拓片，并打算出版，希望印以传世。在1934年3月6日致姚克的信中，他说："我在北平时，曾陆续搜得一大箱，可拟摘取其关于生活状况者，印以传世，而为时间与财力所限，至今未能，他日倘有机会，还想做一做。"这里说的"一大箱"，是指北京时搜集到的古代石刻造像。鲁迅对体现佛教艺术发展高峰的敦煌石窟的壁画和塑像，对云冈石窟的石雕，给予特别的重视，投入很大的精力。

我国古代木刻版画与佛教也有着十分密切的关系。鲁迅对此有许多论述：

> 镂像于木，印之素纸，以行远而及众，盖实始于中国。法人伯希和氏从敦煌千佛洞所得佛像印本，论者谓当刊于五代之末，而宋初施以彩色，其先于日耳曼最初木刻者，尚几四百年。②

---

① 《且介亭杂文·论"旧形式的采用"》。
② 《集外集拾遗·〈北平笺谱〉序》。

世界上版画出现得最早的是中国，或者刻在石头上，给人模拓，或者刻在木板上，分布人间。后来就推广而为书籍的绣像，单张的花纸，给爱好图画的人更容易看见，一直到新的印刷术传进了中国，这才渐渐的归于消亡。①

版画是作者在各种不同材料的版面上通过手工制版印刷而成的一种绘画。我国是发明版画的国家。远在汉代，就产生了具有版画性质和特点的石刻画像。8世纪前后，我国发明了刻板印刷术，在刻板印刷术大兴之前，寺院和佛教徒们就利用这种新兴的印刷技术，作为宣传佛教的工具。从我国早期雕版印刷的文字材料和实物看，木刻版画的成熟与佛教的兴盛密不可分。据唐冯贽著的《云仙杂记》卷五说："玄奘以回锋纸，印普贤像，施于四方，每岁五驮无余。"虽然有人认为《云仙杂记》是一部伪书，但联系玄奘之前已有捺印小佛像的事实，说玄奘曾用雕版印刷佛像还是可信的，只不过当时使用尚不普遍罢了。唐五代留传下来的版画作品，都是与佛教相关的宗教宣传画。

鲁迅说："唐末的佛像，纸牌，以至后来的小说绣像，启蒙小图，我们至今还能够看见实物。"②敦煌石室发现的唐咸通九年（868年）王玠出资雕刻的卷子本《金刚经》，是现存世界上第一部完整的标年本刻印本。此经用纸七张缀合成卷，全长4.877米，高0.33米。第一张扉画为释迦牟尼佛在祇树给孤独园说法图。释迦牟尼佛坐于经筵上说法，长老须菩提偏袒右肩，右膝着地，合掌恭敬，面佛而言。佛的左右前后，围站着两员护法天神以及许多贵人施主和僧众。经筵的前面，卧着两头勇猛的狮子，说明佛法无边，足以降伏猛兽。图的上部，在微风飘动的幢幡上，两位仙女驾着祥云而来。画刻者为了使画面灿烂、完整，在地面上施以四方连续图案的毡毯纹样。整个画面妙

———————————

① 《集外集拾遗补编·介绍德国作家版画展》。
② 《且介亭杂文二集·〈全国木刻联合展览会专辑〉序》。

相庄严。刀法谨严而遒美，线条细而有力，是一幅接近版画成熟期的作品，比欧洲现存的15世纪的木刻圣母像要早几百年。

在鲁迅作品中，对佛教建筑也多次提及。据《魏书·释老志》载，佛教建筑、塑像、绘画是和佛教经典同时在汉代传入中国的。佛教建筑艺术集中体现在佛寺建筑上面。中国佛寺建筑早期以佛塔为主，至隋唐时代则逐渐以佛殿为中心了。寺院殿堂是供奉佛和菩萨的地方，也是出家僧人居住、生活和修持的地方，历来为佛教活动的中心，又由于佛寺建筑集中地反映了我国当时高度发展的建筑、雕刻和绘画艺术，不少至今仍具有重要的历史文物价值。我国佛寺在六朝至隋唐风靡一时。北魏时仅洛阳城内外就有佛寺1367所，各州郡有佛寺3万余所。南朝佛寺极盛，"南朝四百八十寺，多少楼台烟雨中"，晚唐杜牧的诗句，就是当时盛况的生动描述。隋唐时代佛寺林立。唐武宗灭佛时，就毁官立佛寺4600余所，小寺4万余所。我国汉式佛寺，基本上是采用中国传统世俗建筑的院落式格局，院落重重，层层深入，回廊周匝。完全来自印度的宝塔，其分布之广，数量之多，造型之美，形式之丰富多彩，是我国古代建筑中的一朵奇葩。它们尽管表现的是宗教的内容，但都是我国历代劳动人民智慧的结晶，是中华民族文明的一个组成部分。点缀在蓝天白云中的佛塔，与那掩映在青山绿水中的佛寺，浑然一体，增添了祖国山川的自然之美。鲁迅在散文诗《好的故事》中记述在朦胧中看见的一个好的故事："我仿佛记得曾坐小船经过山阴道，两岸边的乌桕，新禾，野花，鸡，狗，丛树和枯树，茅屋，塔，伽蓝，农夫和村妇，村女，晒着的衣裳，和尚，蓑笠，天，云，竹……都倒影在澄碧的小河中，随着每一打桨，各个夹带了闪烁的日光，并水里的浮藻游鱼，一同荡漾。"

在这"山川自相映发，使人应接不暇"[①]的风景名胜山阴道上，塔和寺已与自然景物融会在一起，成为鲁迅憧憬的水乡牧歌式美好生活

---

① 《世说新语·言语》。

的不可分割的重要部分。

鲁迅还用佛教建筑中整体的宏伟壮丽与局部的精雕细刻令人获得同样的美感为喻，论述了短篇小说这一体裁的美学价值。他说，短篇与长篇巨著并存，"不但巨细高低，相依为命，也譬如身入大伽蓝中，但见全体非常宏丽，眩人眼睛，令观者心神飞越，而细看一雕阑一画础，虽然细小，所得却更为分明"①。

在中国历史上，还出现了一些著名的诗僧、画僧等，他们以其在诗、书、画方面的精湛的艺术成就，对祖国的文化发展做出了贡献。近代的弘一大师即为其中一个。弘一，近代艺术大师，高僧。1918年，39岁时在杭州从虎跑寺了悟和尚出家，翌年在灵隐寺受具足戒，创设"南山律学院"，生平不当住持，不开大座，不广收徒众，苦行持戒，并提出"念佛不忘救国，救国不忘念佛"的主张，被佛门弟子尊为"重兴南山律宗第十一代祖师"。他又是我国早期话剧活动家、艺术教育家。弘一的书法学六朝人写经，蕴藉淳朴，越到后期，越臻完美，老而弥笃，识者珍之。1931年3月1日，鲁迅在内山完造家见弘一书件《金刚般若波罗蜜多经偈》："一切有为法，如梦幻泡影；如露亦如电，应作如是观。"十分赞赏，乃托内山代求弘一墨宝，内山即将家中所藏之弘一另一书件"戒定慧"转赠。②《鲁迅日记》1931年3月1日记载："从内山君乞得弘一上人书一纸。"弘一的书件真迹现存鲁迅博物馆，为宽68.6厘米、高26.2厘米的白色宣纸条幅，正中横书苍劲有力的"戒定慧"三字，左边竖写两行小字："支那沙门昙昉书"。下方一枚红色印章"弘一"。右上方系坐佛印章一枚。"支那"，指中国；"沙门"，佛教称谓，指佛教僧侣；"昙昉""弘一"，均系他的法号。"戒定慧"，为佛教中的三学：戒指戒律，是防止人们作恶业的；定即

---

① 《三闲集·〈近代世界短篇小说集〉小引》。

② 秦启明：《李叔同生平活动系年》，见《弘一大师李叔同书信集》，陕西人民出版社 1991 年版。

禅定，修持者思虑集中，观悟佛理，以灭除情欲烦恼；慧即智慧，谓能使修持者断除烦恼、迷悟，以达到解脱。所谓"依戒资定，依定发慧，依慧断除妄惑，显发真理"。三学概括了全部佛教内容。从鲁迅日记中所用"乞得"字样，并尊称弘一为"上人"（佛教中一般指持戒严格、精于义学之僧），表示了鲁迅对弘一大师的书法才学及为人的敬仰。

二、佛教信仰民俗

佛教在长期流传过程中，既受到中国固有的民俗的影响，同时也给中国民间的习俗打上了深深的烙印。民俗是一种社会文化现象，种类繁多，包括巫术、信仰、服饰、饮食、居住、建筑、制度、生产以及岁时节令、人生仪礼、商业贸易、文艺游艺等诸多方面的民俗。佛教信仰民俗，主要表现在阎王鬼判、拜佛超度、烧香还愿、诵经浴佛、塑像造塔、祈福禳灾等说法或活动上。它虽然曾给人们带来某些精神的调节、愉悦，但它的浓厚的封建性、落后性，则起着愚昧人民的作用。在鲁迅的作品里，曾多次提到或描述了一些佛教信仰民俗。例如：

银项圈。在小说《故乡》里，少年闰土"头戴一顶小毡帽，颈上套一个明晃晃的银项圈。这可见他的父亲十分爱他，怕他死去，所以，在神佛面前许下愿心，用圈子将他套住了"。这作为饰物的银项圈，显然表现着民间信仰，不仅寄托着父爱，也有着对神佛的迷信。这与前面介绍过的鲁迅在《我的第一个师父》中讲述自己在年幼时，家里人为了他长大，领他拜和尚为师，其道理都是一样的。

素食。小说《祝福》中的柳妈"吃素"。柳妈是个善女人，即信神而吃斋念佛的女人。吃素是民间信仰在饮食结构上的反映。佛教传入中国之初，我国佛教徒对食品并没有严格规定，有所谓食"三净肉"之说，即对于自己没有亲眼看见、没有亲耳听到和没有怀疑是杀生的三种净肉，佛教徒都可食用。后来，南朝梁武帝大力提倡僧徒禁止肉食，认为"凡一众生，具八万户虫"，"若断一众生命，即是断八万户虫命"。食肉就是杀生，是违背"不杀生"戒条的。由于梁武帝的提倡，就改变了我国汉代以来僧人食"三净肉"的习惯，对后来僧侣的生活带来了深远的影响。柳妈的"吃素"，突出了柳妈的善，她因此在鲁四老爷家只洗器皿，而不肯"杀生"。

　　盂兰盆节，亦称盂兰盆会。"盂兰盆"是梵语音译，意思是"救倒悬"。《盂兰盆经》载，释迦弟子目连，看到死去的母亲在地狱受苦，如处倒悬，求佛救度。释迦要他在七月十五日即僧众安居终了之日，备百味饮食，供养十方僧众，以这样的功德使七世父母和现生父母在厄难中者，脱离饿鬼道，往生人世或天界享受福乐。佛教徒据此神话兴起盂兰盆会。南朝梁武帝曾带头在同泰寺设盂兰盆斋。后来就以夏历七月十五日为盂兰盆节，在这一天夜里请和尚诵经施食，追荐死者，称为放焰口。焰口，亦称"面燃"，佛经中饿鬼名。据《焰口饿鬼经》载，其形枯瘦，咽细如针，口吐火焰。盂兰盆节旧社会在民间很有影响，每逢这一天，寺院建盂兰盆会，募施主钱米，和尚为之诵经，寺院还印《目连经》和《尊胜咒》出售。鲁迅曾描述过20世纪30年代上海盂兰盆节的情景：夜里很热闹，"街头巷尾，处处摆着桌子，上面有面食，西瓜；西瓜上面叮着苍蝇，青虫，蚊子之类，还有一桌和尚，口中念念有词：'回猪猡普米呀吽！唵呀吽！吽!!'这是在放焰口，施饿鬼。到了盂兰盆节了，饿鬼和非饿鬼，都从阴间跑出，来看上海这大世面，善男信女们就在这时尽地主之谊，托和尚'唵呀吽'的弹出几粒白米去，请它们都饱饱的吃一通"①。

　　丧俗。佛教传来后，它所宣扬的因果报应、轮回转生的观念，与中国原有的灵魂观念结合在一起，使人们认为人死后的灵魂，可因生前的善恶或升天为菩萨，或重新投生为人，或转生为牛、羊、猪、狗，甚至成为饿鬼，坠入地狱。这种观念也反映在丧俗上，如人死后，请僧人念经、做法事等。鲁迅在北京教育部时，因礼节关系，曾

----

①《准风月谈·新秋杂识（二）》。

去一些寺庙吊唁行礼。当时人家办丧事，习惯在寺庙里办，因庙里停灵方便，而且地方宽敞，找和尚念经、做法事也便当。鲁迅因此去过长椿寺、广惠寺、圣安寺等。翻开《鲁迅日记》，1917年正月十七日记云："沈商耆父没，设奠于长椿寺，下午同齐寿山、许季上赴吊，并赙二元。"1918年9月8日记云："李匡辅母故，设奠于广惠寺，上午赴吊并赙四元。"1917年12月25日记云："纪念日休假。晚戴螺舲、齐寿山先后至，同往圣安寺，许季上夫人逝后三日在此做法事也。礼讫步归，已夜。"还有一种非常隆重的经忏法事，叫水陆法会。水陆法会的全称是"法界圣凡水陆普度大斋胜会"，也称"水陆道场"或"水陆斋仪"。举行的时间较长，少则7天，多则可达49天，参加法事的僧人有几十甚至上百，诵经设斋，礼佛拜忏，追荐亡灵。供品以饮食为主，为"超度"水陆一切鬼魂，普济六道四生。宋代以后，水陆法会盛行于世，特别是成为战争后朝野经常举行的一种超度亡魂的法会。1913年5月，北京法源寺在纪念释迦文佛降世2940年大会时，并举办水陆道场，追荐前清隆裕太后及民国死难诸先烈，鲁迅曾去观礼。1926年11月，鲁迅在厦门也看到作水陆道场："但在这里，却也太没有生气，只见和尚自作水陆道场，男男女女上庙拜佛，真令人看得索然无味。"[①]

三、舍身求法的和尚与中国的脊梁

鲁迅对中国内地僧人历经艰险、顽强不懈地到西域或古印度求取佛典的精神，给予很高的评价，认为是"中国的脊梁"的一种体现。

佛典最初从古印度等地传入中国，或篇章不全，或传译失真，或重要经典未传，不能满足当时需要，因此从三国朱士行以后，僧人曾先后到西域或古印度求取佛典传本。据统计，前后逾百余人。比较有成就的，是法显、玄奘、义净等有数的几个，失败及客死异地的甚

---

① 《两地书·七五》。

多。为了求取佛法，他们抱着"投命于必死之地，以达万一之冀"①。在古代那种交通不便的环境里，由我国到西域或印度，其旅途的艰难与危险，都是现代人所难以想象的。义净在他的《大唐西域求法高僧传》序文中，称这些求法者为"轻生徇法之宾"，对求法的艰苦卓绝有这样的描述："或西越紫塞而孤征，或南渡沧溟以单逝。……或亡餐几日，辍饮数晨。可谓思虑销精神，忧劳排正色。致使去者数盈半百，留者仅有几人。设令得到西国者，以大唐无寺，飘寄凄然，为客遑遑，停托无所。"鲁迅早年抄写过《法显传》里的法显，就是一位到印度求法的前无古人、具有创业精神的大师。在这些求法僧中，成就最大的是唐代玄奘。玄奘本姓陈，名祎，13岁出家，21岁受具足戒。他鉴于初期输入的佛典不够准确、完全，佛教内部对教义阐发不一，立志亲赴佛教发源地天竺（古印度）求法。贞观三年（629年）长安饥荒，朝廷令百姓可自行求生，他即从长安西行，取道甘肃、新疆，过沙漠，越葱岭，经中亚诸国、阿富汗，历尽艰险到达古印度，"跋流沙之漫漫，涉雪岭之巍巍。铁门嶻险之途，热海波涛之路"，"艰危万重"。②他在中印度摩揭陀国那烂陀寺从戒贤法师钻研梵典，又遍游印度半岛的东部和西部，后于贞观十九年（645年）返抵长安。史书记载，玄奘西行求法，往返十七年，旅程五万里，"所闻所履，百有三十八国"，带回大小乘佛教经律共675部。与其弟子们在19年中共译75部，计335卷。此外他又口述所历诸国风土，由僧人辩机编录而成《大唐西域记》一书。鲁迅曾计划"择历来极其特别，而其实是代表着中国人性质之一种的人物，作一部中国的'人史'"。其中好坏都有，好的举了"啮雪苦节的苏武"，"'鞠躬尽瘁，死而后已'的孔明"，以及"舍身求法的玄奘"。③鲁迅还把这些"舍身求法

---

① 《佛国记》卷末。

② 慧立：《慈恩传》卷五。

③ 《准风月谈·晨凉漫记》。

的人"推崇为"中国的脊梁"之列："我们从古以来，就有埋头苦干的人，有拼命硬干的人，有为民请命的人，有舍身求法的人……虽是等于为帝王将相作家谱的所谓'正史'，也往往掩不住他们的光辉，这就是中国的脊梁。"①

"舍身求法"的人之所以获得这样的令誉，就是因为这些佛教徒忠于自己的信仰，抱定一个目标，矢志不渝，赴汤蹈火、粉身碎骨在所不惜。他们所崇信的虽然是虚幻的彼岸，但这种执着追求的精神却是十分可贵的，要成就任何一项事业，没有这种精神是不行的。应该说，以玄奘为代表的舍身求法的人所体现的这种不畏艰险、顽强执着、不达目的誓不罢休的精神，对中国人民"埋头苦干""拼命硬干"的精神的培养、弘扬，是起了积极作用的。

正是从注重这种精神出发，鲁迅还对中国历史上一些"将性命去殉他主义"的和尚给予肯定。他说："六朝的确有许多焚身的和尚，唐朝也有过砍下臂膊布施无赖的和尚。"②在佛教徒心目中，"救度众生""舍己为人"，不仅是一种宗教情操，而且是实现其宗教目标的必经途径。观世音菩萨的"寻声救苦，大慈大悲"，地藏菩萨的"我不入地狱，谁入地狱"，都是这种精神的反映。在释迦牟尼的传说资料中，最为脍炙人口的是释迦前生为尸毗王时，曾割肉喂鹰的故事：

> 尸毗王苦行奇特，世所稀有。……帝释自化为鹰，毗首羯磨化作鸽。鸽投于王，王自割身肉，乃至举身上称，以代鸽命，地为震动。是时释提桓因等心大欢喜，散众天华，叹未曾有。③

为了救度一只鸽子，都可以割自身的肉，更何况为了救济世人。

---

① 《且介亭杂文·中国人失掉自信力了吗》。
② 《热风·五十九"圣武"》。
③ 《大智度论》卷三十五《释奉钵品》。

由于佛书中常有舍身供养诸佛的故事，因此，我国僧人也常有起而仿效者。特别是《法华经》在我国一直比较流行，该经《药王菩萨本事品》中即载有烧身供佛的事迹，因此我国受该经影响而烧身的僧人也不少。上面鲁迅所说的"焚身的和尚"等，佛书中记载很多。据梁朝慧皎《高僧传》记载，六朝焚身的和尚有慧绍、僧瑜、慧益、僧庆、法光、昙弘、法羽等人。例如宋蒲坂释法羽"服香油，以布缠体，诵《舍身品》竟，以火自燎"①。唐代道宣《续高僧传》卷二十九《普圆传》记载："有恶人从圆乞头，将斩与之，又不肯取。又复乞眼，即欲剜施。便从索手，遂以绳系腕著树，齐肘斩而与之。"这就是"砍下臂膊布施无赖"的和尚。鲁迅认为，这些人之所以能有如此舍身行为，就因为他们忠于自己的信仰，有着自己的思想、主义。

四、宋儒窃取禅师语录

佛教对中国哲学也有一定的影响。佛教哲学是一种特殊形态的思辨哲学，它通过唯心主义的理论的论证，把人们引进信仰主义的大门。佛教的逻辑分析、心理分析相当精致，辩证法思想也很丰富，恩格斯曾经指出："辩证的思维——正因为它是以概念本性的研究为前提——只对于人才是可能的，并且只对于较高发展阶段上的人（佛教徒和希腊人）才是可能的，而其充分的发展还晚得多，在现代哲学中才达到。"②我国封建时代哲学在全世界达到了很高的水平，就与佛教的传入有关。"宋儒道貌岸然，而窃取禅师的语录。"③鲁迅这里以幽默的口吻，道出了宋儒理学与佛教的关系。理学又称道学，是宋代周敦颐、程颢、朱熹等人阐释儒家学说而形成的唯心主义思想体系，它认为"理"是宇宙的本体，把三纲五常等封建伦理道德说成是"天理"，提出"存天理，灭人欲"的主张。宋儒理学与佛教禅宗、

---

① 《高僧传》卷十二《忘身》。

② 《马克思恩格斯全集》第20卷，第565页。

③ 《准风月谈·吃教》。

华严有着深厚的思想渊源。二程、朱熹等理学大师，尽管表面上以"辟佛"者自居，其实都是外儒而内佛，几乎无一例外地从佛学中撷取思想养料，以充实他们的体系。例如"理一分殊"（天地万物的本体——"理"是唯一的，而天地万物都是差别的）的命题，就是对华严宗"事法界"和"理法界"的抄袭："然事法名界，界则分义，无尽差别之分齐故。理法名界，界即性义，无尽事理同一性故。"① 又如朱熹讲"致知"时说："致知，乃本心之知。如一面镜子，本全体通明，但被昏翳了，而今逐旋磨去，使四边皆照见，其明无所不到。"② 这显然是抄袭神秀的"身是菩提树，心是明镜台，时时勤拂拭，勿使惹尘埃"这一偈意。因此，佛学思想深深渗透到了宋儒理学。

第八节　鲁迅佛学知识的运用

一、佛教语言、典故的活用

鲁迅不仅运用丰富的佛学知识进行创作、开展研究，而且紧密结合当时复杂、尖锐的阶级矛盾和民族矛盾的实际，揭露了"佛法救国"的谬说，抨击了反动派利用佛教推行愚民政策的行径。

鲁迅的佛学知识是丰富的。在他的作品中，信手拈来，用了不少佛教典故、思想材料，赋予极为深刻的崭新的寓意，给人以历史的和思想的启发。他不仅运用了刹那、涅槃、生死、轮回等已习用的佛教语言，而且还恰到好处地用了随喜、丈六、香象、檀越、印可、善知识、言语道断等一般人较少用的典故、语言，以及一些与佛教有关的俗语，如"人间世事，恨和尚往往就恨袈裟"③等。

鲁迅的《题三义塔》一诗，就较多地运用了佛教典故。日本生物

---

① 澄观：《华严法界玄镜》卷上。

② 《朱子语类》卷三《大学·经下》。

③ 《花边文学·一思而行》。

学家西村真琴1932年"一·二八"战后，在上海闸北被日寇炮火轰毁的三义里废墟上，见到一只无家可归、即将饿毙的鸽子（日人称鸽子为堂鸠），便带回日本饲养，不久，鸽子死去，西村以为这只鸽子是因思念祖国和旧主人而死去的"义鸽"，就同日本农民一起建塔把它埋葬，并取塔名为"三义塔"。西村6月初写信给鲁迅，说明情况，要求题咏，鲁迅于6月21日写了一首七律寄赠：

> 奔霆飞熛歼人子，败井颓垣剩饿鸠。
>
> 偶值大心离火宅，终遗高塔念瀛洲。
>
> 精禽梦觉仍衔石，斗士诚坚共抗流。
>
> 度尽劫波兄弟在，相逢一笑泯恩仇。

诗中的"大心""火宅""劫波"等都是佛家语。"大心"是"大悲心"的略称，《大乘起信论》以"欲拔一切众生苦"之心为大悲心。"火宅"，佛教中喻苦恼忧患的人世，鲁迅用在这里，比喻陷于炮火中的闸北地区。"劫波"，梵文音译，略称为劫。古印度传说，世界经过若干万年毁灭一次，重新开始，叫作"劫"。后人也借用指天灾人祸。鲁迅的题诗，控诉日本帝国主义的侵略罪行，赞扬西村真琴的深厚情谊，并坚信中日两国"斗士"团结"诚坚"，定能挫败法西斯主义的逆流，恢复两国人民的兄弟之谊。由于此诗抓住西村真琴的慈悲之念，反映日本进步人士和广大人民是反对侵略、热爱和平的，所以运用佛教语言和典故加以表现，突出佛心，赞美救难，是形式和内容高度统一的上乘之作。

鲁迅的一些书名、篇名，也曾用了佛教的用语。收录1925年杂文的《华盖集》及收录1926年在北京和厦门作品的《华盖集续编》，书名"华盖"，就与佛教有关。他说："我平生没有学过算命，不过听老年人说，人是有时要交'华盖运'的，这'华盖'在他们口头上大概已经讹作'镬盖'了，现在加以订正。所以，这运，在和尚是好运：顶有华盖，自然是成佛作祖之兆。但俗人可不行，华盖在上，就要给罩住了，只好碰钉子。"①

鲁迅取名《华盖集》，是因为1925年这一年在军阀官僚、帮闲文人的围攻迫害下，度过的是"悲苦愤激"的斗争生活，而且斗争"一直到现下还没有完结"，只好"以待来年"。鲁迅在把1926年的杂感集编成书稿时，说："书名呢？年月是改了，情形却依旧，就还叫《华盖集》。然而年月究竟是改了，因此只得添上两个字：'续编'。"②这就是题为《华盖集续编》的由来。《世故三昧》中的"三昧"，为佛教名词，是佛家修身方法之一，即"定"，谓心专注一境而不散乱的精神状态，佛教以此作为取得确定之认识，做出确定之判断的心理条件，也泛指事物的诀要或精义。鲁迅在这篇文章结尾时说："不过凡事一说，即落言筌，不再能得三昧。说'世故三昧'者，即非'世故三昧'。三昧真谛，在行而不言；我现在一说'行而不言'，却又失了真谛，离三昧境盖益远矣。一切善知识，心知其意可也，唵！"《捣鬼心传》中的"心传"，是佛教禅宗用语，指不立文字，不依经卷，只凭师徒心心相印来传法授受。

鲁迅还通过佛教知识的运用，增强了文章的感染力、形象性和说服力，有利于读者启发联想，开阔思路，增长知识，加深理解，收到了好的效果。例如，鲁迅在北京女师大风潮中，揭露当时的黑暗现实时说："我平日常常对我的年青的同学们说：古人所谓'穷愁著书'的话，是不大可靠的。穷到透顶、愁得要死的人，那里还有这许多闲情逸致来著作？……正当苦痛，即说不出苦痛来，佛说极苦地狱中的鬼魂，也反而并无叫唤！

"华夏大概并非地狱，然而'境由心造'，我眼前总充塞着重迭的黑云，其中有故鬼，新鬼，游魂，牛首阿旁，畜生，化生，大叫

---

① 《华盖集·题记》。
② 《华盖集续编·小引》。

唤，无叫唤，使我不堪闻见。我装作无所闻见模样，以图欺骗自己，总算已从地狱中出离。"①

　　佛教说恶人死后灵魂受折磨的地方叫地狱，梵语为那落迦。佛教地狱名堂很多，通常所说的有所谓"八热地狱"、"八寒地狱"以及"十八地狱"。鬼魂在这些地狱中受着残酷的刑罚，佛经中对此有着详细的描写。据佛经《俱舍论》，佛教的"八热地狱"，第一是"等活地狱"，第二是"黑绳地狱"，沦入这座狱中的鬼，先被黑铁绳绞勒，肢解身体，然后再刀斩锯锯。在小说《祝福》中，善女人柳妈吓唬祥林嫂死后会被嫁过的两个男人锯身子，大约就是这类传说画像的影响。鲁迅把当时的黑暗的社会现实比作佛教中的"地狱"。文章中说的"牛首阿旁"，是地狱中牛头人身的鬼卒；"畜生、化生"，是轮回中的变化；"大叫唤、无叫唤"，是地狱中的鬼魂。

　　《野草》中的《失掉的好地狱》，也是以佛教材料来反映自己内心感受的作品。文中所描写的地狱，诸如剑树刀山、火聚油锅、牛首阿旁、曼陀罗花等，都是佛教典籍中所描绘的地狱的景象；文中如"大威权""大谋略""大网罗""大光辉""大火聚""醉心的大乐"等词语中的"大"，都是模仿古代汉译佛经的语气。鲁迅对地狱作了这样的描写：

　　　　我梦见自己躺在床上，在荒寒的野外，地狱的旁边。一切鬼魂们的叫唤无不低微，然有秩序，与火焰的怒吼，油的沸腾，钢叉的震颤相和鸣，造成醉心的大乐，布告三界：地下太平。……

　　　　地狱原已废弛得很久了：剑树消却光芒；沸油的边际早不腾涌；大火聚有时不过冒些青烟；远处还萌生曼陀罗花，花极细小，惨白可怜。……

　　　　鬼魂们在冷油温火里醒来，从魔鬼的光辉中看见地狱小花，

―――――――――

　　① 《华盖集·"碰壁"之后》。

惨白可怜，被大蛊惑，倏忽间记起人世，默想至不知几多年，遂同时向着人间，发一声反狱的绝叫。

作者巧妙地利用佛经中所创造的这个"地狱"做背景，描写了神、鬼、人为争夺地狱统治权而进行的争斗，以及地狱统治权的几番更迭，从而展现出地狱的情况越来越黑暗、鬼魂的命运越来越悲苦的景象。这篇用佛教材料所叙写的故事有着强烈的象征性。地狱象征黑暗的旧中国；神、魔、人象征在祖国土地上争夺权势的各派军阀；地狱中的鬼魂、鬼众则象征着处在水深火热中的广大老百姓。鲁迅说过："称为神的和称为魔的战斗了，并非争夺天国，而在要得地狱的统治权。所以无论谁胜，地狱至今也还是照样的地狱。"[1]又说："但这地狱也必须失掉。这是由几个有雄辩和辣手，而那时还未得志的英雄们的脸色和语气所告诉我的。我于是作《失掉的好地狱》。"[2]

据《瑞应本起经》讲，佛教创始人释迦牟尼是公元前565年农历四月初八日那天出生的。那一天，他的母亲路经兰毗尼花园，游览休息后在无忧树下，举起右手攀摘花果，这时释迦牟尼就从右胁下渐渐出生。当时身上放出光明，地上涌出莲花，天空发出优雅的音乐，散下五彩奇花。他一生下来就会说话，自己走了七步，目光四射，一手指天，一手指地，高声叫道："天上天下，唯我独尊。"鲁迅在1933年5月写的《天上地下》一文中，引用当时报刊上的消息，揭露国民党用"炸进去"配合日寇"炸进来"。他说，想得广大一些，就会觉得内是官兵在天上，"共匪"和"匪化"了的百姓在地下，外是敌军在天上，没有"匪化"了的百姓在地下。"释迦出世，一手指天，一手指地曰：'天上地下，唯我独尊！'此之谓也。"以此比喻国民党反动派的独裁统治，鞭挞了它的"攘外必先安内"的反共卖国政策。

[1] 《集外集·杂语》。
[2] 《二心集·〈野草〉英文译本序》。

五代后梁有一僧人叫契此，又号长汀子，被人称为布袋和尚。宋代庄季裕《鸡肋篇》卷中载："昔四明有异僧，身矮而皤腹，负一布袋，中置百物；于稠人中时倾泻于地曰：'看看！'人皆目为布袋和尚，然莫能测。"死前端坐于岳林寺磐石，说偈："弥勒真弥勒，分身于百亿，时时示时人，时人自不识。"时人以为弥勒佛显化，到处图其形象。中国多数佛教寺庙后来所供奉的大肚弥勒，相传就是他的造像。鲁迅曾以布袋和尚的举动为例，鼓励人们勇于解剖自己。他说，有的人脱不了旧思想，自以为丑，就想遮盖住，殊不知外面遮上了，里面依然还在腐烂，倒不如不论好歹，一齐揭开来，大家看看好。"往时布袋和尚带着一个大口袋，装些零碎东西，一遇见人，便都倒在地上道，'看看，看看'。这举动虽然难免有些发疯的嫌疑，然而在现在却是大可师法的办法。"①

英国剧作家、批评家萧伯纳1933年到中国访问，中外新闻记者纷纷采访，但因他不为帝国主义所利用，于是英系报、日系报、白俄系报，全都对他加以攻击。胡适也发表谈话，其中许多是对萧的歪曲，说是不加招待，倒是最高尚的欢迎云云。针对这一论调，鲁迅便引用了"打是不打，不打是打"这句话。这句话来自与佛教有关的一个故事。宋代张来《明道杂志》：

> 殿中丞丘浚，多言人也。尝在杭谒珊禅师。珊见之殊傲。俄顷，有州将子弟来谒，珊降阶接礼甚恭。浚不能平。子弟退，乃问珊曰："和尚接浚甚傲，而接州将子弟乃尔恭耶？"珊曰："接是不接，不接是接。"浚勃然起，捆珊数下，乃徐曰："和尚莫怪，打是不打，不打是打。"

《萧伯纳在上海》这本书，辑入上海中外报纸对于萧在上海停留

---

① 《书信·230612致孙伏园》。

期间的记载和评论，它将文人、政客、军阀、流氓、叭儿的各式各样的相貌，都在一个平面镜里映出来了。正如鲁迅所说："这真是一面大镜子，真是令人们觉得好像一面大镜子的大镜子，从去照或不愿去照里，都装模作样地显出了藏着的原形。"①当然，从中也同样照出了鼓吹"打是不打，不打是打"之类貌似超脱的话的胡适博士的用心和原形。

国民党上海市教育局局长、文化特务头子潘公展，于1933年5月创刊《微言》周刊，专门编造谣言攻击左翼文艺。10月15日忽然又刊登"改组启事"，说为了"忠厚"，停载"作家秘史"，更换办事人。鲁迅说，为了"忠厚"而牺牲"佳话"，虽可惜，却也是可敬的。尤其可敬的是更换办事人。这并非敬他的"概不负责"，而是敬他的彻底。"古时候虽有'放下屠刀，立地成佛'的人，但因为也有'放下官印，立地成佛'而终于又'放下念珠，立地做官'的人，这一种玩意儿，实在已不足以昭大信于天下：令人办事有点为难了。"②

20世纪30年代，苏汶抹杀连环图画，说它是"低级的形式"，鲁迅便使用中外绘画史上的大量事实，"证明了连环图画不但可以成为艺术，并且已经坐在'艺术之宫'的里面了"③。鲁迅列举的东方艺术的例子，就是宣传佛陀本生的印度阿旃陀石窟。这个石窟约从公元前1—公元前2世纪开凿，到6—7世纪建成，共29洞。洞内保存印度壁画很多，也较完整，壁画的内容大多表现佛的生平和印度古代人民与宫廷生活的情景，为印度古代的著名宝藏之一。鲁迅指出，这"明明是连环图画，而且是宣传"。

柔石于1929年写了小说《二月》，鲁迅写了一篇《小引》作为序文，对书中的主人公萧涧秋进行了精辟的分析。鲁迅指出，受到革命

① 《南腔北调集·〈萧伯纳在上海〉序》。

② 《准风月谈·归厚》。

③ 《南腔北调集·"连环图画"辩护》。

浪涛冲击的时代有三种人：一种是"浊浪在拍岸，站在山冈上""和飞沫不相干"的人，对革命采取袖手旁观的态度；一种是"弄潮儿"，"则于涛头且不在意"，忘我地勇敢地投身于革命斗争的洪流中；一种则是"唯有衣履尚整，徘徊海滨的人，一溅水花，便觉得有所沾湿，狼狈起来"，萧涧秋就是这类人的代表。鲁迅对萧涧秋逃避现实斗争的消极思想进行了剖析，他说："但是，瞿昙（释迦牟尼）从夜半醒来，目睹宫女们睡态之丑，于是慨然出家，而霍善斯坦因以为是醉饱后的呕吐。那么，萧君的决心遁走，恐怕是胃弱而禁食的了，虽然我还无从明白其前因，是由于气质的本然，还是战后的暂时的劳顿。"

萧涧秋这类人表面看似进步，实际上却害怕革命，不敢面向现实，终于彷徨动摇，因此与释迦牟尼的消极遁世，所谓摆脱一切烦恼，看破一切世相，在思想实质上是一致的。鲁迅这里提到释迦牟尼的出家，是以蕴藉之笔，批评了萧涧秋个人主义的人生观。

鲁迅在一篇文章中说："厌世诗人的怨人生，真是'感慨系之矣'，然而他总活着；连祖述释迦牟尼先生的哲人勖本华尔也不免暗地里吃一种医治什么病症的药，不肯轻易'涅槃'。"[①]

勖本华尔即叔本华，德国哲学家，他的思想曾部分地受了印度佛教哲学的影响，深信禁欲主义和知命忍从是美德，但他的论调是不真诚的，从来也不曾打算在实践中体现自己的信念。"他素常在上等菜馆里吃得很好；他有许多次色情而不热情的琐屑的恋爱事件；他格外爱争吵，而且异常贪婪。"[②]他死后，从他的书籍里曾发现医治梅毒的药方。鲁迅所说"暗地里吃一种医治什么病症的药"，指的就是此事。

《西游记》第72回《盘丝洞七情迷本，濯垢泉八戒忘形》中说，

---

① 《华盖集·有趣的消息》。

② 罗素：《西方哲学史》第24章。

盘丝洞中七女妖将进来化斋的唐僧吊上房梁，又从肚脐里冒出丝绳，将庄门瞒住。孙悟空变苍蝇见七女妖在庵旁温泉洗浴，遂变饿鹰，叼走其衣。猪八戒下水变成鲇鱼乱钻，然后现出本相，举耙便筑。鲁迅在一篇文章中说："净坛将军（指猪八戒）摇身一变，化为鲫鱼，在女妖们的大腿间钻来钻去，作者或自以为写得出神入化，但从现在看起来，是连新奇气息也没有的。"[1]当时的一些所谓"名人"，要"抹杀旧账，从新做人"，办法相当多：不怕迟缓一点的，就出一回洋，造一个寺，生一场病，游几天山；要快，则开一次会，念一卷经，演说一通，宣言两下，或者睡一夜觉，作一首诗；要更快，那就自打两个嘴巴，淌几滴眼泪，甚至瞪着"白眼"赖账；等等。吴承恩写猪八戒的善于变化，在女妖的大腿间乱钻，构思是新奇的，但比起这些"名人"的善变来，则实在算不上什么。鲁迅借此尖锐地揭露了军阀官僚政客言而无信、反复无常的无耻嘴脸。

二、求神拜佛只能更长久地麻醉自己

鲁迅在世后期的中国，民族矛盾和阶级矛盾空前尖锐、激烈。由于日本帝国主义的加紧侵略和国民党反动派推行反动政策的结果，社会危机日益严重，加之连年灾荒，经济凋敝，民不聊生。在这种情况下，一些国民党官僚和"社会名流"，大力鼓吹求神拜佛，多次在一些大城市举办"时轮金刚法会""仁王护国法会"，以追荐天灾兵祸死去的鬼魂，祈祷"解救国难"，诵经礼佛。鲁迅指出，只相信自己，倒是一条新生路，但"一到求神拜佛，可就玄虚之至了，有益或是有害，一时就找不出分明的结果来，它可以令人更长久的麻醉着自己"[2]。鲁迅写的《中国人失掉自信力了吗》一文，在送审时被删除了几处，他说："凡是对于求神拜佛，略有不敬之处，都被删除，可见

---

① 《准风月谈·查旧账》。
② 《且介亭杂文·中国人失掉自信力了吗》。

这时我们的'上峰'正在主张求神拜佛。"①

玄虚之至的求神拜佛，更对广大人民群众起着麻醉作用，出现了许多"发昏"现象：国土相继沦陷，人们不去救，却大放爆竹，要将月亮从"天狗"嘴里救出；灾民不计其数，不去救，却放焰口施饿鬼，救阴间的鬼魂。鲁迅指出，小民的这种救魂灵，事省功多，和大人先生的打醮造塔同其功德。这里的"造塔"，指的是戴季陶在南京中山陵附近造塔收藏孙中山著作。国事有治国者在，小民是用不着吵闹的，"不过历来的圣帝明王，可又并不卑视小民，倒给与了更高超的自由和权利，就是听你专门去救宇宙和魂灵。这是太平的根基，从古至今，相沿不废，将来想必也不至先便废"②。

1934年4月，由国民党考试院院长戴季陶、行政院秘书长褚民谊及下野军阀段祺瑞等发起，请第九世班禅额尔德尼在杭州灵隐寺举行时轮金刚法会。时轮金刚法会是佛教密宗的一种仪式。该会在《募捐缘起》中说："古人一遇灾祲，上者罪己，下者修身……今则人心浸以衰矣，非仗佛力之加被，末由消除此浩劫。"所谓人心"浸以衰"，也说明释迦牟尼正在失去诱惑力，"天堂地狱""因果报应"那一套也吓唬不住老百姓了。但是为了敛取钱财，吸引人参加，就不得不翻新花样，"决定邀梅兰芳，徐来，胡蝶，在会期内表演歌剧五天"。于是，庄严的法会上便出现了美人影星，梵呗圆音竟为轻歌曼舞所"加持"，靠这样以广招徕，可见佛法已到了末路。鲁迅说："盖闻昔者我佛说法，曾有天女散花，现在杭州启会，我佛大概未必亲临，则恭请梅郎权扮天女，自然尚无不可。但与摩登女郎们又有什么关系呢？"当然是有关系的：

　　大约，人心快要"浸衰"之前，拜佛的人，就已经喜欢兼看

---

① 《且介亭杂文·附记》。
② 《准风月谈·新秋杂识（二）》。

玩艺的了，款项有限，法会不大的时候，和尚们便自己来飞钹，唱歌，给善男子，善女人们满足，但也很使道学先生们摇头。班禅大师只"印可"开会而不唱《毛毛女》，原是很合佛旨的，可不料同时也唱起歌剧来了。"

赛会做戏文，香市看娇娇，正是"古已有之"的把戏。既积无量之福，又极视听之娱，现在未来，都有好处，这是向来兴行佛事的号召的力量。否则，黄胖和尚念经，参加者就未必踊跃，浩劫一定没有消除的希望了。①

鲁迅还在一篇文章中谈到，在上海的弄堂里，常有和尚来化缘，卖黄纸的鬼画符，由于生意清淡，竟出现了"大布置"的化缘，即一个和尚用铁钩钩在前胸的皮上，钩柄系有一丈多长的铁索，在地上拖着走进弄堂里来，别的两个和尚打着鼓和钹。但那些娘姨们却都把门一关，躲得一个也不见了。这位苦行的高僧，竟连一个铜子也拖不去。娘姨们躲的原因是："看这样子，两角钱是打发不走的。"②这大概也是佛教"浸以衰"的一个反映吧。

三、荡涤"北朝式道德"

从以上介绍可以看到，鲁迅对佛教是相当重视的，并且在钻研佛经上下了功夫。但是，从当时民族斗争、阶级斗争的实际出发，鲁迅不同意向青年人推荐古书和宣传佛学思想。这从他与施蛰存关于《庄子》与《文选》问题的争论中可以看出来。

1933年9月，《大晚报》让给青年推荐书籍，施蛰存在"目下在读什么书"一栏中，填写了一部《文学批评之原理》（英国李却兹著）和一部《佛本行经》；在"要介绍给青年的书"一栏中，则填

---

① 《花边文学·法会和歌剧》。
② 《且介亭杂文二集·弄堂生意古今谈》。

写了《庄子》《文选》，并附加了一句注脚："为青年文学修养之助。"鲁迅认为，施蛰存的推荐书目很有代表性，这是一种封建复古思潮，是倒退的反映，于是给予了严肃的批评。在当时推荐给青年的几部书目上，还有《颜氏家训》。《颜氏家训》为述立身治家之法，辨正时俗之谬，训诫子孙的杂论集编，多为知人论事的世故之谈，对南北风俗、士人好尚、佛语玄谈、典故考证、文艺品第等颇有所述。该书作者颜之推，初为南朝梁散骑侍郎，继奔鲜卑族政权北齐，累官黄门侍郎，复降周，入隋为官。他生活的时代，正是经过五胡之乱，鲜卑族居统治地位的时期，如鲁迅所说，他"生当乱世，由齐入隋，一直是胡势大张的时候，他在那书里，也谈古典，论文章，儒士似的，却又归心于佛"①。《颜氏家训》中有《归心篇》，主旨在说明"内（佛）外（儒）两教，本为一体"，而对一些人加于佛教的批评和怀疑做种种解释，篇末并举有数条因果报应的例子。其《教子篇》云："齐朝有一士大夫，尝谓吾曰：我有一儿，年已十七，颇晓书疏，教其鲜卑语，及弹琵琶，稍欲通解，以此伏事公卿，无不宠爱，亦要事也。"②鲁迅认为，齐人的这种思想很有典型性，它"也是庚子义和拳败后的达官，富翁，巨商，士人的思想，自己念佛，子弟却学些'洋务'，使将来可以事人：便是现在，抱这样思想的人恐怕还不少"③。施蛰存所举出自己在读的书籍，是一部英文书和一部佛经，鲁迅指出，这"正为'鲜卑语'和《归心篇》写照"。因此，"施蛰存先生却是合齐氏与颜氏的两种典型为一体的，也是现在一部分的人们的办法，可改称为'北朝式道德'，也还是社会上的严重的问题。"④

施蛰存对鲁迅的批评很不满，他在反驳文章中说：鲁迅先生似乎

---

① 《准风月谈·扑空》。

② 鲁迅在《扑空》中，仅凭记忆，把齐士的话误为颜之推的主张，在《〈扑空〉正误》中作了纠正。

③ 《准风月谈·扑空》。

④ 《准风月谈·扑空》。

是个想为儒家争正统的人物，不然何以对于颜之推受佛教影响如此之
鄙薄呢？何以对他看一本《释迦传》如此之不满呢？他还提出，《颜
氏家训》一书之价值是否因《归心篇》而完全可以抹杀？况颜氏虽为
佛教张目，但他倒并不鼓吹出世，逃避现实，不过采佛家报应之说，
以补儒家道德教训之不足。他找了一些理由为自己辩解。

　　鲁迅对施蛰存的自我辩护给予毫不留情的批评。他指出："道德
要孔孟加上'佛家报应之说'（老庄另账登记），而说别人'鄙薄'
佛教影响就是'想为儒家争正统'，原来同善社的三教同源论早已
是正统了。"①在这场争论中，鲁迅采取了严肃的态度，坚持了原则
性。他明确揭示这"虽为书目所引起，问题是不专在个人的，这是时
代思潮的一部"，"是一大队遗少群的风气"。特别是在当时日本侵
略军进攻山海关，进逼华北，不久又占领热河全省，全国人民抗日情
绪普遍高涨的形势下，鲁迅反对用《庄子》《文选》等古书和佛教思
想影响青年，消沉他们的精神，坚决反对那种"庚子以后官商士绅的
办法"，即让子弟学洋务服事洋人，自己则儒士似的归心于佛。鲁迅
指出，假使青年、中年、老年，有着这类道德者多，"则在中国社会
上，实是一个严重的问题，有荡涤的必要"。②

---

① 《准风月谈·难得糊涂》。
② 《准风月谈·扑空》。

第三章

鲁迅与道教

道教是中国土生土长的宗教，它对中国封建时代的政治、经济、文化、科技以及民族心理、社会习俗等都曾产生过深刻的影响，直至今天，在我们生活的许多方面仍可见到道教影响的痕迹。在漫长的中国封建社会里，道教与佛教、儒教鼎足而三，在不断的排斥、斗争中，又互相渗透、融合，同是封建统治阶级的精神支柱。道教是我国传统文化遗产中的一个重要组成部分。不了解道教，就不能真正了解中国社会，也就不能深刻认识中国文化。鲁迅从分析中国社会和改造中国国民性出发，十分重视道教，认为它是"中国的根柢"。在研究、了解以及改造这个"根柢"上，鲁迅究根刨底，付出了极大的努力。

第一节　道教起源于巫

一、"巫的思想"在中国还很盛

所谓道教，是指"道"的教化和说教，或者说是信奉"道"，企图通过个人的修炼而成仙得道的宗教。

"道教"一词始见于《老子想尔注》，此书为《道德经》的注释，相传为东汉张陵（即张道陵）所撰。关于道教的形成，一般认为，以张陵创立五斗米道为标志。鲁迅说过的"米巫题字"[1]，指的就是这回事。据《三国志·张鲁传》记载，东汉顺帝（126—144年）时，张陵在西蜀鹤鸣山修道，造作道书，创立五斗米道，并以鬼神符箓蛊惑人心，以巫术符水为人治病，借此布道。之所以命名五斗米道，因为入道者必须交纳五斗米。它与东方兴起的太平道为道教组织最初在民间的两大教团。张陵死后，其子张衡继续传布五斗米道。这时在巴郡、汉中有一"米巫"首领张修，以符水禁咒为人治病，并设"静室"，使病人在室内叩头思过，并让鬼吏给病人请祷，其具体方法是把病人的姓名和认罪事实记录下来，一式三份，一份放于山上献给天神；一份埋入地下，献给地祇；一份沉入水中，献给水神。谓之"三官手书"。病愈者出五斗米为酬谢。张衡死后，其子张鲁主持五斗米道。随着五斗米道势力不断壮大，张鲁在汉中建立政教合一的政权三十年之久。张鲁死后，五斗米道开始分化，一部分在民间流传，一部分向上层发展。东晋末年，道教中向上层发展的那一部分，经过以葛洪为首的著名道士寇谦之、陆修静、陶弘景等的先后改造，完成了原始道教向贵族道教的转化，使道教成为维持封建统治的工具。

与流行于中国的佛教、伊斯兰教、基督教等不同，道教是唯一植根于本国，发端于古代文化的民族宗教，它虽然在形成、发展过程中受到佛教的刺激和影响，但其主流仍是中国的传统，具有鲜明的民族特色。道教的源头相当久远，主要渊源于中国古代的巫术、秦汉时的神仙方术以及道家哲学。鲁迅对此均有过一些论述。

鲁迅指出："中国本来信鬼神的，而鬼神与人乃是隔离的，因欲人与鬼神交通，于是乎就有巫出来。"[2]

鬼神崇拜为中国古代原始宗教意识之一，早在原始社会便已存在，到殷商时演变为信仰上帝和天命，建立了以上帝为至上神的天神

① 《三闲集·匪笔三篇》。
② 《中国小说的历史的变迁》。

系统。人们相信地上发生的一切事情或后果，都是超人间力量的天神意志的体现，而天神的意志和情绪，是依世人对他的崇敬程度以及行为的善恶而做出的报应。人们只有取悦鬼神、祈求鬼神，才能祈福禳灾，预知未来，因此，遇事便由巫祝通过卜筮向上帝请求答案。《小戴礼记·表记》："殷人尊神，率民以事神，先鬼而后礼。"这种鬼神崇拜又与祖先崇拜交织在一起。到了周代，人们把崇拜祖宗神灵与祭祀天帝统一起来，称为敬天尊祖，规定宗祀文王于明堂以配上帝。周人所崇拜的鬼神已形成天神、人鬼、地祇三个系统。属于天神的有上帝及日、月、星、斗、宿、风、云、雷、雨诸神，属于人鬼的主要是各姓的祖先及崇拜的圣贤，属于地祇的有社稷、山川、五岳、四渎之神。《周礼·大宗伯》："大宗伯之职，掌建邦之天神、人鬼、地示（祇）之礼"。鲁迅指出，这种"万有神教"，也就是"巫的思想"。"此种思想，到了现在，依然留存，像：常见在树上挂着'有求必应'的匾，便足以证明社会上还将树木当神。"[1]这些也便是后来道教所以成为多神教的渊源，尤其符箓派的符咒科仪，多与古代的鬼神祭祀有关。

沟通人与鬼神的是"巫"。《国语·楚语下》观射父说："古者民神不杂，民之精爽不携贰者，而又能齐肃衷正，其智能上下比义，其圣能光远宣朗，其明能光之，其聪能听彻之，如是则明神降之，在男曰觋，在女曰巫。"可见，巫、觋是那些品格纯正、智慧超人而又有"明神降之"的人。巫觋也是古代的官。在殷商西周时期，专司入神交通的巫的职责由单一的占卜扩大为参与国家政治的管理。巫参与国家管理的主要方式是"掌官书以赞治"[2]。当时史与巫通常是二任而一身，所以后世也就以"巫史"相称。鲁迅指出："连属文字，亦谓之文。而其兴盛，盖亦由巫史乎。巫以记神事，更进，则史以记人事

---

[1]《中国小说的历史的变迁》。

[2]《周礼·天官》。

也，然尚以上告于天；翻今之《易》与《书》，间能得其仿佛。"^①又巫祝并称。巫的专职是托言能把神的旨意通过龟壳或蓍草卜筮传达给人，祝的专职就是奉行祈祷仪式，托言能把人的愿望申诉于鬼神。巫祝都是祭祀时不可缺少的人物。后世道教宫观中司香火者叫庙祝，便是由古代流传下来的名称。

巫是从事沟通鬼神活动的宗教职业者，他们与神沟通的一定的仪式或方法，就是巫术。具体来说，巫术是指幻想通过唤醒附着于某一具体物体或个人身上的一种超自然的神秘力量，从而对这些物体或个人施加影响与控制的行为。巫通鬼降神的方式，是使用歌舞表演仪式。《说文》解释"巫"字时特意指出，巫是"能事无形，以舞降神鬼者也"。鲁迅也指出："复有巫觋，职在通神，盛为歌舞，以祈灵贶。"^②巫术的种类很多，包括解梦、降神、念咒、画符、舞蹈、占星、卜筮等等。人们相信巫术神通广大，无所不能。巫术作为一种准宗教现象，在原始社会是自发形成的。在古代奴隶社会中，巫术作为一种意识形态，是奴隶主阶级的精神支柱和统治工具。在我国殷周时代，巫术影响极大，当时社会上无论大小事，都笼罩在巫术之中，巫术成为社会最强大的支配力量。秦汉以后，随着整个巫术事业的堕落，无论是在宫廷的还是民间，巫都逐渐丧失了他们存在的合理性，或沦为统治者庸俗的帮凶，或成为劣政与内讧的工具。鲁迅在《汉文学史纲要》第二篇《〈书〉与〈诗〉》中，说到汉武帝时，鲁共王坏孔子旧宅，得《古文尚书》，孔安国整理后，"会巫蛊事起，不得奏上，乃私传其业于生徒，称《尚书》古文之学"。其中提到的"巫蛊事"，就是西汉因巫术引起的著名案件——"巫蛊之祸"。武帝晚年多病，疑有人以巫蛊之术谋害他。巫蛊为巫术一种，认为将木偶埋于地下，用巫术诅咒，可以害人。宠臣江充遂诬陷太子以蛊术谋篡位。

---

① 《汉文学史纲要》第一篇。
② 《汉文学史纲要》第一篇。

征和二年（公元前91年），太子被逼，出奔，最后自杀。为追查巫蛊事，前后死数万人。

巫术是人类早期社会的普遍现象。英国著名社会人类学家马林诺夫斯基认为，巫术产生于人类的无能为力感，意外的遭遇、偶然的事件和人类力所不及的领域是产生巫术的土壤。[①]用舞蹈求雨，用咒语消灾，用仪式祈福，用占卜断吉凶等在今天人们看来不可思议的种种巫术，但在古代社会却有其实际功能价值，主要是起着组织协调人们的行动，满足人们心理需要等重要的作用。因此，巫术的产生有其必然性，外国如此，中国也不例外。鲁迅对此也有正确的论述。他说，这种"巫的思想"，"本来是无论何国，古时代都有的，不过后来渐渐地没有罢了，但中国还很盛"[②]。

1927年5月21日出刊的《语丝》周刊第132期，载有贺昌群作《撒园荽》一文。该文据《佩文韵府》引《湘山集》称："园荽即胡荽，世传布种时口言亵语则其生滋盛，故士大夫以秽谈为'撒园荽'。"为什么种园荽时口言亵语则其生滋盛？其实这是性巫术的遗留。鲁迅在翻阅明人顾元庆的《夷白斋诗话》时，见有一则，颇可为"撒园荽"之旁证，遂特录寄江绍原：

南方谚语有"长老种芝麻，未见得"。余不解其意。偶阅唐诗，始悟斯言其来远矣。诗云："蓬鬓荆钗世所稀，布裙犹是嫁时衣。胡麻好种无人种，合是归时底不归？"胡麻，即今之芝麻也，种时，必一夫妇两手同种，其麻倍收。长老，言僧也，必无可得之理，故云。[③]

①参阅马林诺夫斯基：《文化论》。
②《中国小说的历史的变迁》。
③《书信·270727致江绍原》。

　　原始人觉得植物的生育的手续与人类的相同，所以相信用了性行为的仪式可以促进植物果实的繁衍。这种生殖崇拜思想的遗留，就是形形色色的性巫术的习俗。英人弗雷泽在其名著《金枝》中，有一章《两性关系对于植物的影响》，举了不少这类例子。中国这类习俗也流传很广。《夷白斋诗话》中所举的是唐诗，清人朱彝尊有一首《鸳鸯湖棹歌》："秋灯无焰剪刀停，冷露浓浓桂树青。怕解罗衣种莺粟，月明如水浸中庭。"莺粟即罂粟。注云："相传八月十五夜，俾女即解衣播种，则花倍繁。"说明至少在清代仍存在这种习俗。

　　巫觋后来随着奴隶制的解体而衰落，但巫术迷信却一直流传下来，为后来的方士、道士所继承，成为中国道教的信仰之源。例如，道教的画符念咒、扶乩降神、占卜算命、祭神驱鬼等等，都是从古代巫术继承和发展来的。后世道教做法事，也可见到古代巫祝遗风。如建醮坛、设斋供，即古人祭祀的礼仪；唱赞词、诵宝诰，即含有言辞悦神之意；上表章、读疏文，也便是申诉和祈祷之用。[①]这也是鲁迅认为"巫底思想"在中国至今还很盛的原因。

二、方士的最高理想是仙道

　　鲁迅指出，作为与鬼神交通的"巫"，发展到后来，就分成了两派："一为方士；一仍为巫。巫多说鬼，方士多谈炼金及求仙，秦汉以来，其风日盛，到六朝并没有息。"[②]方士，指方术之士，是中国古代好讲神仙之说或奇方异术的人。道教承袭"神仙方术"，因此方士即道士的前身。方士是战国末期以来阴阳五行家的产物。鲁迅指出："察周季之思潮，略有四派……四曰燕齐派，则多作空疏迂怪之谈，齐之驺衍，驺奭，田骈，接子等，皆其卓者，亦秦汉方士所从出也。"[③]

---

① 李养正：《道教概况》，中华书局1989年版，第5页。
② 《中国小说的历史的变迁》。
③ 《汉文学史纲要》第三篇。

《汉书·艺文志》将驺衍、驺奭归入阴阳家，田骈、接子归入道家。驺衍，亦作邹衍，为齐国人，是阴阳五行家的重要代表人物。阴阳，是中国古代表示对立相反的两个概念，《周易》的卦爻作"━"和"▬▬"，就是表示阴阳之义。五行，是古人将世间物质统列为五大类，即木、火、土、金、水。《史记·孟荀列传》中讲："驺衍之术迂大而闳辨"，故齐人有"谈天衍"之称。他认为诸侯不能"尚德"，"乃深观阴阳消息，而作怪迂之变"，提出了"五德终始"说。在他看来，人在社会的发展受到木、火、土、金、水五种力量的支配，"五德转移，治各有宜，而符应若兹"。按他的这一思想，黄帝之时是土气胜，夏禹之时是木气胜，成汤之时是金气胜，文王之时是火气胜，并预言代周者水气胜。[①]他不仅将阴阳五行说相生相克的原理与社会朝代的兴衰更替相结合，更推而论及社会事物的变化。驺衍的这一套理论遂被方士利用。方士多出身于战国燕齐一带近海地区。渤海上常见的海市蜃楼景象，蓬莱、方丈、瀛洲三神山的传说，很容易引起人们丰富的联想。方士借此鼓吹去海上寻仙采药，以求长生不死。

鲁迅指出："儒士和方士，是中国特产的名物。方士的最高理想是仙道，儒士的便是王道。"[②]仙道，亦称"方仙道"，即服食药物祈求长生不老的神仙道，为道教的前身。方士的所谓"方"，主要是不死的仙方。他们以修炼成仙和不死之药等方术为标榜，"形解销化，依于鬼神之事"[③]。由于方士实际上是从古代巫师演变而来，其方术中即包含巫术的成分，主要特色为宣传神仙长生思想，操作所谓神仙不死术。道教承袭神仙方术，故方士即道教的前身。

鲁迅在论及中国人应重视对自身的研究、认识时说，"道士思

---

① 《吕氏春秋·应同》。

② 《且介亭杂文·关于中国的两三件事》。

③ 《史记·封禅书》。

想（不是道教，是方士）与历史上大事件的关系，在现今社会上的势力"，即为其中的一个好题目。^①这里指出了三点：一是"道士思想"即为"方士"，不等同于道教；二是方士与历史上一些大事件有关系；三是方士在现今社会上仍有势力。道士是由方士发展而来，方士与道教有着密切的关系；道士思想当然是道教教义的反映。鲁迅这里之所以强调道教与"道士思想""方士"的区别，主要是为了把作为宗教的道教同那些打着道教招牌而专操妖邪之道以蛊惑人心的方士区分开来，把作为道教教义的理论的形而上部分，同作为它的具体的修炼方法的形而下部分区分开来，而这种区分是相当必要的。

方士作为"中国特产的名物"，在中国历史上曾产生过一定的影响。鲁迅曾讲过曹魏统治者对神仙方士的政策。他说，曹操"无论如何是一个精明人，他自己能做文章，又有手段，把天下的方士文士统统搜罗起来，省得他们跑在外面给他捣乱。所以他帷幄里面，方士文士就特别地多"^②。曹操是靠镇压以信奉太平道的黄巾起义而起家的，他深知方士们是一支重要力量，对他们的活动不能忽视，便采取了"聚而禁之"的制约政策，把他们搜罗起来。正如曹植在《辩道论》中所说：

> 世有方士，吾王悉所招致。甘陵有甘始，庐江有左慈，阳城有郤俭。始能行气导引，慈晓房中之术，俭善辟谷，悉号三百岁。卒所以集之于魏国者，诚恐斯人之徒接奸诡以惑众，行妖慝以惑人，故聚而禁之。^③

---

① 《华盖集续编·马上支日记》。

② 《而已集·魏晋风度及文章与药及酒之关系》。

③ 转引自《广弘明集》卷五。

当时被曹操召至魏国的方士除甘始、左慈、郗俭外，还有王真、封君达、鲁女生、华佗、东郭延年等十多人。这些人虽受控制，但仍被允许继续传播道术。曹操本人就曾向他们学习服饵养生及容成御妇人术。当时魏国官吏都竞相向这些方士学习辟谷饵茯苓、行气导引和房中之术，以至市场茯苓价暴涨，甚至连宦官也想学房中术。这些方士所擅长的方术，也都成为道教的道术。

道教的根本观念是神仙说，它鼓吹修道可以成仙，能够长生不死。追溯道教的根源，可以看到，它与我国古代的神仙观念、神仙信仰，有着一脉相承的关系。

《释名·释长幼》："老而不死曰仙。仙，迁也，迁入山也。"《天隐子·神解》："在人曰人仙，在天曰天仙，在地曰地仙，在水曰水仙，能通变之曰神仙。"从神仙的基本含义"不死"来看，它基于人的本能冲动。抽象地说，人总希望健康长寿；而长生不死，更是人求之不得的。长生不死、肉体成仙，这是我国古人关于生与死的形而上思考的结论。当然，长生不老只是幻想，或是被幻想和欲望驱使的徒劳追求。但是，对古人来说，这种徒劳的追求却成为人生的一种理想，一个仰慕的目标。古人就希冀着、传说着一种"不死之药"。《淮南子·览冥训》："羿请不死之药于西王母，姮娥窃以奔月。"高诱注："姮娥，羿妻。羿请不死之药于西王母，未及服之；姮娥盗食之，得仙，奔入月中，为月精也。"鲁迅曾据此创作了小说《奔月》，其中羿有"只要将那道士送给我的金丹吃去，就会飞升"的话。

神仙观念，由来甚久。早在春秋时期，就有一派为神仙家。《汉书·艺文志》说："神仙者，所以保性命之真而游求于其外者也，聊以荡意平心，同死生之域，而无怵惕于胸中。"不死观念是神仙家的精髓。春秋时代，神仙家思想温床之一的齐国，其宗庙祭器素命镈铭文即言："用旂寿老毋死。"战国时代，神仙观念已深入人心。从《庄子》《楚辞》等先秦典籍中，就可看到神仙信仰的广泛影响。楚辞是我国战国时期以屈原创作为代表的反映楚国人民心声的诗歌。鲁迅说，屈原"被谗放逐，乃作《离骚》。逸响伟辞，卓绝一世。后人惊其文采，相率仿效，以原楚产，故称'楚辞'"①。在屈原的一些诗里，充满着神话幻想色彩，表现了他对飘然、自由、神奇、美好的神仙生活的仰望。例如：

> 驷玉虬以乘鹥兮，溘埃风余上征。朝发轫于苍梧兮，夕余至乎县圃，欲少留此灵琐兮，日忽忽其将暮。吾令羲和弭节兮，望崦嵫而勿迫，路漫漫其修远兮，吾将上下而求索。饮余马于咸池兮，总余辔乎扶桑，折若木以拂日兮，聊逍遥以相羊。②

这里出现的人、地、物，都属于神话传说一类。"玉虬"，白色而无角的龙；"县圃"，神仙居住的地方，在昆仑山上；"羲和"，替太阳神驾车的人；"崦嵫"，西方的神山；"咸池"，太阳神洗澡的地方；"扶桑""若木"，都是神话中的大树。鲁迅在《汉文学史纲要》中指出，在《离骚》中，屈原"放言遐想，称古帝，怀神山，呼龙虬，思佚女，申纾其心，自明无罪，因以讽谏"。在《远游》一诗中，屈原羡慕过去的人能够成仙。他说，这些成仙的人形体远离尘世，隐去不见，凭借精气变化高高升举，像鬼神往来一样瞬息万变；有时仿佛能够远远看见，神灵往来宇宙之间。在这首诗中，屈原还给我们一幅仙游太空的瑰丽神话。他在诗里成了一位仙人，吸六气，饮清露，精神清新纯净，行为无拘无束，在众仙的簇拥之下，驾驭着八龙长车在浩渺的云雾中飞驰，在空旷无垠的天国里遨游。

在中国历史上，秦始皇是著名的笃信神仙的皇帝。在他统一天下后，多次派方士寻求神仙及不死之药。据《史记·秦始皇本纪》载：二十八年（公元前219年）徐市等上书言海中有三神山，名曰蓬

---

① 《汉文学史纲要》第四篇。
② 《离骚》。

莱、方丈、瀛洲，仙人居之，请得斋戒，与童男女求之。于是遣其领童男女数千人入海求"仙人"，结果一去不复返。到了三十二年（前215年），秦始皇前往碣石，派燕人卢生访求仙人羡门、高誓，又派韩终、侯公、石生去寻访仙人求取不死的仙药。他在这接二连三的失败下，仍执迷不悟，听信卢生关于真人"入水不濡，入火不爇，陵云气，与天地久长"的神话，自称真人，不叫朕。秦始皇的残暴统治引起广大人民的强烈不满，"三十六年，东郡民刻陨石以诅始皇，案问不服，尽诛石旁居人。始皇终不乐，乃使博士作《仙真人诗》；及行所游天下，传令乐人歌弦之。其诗盖后世游仙诗之祖，然不传"①。鲁迅在小说《补天》中，曾形象地提到秦皇、汉武求仙之事："落在海岸上的老道士也传了无数代了。他临死的时候，才将仙山被巨鳌背到海上这一件要闻传授徒弟，徒弟又传给徒孙，后来一个方士想讨好，竟去奏闻了秦始皇，秦始皇便教方士去寻去。""方士寻不到仙山，秦始皇终于死掉了；汉武帝又教寻，也一样的没有影。"汉武帝也是与秦始皇齐名的执迷不悟的神仙迷。他在崇奉儒学、以儒家思想为官方正统意识的同时，也好神仙之术，宠信方士。鲁迅在《汉文学史纲要》中提到，汉武帝有一个宠幸的李夫人，早卒，思念不已，方士齐人李少翁言能致其魂，乃夜张烛设帐，而令帝居他帐遥望，见一妇女，如李夫人之貌，然不得就视。这位李少翁是汉武帝身边的有名方士。他曾以召神劾鬼术备受宠信，被拜为文成将军，赏赐的东西很多。他对汉武帝说：假定主上想要和神交往，那么，宫室、服饰若不像神所用的形状，神就不肯降临。于是就造了一些上面画有云气的车辆，又备用胜日（五行相克的日子）驾车清除恶鬼。汉武帝又下令兴建甘泉宫，其中有台有室，图画天地太一诸鬼神，供设祭祀用具，希望能够迎候天神。当然神也没有降临，而李少翁后因术败被诛。

鲁迅指出，武帝时的文人，赋莫若司马相如。据《汉书·司马

---

① 《汉文学史纲要》第五篇。

相如传》，司马相如以《子虚赋》获武帝赏识，但他看到武帝好神仙，就说："上林之事，未足美也，尚有靡者。臣尝为《大人赋》，未就；请具而奏之。"他认为："列仙之儒居山泽间，形容甚臞，此非帝王之仙意也。惟彼大人，居于中州，悲世迫隘，于是轻举，乘虚无，超无友，亦忘天地，而乃独存也。"①他的《大人赋》本意是讽喻汉武帝好神仙，进行劝诫，结果在赋中表现了大量的游仙内容，用绮丽之词描绘了光怪陆离、奇妙无比的神仙境界，使汉武帝听后大为高兴，"飘飘有凌云之气，似游天地之间意"，以为自己真的成了神仙。鲁迅在《汉文学史纲要》中曾节录了该赋一些反映游仙的段落：

> ……屯余车而万乘兮，粹云盖而树华旗。使句芒其将行兮，吾欲往乎南娭。……纷湛湛其差错兮，杂遝胶輵以方驰。骚扰冲苁其纷挐兮，滂鼻泱轧丽以林离。攒罗列聚丛以茏茸兮，曼衍流烂疼以陆离。径入雷室之砰磷郁律兮，洞出鬼谷之掘嵒崴魁。……时若曖曖将混浊兮，召屏翳，诛风伯，刑雨师。西望昆仑之轧沕荒忽兮，直径驰乎三危。排阊阖而入帝宫兮，载玉女而与之俱归。登阆风而遥集兮，亢鸟腾而壹止。低徊阴山翔以纡曲兮，吾乃今日睹西王母，暠然白首戴胜而穴处兮，亦幸有三足乌为之使。必长生若此而不死兮，虽济万世不足以喜。
>
> ……

以上鲁迅所论述过的神仙观念、不死观念，都是道教产生的重要的思想来源。

---

① 《汉文学史纲要》第十篇。

第二节　道家思想

一、道家思想与道教

上述中国古代的巫术以及秦汉时的神仙方术，还只能说是世俗迷信，是道教产生的渊源，只有在它们依附于道家理论，形成一套独特而系统的道教神学理论，才使自己一跃成为与儒、佛鼎足而立的大型宗教。[①]道家是学术，讲的是哲理；道教是宗教，讲的是信仰，两者是明显不同的，但道教所信奉的"道"与道家所推崇的"道"有密切关系。可以说，道教之所以称为道教，根本原因在于它来源于或依托于道家学说。

鲁迅十分重视道家思想在中国传统文化思想中的地位，把儒、道两家并列对待。道家是以老子和庄子为代表的学派，以"道"为宇宙本原，故称道家。老子是道家的创始人，庄子则继承和发展了老子的思想。道家的名称虽起于西汉，但在《庄子》里已勾画了道家的基本精神："以本为精，以物为粗，以有积为不足，澹然独与神明居；古之道术有在于是者，关尹、老聃闻其风而悦之。"[②]道家学说的内容，主张天道自然无为，强调人们应效法"道"的"生而不有，为而不恃，长而不宰"；政治理想是"小国寡民""无为而治"；提倡守己无为的人生哲学，追求个人精神的绝对自由，认为只要"虚静恬淡，寂寞无为"，就可以成为逍遥自在的"真人"。

老、庄虽然并称，但两者又有显著的区别。王夫之在《庄子解·天下》中指出老子学说的特点，"是以机而制天人者也"，即宅心玄虚，静观万物之反复以知机。就进取者而言，是握机以制敌；就

[①] 参阅任继愈主编：《中国道教史》，上海人民出版社 1991 年版，第 1 页。

[②] 《庄子·天下》。

恬退者而言，则见机而远害。庄子的学说，"尝探得其所自悟，盖得之于浑天"，其学宗旨处于材与不材之间，安时顺化，物我两忘，终与大化合一。鲁迅也指出了其间的差异。他说："故自史迁以来，均谓周（按即庄周）之要本，归于老子之言。然老子尚欲言有无，别修短，知白黑，而措意于天下；周则欲并有无修短白黑而一之，以大归于'混沌'，其'不谴是非'，'外死生'，'无终始'，胥此意也。中国出世之说，至此乃始圆备。"①

"圆备"的"出世之说"，就与道教结下了不解之缘。下面，我们分别谈谈鲁迅对老、庄的论述以及老、庄与道教的关系。

二、道家思想与老子

据《史记·老子列传》，老子姓李名耳，字伯阳，谥曰聃，曾任东周守藏室之史（掌管图书的史官），孔子曾向他问礼；后因周室内乱，去官，过函谷关，关令尹喜请为著书，遂作《老子五千文》（即《道德经》），出关而去，莫知所终。鲁迅的小说《出关》，就是以这些传说故事为题材的。老子当时名气就很大，《庄子·天下》称其为"古之博大真人"，《吕氏春秋·不二》把老子放在天下十豪士之首，孔子在其后。

《老子》思想体系的核心是"道"。在他看来，道渊深无比，既是一切又非一切，具有无形无名，自然无为，看不见、听不到、摸不着，又不可言说的性质，是天地开辟之前宇宙混沌混一的原始状况，也是超越现实世界一切事物的宇宙最高法则。"有物混成，先天地生，寂兮寥兮，独立而不改，周行而不殆，可以为天下母。吾不知其名，强之曰'道'。"②道既是永恒的实体，又是万物的本源，天地万物都是从道那里派生出来的，所谓"道生一，一生二，二生三，三生

---

① 《汉文学史纲要》第三篇。
② 《老子》第二十五章。

万物。万物负阴而抱阳，冲气以为和"①。即是说，空虚无形的道化生出最初的元气物质，元气分而为阴阳，阳气清轻上升为天，阴气重浊下凝为地，天地阴阳的冲和交感又产生了万事万物，而人为万物之灵长，与天地相合为三。这便是道家关于宇宙生成的基本理论。

应当看到，老子"道"的概念极为玄妙，可做不同的解释。《老子》第一句开宗明义，就是"道可道，非常道"，意思是说，凡是说得出的"道"，它就不是永恒的道。1924年，周灵均在一篇文章中，把"五四"以来许多新诗集都用"不佳""不是诗""未成熟的作品"等几句话粗暴地加以否定，而他自己在一首《寄给母亲》的诗中，又多是"写不出"之类的空话。对这种"提起一支屠城的笔，扫荡了文坛上一切野草"的恶劣倾向，鲁迅以《"说不出"》为题，给予了讽刺和抨击。他说："太上老君的《道德》五千言，开头就是'道可道非常道'，其实也就是一个'说不出'，所以这三个字，也就替得五千言。"太上老君是道教对老子的尊称。鲁迅这里用"太上老君"而不用"老子"，显然是从道教的角度来引用《道德经》的。《老子》中关于"道"的概念和特征是不确定的，"道之为物，惟恍惟惚"②。这也为道教提供了利用的可能性。道教突出了"道"的神秘性和绝对性、超越性，把它神化为具有无限威力的宗教崇拜偶像，成为具有人格的最高神灵。

《老子》宣扬清静无为，与世无争，有强烈的悲观厌世情绪，重视追求内心的安宁，向往无何有之乡，道教发挥这种离俗超脱的精神，形成了出世的宗教人生论。鲁迅结合现实斗争，对《老子》宣传的这　套"无为""不争"思想，进行了深刻的剖析和尖锐的批判。

"无为"是道家的哲学思想，即顺应自然变化的意思，最早由老

---

① 《老子》第四十二章。

② 《老子》第二十一章。

子提出："道常无为而无不为。"①老子认为，"道"是世界万物的本原，它"象帝之先""先天地生"，即它在天地之前就有了，比上帝出现得更早，"道"又能产生万物，因此是"无不为"的；但"道"并不是有意志有目地构成世界万物，而是自然而然的，因此它又是"无为"的。人应该效法"道"，顺应自然之势，实行"无为"。老子的"无为"，并不是无所事事。鲁迅注意到了这一点，他指出："然老子之言亦不纯一，戒多言而时有愤辞，尚无为而仍欲治天下。其无为者，以欲'无不为'也。"②"无为"是现象、手段，"无不为"才是本质、目的。老子曾用一个生动形象的比喻来说明"无为"与"无不为"之间的关系："治大国若烹小鲜。"③烹鱼乱搅就会把鱼搅烂，不乱搅，就是"无为"；要按烹鱼的规律去治国，烹好鱼治好国家，这就是"无不为"。《老子》有一句名言，"以辅万物之自然而不敢为"。④意思是说，能辅助万物顺着自然法则，而不勉强去做。这样看来，老子的无为而任自然的思想，包含着认识规律、服从规律的积极意义。但是，《老子》把"天道无为"的思想提到了绝对化的程度，并认为只有"无为"才是最高原则，而不是发挥人的主观能动性，积极地创造条件，利用规律，办好事情。老子"天道无为"思想中包含的这种消极因素，以后的庄子又有所发展。长期以来，与这种影响有关而形成的逆来顺受、含辱忍垢等适应环境的麻木性，成为中国国民性格中的软弱成分。

　　鲁迅在早年写的《摩罗诗力说》中，批判了那种要求复古倒退的思想，指出老子就是这种思想的主要代表，他的"无为之治"就是复古倒退的途径。鲁迅指出："老子书五千语，要在不撄人心；以不撄人心故，则必先自致槁木之心，立无为之治；以无为之为化社会，而

---

① 《老子》第三十七章。

② 《汉文学史纲要》第三篇。

③ 《老子》第六十章。

④ 《老子》第六十四章。

世即太平。"

老子所理想的太平世界，就是古老的原始社会。老子说过："人法地，地法天，天法道，道法自然。"①他把"自然"作为最高法则，反对一切违反"自然"的东西。他的政治理想是"小国寡民"，"使有什伯之器而不用，使民重死而不远徙。虽有舟舆，无所乘之；虽有甲兵，无所陈之；……邻国相望，鸡犬之声相闻，民至老死不相往来。"②在老子看来，各种器物扩张了人的物欲，流动交往不利于人的安心劳动，因此必须废弃这一切违反"自然"的东西，使人只满足于原始简陋的生活，社会才会安定。鲁迅指出，希望通过"无为而治"的办法，用"无为"的"为"来达到世界太平，完全是幻想。自从星云凝固、人类出现之后，无论什么时候、什么事物，无不存在斗争；同时，社会、生物的进化都是不可遏止的，就像离弦的飞箭，要让它倒过头来，是情理上不会有的事。那种既不触犯人心、自己也心如槁木的"无为之治"，事实上是不存在的。这是鲁迅对"无为"思想的最早批判。后来他又多次抨击了这种复古倒退思潮，指出："现在的幻想中的唐虞，那无为而治之世，不能回去的乌托邦，那确实性，比到'阴间'去还稀少。"③

鲁迅对老子的"不争"思想也进行了批判。老子具有朴素的辩证法思想，他看到自然现象和社会现象在不停地运动和变化，并且会向其相反的方向去变："人之生也柔弱，其死也坚强。草木之生也柔脆，其死也枯槁。"④他认为对待生活也应当这样："物壮则老，是谓不道，不道早已。"⑤就是说，事物强大了，就会引起衰老，带来死亡，有意造成事物的强大，是违反道的原则的，因为这会促使早日

①《老子》第二十五章。

②《老子》第八十章。

③《集外集·〈奔流〉编校后记》。

④《老子》第七十六章。

⑤《老子》第三十章。

结束它的生命。"故坚强者，死之徒；柔弱者，生之徒。是以兵强则灭，木强则折，强大处下，柔弱处上。"①因此为了避免死亡，就不要过于强大，要经常处在柔弱的地位。他宣扬什么"曲则全，枉则直，洼则盈，敝则新，少则多，多则惑"②。就是说，委曲反能保全，屈枉反能伸直，低洼反能充盈，敝旧反能新奇，少取反能多得，多取反而迷惑。

既然用柔弱和谦下的手段可以达到胜过刚强的目的，老子就宣扬"不争"的思想。"夫唯不争，故无尤。"③又说："善为士者不武，善战者不怒，善胜敌者不与，善用人者为之下，是谓不争之德，是谓用人之力，是谓配天，古之极也。"④老子认为，不仅社会上"圣人"的做事原则是"为而不争"，而且自然界也遵循着不争的法则，所谓"天之道，不争而善胜"⑤。就是说，从人类社会到自然界，"不争"思想是到处适用的。与这种"不争"思想联系，老子又主张"不敢为天下先"⑥。非但"不敢为天下先"，而且应当知荣守辱。荣誉和屈辱是对立的东西，社会上一般人都是争荣耀而避屈辱，这是引起争斗的又一根源。因此，要"知其雄，守其雌"；"知其荣，守其辱"；"知其白，守其黑"⑦。就是说，虽然深知什么是雄强，却安于柔雌；虽深知什么是光荣，却安于卑辱；虽深知什么是光彩，却安于暗昧。老子看到了事物向相反方面的变化，但他不懂得变化的内在之因，不懂得事物的对立双方所以能相互转化的辩证关系。所以，他虽然承认矛盾的存在，却不主张通过斗争去解决矛盾，而是害怕斗争，回避矛盾。

---

① 《老子》第七十六章。
② 《老子》第二十二章。
③ 《老子》第八章。
④ 《老子》第六十八章。
⑤ 《老子》第七十三章。
⑥ 《老子》第六十七章。
⑦ 《老子》第二十八章。

统治者之所以喜欢道家，从根本上来说，就因为它是治国之术，是"君人南面之术"①。所谓"南面术"，就是统治者如何驾驭臣下、压制人民的一套手法和权术。"清静""无为"即南面术的具体内容。这是一种统治的艺术。道家考虑到人主才力智慧有限，敌不过臣下，如果常常亲自动手做事，或多发议论，非但不能藏拙，且易露破绽，招致臣下的轻视，甚至引起权位莫保的危险。因此，人主遇事装成一副糊涂相，以达到"无为""不言"的境地。"无为者，非谓其凝滞而不动也，以言其莫从己出也。"②人主只向臣下要办法，尽量发掘他们的才智以为己用；同时，"帝王内蕴神明，外须玄默，使深不可知"③。臣下对君主的意图无从窥探，只好加倍地小心。这种方法如果运用得巧妙，就可以立于不败之地。因此，"君主不得已而莅临天下，莫若无为"④，"无不为，则无不治"⑤。

鲁迅坚决反对道家鼓吹的人性"恬淡"、遇事不争的思想。道家要求人们少私寡欲，知荣守辱，提倡"挫其锐，解其纷，和其光，同其尘"⑥，以便超脱现实的矛盾，获得精神上的绝对自由，而达到与世无争。几千年来，这种"不争""不敢为天下先"的思想，影响相当深远，由此而形成的畏缩、忍让、苟且偷生等，已深深渗进中国民族性格里面，成为一种消极的东西。鲁迅指出：

中国人不但"不为戎首"，"不为祸始"，甚至于"不为福先"。所以凡事都不容易有改革；前驱和闯将，大抵是谁也怕得做。然而人性岂真能如道家所说的那样恬淡；欲得的却多。既

①《汉书·艺文志·诸子略》。

②《淮南子·主术》。

③《贞观政要》卷六。

④《庄子·在宥》。

⑤《老子》第三章。

⑥《老子》第五章。

然不敢径取，就只好用阴谋和手段。从此，人们也就日见其卑怯了，既是"不为最先"，自然也不敢"不耻最后"，所以虽是一大堆群众，略见危机，便"纷纷作鸟兽散"了。如果偶有几个不肯退转，因而受害的，公论家便异口同声，称之曰傻子。对于"锲而不舍"的人们也一样。①

鲁迅认为，中国长期以来正由于缺乏这种"锲而不舍""不耻最后"的精神，便导致了国民性格上的病态反映，遇事只为自己着想。力求不招惹是非，看风向、随大流，见胜兆则纷纷聚集，见败兆则纷纷逃亡。这些都与道家思想的消极影响有关。鲁迅以运动会为例，说明要民族振兴、国家强大，"不耻最后"与"敢为天下先"具有同等重要的意义："优胜者固然可敬，但那虽然落后而仍非跑至终点不止的竞技者，和见了这样竞技者而肃然不笑的看客，乃正是中国将来的脊梁。"②

《老子》一书被引申、附会成为道教的圣典，不仅因为该书词句精练，含义深奥，很多地方使后人感到神秘莫解，给道教徒提供了穿凿附会的好条件，而且其本身也有可供道教吸收利用之处，除过上面所谈的关于宇宙本原的唯心之说即"道"外，还有神仙信仰的长生久视之道、修道养寿的人生哲学。例如，"谷神不死，是谓玄牝。玄牝之门，是谓天地根。绵绵若存，用之不勤。"③"天乃道，道乃久，殁身不殆。"④《老子》对养生极为重视，认为养生的关键在于保守精气。怎样保守精气呢？它提出了"啬"说："治人事天，莫若啬。夫唯啬，是以早服。早服是谓重积德。……深其根，固其柢，长生久视

---

① 《华盖集·这个与那个》。

② 《华盖集·这个与那个》。

③ 《老子》第六章。

④ 《老子》第十六章。

之道也。"①"啬"即节俭的原则。聚结精气的方法是"绵绵若存，用之不勤"。河上公注曰："盘口呼吸喘息，当绵绵微妙，若可存，复若无有，用气常宽舒，不当急疾勤劳。"这里显然谈的是运气的方法。《老子》强调寡情少欲。要制欲，就要控制喜怒哀乐的情感。因此特别提倡清静，"致虚极，守静笃"②、"清静可以为天下正"③，主张保持一种恬静闲适、洒然超脱的心境。《老子》说："盖闻善摄生者，陆行不遇兕虎，入军不被甲兵，兕无所投其角，虎无所措其爪，兵无所容其刃。夫何故？以其无死地也。"④这是说，善于养生的人，在陆上行走，不会遇着兕与虎等猛兽；到战场上，用不着披铠甲、执兵器。兕无法用角伤害他，虎无法用爪伤害他，兵器无法用刃伤害他。这是什么原因呢？曰"无死地"，即头脑里没有关于死的地盘，意为在精神上超脱了生死观念。《老子》清静无为的养生思想，对道教养生思想的形成有着重要的影响。例如，葛洪在《抱朴子·养生论》中指出："心内澄则真神守其位"，"常以宽泰自居，恬淡自守，则身形安静，灾害不干"，十分强调精神修养在养生中的重要作用。

在道教的产生、形成过程中，黄老之学的宗教化是一个十分重要的阶段。鲁迅说过："古时候，或以黄老治天下，或以孝治天下。"⑤所谓以"孝"治天下，指的是以儒家的"爱敬""忠顺"等伦理思想的"德政"管理国家；以"黄老"治天下，即以黄老之学治理天下。黄老之学起于战国，兴盛于汉初，为道家流派之一，以传说中的黄帝同老子相配，并同尊为道家的创始人，故名；它的思想就叫黄老思想。《史记·孟子荀卿列传》载战国时齐稷下学者慎到、田骈、接子、环渊等人，"皆学黄老道德之术，因发明序其指意"，当为黄老

---

① 《老子》第五十九章。

② 《老子》第十六章。

③ 《老子》第四十五章。

④ 《老子》第五十章。

⑤ 《准风月谈·礼》。

学派的代表。法家申不害、韩非之学"本于黄老而主刑名"①，均与此派有密切的关系。黄老之学与先秦老庄之学都以虚无为本，以因循为用；但老庄剽剥儒墨，鄙夷刑政，黄老之学则"因阴阳之大顺，采儒墨之善，撮名法之要"②，从而成为统治者的工具。

从汉高祖到汉武帝的六七十年，是黄老之学占据统治地位的时期。西汉初期，统治者采取与民休息、约法省禁、轻徭薄赋、恢复生产的政策，颇崇黄老"清静无为"的治术，对于社会的各种生产活动和老百姓的生活，尽量不加干涉，任其自然发展。汉初的曹参、盖公、汉文帝、汉景帝及窦太后等都推崇黄老之术。《史记·儒林列传》指出："孝文帝本好刑名之言，及至孝景，不任儒者，而窦太后又好黄老之术。"《汉书·外戚传》说："窦太后好黄帝、老子言，景帝及诸窦不得不读老子，尊其术。"由于汉初统治者实行黄老政治，安定人民生活，恢复和发展生产，出现了被封建史家所盛称的"文景之治"。

西汉末年，黄老之学已发生变化。由于黄老之学含有大量的神秘主义因素，故被神仙家所附会，于是道教又与黄老之学相结合，开始推崇黄帝，继而抬高老子。佛教的传来，更给了神仙家创立宗教的刺激，他们托付于道家，利用黄帝、老子的广泛影响，形成了以祭祀、信仰黄帝、老子为核心的"黄老道"。东汉初，奉黄老养性以求长生的风气遍及朝野。后汉桓帝派宠臣去苦县祭奠老子，又在宫中立黄老、浮屠祠，以神仙术为核心内容的黄老道，便成为公开的宗教。

这样，以崇奉老子为神明并与神仙方道合流的黄老道就成为早期道教的前身。老子被逐渐神化，地位不断上升。他被尊为"太上老君"。"太上"，本至高无上意。至唐代，道教盛极一时，老子被皇帝认为族祖。唐高宗乾封元年（666年）追号老子为"太上玄元皇

---

① 《史记·老子韩非列传》。
② 《史记·太史公自序》。

帝"；唐玄宗天宝二年（743年）追尊老子为"大圣祖玄元皇帝"；天宝八年（749年）册尊为"圣祖大道玄远皇帝"；天宝十三年（754年）又上尊号为"大圣祖高上大道金阙玄元天皇大帝"。老子成了名副其实的道教教主。

三、道家思想与庄子

先秦道家学说，首推老子。庄子继承老子思想的某些方面，把"道"看作世界的本原，又有自己的显著特点，这从鲁迅的一些片段论述中可以看出来。他说，老子"言清净之治，迨庄周生于宋，则且以'天下为沉浊不可与庄语'，自无为而入于虚无"[1]；"战国之世，言道术既有庄周之蔑诗礼，贵虚无，尤以文辞，陵轹诸子"[2]；谈到贾谊《鵩鸟赋》的大意，"谓祸福纠缠，吉凶同域，生不足悦，死不足患，纵躯委命，乃与道俱，见服细故，无足疑虑"，指出"其外死生，顺造化之旨，盖得之于庄生"[3]。鲁迅这一系列评判，基本揭示了《庄子》一书的主旨。

说到鲁迅与庄子，不能不看到庄子对鲁迅的影响。《庄子》对鲁迅的消极影响是无须隐讳的。鲁迅曾说过，自己"就是思想上，也何尝不中些庄周韩非的毒，时而很随便，时而很峻急"[4]。所谓随便，就是旷达、超脱、玩世不恭的意思。庄子这种思想是特定时代的产物。庄子与孟子约略同时，当时诸侯兼并剧烈，征战不休，所谓"争地以战，杀人盈野，争城以战，杀人盈城"[5]；统治者对人民残酷地剥削、压榨，所谓"庖有肥肉，厩有肥马，民有饥色，野有饿莩，此率兽而

---

[1] 《汉文学史纲要》第三篇。
[2] 《汉文学史纲要》第四篇。
[3] 《汉文学史纲要》第四篇。
[4] 《坟·写在〈坟〉后面》。
[5] 《孟子·离娄》。

食人也"①。面对满目疮痍的社会、弱肉强食的现实，庄子看不到出路，没有能力加以改变，又不愿同流合污，就只好借玩世不恭的态度来抒发胸中的愤慨。这种玩世不恭，含有不能坚持斗争，而采用一种消极态度的意思。当然，这种"随便"思想的影响只是一个较短的时期，鲁迅后来进行了坚决的清算和批判，反对那种随随便便、不负责任、玩世不恭的无所谓态度，主张严肃认真，一丝不苟。他在一则杂感中说：

> 庄子以为"在上为乌鸢食，在下为蝼蚁食"，死后的身体，大可随便处置，因为横竖结果都一样。
>
> 我却没有这么旷达。假使我的血肉该喂动物，我情愿喂狮虎鹰隼，却一点也不给癞皮狗们吃。
>
> 养肥了狮虎鹰隼，它们在天空，岩角，大漠，丛莽里是伟美的壮观，捕来放在动物园里，打死制成标本，也令人看了神旺，消去鄙吝的心。
>
> 但养胖一群癞皮狗，只会乱钻，乱叫，可多么讨厌！②

这就是鲁迅精神与庄子精神的截然对立！

庄子对鲁迅的影响也有积极的一面。《庄子》中对礼法和权贵的蔑视（"强以仁义绳墨之言术暴人之前者，是以人恶有其美也，命之曰菑人"③），对统治者的斥责（"窃钩者诛，窃国者为诸侯，诸侯之门仁义存焉"④），对追名逐利的媚世者的嘲讽（"世俗之所谓然而然之，所谓善而美之""垂衣裳，设采色，动容貌，以媚一世"⑤），

---

① 《孟子·梁惠王上》。
② 《且介亭杂文末编·半夏小集》。
③ 《庄子·人间世》。
④ 《庄子·胠箧》。
⑤ 《庄子·天地》。

以及笑傲王侯，对统治者的不合作（视相位如腐鼠，"无为有国者所羁""终身不仕"①），等等，在中国广大知识分子中曾起过好的影响，我们在鲁迅的战斗风貌中也可领略到这一点。

老子认为事物存在着对立的双方，而且互相联结，并能向其相反的方面转化。这是朴素的辩证法思想。庄周却"欲并有无修短白黑而一之，以大归于'混沌'"，用自我主观精神把各种对立现象统统消除掉了，认为彼此都一样，否定了事物之间的差别，就陷入了相对主义。庄子从相对主义出发，抹杀了事物的质的规定性。在他看来，一切以人的主观感觉为转移："天下莫大于秋毫之末，而泰山为小，莫寿于殇子，而彭祖为夭"；"以差观之，因其所大而大之，则万物莫不大；因其所小而小之，则万物莫不小"；"以功观之，因其所有而有之，则万物莫不有；因其所无而无之，则万物莫不无"。②就是说，从事物的相对差别看来，万物的大小都是相对的，如果从它大的方面说来，万物都可以说是大的，反之，都可以说是小的；就事物的功效来看，从有效方面说就样样都有效，从没有效方面说，就样样都没有效。他还说："自其异者视之，肝胆楚越也；自其同者视之，万物皆一也。"③肝和胆本来紧密相连，但从两者不是一样东西的角度去看，可以说相距极远；倘从相同的角度去看，天地间纷纭万物也没有什么差异了。这样，事物的差别不在事物本身，而在于认识者的态度、看法。

庄子从相对主义出发，不仅抹杀了事物的质的规定性，而且也把认识客观真理的标准取消了，宣扬起"无是非观"。庄子认为，确定认知的标准是困难的，甚至是不可能的，因为任何认知都会受到特定条件的限制，受到时空的制约。因此，认知只具有相对性，不可

---

① 《史记·老庄申韩列传》。

② 《庄子·秋水》。

③ 《庄子·德充符》。

能有客观划分的标准。以儒家的言论为"是",则反儒家的墨家为"非";反之,如果给前者标上"非",则后者就是"是",两者之间根本没有真理与谬误的客观标准。因此,是非都是"以是其所非而非其所是";"因是因非,因非因是。……是亦彼也,彼亦是也。彼亦一是非,此亦一是非……是亦一无穷,非亦一无穷也"。①任何辩论的双方都无所谓是非,因而言论也应是齐一的了。庄子认识论的相对主义有其特点。它看到了人们在任何时候认识上都不免带有局限性、片面性这一事实,自觉地反复地提醒人们注意到这一点,有其积极意义,但他通过相对主义的认识论,却把人们引向了虚无主义②。列宁在批判马赫之流时说过:"把相对主义作为认识论的基础,就必然使自己不是陷入绝对怀疑论、不可知论和诡辩,就是陷入主观主义。"③庄子的哲学正是这样。鲁迅也说过:"我们虽挂孔子的门徒招牌,却是庄生的私淑弟子。'彼亦一是非,此亦一是非',是与非不想辨;'不知周之梦为蝴蝶欤,蝴蝶之梦为周欤?'梦与觉也分不清。生活要混沌。如果凿起七窍来呢?庄子曰:'七日而混沌死。'"④

庄子从宣扬的无是非观出发,倡导一种顺应自然的人生态度,提出不能有为,而要做到无为。无为的首要条件是忘掉自我,"无己"之后当然就不会受外物所拘滞,不会去追逐名利,不会去谴责是非曲直,这样才"可以保身,可以全身,可以养亲,可以尽年"⑤。要人们是非双谴、物我两忘,这其实是做不到的。《庄子》里有一则寓言:"泉涸,鱼相与处于陆,相呴以湿,相濡以沫,不如相忘于江湖。"⑥鲁迅指出:"可悲的是我们不能互相忘却。"因为人是没法超出现实

---

① 《庄子·齐物论》。

② 参阅任继愈主编:《中国哲学史》第 1 册,第 162—163 页。

③ 《列宁选集》第 2 卷,第 136 页。

④ 《南腔北调集·"论语一年"》。

⑤ 《庄子·养生主》。

⑥ 《庄子·大宗师》。

的，"超然"的心是没法做到的。"超然的心，是得像贝类一样，外面非有壳不可的。"①鲁迅揭穿了庄子唯无是非观的说教，他说："我们如果到《庄子》里去找词汇，大概又可以遇着两句宝贝的教训：'彼亦一是非，此亦一是非。'记住了来作危急之际的护身符，似乎也不失为漂亮。然而这是只可暂时口说，难以永远实行的。喜欢引用这种格言的人，那精神的相距之远，更甚于叭儿之与老聃，这里不必说它了。就是庄生自己，不也在《天下篇》里，历举了别人的缺失，以他的'无是非'轻了一切'有所是非'的言行吗？要不然，一部《庄子》，只要'今天天气哈哈哈……'七个字就写完了。"②

《天下篇》是《庄子》的最后一篇。在这篇总结性的文章里，庄子对墨家、宋尹、关老等诸家进行了分析，批评其不足之处。例如，说墨翟、禽滑釐"之意则是，其行则非也"；宋钘、尹文"其为人太多，其自为太少"；彭蒙之师"所言之韪（是），不免于非"；关尹、老聃是"古之博大真人"，但还"未至于极"。最后，只有他庄周自己的学说是天道的体现，是当时学术的高峰。可见，庄周这里的是非界限何等鲜明！

庄子采取玩世不恭、随俗浮沉的处世态度，为的是保全自己。他常说"无用之用"才是"大用"，看见山木以不材免伐，雌雁以不鸣见杀，就想到自己"将处乎材与不材之间"③。就是说既不表现太有用，也不表现太无用，小心谨慎，唯恐有什么缺失。这种思想在过去封建知识分子中很有市场。"壮岁旌旗拥万夫，锦襜突骑渡江初"的辛弃疾，也说他喜欢"味无味处有真乐，材不材间过一生"。鲁迅批判了这种思想的影响。"譬如中国人，凡是做文章，总说'有利然而又有弊'，这最足以代表知识阶级的思想。"④为什么说这最足以代

---

① 《且介亭杂文末编·我要骗人》。
② 《且介亭杂文二集·"文人相轻"》。
③ 《庄子·山木》。
④ 《集外集拾遗补编·关于知识阶级》。

表知识阶级的思想？因为它反映了旧时代知识分子希图有利而无弊，求得安安稳稳活下去的愿望。但是有利而无弊的事是不会有的，无论什么都会有弊端，即如吃饭来说，它能滋养我们，却又使消化器官疲乏，这就是有利必有弊。"假使做事要面面顾到，那就什么事情都不能做了。"鲁迅十分鄙弃那种只求安稳、只顾自己的人，要求去掉各种顾忌，大胆生活，为社会、为人民而辛勤工作。

庄子从回避矛盾、不敢抗争的思想出发，鼓吹一种精神上的胜利（"独与天地精神往来，而不敖倪于万物。不谴是非，以与世俗处"[①]）。这种精神上的胜利虽然不完全等同于阿Q的"精神胜利法"，但同样是自欺欺人的东西，同样有着广泛的影响。例如，有的文人常常采用的相轻之术是"自卑"："自己先躺在垃圾里，然后来拖敌人，就是'我是畜生，但是我叫你爹爹，你既是畜生的爹爹，可见你也是畜生了'的法子"；或者是"已经把别人评得一钱不值了，临末却又很谦虚的声明自己并非批评家，凡有所说，也许全等于放屁之类"。[②]

庄子与道教的关系也有一个发展过程。东汉以后，老子逐渐被奉为道教的教主，而庄子和道教的关系，并不那么明晰。魏晋以后，由于受魏晋玄学思潮影响，社会上盛称"老庄"，爱好《庄子》的风尚甚至超过了《老子》，但与当时道教的流行关系不大。至南朝陶弘景撰《真灵位业图》，将庄子列在第三位，庄子才算得到道教的正式承认，但仍然没有发生多大影响和作用。到了唐代，皇帝自称是道教教主老子的后裔，大力尊崇老子，兼褒庄子。唐开元二十五年（737年）诏号庄周为南华真人，《庄子》一书为《南华真经》。唐代庄子学盛行，好多著名道士注解《庄子》，使庄子与道教活动发生不寻常关系。应该看到，在《庄子》一书中，也有被道教可以直接吸收的思

① 《庄子·天下》。
② 《且介亭杂文二集·五论文人相轻——明术》。

想资料。《庄子》外、杂篇中，有着养形求长生的神仙思想。《天地》篇称"千岁厌世，去而上仙；乘彼白云，至于帝乡"，热心向往神仙境界。《刻意》中，有对古代导引养形方术的描写。《在宥》篇中，有"广成子"给"黄帝"讲治身长生之道的记述。特别是其中描写的神人、至人、真人等，很可能来源于当时的神仙家说。例如，居于藐姑射之山的"神人"，不仅容貌美丽，"肌肤若冰雪，绰约若处子"，而且"不食五谷，吸风饮露"。它"乘云气，御飞龙，而游乎四海之外"。它还能使万物不受病害，促成五谷丰收。[①]对"至人"来说，"死生无变于己"："大泽焚而不能热，河汉沍而不能寒，疾雷破山，飘风振海而不能惊。"[②]"古之真人，不知悦生，不知恶死"；普通人用喉咙呼吸，而"真人"则是用脚跟呼吸，而且"其寝不梦，其觉无忧，其食不甘，其息沉沉"[③]。庄子的这种理想人格和修养方法，后来为道教所吸收利用，改造成为修炼成仙的方术。

第三节　得道成仙，长生不老

一、中国人往往憎和尚、尼姑、耶教徒，而不憎道士

得道成仙，长生不老，这是道教教义的核心，也是鲁迅所指出的"道士思想"的主要内容。

道教自东汉创立，就接受了神仙的思想，并把得道与成仙结合起来，以得道成仙为最高境界。因此，神仙是道教徒的主要追求目标。由于道教在平常人眼里总是和神仙连在一起，有人就干脆把道教称为神仙道教。那么，神仙与凡人相比，到底有哪些不同呢？葛洪在《抱朴子内篇》中作了说明："古之得仙者，或身生羽翼，变化飞行，失

---

① 《庄子·逍遥游》。
② 《庄子·齐物论》。
③ 《庄子·大宗师》。

人之本，更受异形，……老而不衰，延年久视，出处任意，寒温风湿不能伤，鬼神众精不能犯，五兵百毒不能中，忧喜毁誉不为累，乃为贵耳。"①质言之，神仙就是长生、快活。《抱朴子内篇》里还有一段话，生动地描述了"仙道"的令人向往的美妙景象：

或问："审其神仙可以学致，翩然凌霄，背俗弃世，丞尝之礼，莫之修奉，先鬼有知，其不饿乎！"抱朴子曰："盖闻身体不伤，谓之终孝，况得仙道，长生久视，天地相毕，过于受全归完，不亦远乎？果能登虚蹑景，云舆霓盖，餐朝霞之沆瀣，吸玄黄之醇精，饮则玉液金浆，食则翠芝朱英，居则瑶堂瑰室，行则逍遥太清。先鬼有知，将蒙我荣，或可以翼亮五帝，或可以监御百灵。位可以不求而自致，膳可以咀茹华谞，势可以总摄罗酆，威可以叱咤梁成，诚如其道，罔识其妙，亦无饿之者。"②

天上当神仙固然好，但在世俗当活神仙最美好。葛洪说："求长生者，正惜今日之所欲耳，本不汲汲于升虚，以飞腾为胜于地上也。若幸可止家而不死者，亦何必求于速登天乎？"③

成仙永世，长生不老，逍遥自在，为所欲为，这是一幅赤裸裸的利己享乐的理想图，何等贪婪，然而又说得多么冠冕堂皇！天上的神仙是人间贵族虚幻的反映。因此它其实是把封建贵族的特殊地位和权势的美化和夸大，所追求的是一种超世间的极乐境界。正如恩格斯所说："一切宗教都不过是支配着人们日常生活的外部力量在人们头脑中的幻想的反映，在这种反映中，人间的力量采取了超人间的力量的形式。"④

①《抱朴子内篇·对俗》。
②《抱朴子内篇·对俗》。
③《抱朴子内篇·对俗》。
④《马克思恩格斯选集》第3卷，第354页。

　　道教在中国有着广泛而深远的影响。鲁迅指出："人往往憎和尚，憎尼姑，憎耶教徒，而不憎道士。懂得此理者，懂得中国的大半。"①

　　为什么这么说呢？这是因为，在人生观及理想境界、追求目标上，道教与佛教、伊斯兰教、基督教都有不同之处。宗教是苦难者的呻吟与精神寄托。佛教宣扬来世，教人修行成佛，进入西天极乐世界；伊斯兰教信死后复活及末日审判，信一切皆由安拉前定；基督教认为人类从始祖起就犯了罪，只有信仰上帝及其儿子耶稣基督，才能获救，进入天堂。可见，一般宗教都把生和死绝对地对立起来，认为世俗人生充满痛苦，不可留恋，而死或"涅槃"则是对苦难的解脱，是进入幸福天堂的通道。这样，宗教必然对生包括肉体生命持否定和鄙弃的态度，教徒和信徒也就不把注意力放在现实的生的快乐和创造上，而是转向死后的世界，即虚幻的天国与来世。道教与此相反，认为生活在世界上是乐事，死亡才是痛苦的。因此它的教义基石是乐生、重生、追求长生，最高理想就是生道相守，永远活着。从道教的第一部经典《太平经》可以看到，道教主张在世俗生活中建立一个人人安居乐业，竟其天年，没有天灾人祸的理想王国。道教之所以如此重视长生，因为在它看来，人活在天地之间，生命只有一次，没法死而复生。人一旦死去，就再也见不到天地日月，脉骨只成了一抔土。人生活在世界上是一件乐事，而死亡才是最可怕最痛苦的事。这种对生命的重视与民族文化的贵生思想是相通的，正如鲁迅指出的："中国古来，一向是最注重生存的，什么'知命者不立于岩墙之下'咧，什么'千金之子坐不垂堂'咧，什么'身体发肤受之父母不敢毁伤'咧"，等等②。因此，道教所要解决的重大课题，就是如何避免或者推迟死亡的到来，它的教义就是乐生恶死，鼓励人们尽可能竟其天年，

---

　　① 《而已集·小杂感》。

　　② 《华盖集·北京通讯》。

而最高理想就是长生不死，得道成仙。

二、"一人得道，鸡犬升天"

道教以"道"为本，"道"的基本特点是生生不息，因此而有宇宙万物。在道家那里，长生久视还只是道自身的特点，到了道教，长生久视则成了人的追求。所谓成仙，也不是说人死后灵魂可以升入仙境。相反，成仙在于长寿，它是说人的形体可以长生不死。"白日升天，长生世上"①，这是道教修炼的目标。只要得了道，就能当活神仙，和众人生活在一起。一个人得了道，不仅自己可以成仙，而且能够"拔宅飞升"，所谓"一人得道，鸡犬升天"。葛洪《神仙传》载：西汉淮南王刘安吃了仙药成仙，"临走时，余药器置在中庭，鸡犬舐啄之，尽得升天"。又据《全后汉文》中的《仙人唐公房碑》记载，唐公房得了仙药后，可以升天成仙，但他的妻子恋家不忍去，于是乃以仙药涂屋柱，饮牛马六畜，"须臾有大风玄云来迎，公房妻子，屋宅六畜，翛然与之俱去"。

鲁迅在文章中引用过这个"一人得道，鸡犬升天"的例子："我们有一个传说。大约二千年之前，有一个刘先生，积了许多苦功，修成神仙，可以和他的夫人一同飞上天去了，然而他的太太不愿意。为什么呢？她舍不得住着的老房子，养着的鸡和狗。刘先生只好去恳求上帝，设法连老房子，鸡，狗，和他们俩全都弄到天上去了，这才做成了神仙。"②

他在又一处说道："成仙，这变化是很大的，但是刘太太偏舍不得老家，定要运动到"拔宅飞升"，连鸡犬都带了上去而后已，好依然的管家务，饲狗，喂鸡。"③

由于道教思想的广泛传播和深远影响，"一人得道，鸡犬升天"

---

① 《魏书·释老志》。

② 《且介亭杂文·中国文坛上的鬼魅》。

③ 《南腔北调集·家庭为中国之基本》。

就成了熟用的成语。以写三角恋爱小说出名的张资平，打着"方向转换"和"最进步"的"无产阶级作家"的招牌，兜售三角恋爱小说，鲁迅予以讽刺道："但作者一转方向，则一人得道，鸡犬飞升，何况神仙的遗蜕呢？《张资平全集》还应该看的。这是收获呀，你明白了没有？"①

三、服饵与房中术

道教追求的是世俗的享乐生活，重视的是现世利益，这对于具有贵生传统的中国人来说，其影响、诱惑之大是可想而知了。道家曾鼓吹"不为福始""不为祸先"，有人对此稍作改动，作对联赠道士曰："超然不然，可为福始；出家有家，不沾祸先。"但应看到，在中国封建社会中，贵族阶级信奉的道教和下层人民信奉的道教，是有所区别的。同是对于神仙理想的追求，贵族阶级学道主要是为了长寿、成仙，继续享受人间的特权，因此他们对服食炼丹这一套特别感兴趣。而下层民众则在于用仙人的法术，斩妖驱邪，护佑一方百姓。也正由于道教的神仙思想能够适应不同阶级、阶层的心理需要，所以一直为道教徒所信奉，并在中国长期的封建社会中造成很大的影响。正如鲁迅所指出的："然而假如比较之后，佛说为长，中国却一定仍然有道士，或者更多于居士与和尚：因为现在的人们是各式各样，很不一律的。"②

道教认为天年无穷，关键在于人的自我修炼，所谓"我命在我不在天，还丹成金亿万年"。它追求个人生命与道的一体化，追求神仙的境界。修道养生遂成为道教的一大思想特色与实践内容。道教修炼的方法很多，主要有服饵、导引、胎息、内丹、外丹、符箓、房中、辟谷等，这些修炼又都离不开强身健体，祛病延年。这里仅以鲁迅论

---

① 《二心集·张资平氏的"小说学"》。

② 《集外集拾遗补编·关于〈小说世界〉》。

及的服饵、房中两个方面，对道教的修炼特点做一介绍。

（一）服饵

服饵又称服食，指服食丹药和草木类药物，以求祛病延年，长生不老。服饵起源于战国时期的方士，开始时，追求的是传说中的仙药，后又转求烧炼的金丹。对于一般的方士及养生家来说，某些药物，诸如芝菌、玉石等，均为服食的对象。道教承袭了服食术，主张采药炼丹，认为要益寿延年，得道成仙，药物是必不可少的。《云笈七签》卷56所载《元气论》说："入真道者，先须保道气于体中，息元气于脏内。然后辅之以药物，助之以百行，则能内愈万病，外安万神。"王充的《论衡·道虚》："闻为道者，服金玉之精，食紫芝之英。"道教徒最看重的是以丹砂、黄金为主的矿物、金属类无机物药品。丹砂古称"丹"，是一种红色的矿物。他们认为：

> 夫金丹之为物，烧之愈久，变化愈妙。黄金入火，百炼不销，埋之，毕天不朽，服此二物，炼人身体，故能令人不老不死。
>
> 然小丹之下者，犹自远胜草木之上者也。凡草木烧之即烬，而丹砂烧之成水银，积变又还成丹砂，其去凡草木亦远矣，故能令人长生。[1]
>
> 金性不败坏，故为万物宝，术士服食之，寿命得长久。[2]

因为黄金、丹砂的化学性质比较稳固，不容易发生朽坏，道教从"假求于外物以自坚固"出发，认为服食之后，就能把其"毕天不朽"的性质转移到人体，服食者就可不朽长生了，所谓"服金者寿如金，服玉者寿如玉"。因此，道教徒将这些金石药物反复制炼，最

---

[1] 《抱朴子内篇·金丹》。
[2] 《周易参同契》上篇。

后经化学反应后形成丸剂，称之为"金丹""仙丹"。据说，服食了这些"金丹"，就能长寿成仙。服食之风，在唐朝时发展到了顶峰，皇帝、文武大臣以至普通百姓，均有服食的习惯。服食家对某些药物药性的认识和组成的方剂，丰富了中国古代医学的宝库。《抱朴子内篇·仙药》中记载了不少服食方，其中有一些服食方已成为中医常用的方剂。至于以金丹求长生则是十足的荒谬，对健康不仅无益，而且常危及人的生命。也应看到，道教的炼金服丹之术尽管在形式上十分复杂、诡秘，但在炼丹实践中也总结出了有一定价值的科学成果，它的"黄白之术"，即是古代原始化学与冶金技术的反映。

魏晋南北朝是道教史上的一个勃发时期，达官贵人喜神仙方术者不少。魏晋名士不仅谈玄，谈佛，神仙养生亦为其谈资之一。道教受魏晋玄学影响，同时它也影响了魏晋玄学。深为鲁迅推崇的嵇康就认为"神仙可信"，又著《养生论》，显然是受道教的影响。鲁迅在《魏晋风度及文章与药及酒的关系》一文中，曾详细地介绍了魏晋时士人清谈好道，多服"五石散"的情况，使我们看到养性服食、修道成仙思想在当时社会的广泛弥漫，以及这种愚妄行为造成的严重后果。

五石散是古代方士、道家、道士炼成的一种内服散剂，最早见于《史记·扁鹊仓公列传》，虽作为药用，名医淳于意已指出其药性猛烈，服后不慎为害甚大。后来方士、道士之流炼五石散服食，以之作为长生之术。东晋文学家郭璞《游仙诗》曰："王孙列八珍，安期炼五石。"安期生是道教神仙，据说曾炼五石散，被称为"千岁翁"。五石散的基本成分是石钟乳、石硫黄、白石英、紫石英、赤石脂，另外还配点别样的药。服此药能致内热，宜食寒凉食物、穿薄衣等，将毒力、热力散发掉，即所谓"散发"，故又名"寒石散""清凉散"。

鲁迅说："'五石散'是一种毒药，是何晏吃开头的。汉时，大家还不敢吃，何晏或者将药方略加改变，便吃开头了。"何晏是三国

魏哲学家，正始名士，与夏侯玄、王弼同为玄学的创始者，也"同为
服药的祖师"。《世说新语·言语》："何平叔（何晏字平叔）云：
'服五石散非唯治病，亦觉神明开朗。'"刘孝标注曰："寒食散之
方虽出汉代，而用之者寡，靡有传焉。魏尚书何晏首获神效，由是大
行于世。"服用五石散，究竟有什么好处？据说除过延年益寿、美化
容颜外，还有补肾壮阳的作用。何晏与曹氏结姻，尚金乡公主。《三
国志》卷九注引《魏末传》说，何晏贪女色，多嬖幸，致使金乡公主
发出"晏为恶日甚，将何保身"之叹。

　　服用五石散非常麻烦，穷人不能吃，吃后不小心就会毒死。服
此药后，伴随着毒力发作，产生巨大内热，需通过一套细微的程序将
毒力、热力散发掉，即所谓"散发"。如散发得当，体力疾病便随毒
热一起挥发掉；如果散发不当，后果不堪设想，即使不死，也会落个
终身残疾的下场。因此吃药后不能休息，非走路不可，因走路才能散
发，所以走路就叫"行散"。走了之后，全身发烧，继而又发冷，这
就要脱掉衣服，用冷水浇身，吃冷东西，饮热酒。这种雅好服食的风
气，对魏晋时期的生活习俗也产生了直接影响。如，为预防皮肤被衣
服擦伤，就非穿宽大的衣服不可；因皮肤易于磨破，穿鞋也不方便，
故不穿鞋袜而穿屐；更因皮肤易破，不能穿新衣，而宜于穿旧的，衣
服便不能常洗，因不洗，便多虱，所以"扪虱而谈"当时竟传为美
事；又由于"散发"之时，不能肚饿，所以吃冷物，且要赶快吃，不
论时候，一日数次也不可定，这便影响到晋时"居丧无礼"；服散要
不断饮酒，于是酗酒之风更盛。鲁迅指出："此外可见服散的情形及
其他种种的书，还有葛洪的《抱朴子》。"关于服散，《抱朴子内
篇》里有不少的记载。鲁迅又指出："这种服散的风气，魏，晋，直
到隋，唐，还存在着，因为唐时还有'解散方'，即解五石散的药
方，可以证明还有人吃，不过少点罢了。唐以后就没有人吃，其原因
尚未详，大概因其弊多利少，和鸦片一样罢？"

　　对于服用五石散的流弊，鲁迅举了晋名人皇甫谧为例。鲁迅说，

皇甫谧作过一本《高士传》的书，我们以为他很高超，但他是服散的，曾有一篇文章，自说吃散之苦。泰始三年（267年），晋武帝下诏征召皇甫谧为贤良方正去京师当官，皇甫谧遂写了一篇上疏，说明自己因服五石散成了残废，无法应征。鲁迅说的"一篇文章"，就指该疏。他在疏中自述因服散而得到的种种苦痛："臣以尪弊，迷于道趣。……又服寒石药，违错节度，辛苦荼毒，于今七年。隆冬裸袒食冰，当暑烦闷，加以咳逆，或若温疟，或类伤寒，浮气流肿，四肢酸重。于今困劣，救命呼嗡，父兄见出，妻息长诀。"[①]服五石散后，药性一发，稍不留心，即会丧命，至少也会受非常的苦痛，或要发狂。本来聪明的人，因此也会变成痴呆。晋朝人多脾气很坏，高傲，发狂，性暴如火的，鲁迅认为，"这大约是服药的缘故"。由于服药，就使得一些人产生怪诞、变态的心理，性格与举动，如苍蝇扰他，竟至拔剑追赶；就是说话，也要糊糊涂涂的才好，有时简直是近于发疯。据有的学者估计，这种猛药在其流行的五百年里，夺去了至少百万人的生命，侥幸活下来的人，十有八九成为终身残疾，痛苦不堪。

（二）房中术

房中术亦称御女术、黄赤术，始于战国时代，本是讲房中禁忌与祛病之术，是一种养生保健的手段。房中家认为，男女交合，为人之大伦，若"阴阳不交，则坐致壅阏之病"；但若恣情纵欲，则耗精损气，折人寿命。这样，便有人研究男女性生活的技巧、方法和宜忌等，谓运用这些知识，节欲惜情，便可还精补脑，治病强身。《汉书·艺文志》著录黄帝、容成等八家，谓"乐而有节，则和平寿考；及迷者弗顾，以生疾而殒性命"。东汉时期，五斗米道创始人张道陵始将房中术作为道教的修炼方法之一，并称为"男女合气之术"。葛洪《抱朴子内篇》论述并倡导此术，认为，"凡服药千种，三牲之

---

① 《晋书·皇甫谧传》。

养，而不知房中之术，亦无益也。"①房中之禁忌，主要认为人们应当爱惜精气，强调保存精液的方法在养生中胜于服食补药与饮食动物类营养物质的功能。房中的主要功用在于"还精补脑"："房中之术十余家，或以补救伤损，或以功治众病，或以采阴益阳，或以增年延寿，其大要在于还精补脑之一事耳。"②还精补脑，即强调精力旺盛，头脑清晰灵活，身体健康，这样就可以防御疾病的侵袭。汉魏时期，由于方士们的鼓吹，房中术曾一度风行朝野上下。东晋时，道教发生改革，提倡清修，房中术从此便逐渐走下坡路。唐以后由于其被一些人当作淫秽手段，背离了养生宗旨，渐为社会和有识之士批评，遂趋于失传。

对于房中术，唐代伟大的医药家孙思邈曾有较公允的评说。他在《备急千金要方》中说："然长生之要，其在房中。上士知之可以延年除病，其次不以自伐。""然此方之作也，非欲务于淫佚，苟求快意，务存节欲以广养生也；非苟欲强身力，幸女色以纵情，意在补益以遣疾也，此房中之微旨也。"某些道教书宣扬房中术可以行至神仙，完全是妖妄之说。《抱朴子内篇》早就予以驳斥，认为："此皆巫书妖妄过差之言，由于好事者增加润色，至今失实。或亦奸伪造作虚妄，以欺诳世人，隐藏端绪，以求奉事，招集弟子，以规世利耳。夫阴阳之术，高可以治小疾，次可以免虚耗而已。其理自有极，安能致神仙而却祸致福耳？"③

鲁迅对于"纵欲成仙"的道士思想，给予尖锐的讥刺和批判。他说："无论古今，谁都知道，一个男人有许多女人，一味纵欲，后来是不但天天喝三鞭酒也无效，简直非'寿（？）终正寝'不可的。可是我们古人有一个大奇想，是靠了'御女'，反可以成仙，例子是彭

---

① 《抱朴子内篇·至理》。

② 《抱朴子内篇·释滞》。

③ 《抱朴子内篇·微旨》。

祖有多少女人而活到几百岁。这方法和炼金术一同流行过，古代书目上还剩着各种的书名。不过实际上大约还是到底不行罢，现在似乎再没有什么人们相信了，这对于喜欢渔色的英雄，真是不幸得很。"①

这"御女"就是房中术。彭祖是中国神话中的仙人，后为道教所尊奉。传说彭祖姓篯，名铿，帝颛顼之玄孙。他在殷末已经767岁，却无衰老之相。他长寿的秘诀是"御女"，据他说："男女相成，犹天地相生也。……天地昼分而夜合，一岁三百六十交而精气和合，故能生产万物而不穷；人能则之，可以长存。"②

房中术把女性纯粹当作为男子服务的工具。它的所谓采补，就是男子在和女子交合而采得"阴气"以补益"阳气"，使男子益寿延年。它甚至要求与多个女子交合，以达消病、长生的目的。古代房中术总是称女人为"敌"，如所谓"视敌如瓦石，自视如金玉"，"御女当如朽索御奔马，如临深坑下有刃，恐堕其中"③。这一类房中术特别受剥削阶级的欢迎，成为他们玩弄、摧残妇女的堂皇招牌，成为满足其淫佚生活的借口。陶宗仪《南村辍耕录》中说："今人以邪僻不经之术如运气、逆流、采战之类曰房中术。"鲁迅对此进行了深刻的揭露："不但是《西游记》里的魔王，吃人的时候必须童男和童女而已，在人类中的富户豪家，也一向以童女为侍奉，纵欲，鸣高，寻仙，采补的材料，恰如食品的餍足了普通的肥甘，就像乳猪芽茶一样。"④

修炼成仙，长生不老，这是道教孜孜不倦所追求的。但这只是一厢情愿。生老病死是不可抗拒的自然规律。这是常识。早在东汉时期，唯物主义哲学家王充就对此进行了批驳，认为"有生必有死"。他说："有血脉之类，无有不生；生无不死；以其生，故知其

---

① 《准风月谈·中国的奇想》。
② 见葛洪：《神仙传》卷一。
③ 《医心方》卷二十八。
④ 《南腔北调集·上海的少女》。

死也。……人之生，其犹水也。水凝而为冰，气积而为人，冰积一冬而释，人竟百岁而死。……诸学仙术，为不死之方，其必不成，犹不能使冰终不释也。"①道教理论家为修道可以成仙提供的理论根据，主要是强调事物发展有其特殊性，仙人长生不死不足为怪，所谓"仙人以药养身，以术数延命，使内疾不生，外患不入，虽久视不死，而旧身不改，苟有其道，无以为难也"②。但在现实生活中，既没有人能羽化成仙，也没有人青春永驻。所谓的长生不老，只能是编造出来的鬼话，事实上是不存在的。鲁迅在《青年与老子》一文中，曾引用了五代汉王仁裕《玉堂闲话》中一则关于道士长生不老的故事："曾有一个道士，有长生不老之术，自说已经百余岁了，看去却'美如冠玉'，像二十左右一样。有一天，这位活神仙正在大宴阔客，突然来了一个须发都白的老头子，向他要钱用，他把他骂出去了。大家正惊疑间，那活神仙慨然的说道，'那是我的小儿，他不听我的话，不肯修道，现在你们看，不到六十，就老得那么不成样子了。'大家自然是很感动的，但到后来，终于知道了那人其实倒是道士的老子。"

可见，成神成仙，对许多道士来讲，是精心编造的谎言，是诳人的骗局；对一般群众来说，是美好的愿望，是被愚弄的结果。正如《玉堂闲话》在讲述这个故事后说的："好道术者，受其诳惑，如欺婴孩矣。"③

长生不老的道士思想，对于不少中国人民特别是对于统治阶级，有着深刻的影响，产生了不少消极的作用。"五四"时期，鲁迅从以下两个方面集中地批判了这种思想的影响：

一是只为个人着想，"要占尽了少年的道路，吸尽了少年的空气"④。鲁迅这时用进化论观点看待人类社会的发展，认为将来必胜于

---

① 《论衡·道虚》。

② 《抱朴子内篇·论仙》。

③ 《太平广记》卷二百八十九。

④ 《热风·四十九》。

现在，"后起的生命，总比以前的更有意义，更近完全，因此也更有价值，更可宝贵；前者的生命，应该牺牲于他"①。然而在道教鼓吹的"长生不老"的迷雾弥漫下，不少中国人却想用现有的肉体永远享受无穷的人欲，他们或者清净修道，或者服丹修炼，妄想成为神仙，抵挡生物界新陈代谢的规律；等到明白无论如何也躲不过死神的威胁，希冀永在人世无非是幻想时，便要造坟，来保存死尸，想用自己的僵尸永远占据一抔黄土。这些人头脑里只有他自己一个。鲁迅称此为"生物界的怪现象"。

二是缺少理想，一味耽于物质利欲。鲁迅早期就曾指出西方资本主义物质文明带来的不重精神的弊病，后来又对封建主义所造成的人们精神上的愚妄、革命理想日被轻薄的现象进行了批判。古时候，秦始皇很阔气，引得刘邦和项羽羡慕不已。刘邦说："嗟乎，大丈夫当如此也！"项羽说："彼可取而代也！"项羽所要"取"的便是刘邦所说的"如此"。"如此"的程度虽有大小的不同，可是谁也想取；被取的是"彼"，而去取的是"大丈夫"。何谓"如此"？鲁迅指出："简单地说，便只是纯粹兽性方面的欲望的满足——威福，子女，玉帛，——罢了。然而在一切大小丈夫，却要算最高理想（？）。我怕现在的人，还被这理想支配着。"②物质利欲充塞着这些人的头脑，他们满足于世俗的享乐，浑浑噩噩地活着，单想"取彼"，单要由自己喝尽了一切空间的时间的酒。在这种情况下，什么新的主义都与中国无关。鲁迅强调人们要树立革命理想，摆脱道教宣扬的享乐思想的束缚，养成容纳新思想的能力。在鲁迅成为马克思主义者的后期，对道教实质的批判及其影响的清算，就更为深刻也更加科学了。

---

① 《坟·我们现在怎样做父亲》。

② 《热风·五十九"圣武"》。

第四节　对道教法术的解剖

如前所述，古代巫术是道教的思想渊源之一，画符念咒、扶乩降神、卜筮断吉凶、占星解梦等各种巫术形式，均被道教所继承、吸收，并进一步发展、演变而成独具一格的法术。道教有"道无术不行"及"道寓于术"之说，认为行术即是演道。道教法术是道教迷信的集中反映，过去在民间影响甚大。可以说，旧中国的民间迷信活动，差不多都与道教有关。鲁迅一生重视和提倡科学，反对封建蒙昧，对盛行于旧中国的民间迷信活动，进行了毫不留情的揭露和批判。

一、符箓："鬼画符"

符箓是道教最重要的法术。"符"，汉以前就出现了，指朝廷传达命令或征调兵将用的凭证，用金、玉、铜、竹、木等制成，双方各执一半，合之以验真假。当时只把这些符作为君臣之间、人与人之间表示征信的器物，并无有宗教的神秘色彩。两汉时期天人感应说、谶纬学说的兴盛，就使符由象征信物的作用演变为具有预测事变的神秘色彩，符象征着上天的意志，是天命神令的指示。在早期道教中，就已出现了大量神符。《太平经》中记载的符就有三四百种，如所谓"服开明灵符""佩星象符""佩五神符"等等，认为服符水、佩符图就会有神灵佑护，可以免灾害、远魔邪。符文的驱邪治病说，实际上是在张道陵时期才产生出来。"箓"，通常指记录有诸天官功曹名属佐吏的法牒，牒中必有相关的符图咒语，所以又通称为"符箓"，亦称"符字""丹书"。在道教中，符与箓均指天神授予的法宝，象征天神的意志，有了它，就能遣神役鬼，镇魔压邪。中国封建帝王如北魏太武帝、唐玄宗、唐武宗等，曾先后亲登道坛受符箓事，成为名副其实的道士皇帝。

　　符是一种笔画屈曲、似字非字的图形，实际上是由几个字合体而成。符是道士沟通入神的法宝。"符者合也，信也，以我之神，合彼之神"，因而画符非道士莫属，所谓"画符不知窍，反惹鬼神笑，画符若知窍，惊得鬼神叫"，即是这个意思。符作为道士的法宝，神机不可泄露，因此要画得离奇古怪，有些更为怪异，花样百出，令人无法确认。湖南衡山岣嵝峰有座岣嵝碑，碑文共77个字，难以辨识。鲁迅说："夏禹的'岣嵝碑'是道士们假造的。"[①]他们为什么要假造谁也不认得的字呢？因为只有谁也不认得，这才显得神秘，才显得道士的了不起。鲁迅说，长期以来，中国文字是特权者的东西，所以它就有了尊严性和神秘性，"至于符的驱邪治病，那就靠了它的神秘性的"。文字既然含着尊严性，那么，知道文字，这人也就连带着尊严起来了。新的尊严者日出不穷，对于旧的尊严者就不利，而且知道文字的人们一多，也会损伤神秘性的。"符的威力，就因为这好像是字的东西，除道士以外，谁也不识的缘故。"[②]鲁迅还说过："在中国，从道士听论道，从批评家听谈文，都令人毛孔痉挛，汗不敢出。"[③]之所以"毛孔痉挛"，就是故作神秘，使人弄不明白。

　　人们把那些神秘莫测的符称之为"鬼画符"，即胡乱画的符，只有天晓得写的是什么。鲁迅1925年在一篇揭露当时顽固派和许多反改革者的"魂灵"和他们的思想"逻辑"时，把他们的这一套称之为道教的"鬼画符"，给予了尖锐的讽刺。他说："二十年前到黑市，买得一张符，名叫'鬼画符'。虽然不过一团糟，但贴在墙上看起来，却随时显出各样的文字，是处世的宝训，立身的金箴。今年又到黑市去，又买得一张符，也是'鬼画符'，但贴了起来看，也还是

---

① 《且介亭杂文·门外文谈》。

② 《且介亭杂文·门外文谈》。

③ 《而已集·文学和出汗》。

那一张，并不见什么增补和修改。今夜看出来的大题目是'论辩的魂灵'；细注道：祖传老年中年青年'逻辑'扶乩灭洋必胜妙法太上老君急急如律令敕。"①"太上老君"是道教对老子的尊称。"急急如律令敕"，是道教符咒末尾用语，意思是如同法律命令，必须迅速执行。20世纪初，统治阶级及其代言人鼓吹一种所谓的"牺牲精神"，如1924年汪精卫就宣扬"牺牲精神""是一切道德的根源"，"孔孟的所谓'忠恕'，佛教的所谓'慈悲'，耶教的所谓'博爱'，都是这种精神。"他希望"能保存旧教育中的牺牲精神，能受苦痛的精神，能不求个人的幸福，个人的安乐精神"。②鲁迅为此写了一篇题为《牺牲谟》的杂文，勾画了一个巧言善辩的阔人的形象。这个阔人伪装成穷人的"同志"，强要一个九天没有吃饭的人再作"牺牲"，把身上仅有的一条破裤子送给他的蓄妾，以换得"铜像巍巍，高入云表"。从汪精卫叫嚷的"牺牲精神"到这个阔人的言行，人们很容易联想到一套颇为怪异的"鬼画符"，因此鲁迅为这篇杂文特地加了个副题——《"鬼画符"失敬失敬章第十三》。

二、从《太平歌诀》看市民"厚重的麻木"

在道教的坛醮祈禳等活动中，常与符箓并用的还有祝咒。祝咒亦称神咒、神祝、禁咒等。用祝咒的方式来驱鬼逐邪，祓除不祥，也是古老的巫术之一。早期人类认为，鬼与人一样，也有种种禁忌与弱点，人们如果知道了这些禁忌与弱点，就可以借助神的力量来制服它们，而害怕人祝咒便是诸多禁忌之一。《抱朴子内篇·至理》说："吴越有禁咒之法，甚为明验。"道教继承了古代的祝咒术，发展为对神明赞颂、祈诉、传令的秘语或颂词。在道教中，祝咒和符箓所起的作用是一致的，但两者形式并不同，符箓是天神的秘文，祝咒是天

---

① 《华盖集·论辩的魂灵》。

② 汪精卫：《对于妇女界的感想》，见1924年《妇女杂志》第10卷第1号，转引自鲁迅博物馆、鲁迅研究室编：《鲁迅年谱》第2卷，第186页。

神的语言。道教宣称，咒语直接代表神的意志，法力无边，人们通过念神咒，便能召神，有神帮助，就能驱逐鬼魅，避凶却灾。法师念的咒语，常是三言、四言的短语，少则几字、数十字，多则数百字，有的咒语意思比较明确，有的则含义晦涩，并且还掺杂有不少佛教梵语，令人不知所云。

在19世纪末义和团反对帝国主义的武装斗争中，采取落后迷信的组织方式和斗争方法，设立拳会，练习拳棒。在练拳过程中，主要是通过念咒语请神仙附体助其神力。坛主或教首身着道袍，头戴道巾，执剑作法，教徒则身带朱符纸兜，口念咒语，双眼圆睁，直冲向前，所谓"神灵附体，刀枪不入"。不少团民以能避刀枪炫耀于人，情态仿佛癫狂。义和团抵御外侮的爱国主义精神无疑是应该肯定的，但幻想吞符念咒就能避开敌人的枪炮，显然是一种迷信。鲁迅曾多次谈及义和团在这方面的教训，把它鼓吹的"神拳"称之为"九天玄女传与轩辕皇帝，轩辕皇帝传与老尼姑"的"老方法"[1]。九天玄女是中国古代神话中的女神，后为道教所信奉。传说她是黄帝之师、圣母元君弟子，当黄帝与蚩尤战于涿鹿时，她以六壬、遁甲、兵符、图策、印信等物授予黄帝，并为制夔牛鼓八十面，遂破蚩尤。轩辕黄帝也被道教尊为神仙。可见，义和团的这些，与道教迷信关系甚大。"五四"运动中，某些"民国的教育家"又把这个"老方法"改称为"新武术"加以提倡，鲁迅表示反对。他指出："打拳打下去，总可以达到'枪炮打不进'的程度（即内功？）。这件事从前已经试过一次，在一千九百年。可惜那一回真是名誉的完全失败了。且看这一回如何。"[2]他认为当时大力鼓吹推行的人"多带着'鬼道'精神，极有危险的预兆"[3]。"鬼道"即五斗米道，史载：张鲁"以鬼道见信于益州

---

① 《热风·三十七》。

② 《热风·三十七》。

③ 《集外集拾遗补编·拳术与拳匪》。

牧刘焉"，又"以鬼道教义立舍"①。所谓"鬼道"精神，是指吞符念咒等道教方术意识的影响。鲁迅通过道教历史，揭露了这班国粹保存者们自身的愚昧和对人民的欺骗。他在《集外集拾遗补编》收录的《〈这回是第三次〉按语》中说："在五六年前，我对于中国人之发'打拳热'，确曾反对过，那是因为恐怕大家忘却了枪炮，以为拳脚可以救国，而后来终于吃亏了。"

这种祝咒之法，在民间影响颇广，人们经常自发地利用。例如，碰上什么忌讳，做了什么噩梦，有了什么疾病，都可以自己念咒或写出来贴在墙上，让无意读到的人代咒。婴儿夜晚啼哭不止，便会在村外的树上贴一纸条，上写"天皇皇，地皇皇，我家有个夜哭郎，过路君子念一遍，一觉睡到大天亮"。做了噩梦，就贴上"夜梦不祥，书在高墙，行人读过，凶代为祥"。1928年4月6日《申报》载：南京近日发现一种无稽谣传，谓总理墓行将竣工，石匠有摄收幼童灵魂，以合龙口之举。市民以讹传讹，自相惊扰，因而家家幼童，左肩高悬红布一方，上书歌诀四句，借避危险。其歌诀约有三种：（一）人来叫我魂，自叫自当承。叫人叫不着，自己顶石坟。（二）石叫石和尚，自叫自承当。急早回家转，免去顶坟坛。（三）你造中山墓，与我何相干？一叫魂不去，再叫自承当。这三首所谓的"太平歌诀"，亦即属于咒语一类的东西。这充分反映了当时市民"厚重的麻木"相。鲁迅指出，"叫人叫不着，自己顶石坟"，"则充分包括了许多革命者的传记和一部中国革命的历史"②。

在鲁迅的文章中，也曾把"符咒"作为比喻使用。1929年，鲁迅翻译了日本片上伸的《现代新兴文学的诸问题》，并在《小引》中批判了当时文坛在翻译、介绍社会科学理论上的错误态度，即不认真研究"新潮"的实质而把新名词作为互相争斗的"符咒"，指出："新

---

① 《华阳国志·汉中志》。
② 《三闲集·太平歌诀》。

潮之进中国，往往只有几个名词，主张者以为可以咒死敌人，敌对者也以为将被咒死，喧嚷一年半载，终于火灭烟消。"鲁迅说，他翻译这篇的目的，就是使读者"看看理论和事实，知道势所必至，平平常常，空嚷力禁，两皆无用，必先使外国的新兴文学在中国脱离'符咒'气味，而跟着的中国文学才有新兴的希望。"①

三、乌烟瘴气的扶乩

扶乩，也作"扶箕""扶鸾""飞鸾"等，是道教中代神立言的一种法术。扶，指扶架子；乩，指"卜以问疑"。扶乩的具体方法，是先用木制的丁字架或人字形木架，放在沙盘上，由两个人各扶一端（也可一人扶持），通过木架连接的木棒在沙盘上画成圆形符号或文字，并通过解析这些符号和文字来传达神意。鲁迅曾给增田涉讲过什么叫扶乩，并绘图详细说明。②扶乩来源于古代卜问神术，南宋时此风就盛行于民间。明代以来，从宫廷到民间，扶乩降仙之风日益泛滥，影响很大。求仙问道，消灾解厄，"问功名大略"，赐方治病，以及猜试题等，都无不求助于乩示，道士也多假乩笔造作经书。扶乩本来请的主要是紫姑神，后来请的则还有张紫微、太乙真人、玉虚真人，甚至更有请关云长、岳武穆等武神，范成大、张孝祥等文人。显然，扶乩降仙完全是骗人的东西，但在鲁迅生活的旧中国，这类迷信活动却很有市场。

"五四"前后，为了抵制新思想的传播，随着封建复古主义的猖獗，扶乩等鬼神迷信活动也到处泛滥。1917年10月，俞复、陆费逵等人在上海设施盛德坛扶乩，组织灵学会，提倡迷信与复古。在盛德坛成立的当天扶乩中，称"圣贤仙佛同降"，"推定"孟轲"主坛"；"谕示"有"如此主坛者归孟圣矣乎"等语。鲁迅指斥说，这一班灵

---

① 《译文序跋集·〈现代新兴文学的诸问题〉小引》。

② 参阅《鲁迅增田涉师弟答问集》，华东师大出版社1989年版，第29页，第86页。

学派的人，"不知何以起了极古奥的思想，要请'孟圣矣乎'的鬼来画策"①。奇怪的是，此时北京有城隍白知降坛，说上海盛德坛的"孟圣"是"邪鬼"；盛德坛又公布扶乩情况，伪称梓潼、关圣、孚佑三帝君"会议一切"，谓各地乩坛"大加增多"，"甚为可怪"，特谕示"各地不得争效遗误"云云。②真是乌烟瘴气。1918年3月1日，上海《时报》刊登了清末翰林徐班侯被"招魂返里"，经乩示"可摄灵照"的报道；3日，又刊出了徐的所谓"魂灵之摄影"，"其状乃如鼻烟壶"。鲁迅对沪上这一班"又大捣蛋"的"昏虫"给予痛斥，指出："人事不修，群趋鬼道，所谓国将亡听命于神者哉！"③陈大齐、钱玄同、刘半农等当时都在《新青年》杂志上发表文章，驳斥灵学派的荒谬。

被鲁迅多次点名批判的悟善社，在扶乩降神上也是花样百出。"扶乩则有之"的钱能训④，就是悟善社的开创者之一。《花随人圣盦摭忆》曾记述了这个封建迷信组织的"颛愚侈诞"：

> 嘉善（指钱能训）既失阁揆，郁郁不自聊，乃与江宇澄共创悟善社。于香花坛坫之外，益以师弟受传，又益以君臣封爵，又益以员司铨选，俨然一内阁也。所谓孚佑帝君，为吕洞宾，又称纯阳祖师，盖主判者。达官贵人，一时雨聚，各颁法号。江号慧济，钱之号与鱼玄机同。日将昃，嘉善则到坛治公，其奔走左右治事，有参议、司长以迄科长之名，文移签判，杂遝幽明，钱江顾而乐之。

更为可笑的是，降坛的竟然还有古希腊哲学家亚里士多德，号曰

---

① 《坟·我之节烈观》。
② 《热风·五十三》。
③ 《书信·180310 致许寿裳》。
④ 《集外集拾遗·聊答"……"》。

"亚仙"，其荒诞可见一斑。

1934年，日本帝国主义步步侵逼，华北华南同濒危急，人们普遍关心的是国家命运，这时上海却出现了"碟仙"，且名目更为堂皇，称作《科学灵乩图》，图上印有"留德白同经多年研究所发明，纯用科学方法构就，丝毫不带迷信作用"字样，解答关于"问试，奖券，亡魂"等问题。扶乩的骗人，"五四"时代就被陈大齐揭发过，隔了十六年，白同却用碟子证明了扶乩的合理。鲁迅对此无比感慨，他说："科学不但并不足以补中国文化之不足，却更加证明了中国文化之高深。"风水，是合于地理学的，门阀，是合于优生学的，炼丹，是合于化学的，放风筝，是合于卫生学的："每一新制度，新学术，新名词，传入中国，便如落在黑色染缸，立刻乌黑一团，化为济私助焰之具，科学，亦不过其一而已。"①

四、幻想以迷信改变运命的禳解

禳是古代除邪消灾的祭礼。《周礼·天官》中说："掌以时招、梗、禬、禳之事，以除疾殃。"郑玄注："却变异曰禳。"道教的祈禳，是对神有所请求的仪式和方法，即通过祈祷以求福除灾。《水浒传》第一回"张天师祈禳瘟疫，洪太尉误走妖魔"，说的就是请江西龙虎山"嗣汉天师张真人"禳保民间瘟疫的故事。天师是道教对该教创始人东汉张道陵的尊称，他的后裔中承袭道法的人，也相沿称为天师。

禳解也是道士的拿手好戏。《祝福》中祥林嫂"捐门槛"，就是一种禳解的办法。捐条门槛做替身，给千人踏、万人跨，就可赎去一世的罪名，免得死了受苦。鲁迅曾论述过中国人对待运命的态度，指出禳解在其中的重要作用。运命即命运，指天命运数，所谓人的祸福穷通，都是命数注定，正如《红楼梦》第五回说的："才自清明志自高，生于末世运偏消"。在中国人看来，命是注定的，又是不注定

①《花边文学·偶感》。

的，即有方法可以改变，这个方法主要就是禳解。鲁迅举例说，日本人相信，丙午年生的女性，是要克夫的，即使再嫁，也还要克，而且可以多至五六个，因此她们想结婚是很困难的。在她们看来，这是宿命，没有解除的法子。在中国，虽然也相信命中注定，但同时又有解除这命运的法子。如中国的妇女，也同样有"命凶"或"命硬"的，但总有改变的法子，就是所谓的"禳解"，或者和不怕相克的男子结婚，制住她的"凶"或"硬"。假如有一种命，说是要连克五六个丈夫，那也不要紧，道士就用桃木刻成五六个男人，画上符咒，和这命的女人一同行"结俪之礼"后，烧掉或埋在地下，于是真来订婚的丈夫，就算是第七个，也毫无危险了。为什么要用桃木？古人认为鬼畏桃木，便用它来驱鬼避邪，如用桃枝编织成扫帚，用以扫除不祥，叫作"桃苅"；每年从冰窖拿出藏冰来使用时，要用桃木做的弓和棘做的矢举行消灾仪式，这弓箭就叫"桃弧棘矢"；刻桃木为人形，立于户侧，用以辟恶鬼，叫作"桃人"；古代道士驱鬼的剑也是用桃木制成的，叫作"桃剑"；等等。鲁迅曾用"苇索""桃椎""符灵"为笔名，即取其镇邪锄恶之意。鲁迅谈到中国人对待运命的这种态度时说："风水，符咒，拜祷……偌大的'运命'，只要花一批钱或磕几个头，就改换得和注定的一笔不大相同了——就是并不注定。"鲁迅认为，信运命的中国人而又相信运命可以转移，却是值得乐观的。"不过现在为止，是在用迷信来转移别的迷信，所以归根结底，并无不同。以后倘能用正当的道理和实行——科学来替换了这迷信，那么，定命运的思想，也就和中国人离开了。"①

五、张天师作法降雨而西湖水已干

祈雨是因久旱而求神降雨，古称雩祀。在旧社会，遇到久旱无雨，庄稼受灾，人们束手无策，只能寄希望于神灵，请道士作法祈

---

① 《且介亭杂文·运命》。

雨。民间也常自发地利用道教的仪式来祈雨，自行抬出城隍、土地、吕祖天尊等塑像，口诵"太乙救苦天尊"与"龙王"的名号，手持燃香，磕头祈请。1934年，我国南方大旱，灾区有十多省，7月20—22日，上海一些所谓"慈善家"及僧人发起"全国各省市亢旱成灾区祈雨消灾大会"，由"第六十三代天师张瑞龄"在上海大世界诵经作法祈雨。"虽在通都大邑，现在也还有天师作法，长官禁屠，闹得沸反盈天"[①]，但雨还是没有下。"张天师作法无效，西湖水已干，这几天却下雨了，对于田禾，已经太迟"[②]，这一时期不少地方的农民也迎神祈雨，有的引发出疯狂的举动。1934年8月16日《申报》载：浙江余姚陡亹小学校长兼国民党党部常委徐一清，因劝阻农民迎神祈雨，激动众怒，12日晚被千余农民殴毙，投入河中；嗣又打捞上岸，咬断喉管。据说徐一清极爱金钱，常借故向乡人索诈，民愤很大，为惨死的原因。但由迎神而引至咬人，这一事件则很有典型意义。鲁迅对此进行了剖析，揭示出农民在国民党统治下"想救死，想逃死，适所以自速其死"的悲惨处境，指出了造成农民迷信的社会根源："自从由帝国成为民国以来，上层的改变是不少了，无教育的农民，却还未得到一点什么新的有益的东西，依然是旧日的迷信，旧日的讹传，在拼命的救死和逃死中自速其死。"鲁迅激愤地诘问："这悲剧何时完结呢？"[③]

道士以法术为能事，似乎无所不能，法力无边。这当然是骗人的一套。鲁迅曾引用过宋人陈正敏撰写的《遁斋闲览》的一段故事：

> 淮西士人杨勔自言中年得异疾。每发声应答，腹中辄有小声效之；数年间其声浸大。有道士见之，惊曰："此应声虫也；久

---

① 《花边文学·迎神和咬人》。

② 《书信·340831 致姚克》。

③ 《花边文学·迎神和咬人》。

不治延及妻子，宜读《本草》，遇虫所不应者，当取服之。"勋如言读至雷丸，虫忽无声，乃顿饵数粒遂愈。

腹中有声，就是"应声虫"，这是大胆的臆造；治疗的办法，更是荒谬至极。鲁迅明确指出："这也全是道士所编造的谣言，并非事实。"鲁迅把道士的这一类奇谈怪论称之为"鬼话"，认为如此"信口开河，造谣生事"，只能"使国人格外惑乱，社会上罩满了妖气"①，因此非清除不可。

第五节　从对神灵的态度看中国人欺软怕硬的性格弱点

道生神。道无所不在，故道教亦认为神无所不在，所谓有物即有神，有形即有神。因此道教带有浓厚的万物有灵论和泛神论色彩，属多神教，信奉的神仙很多。这些神仙除道教自己所造之外，还不断从民间信仰中吸收新神，编入其神仙系谱，又推广于民间。南朝道士陶弘景的《真灵位业图》，一气收入了五百多位神，把道教的古仙、各派的祖师和传人，古帝王、古圣人，传说中的道士、方士统统会集在一起，其中大部分是魏晋以前的民间俗神，建立了道教的神谱。这是道教思想在民间影响最为深广的方面。多神崇祀的古老的信仰，从远古以来就源源不绝地渗入民族文化心理的深层，可谓根深而蒂固。人们把现实生活中无力解决或向往实现的问题，诸如雨旸、丰歉、疾疫、灾祸、生儿育女，乃至发财致富、功名寿考等的追求，都寄希望于神灵的佑助。明清时代，大大小小的各种神庙遍布于城乡，祀神活动在民间十分兴盛，但这类活动未必由道士主持。这种以多神主义为特征的民间神灵信仰，从民国年间撰修的山东《莱阳县志》的记载就

_____

① 《热风·三十三》。

可看出来：

> 迷信者专事祈禳，或祷于天地，谓之天地口愿，或祈寺庙，作佣焚化，谓之替身，或媚于灶，或佞于佛，或祈灵于狐狸，或延请巫觋。痘有神，谓之痘哥哥、花姐姐；疹有神，谓之疹痘娘娘。腿疾则许杖于铁拐李仙，足疾则许鞋于翘脚娘娘，腹疼则许五脏于宝藏爷爷，筋疼则许讲经于筋骨爷，目昏则许眼镜于眼光菩萨，耳聋则许耳包于耳光菩萨，小儿咳嗽则许面饼于吼狗老爷。甚或好事妄传，而污潦之水，岩石之罅，枯朽之木，败墙之隙，亦莫不有神。①

这种多神崇拜的迷信泛滥于民间，在社会生活中起着重要的作用。鲁迅在一些文章中，提及道教的这一特点；尤为值得重视的是，他通过民间对神灵的不同态度，深刻地剖析了中国人在处事待人方面的心理性格特点。

鲁迅说："中国人的对付鬼神，凶恶的是奉承，如瘟神和火神之类，老实一点的就要欺侮，例如对于土地和灶君。"②

鲁迅把中国的神分为"凶恶"与"老实"两种，认为中国人对他们分别采取"奉承"与"欺侮"两种截然相反的态度。下面，我们就来看看鲁迅的论述。

火神，传说不一。一说指祝融。帝喾时的火官，后尊为火神，命曰祝融。《国语·郑语》："夫黎为高辛氏火正，以淳耀敦大，天明地德，光照四海，故命之曰'祝融'，其功大矣。"《山海经·海外南经》："南方祝融，兽身人面，乘两龙。"郭璞注："火神也。"一说指回禄。《左传·昭公十八年》云："禳火于玄冥、回禄。"注：

---

① 转引自程啸：《拳民意识与民俗信仰》，载《中国社会科学》1991 年第 3 期。
② 《华盖集续编·谈皇帝》。

"回禄，火神。"疏："楚之先，吴回为祝融，或云回禄即吴回也。"我国传说中的火神祝融、回禄等，他们的名字也用作火灾的代称。

鲁迅把火神称为凶恶的神，"是随意放火的莫名其妙的东西"①。自从我们的先人发现了火，也就有了火灾，有了故意放火的人。鲁迅说，至于火灾，虽然不知道那发明家究竟是什么人，但祖师总归是有的，于是没有法，只好漫称之曰火神，而献以敬畏。看他的画像，是红面孔，红胡须，不过祭祀的时候，却须避去一切红色的东西，而代之以绿色。"他大约像西班牙的牛一样，一看见红色，便会亢奋起来，做出一种可怕的行动的。"鲁迅说："他因此而受着崇祀。"在中国，传说中钻木取火的燧人氏不被人供奉，民间赛会中也没他的份，而放火的火神却受到敬祀，是赛会的主要角色。这是为什么呢？就因为他是恶神。倘有火灾，则被灾的和邻近的没有被灾的人们，都要祭火神，以表感谢之意。为什么被灾还要表示感谢？因为如果不祭，据说还会烧第二回，所以还是感谢了安全。"火神菩萨只管放火，不管点灯。凡是火着就有他的份。因此，大家把他供养起来，希望他少作恶。然而如果他不作恶，他还受得着供养么，你想？"②

鲁迅还结合斗争实际，引古说今，列举了焚书的秦始皇、一把火烧了阿房宫的项羽、放火焚烧罗马城的罗马皇帝尼禄以及制造"国会纵火案"的希特勒等，指出"火神菩萨也代代跨灶"，抨击日本侵略者和国民党反动派焚烧劫掠、惨杀人民的罪行："一场大火，几十里路的延烧过去，稻禾，树木，房舍——尤其是草棚——一会儿都成飞灰了。还不够，就有燃烧弹，硫黄弹，从飞机上面扔下来，像上海一·二八的大火似的，够烧几天几晚。那才是伟大的光明呵。"③他们如此屠杀百姓，还自称保护人民，要人民把他们供养起来，"屠了耕

---

① 《且介亭杂文·关于中国的两三件事》。
② 《南腔北调集·火》。
③ 《南腔北调集·火》。

牛喂老虎"。鲁迅尖锐地揭露了反动派凶残而狡诈的本质。

除过普遍祭祀的恶神如火神、瘟神外，还有地方上的一些小神，也是因恶行而受祭的。鲁迅在《朝花夕拾·五猖会》中，说在绍兴的东关，有两座特别的庙，一是梅姑庙，一是五猖庙。何以说"特别"呢？请看这梅姑庙的来历，《聊斋志异》中的《金姑夫》篇有详细介绍：

> 会稽有梅姑祠，神故马姓，族居东莞，未嫁而夫早死，遂矢志不醮，三旬而卒，族人祠之，谓之梅姑。丙申，上虞金生赴试经此，入庙徘徊，颇涉冥想。至夜，梦青衣来，传梅姑命招之，从去。入祠，梅姑立候檐下，笑曰："蒙君宠顾，实切依恋，不嫌陋拙，愿以身为姬侍。"金唯唯。梅姑送之曰："君且去；设座成，当相迓耳。"醒而恶之。是夜，居人梦梅姑曰："上虞金生，今为吾婿，宜塑其像。"诘旦，村人语梦悉同。族长恐玷其贞，以故不从；未几一家俱病，大惧，为肖像于左。既成，金生告妻子曰："梅姑迎我矣！"衣冠而死。妻痛恨，诣梅祠指女像秽骂，又升座批频数四乃去。今马氏呼为金姑夫。

这位生前"矢志不醮"的梅姑，死后却要篡取别人的丈夫，族长不愿塑金生的像，她就令其"一家俱病"。人们因为"大惧"才遂了她的心愿。这位梅姑，也算得上个不讲理的"凶神"了。"现在神座上确塑着一对少年男女，眉开眼笑，殊与'礼教'有妨。"[1]

这"五猖庙"的名目就很"奇特"，因为供奉的据说是五通神。五通是旧时民间传说的妖邪之神，谓能为祟于人。本是兄弟五人，唐末已有香火，庙号"五通"。《聊斋志异》中的《五通神》，谓其多淫邪不轨，魅惑妇女，乡人畏之，故香火甚盛。清康熙年间，汤斌为

---

[1]《朝花夕拾·五猖会》。

江宁巡抚，曾毁像撤祠，以破除淫祀，然亦未能尽绝。鲁迅记述当时五猖庙说："神像是五个男人，也不见有什么猖獗之状；后面列着五位太太，却并不'分坐'。"

对于"恶神"反而受崇祀的现象，鲁迅的《拿破仑与隋那》一文，也表述了同样的意思：拿破仑的战绩和我们大家没什么相干，但我们却总敬服他的英雄；而牛痘接种的创始人琴纳，在世界上不知救活了多少孩子，但却没有谁能记得他的名字。这说明，"杀人者在毁坏世界，救人者在修补它，而炮灰资格的诸公，却总在恭维杀人者"。

鲁迅从中国人的心理性格方面深挖"恶神"受祀的原因。他认为，中国的人们，遇见带有会使自己不安的征兆的人物，向来就用这样手法：或者将他压下去，或者将他捧起来。压下去，就是用旧习惯和旧道德，或者凭官方的力量，所以"孤独的精神的战士"，虽然为民众战斗，却往往为这"所为"而灭亡。待到压不下时，就采用"捧"，以为"抬之使高，屐之使足，便可以于己稍稍无害，得以安心"。鲁迅指出，"压"和"捧"是祖传老法。这种手法，"是孔二先生的先生老聃的大著作里就有的，此后的书本子里还随时可得"①。所谓"老聃的大著作里就有的"，指《老子》中的"将欲歙之，必固张之；将欲弱之，必固强之；将欲废之，必固兴之；将欲夺之，必固与之"②一类的话。意思是说：原来想这样干的，故意先反其道而行之。"此后的书本子里还随时可得"，鲁迅曾举《鬼谷子》为例："往日看《鬼谷子》，觉得其中的谋略也没有什么出奇，独有《飞钳》中的'可钳而从，可钳而横……可行而反，可行而覆。虽覆能复，不失其度'这一段里的一句'虽覆能复'很有些可怕。但这一种手段，我们在社会上是时常遇到的。"③鲁迅在和创造社的论争中，有

---

① 《华盖集·十四年的读经》。
② 《老子》第三十六章。
③ 《华盖集·补白》。

的文章一方面说鲁迅是"正直"的，一方面觉得词锋太有点尖酸刻薄等。鲁迅说："其实所断定的先两回的我'正直'，也还是已经死了两千多年了的老头子老聃先师的'将欲取之必先与之'的战略，我并不感服这类的公平。陈西滢也知道这种战法的，他因为要打倒我的短评，便称赞我的小说，以见他之公正。"①"可压服的将他压服，否则将他抬高。而抬高也就是一种压服的手段。"②鲁迅认为正由于被捧者"十之九不是好东西"，他们的心"本来不易餍足"，而捧的结果，便和捧者的希望"适得其反"，不但能使不安，还能使他们很不安。鲁迅这里剖析了在传统思想影响下所形成的中国人性格上的一个弱点，就是缺乏明确的是非观点，没有鲜明的爱憎，缺少与恶势力斗争到底的精神，遇事爱调和，折中，敷衍，得过且过。鲁迅尖锐指出：对于压迫人民的恶势力尤其不能"捧"，而要"挖"——就像常挖河底使河道畅通而不必担忧河堤溃决，才能免除灾难。因此，"中国人的自讨苦吃的根苗在于捧，'自求多福'之道却在于挖。"③"捧"服是我们"乏的古人"想了几千年而得到的制驭别人的巧法，影响极为深远。鲁迅指出："但在一般粗人——就是未尝'读经'的，则凡有捧的行动的'动机'，大概是不过想免害。即以所奉祀的神道而论，也大抵是凶恶的，火神瘟神不待言，连财神也是蛇呀刺猬呀似的骇人的畜类；观音菩萨倒还可爱，然而那是从印度输入的，并非我们的'国粹'。要而言之：凡有被捧者，十之九不是好东西。"④

既然面对强者、恶者不敢抗争，那么对于弱者、善类，就常难免不恭甚至欺侮。因此，中国人对于"老实"一点的神，虽貌似敬信，实际上以为这些神总比人们傻，"所以就用特别的方法来处治他"。这"特别"的方法，就是捉弄、调侃，虽然从中也可以看到中国人的

---

① 《三闲集·我的态度气量和年纪》。

② 《华盖集·我的"籍"和"系"》。

③ 《华盖集·这个与那个》。

④ 《华盖集·这个与那个》。

幽默感，但却反映了国民性格上欺弱怕强的弱点。

被鲁迅称为"老实一点"的神有灶君和土地。灶君亦称灶神、灶王。灶君在道教的民间信仰中，影响十分广泛，过去民间多供奉于灶头。灶君由来众说不一。《淮南子·泛论训》："炎帝作火，死而为灶。"高诱注说："炎帝，神农，以火德王天下，死托祀于灶神。"《庄子·达生》："灶有髻。"司马彪注："髻，灶神，著赤衣，状如美女。"灶神作为中国古代神话传说的神祇，已有很久的历史，《战国策·赵策三》中有"梦见灶君"的话。祭灶风习亦由来甚早，《论语·八佾》中王孙贾就有"媚奥媚灶"之问。灶君的形象，据说最初为"老妇"，主管饮食事务。到了汉代，祠灶成了求神仙的方术，可能由于这个缘故，灶神信仰以后就成了道教的一部分，并且和古代的司命之职能合在一起了。后来灶君也变成了男神，有名有姓，并有妻子儿女。有说灶君姓张名单，有的则说姓苏名吉利。

灶在古代有着重要的作用和意义。由于火的极端重要性，原始人就有祭火的风俗，而古代的灶曾是保存火种的形式。《礼记·檀弓上》叙述丧仪时说："掘中霤而浴，毁灶以缀足。"孔颖达疏："中霤，室中也，死而掘室中之地作坎。……一则此室无死者之用，二则以床架坎上，尸于床上浴，令浴汁入坎。故曰掘中霤而浴也。""毁灶"是"示死者无复饮食之事"。"缀足"是"恐死人冷僵，足辟戾不可著屦，故用毁灶之甓，连缀死人足令直，可著屦也"。由此可见，"毁灶"是一件严重的事，它的象征意义是连人带家全毁灭了。鲁迅小说《离婚》中有把"拆灶"作为报复手段的描写。八三说："去年我们将他们的灶都拆掉了，总算已经出了一口恶气。"旧时绍兴等地农村有一种风俗，即当民间发生纠纷时，一方将对方的锅灶拆掉，认为这是给对方很大的侮辱。这里的"拆灶"与古代的"毁灶"，可以说有着同样的象征意义。①

---

① 参阅刘玉凯：《鲁迅小说的民俗学价值》，见《鲁迅研究》第14辑。

传统迷信认为，坐镇千家万户的灶君，不仅主管人间饮食，而且还操一家生死祸福大权，随时伺察人们言行举止，搜录功过善恶，每年于腊月二十三日上天向玉皇大帝汇报，玉皇大帝根据灶神的汇报，做出审判，为善者得福，有过者遭殃。因此，人们在灶君面前都规规矩矩，既不让灶君抓住把炳，又给灶君留下好的印象，以便灶君为自己在玉皇大帝面前多美言几句。很显然，中国人的迷信和亲近灶君，直接与其对生活及生存利益的考虑有关。

灶君既然是天神的使者，与全家的吉凶祸福有关，平时对灶君的供奉，特别是腊月二十三日祭送灶君上天，就是十分重要的事了。周遐寿在《鲁迅的故家》"祭灶"一章里，对绍兴乡下祭灶的风俗有较详细的记述。他说："灶头最热闹的时候当然是祭灶的那一天。祭灶的风俗南北没有多大差异……乡下一律是廿三日送灶，除酒肴外特用一鸡，竹叶包的糖饼，《雅言》云胶牙糖，《好听话》则云元宝糖，俗语直云堕贫糖而已。又买竹灯檠名曰各富，糊红纸加毛竹筷为杠，给司灶菩萨当轿坐，乃是小孩子们的专责。那一天晚上，一家大小都来礼拜，显得很是郑重。"鲁迅对家乡的这个习俗是很熟悉的。1900年，鲁迅从南京的学堂放年假回来，在祭灶的那一天作了一首旧诗，题目是《庚子送灶即事》：

只鸡胶牙糖，典衣供瓣香。

家中无长物，岂独少黄羊。

这是祭灶民俗的生动描绘。胶牙糖即麦芽糖，为祭灶的祭品之一。《荆楚岁时记》："元日食胶牙糖，取胶固之义。"黄羊，则是送灶时的高贵礼物。这个故事最初见于《后汉书·阴识传》，说汉宣帝时，阴识的祖父阴子方，"至孝而有仁恩，腊日晨炊而灶神形见，子方再拜受庆；家有黄羊，因以祀之。自是已后，暴至巨富。……故后常以腊日祭灶而荐黄羊焉"。《康熙会稽志》：绍兴习俗，"祭灶

207

品用糖糕，时果或羊首，取黄羊祭灶之义"。鲁迅在这首诗里道出了家境的困顿，我们也可以从中看到祭灶习俗的深入人心，即使贫穷的家庭，虽然没有黄羊，但还是要典当衣物买办香烛，例行祭灶。

中国人对灶君虽然如此敬信，但因他老实，就免不了被捉弄、被戏谑。为了防止灶君到玉皇大帝那儿说人的坏话，最好就是让他不能开口，不开口的办法，就是吃一种"胶牙糖"，即上面介绍过的"麦芽糖"，把他的口胶住。这糖块有橘子那么大小，扁的，像一个厚厚的小烙饼。鲁迅说，供奉这种糖的本意，"是在请灶君吃了，粘住他的牙，使他不能调嘴学舌，对玉帝说坏话"①。这样，灶君虽上了天，但满嘴是糖，在玉皇大帝面前含含糊糊地说了一遍，又下来了。玉帝则对下界的事一点也听不懂，一点也不知道，于是一切照旧，天下太平。

与灶君同样可以向天帝报告人的过失的，还有"三尸神"。鲁迅以道士们对付三尸神为例，说明中国人对于鬼神的手段的厉害。道教认为，人体中有三条虫，或称"三尸神"。神话小说《封神演义》中常说的"三尸神暴躁，七窍生烟"的三尸神，也就是这东西。上尸神名彭倨，常居人头中；中尸神名彭质，居人腹中；下尸神名彭矫，在人足中。《太上三尸中经》云："人之生也，皆寄形于父母胞胎，饱味于五谷精气。是以人之腹中，各有三尸九虫，为人大害。常以庚申之夜上告天帝，以记人之造罪，分毫录奏，欲绝人生籍，减人禄命，令人速死。"三尸神上天向天帝陈说人的罪恶，时间是固定的，即每逢庚申那天；但是，只要人们在这天晚上通宵不眠，便可避免，这叫作"守庚申"。中国古代以天干、地支记日期。干支相配，凡六十日一轮回，其中有六个庚日（庚午、庚辰、庚寅、庚子、庚戌、庚申），庚申日即六庚之一。《太上三尸中经》云："凡至庚申日，兼夜不卧守之，若晓体疲，少伏床，数觉，莫令睡熟，此尸即不得上告

---

① 《华盖集续编·送灶日漫笔》。

天帝。"鲁迅说，人们"只要这一日不睡觉，他便无隙可乘，只好将过恶都放在肚子里，再看明年的机会了。连胶牙糖都没得吃，他实在比灶君还不幸，值得同情"①。

与灶君同属于"老实"的神，鲁迅指出还有土地。土地俗称土地爷。鲁迅多次提及家乡绍兴的"社戏"，这"社戏"里的"社"，原指土地神。古时"社"又是村落或区域的名称。每个社有社庙，庙里供着土地神，就是土地庙。阿Q栖身的土谷祠，就是土地庙。在道教神谱系中，土地属于最低档次的神祇，其顶头上司是城隍神。他的权力有限，作为村落保护神，管理范围仅限于某一小区域。民间土地庙供奉的土地神，一般为黑衣白发老翁，面目和善慈祥，旁边伴有一老妇，俗称土地婆婆。人们对于土地爷，一般也是尊严不足，亲昵有加，表现了人类与土地神的密切关系。

这里，我们再介绍一下鲁迅写于1901年2月18日，即夏历庚子除夕的《祭书神文》。按道教说法，世界上万物都有神灵，作为保存人类文化知识的书籍，当然也有主司的神了。书神叫长恩，"除夕呼其名而祭之，鼠不敢啮，蠹鱼不蛀"②。因此每年除夕，读书之人应该祭书神。这年除夕，按绍兴当地风俗，下午接神，夜拜祖像，又向诸尊长辞岁。饭后，鲁迅同诸弟祭书神，作《祭书神文》。这篇祭文，其实是首骚体诗，一开首，就描写了除夕之夜祭神祝福的热烈气氛，但是许多人家只用极为丰盛的祭品祭祀财神，于是"财神醉兮财奴忙"，而书神却独自冷清清地守着残缺不全的书籍！作者尖锐地嘲讽了那种炎凉世态，对书神表示赞扬、欢迎，"把酒大呼兮临我居"。书神以细绸制旗，以芸草做车，带领着仙虫"脉望"，驾驭着蠹鱼来临了。作者属望书神，"不妨导脉望而登仙兮，引蠹鱼之来游。俗丁伧父兮为君仇，勿使履阈兮增君羞。若弗听兮止以吴钩，示之《丘》

---

① 《华盖集续编·送灶日漫笔》。
② 见［明］无名氏：《致虚阁杂俎》。

《索》兮棘其喉。令管城脱颖以出兮，使彼惙惙以心忧。"作者这里以奔驰的想象、丰富的比喻，突出书神的高洁、清雅和飘逸，表示了对"俗丁伧父""钱奴"们的蔑视和反抗，并表述了自己读书的志趣和求购"异籍"的愿望。这既可见当时的风习，也可看到青年鲁迅的追求。

明永乐皇帝油炸了建文皇帝的忠臣铁铉后，便把铁铉的两个女儿发付教坊做婊子，而且要"转营"，即到每座兵营里住几天，供士兵凌辱，并让生下"小龟子"和"淫贱材儿"；如果死了，那就"着狗吃了，钦此！"鲁迅曾把这位皇帝的上谕与明末农民起义领袖张献忠的祭梓潼神文做了比较。梓潼神即梓潼帝君，为道教所奉主宰功名、禄位之神，传说姓张名亚子，晋时人。唐玄宗、僖宗奔蜀，传说得其护佑，封为"济顺王"。元仁宗延祐三年（1316年）加封为"辅远开化文昌司禄宏仁帝君"，梓潼神与文昌星遂合二为一，成为主宰天下文教之神，士人多立祠祀之。张献忠起义后，曾在成都建立大西国。据《蜀碧》记载：张献忠曾祭梓潼神，祭文是："咱老子姓张，你也姓张，为甚吓咱老子？咱与你联了宗罢。尚飨。"一个是九重天子的上谕，一个是草莽英雄的祭文，两相比较。就可见永乐的"凶残猥亵"，而张献忠则显得"高华典雅"了。[①]

第六节 道教对中国文学艺术的影响

源远流长的道教，对中国社会政治、经济、文化等各个方面都产生了深远的影响，其中对于中国古代文学艺术的影响也是突出的。这种影响主要表现在相互联系的两点上：道教在发展过程中为了扩大自己的社会影响，积极运用各种艺术形式宣传自己的教义，进而提高道

① 《且介亭杂文·病后杂谈》。

教的宗教素质，由此出现了道教文学、道教音乐、道教建筑、道教美术等不同艺术；反过来，道教的宗教理想和神仙信仰也渗透到各种艺术中，变成民间艺术的素材和源泉，它的浪漫化的思维方式也丰富了艺术创作的想象力，给中国文学艺术的发展以巨大影响。我们下面从鲁迅的有关论述以及他自己的创作实践，来看道教与文学艺术的密切联系。

一、先秦诸子文辞之美富者，实惟道家

道教经典著作中年代最早的当推《老子》和《庄子》。《老子》《庄子》都具有很高的文学价值。老、庄都属道家。鲁迅指出，先秦诸子中，"然文辞之美富者，实惟道家"。《老子》是道教最重要的经典，它是简括而有韵的理论文章，"时亦对字协韵，以便记诵，与秦汉所传之《金人铭》，颛顼《丹书》等同"[①]。《老子》不仅义理深奥，韵律铿锵，而且也不乏生动形象的描写。例如第十五章描写古之善士的高深莫测，用的是博喻，给人印象颇深："古之善为士者，微妙玄通，深不可识。夫唯不可识，故强为之容：豫兮若冬涉川，犹兮若畏四邻，俨兮其若客，涣兮其若凌释，敦兮其若朴，旷兮其若谷，混兮其若浊。"《庄子》在中国文学史上占有重要地位。郭沫若指出，秦汉以来的一部中国文学史，差不多大半在《庄子》的影响下发展的。[②]闻一多对《庄子》更是推崇备至："读《庄子》，本分不出哪是思想的美，哪是文字的美。那思想与文字、外形与本质的极端的调和，那种不可捉摸的浑圆的机体，便是文章家的极致。"[③]鲁迅对《庄子》的评价也甚高·"其文则汪洋辟阖，仪态万千、晚周诸子之作，莫能先也。"[④]鲁迅曾用过一个"齐物论"的笔名，系借用《庄子》中

---

① 《汉文学史纲要》第三篇。

② 《庄子与鲁迅》。

③ 《古典新义》。

④ 《汉文学史纲要》。

"内篇第二"的篇名。

鲁迅对《抱朴子》一书很重视。《抱朴子》是道教重要经典之一，为葛洪所撰。葛洪是东晋道士和道教理论家、医学家、炼丹术家，字稚川，号"抱朴子"。他从青少年时代就对神仙思想、导引之法发生兴趣，师事道士郑隐，学习炼丹术。后闻交趾出丹砂，求为勾漏令，携子侄至广州，止于罗浮山炼丹，在山积年而卒。他的《抱朴子》一书，分内、外篇，内篇谈"神仙方药，鬼怪变化，养生延年，禳邪却祸之事"，集历代神仙思想之大成，是现存体系最完整的神仙家言的著作；外篇论述"人间得失，世事臧否"，反映作者内神仙而外儒术的根本立场，把神仙道教理论与儒家的纲常名教结合起来。该书是研究东晋社会情况和道教的理论及历史的重要资料。鲁迅在为许寿裳的儿子许世瑛开列的学习中国文学的带有入门性质的十二部书中，就有《抱朴子外篇》，并作了"内论及晋末社会状态"的说明①。魏晋是道教大发展的时代，又是"文学自觉的时代"②。葛洪受当时风气的浸染，重视华美和雕饰。《抱朴子》一书，不论内、外篇，皆辞采斐然，颇有文学价值，且基本都用骈偶句法，引经据典，即使散句，也追求文句的整齐，表达清晰。在鲁迅的文章中，曾多次提及《抱朴子》。例如，当有人攻击鲁迅时，曾说到《抱朴子》是讲神仙的书，鲁迅回击说："我所见的《抱朴子》外篇，就不专论神仙的。"③葛洪又写过《神仙传》，叙写许由、巢父等84个名列仙班的故事。鲁迅认为，该书可以看作唐人传奇文的祖师的④。他又说过，《神仙传》及刘向的《列仙传》，"于后来的思想及小说，很有影响"⑤。

---

① 《集外集拾遗补编·开给许世瑛的书单》。
② 《而已集·魏晋风度与文学及药与酒的关系》。
③ 《集外集拾遗·报〈奇哉所谓……〉》。
④ 《且介亭杂文二集·六朝小说和唐代传奇文有怎样的区别》。
⑤ 《中国小说的历史的变迁》。

二、六朝志怪与神仙方术

道教的核心是神仙说。神仙观念对中国古代小说的发展有着重大影响。我们试以鲁迅在《中国小说史略》中的一些论述，来看看道教与中国古典小说的关系。

中国小说起源于古代神话传说，但由于神话材料很少，因此小说的形成和发展也较为迟缓。现存的汉人小说，经鲁迅考订，全是后人伪作，"盖无一真出于汉人"。那么作伪者是些什么人？是晋以后的文人方士，"文人好逞狡狯，或欲夸示异书，方士则意在自神其教，故往往托古籍以衒人"，因此这些伪作"大旨不离乎言神仙"①。魏晋南北朝才是中国早期短篇小说开始大量产生和发展的时期。这就是六朝时特别兴盛的志怪小说。所谓志怪，就是记录怪异，有的专叙殊方异物，有的编录神仙方术，有的记述鬼魅妖怪。具体来说，大致可分为三类：一是记述仙人仙山、不死之方的作品，如《十洲记》《洞冥记》《神异记》等；二是描写汉武帝出生、求仙、崩葬及其与西王母、上元夫人关系的作品，如《汉武帝内传》《汉武帝故事》，其中有着浓厚的道教符箓和神仙色彩；三是以反映鬼神灾异、吉凶祸福之类内容为主的作品，如《搜神记》《搜神后记》等。可见，六朝志怪大都涉及道教神仙鬼怪。六朝志怪小说的内容虽然取源于古代神话和民间传说，但它的兴盛却与神仙方术的盛行息息相关。鲁迅对此做了深刻的分析，指出：

中国本信巫，秦汉以来，神仙之说盛行，汉末又大畅巫风，而鬼道愈炽；会小乘佛教亦入中土，渐见流传。凡此，皆张皇鬼神，称道灵异，故自晋讫隋，特多鬼神志怪之书。其书有出于文人者，有出于教徒者。文人之作，虽非如释道二家，意在自神其

① 《中国小说史略》第四篇。

教，然亦非有意为小说，盖当时以为幽明虽殊途，而人鬼乃皆实有，故其叙述异事，与记载人间常事，自视固无诚妄之别矣。[1]

鲁迅这里强调了两点：一是由于道教神仙鬼怪观念的流行，谈神说鬼、称道灵异风气的蔓延，促使大批志怪小说的风行；二是当时的人并非有意作小说，因为他们看鬼和人事是一样的，都当作事实，这种观念亦影响到史家，将志怪小说归入史部杂传类，便是一种反映。这说明，中国古代小说的滥觞及早期，都与道教有着不解之缘。

鲁迅还对一些六朝志怪小说进行了分析，指出道教神仙思想的具体影响。现以鲁迅所论及的《神异经》《十洲记》《博物志》《搜神记》等为例。称东方朔为撰者的《神异经》，"仿《山海经》，然略于山川道里而详于异物，间在有嘲讽之辞"。"《神异经》固神仙家言，然文思较深茂，盖文人之为"。亦题为东方朔所撰的《十洲记》，"记汉武帝闻祖洲瀛洲玄洲炎洲长洲元洲流洲生洲凤麟洲聚窟洲等十洲于西王母，乃延朔问其所有之物名，亦颇仿《山海经》"。但鲁迅又指出，《十洲记》"特浅薄"。该书记月支国反生香，及篇首云："方朔云：臣，学仙者也，非得道之人，以国家之盛美，将招名儒墨于文教之内，抑绝俗之道于虚诡之迹，臣故韬隐逸而赴王庭，藏养生而侍朱阙。"鲁迅引了上段话后接着指出："则但为方士窃虑失志，借以震眩流俗，且自解嘲之作而已。"[2]《博物志》的作者称张华，鲁迅对此表示怀疑，他说："华既通图纬，又多览方伎书，能识灾祥异物，故有博物洽闻之称，然亦遂多附会之说。"[3]鲁迅曾以该书卷8《史补》中记述的"乌头白，马生角"为例，认为"这全是怪诞之说，是受了方士思想的影响"[4]。作为六朝志怪小说代表作的《搜神

---

① 《中国小说史略》第五篇。
② 《中国小说史略》第四篇。
③ 《中国小说史略》第五篇。
④ 《中国小说的历史的变迁》。

记》，作者干宝"性好阴阳术数，尝感于其父婢死而再生，及其兄气绝复苏，自言见天神事，乃撰《搜神记》二十卷，以'发明神道之不诬'"；"其书于神祇灵异人物变化之外，颇言神仙五行，又偶有释氏说。"①从鲁迅以上分析可以看到，六朝志怪小说基本上是道教思想流行的产物，较充分地表现了神仙怪异思想。应该提到的是，鲁迅小时候就看过《十洲记》《洞冥记》等书，给他留下了深刻的印象。他晚上常与家人"说仙山"。因书中有"赤蚁如象"的话，便想象居住山中，有天然楼阁，巨蚁供使令，名阿赤阿黑，能神变，又炼玉可以补骨肉，起死回生，"似以神仙家为本，而废除道教的封建气，完全童话化为以利用厚生为主的理想乡"②。

被收入《道藏》的《汉武帝内传》，是改造古代神话而成的志怪小说，内容写汉武帝好长生慕神仙，西王母与上元夫人下降内宫，接见汉武帝的故事，以及他死后的传说。《山海经》中人面虎身，有纹有尾的怪物西王母，在《汉武帝内传》里，成了一位美丽的女仙。鲁迅对这部小说也很重视，在《中国小说史略》中，曾引录了该小说的两段，现将其中描写西王母降临汉宫的一节转录如下：

　　到夜二更之后，忽见西南如白云起，郁然直来，径趋宫廷，须臾转近。闻云中箫鼓之声，人马之响。半食顷，王母至也。县投殿前，有似鸟集，或驾龙虎，或乘白麟，或乘白鹤，或乘轩车，或乘天马，群仙数千，光曜庭宇，既至，从官不复知所在，唯见王母乘紫云之辇，驾九色斑龙。别有五十天仙，……咸住殿下。王母唯挟二侍女上殿。侍女年可十六七，服青绫之袿，容眸流盼，神姿清发，真美人也！王母上殿，东向坐，著黄金褡襦，文采鲜明，光仪淑穆，带灵飞大绶，腰佩分景之剑，头上太华

---

① 《中国小说史略》第五篇。
② 参阅周遐寿：《鲁迅的故家·四二童话》。

鬓，戴太真晨婴之冠，履玄璃凤飞之舄，视之可年三十许，修短得中，天姿掩蔼，容颜绝世，真灵人也。

这一段描写，想象丰富，文字优美。那冉冉而降的众仙，那容颜绝世的西王母，那气氛热烈的场面，写得花团锦簇，给人留下深刻的印象。《汉武帝内传》不但开后代小说之先声，其中关于神仙降临的情况的描述，也为后来道教神话所沿袭。

三、唐传奇的道教色彩

中国小说发展到唐代，进入一个新的阶段，其显著特点"乃在是时则始有意为小说"。唐人小说称为"传奇"。唐代传奇亦源于六朝志怪。鲁迅说："传奇者流，源盖出于志怪，然施之藻绘，扩其波澜，故所成就乃特异。"①唐代传奇虽然不像六朝志怪那样多为方士所作，只是辅教传道之作，但始终未摆脱道教的影响，神鬼怪异的作品仍占相当大的成分。特别是晚唐时期，传奇中总的倾向是搜奇猎异、言神志怪，六朝遗风复帜。

现存唐传奇中最早的一篇为《古镜记》，鲁迅指出其"犹有六朝志怪流风"②。故事内容是记述一面古镜降妖、伏兽、显灵、治病以及反映阴阳变化的诸种灵异，充满浓厚的道教气味。小说不仅文字华美，而且按时间顺序将古镜灵异的十二段独立故事贯串成章，比起六朝志怪的零篇散录，在结构上有了很大进步。《古镜记》以镜当题材，还可看到当时普遍存在的道教迷信。在道教里，镜是驱鬼避邪的法器，有神秘的功能。葛洪《抱朴子内篇·登涉》中就说过，妖魅能假托人形，以眩惑人目，但"唯不能于镜中易其真形"，所以入山的人只要挂一块大境在背后，"则老魅不敢接近"。人们因此称之为神

① 《中国小说史略》第八篇。
② 《中国小说史略》第八篇。

鉴或照妖镜。神镜观念在中国的长远影响，应该说与《古镜记》一类小说的宣传分不开。唐人小说中有一部分短篇集，仍多讲鬼怪的事情，还是受了六朝人的影响，如牛僧孺的《玄怪录》、段成式的《酉阳杂俎》、李复言的《续玄怪录》、张读的《宣室志》、苏鹗的《杜阳杂编》、裴铏的《传奇》等，都是如此。鲁迅指出："然而毕竟是唐人做的，所以较六朝人做的曲折美妙得多了。"①

唐代一些传奇，虽不属神怪小说之列，但神仙幻化色彩也相当浓厚。沈既济的《枕中记》就是一个代表。故事写卢生在邯郸逆旅中遇道士吕翁叹贫困，吕翁拿出一个青瓷枕叫他枕上，卢生即入梦中，娶清河崔氏女，接着又考取进士，屡次升官，最后位至宰相，历尽人间荣华富贵，但醒来后发觉还不到蒸熟一顿黄粱饭的工夫，卢生在神仙点化下，大彻大悟，万念俱息。作品中宣传的富贵如烟、人生如梦的出世思想，带有强烈的道教色彩。鲁迅指出，这篇作品非作者独创，而是受干宝《搜神记》"焦湖庙祝"的启发②。后来明人汤显祖作的《邯郸记》，清人蒲松龄作的《聊斋志异》中的《续黄粱》，都是以《枕中记》为本的。与《枕中记》同一题材、同一表现手法的李公佐的《南柯太守传》，也很有名。写淳于棼因酒醉卧，梦入槐安国，当了驸马，又做了南柯太守，因廉能称职，深受百姓爱戴，故不断高升，后威望日高，引起国王疑忌，终被打发回家。醒后，原来是在蚂蚁窝中所做的一番梦游。从此他深感人生虚幻，乃栖心道门，不问世事。《南柯太守传》穿插颇多而结构严整，情节丰富而脉络清晰，结尾尤为成功。鲁迅说："篇末命仆发穴，以究根源，乃见蚁聚，悉符前梦，则假实证幻，余韵悠然，虽未尽于物情，已非《枕中》之所及矣。"③《南柯太守传》后来被汤显祖改编为剧本《南柯记》。

---

① 《中国小说的历史的变迁》。

② 《中国小说史略》第八篇。

③ 《中国小说史略》第九篇。

在晚唐时期的传奇中，描写剑侠的作品大量涌现。唐中叶以后，藩镇割据，互相仇视并经常争斗，常蓄养刺客以牵制和威慑对方，作为自己争权夺利的工具，而神仙方术的盛行和很多侠义小说的作者都是佛道信徒，就赋予了这些小说以超现实的神秘主义色彩，出现在小说中的侠客往往具有特殊的武技，成了半人半仙似的人物。《虬髯客传》的作者就是晚唐著名的道士杜光庭。《虬髯客传》以杨素宠妓红拂大胆私奔李靖的爱情故事为线索，描写隋末有志图王的虬髯客在"真命天子"李世民面前折服，出海自立的故事。这篇小说的人物塑造很成功，三个主要人物——虬髯客、红拂、李靖都刻画得性格鲜明，生气勃勃，跃然纸上。"后世乐此故事，至作画图，谓之三侠"①。

四、宋志怪"仍多变怪谶应之谈"

宋代的志怪小说，内容上"仍多变怪谶应之谈"。鲁迅在分析其政治思想上的背景时说："宋代虽云崇儒，并容释道，而信仰本根，夙在巫鬼。"②例如吴淑所著《江淮异人录》，凡25人，"皆传当时侠客术士及道流，行事大率诡怪"。在其影响下，"乘空飞剑之说日炽；至今尚不衰"。张君房的《乘异记》、张师正的《括异志》、聂田的《祖异志》等，都是这一类。鲁迅又分析了从宋徽宗到高宗崇奉道教的社会背景。他指出："迨徽宗惑于道士林灵素，笃信神仙，自号'道君'，而天下大奉道法。至于南迁，此风未改，高宗退居南内，亦爱神仙幻诞之书。"③宋徽宗赵佶，是北宋继真宗之后又一位以崇奉道教著名的皇帝，他即位之初，便开始"兴道"，和道士打得火热，其中最得宠最有影响的是林灵素。林本在佛门为僧，因不堪师父答骂，遂改做道士。此人善幻术，为人机敏好大言，在徽宗面前自吹能"上知天上，中识人间，下知地府"，编造徽宗是神霄玉清王转

---

① 《中国小说史略》第九篇。

② 《中国小说史略》第十一篇。

③ 《中国小说史略》第十一篇。

世等，深得宠信，加号为"通真达灵元妙先生"。政和七年（1117年），宋徽宗命道士两千余人会集上清宝箓宫，由林灵素宣讲神霄玉清王下凡始末，同时令京城官民受"神霄秘箓"。宋徽宗成了金人阶下囚后，仍身穿道袍，头戴逍遥巾，一副道士打扮。至南宋偏安一隅，佞道之风犹未改。正是适应这种需要，以神仙鬼怪、异闻杂录、机祥梦占等为主要内容的《夷坚志》等一批志怪书就应运而生，"似皆尝呈进以供上览"。

五、《封神榜》根柢"则方士之见而已"

明代文学最有成就、足以为代表的是小说，其中神魔小说是道教宣传品，可以说是道教文学。鲁迅明确指出，讲神魔之争的思潮的产生，"也受了当时宗教，方士之影响"[①]。在《中国小说史略》中，他对此做了详细的分析：

> 奉道流羽客之隆重，极于宋宣和时，元虽归佛，亦甚崇道，其幻惑故遍行于人间，明初稍衰，比中叶而复极显赫，成化时有方士李孜，释继晓，正德时有色目人于永，皆以方伎杂流拜官，荣华熠耀，世所企羡，则妖妄之说自盛，而影响且及于文章。且历来三教之争，都无解决，互相容受，乃曰"同源"，所谓义利邪正善恶是非真妄诸端，皆混而又析之，统于二元，虽无专名，谓之神魔，盖可赅括矣。其在小说，则明初之《平妖传》已开其先，而继起之作尤伙。凡所敷叙，又非宋以来道士造作之谈，但为人民间巷间意，芜杂浅陋，率无可观。然其力之及于人心者甚大，又或有文人起而结集润色之，则亦为鸿篇巨制之胚胎也。[②]

---

① 《中国小说的历史的变迁》。
② 《中国小说史略》第十六篇。

　　鲁迅这里清楚地论述了当时道教的状况，文学与道教的关系，神魔小说的概念及影响等。

　　神魔小说涌现于明朝中叶，其主要作品有《西游记》《三宝太监西洋记》《四游记》《西游补》等。《三宝太监西洋记》叙述的是明永乐中太监郑和服外夷三十九国，使之朝贡的事情。书中说郑和到西洋去，是碧峰长老助他的，用法术降服外夷，收了全功。鲁迅认为，这书虽然所说的是国与国之战，但中国近于神，而外夷却居于魔的地位，所以仍然是神魔小说之流。"这种用法术打外国的思想，流传下来一直到清朝，信以为真，就有义和团实验了一次。"①《四游记》即《东游记》、《西游记》、《南游记》和《北游记》四种小说的合集。《东游记》叙八仙得道故事，民间流传的八仙姓名，正式由此确定。《南游记》叙五显灵官大帝华光为救母而大闹天宫、人间、地狱，最后皈依佛道的故事。《西游记》实为吴承恩《西游记》节本，该书虽然讲的是佛教故事，但孙悟空形象有明显的道教印记。《北游记》记真武大帝本身及成道降妖故事。

　　在风靡一时的明代神魔小说中，《封神榜》是有代表性的一部作品。全书以神话形式写周武王伐纣，姜太公封神的故事。助周者为阐教即道释，助殷者为截教。其战各逞道术，互有死伤，而截教终败，于是纣王自焚，周武入殷，姜子牙归国封神，武王分封列国终。封国以报功臣，封神以妥功鬼，而人神之死，则委之于劫数。鲁迅说："其间时出佛名，偶说名教，混合三教，略如西游，然其根柢，则方士之见而已。"②这说明该书主要受道教思想的影响，而阐教支持周武王取得天下，也是道教对旁门左道的胜利。《封神榜》不但充满大量超人间的荒诞情节，而且还构建了一个庞大的神仙世界。阐教教主为"道法元始天尊"，门下有十二弟子，大多是道教神仙，如广成

---

　　① 《中国小说的历史的变迁》。
　　② 《中国小说史略》第十八篇。

子、赤精子、太乙真人等。书中有大量仙佛斗法破阵的描写，其他如诸仙神道的云游，土行孙的土遁，雷震子的飞翔，都表现神仙的神通广大。在该书中，佛教两大菩萨普贤、文殊成了元始天尊的弟子，观音成了元始天尊的玉虚宫十二弟子之一，燃灯佛亦变为燃灯道人，等等。可见，《封神榜》也有明显的崇道抑佛倾向。

六、《金瓶梅》多叙床笫之事与明代"颓风渐及士流"的社会风尚

道教对古代小说的影响，除过在一些作品中具体反映道教思想及其有关内容外，道教思想在某一时期对社会风气的浸染，也直接影响到小说作者的创作态度、创作倾向。这在著名的言情小说《金瓶梅》中就有突出的反映。前边已略有介绍，它借《水浒传》中西门庆、潘金莲故事为线索，描写恶霸西门庆勾结官府，横行乡里，蹂躏妇女，由发迹到灭亡的罪恶历史，暴露了官商恶霸的荒淫残暴乃至整个社会的黑暗面貌。它是我国第一部文人独创的小说，又是第一部以家庭生活为题材的长篇小说，因此它的问世具有重要意义。《金瓶梅》"描写世情，尽其情伪，又缘衰世，万事不纲，爱发苦言，每极峻急"，大胆暴露当时社会的黑暗、腐败，这是积极的一面；另一方面，该书有着大量的淫秽描写，"时涉隐曲，猥黩者多"，因此被一些人称为"淫书"。鲁迅认为，这也是社会的影响，"而在当时，实亦时尚"。他说："成化时，方士李孜僧继晓已以献房中求骤贵，至嘉靖间而陶仲文以进红铅得幸于世宗，官至特进光禄大夫柱国少师少傅少保礼部尚书恭诚伯。于是颓风渐及士流，都御史盛端明布政使参议顾可学皆以进士起家，而俱藉'秋石方'致大位。瞬息显荣，世俗所企羡，微幸者多竭智力以求奇方，世间乃渐不以纵谈闺帏方药之事为耻。风气渐变，并及文林，故自方士进用以来，方药盛，妖心兴，而

小说亦多神魔之谈，且每叙床笫之事也。"①

　　鲁迅这里详细分析了道教对明代社会风习的影响。总的来说，明代统治者对道教相当尊崇，太祖以后诸帝，尤多迷信扶乩、丹药、房中术，至世宗嘉靖皇帝，崇道达于高峰。宪宗荒淫好色，道士李孜省、邓常恩之流便以媚药、淫术投其好，由是皆得宠幸。明世宗酷好房中术，迎其所好，大批道士、方士纷纷献技邀宠，佞幸成风，以秘方见幸者就有邵元节、陶仲文、顾可学、盛端明之辈数十人。据《万历野获编》卷二十一："嘉靖年间诸佞幸进方最多，其秘者不可知，相传至今者，若邵、陶则用红铅取童女初行月事，炼之如辰砂以进。若顾、盛则用之，闻则立起，不数旬，上大渐。"顾、盛以童便所炼"秋石"及婴儿口中血所炼"红铅""含真饼子"进献，竟因此登甲科，官礼部尚书。世宗又信方士之言，用童女为"药物"，以期长生。道士、方士以术显贵者甚众，如道士徐可成官礼部尚书，荫其徒笞义金。段朝用、王永宁、蓝田玉等方士，皆以骗术得封真人。在皇帝的影响下，明代几乎举朝奉道，上行下效，大臣亦多有习道教之方术者。"国朝士风之敝，浸淫于正德而麋溃于成化……谏诤风气之臣，争谈秽媒，一时风尚亦可知。"②这种风气不但影响士风，也影响明代的政治和社会风气。帝王臣下皆习金丹、房中，淫佚纵欲，民间此风亦炽。社会风气如此败坏，也影响到文艺创作，故鲁迅说"风气既变，并及文林"。因此，《金瓶梅》在暴露黑暗时，对封建统治阶级的糜烂生活也抱着欣赏的态度，故意渲染，趣味低级。当然，这是《金瓶梅》中消极的一面。

　　以上我们分析了鲁迅关于中国古代小说与道教的关系的论述。同时也应看到，在鲁迅的创作中，也有不少的道教知识的运用，通过那些渗入民间习俗的道教信仰，使我们加深了对于那个特定的时代、社

---

① 《中国小说史略》第十九篇。
② 《万历野获编》卷十一。

会的认识。

七、祥林嫂的绝望与道教鬼神惩戒观念

道教对中国社会的各个领域都有广泛的影响，特别是到中国封建社会后期的精神生活和民间习俗里，处处显现出道教的烙印，不信道的人也熟悉它，与它发生千丝万缕的联系，更加显示了道教作为中国民族宗教的性质。道教这种影响，其中不少是粗俗鄙陋的封建迷信糟粕，是愚蒙人民的精神鸦片，鲁迅在他那些重点揭露封建宗法社会的残酷统治及其在精神上毒害人民的罪恶的小说中，就大量涉及弥漫于旧中国社会各阶层的宗教文化现象，其中大部分是与道教有关的。

小说《长明灯》，描写吉光屯的一个"疯子"，坚持要吹熄庙里的"长明灯"而遭到封建势力迫害的故事。这"长明灯"，据说"还是梁武帝点起的，一直传下来，没有熄过"。梁武帝是中国历史上有名的笃信佛教的皇帝，但与道教也有着特殊的关系。南朝道教宗师陶弘景与梁武帝萧衍早年就曾有过交游，后拥戴萧起兵代齐，又"援引图谶"，以"梁"字为应运之符，帮定国号，并为梁武选定郊禖吉日。梁武即位后，对陶"思礼愈笃，书问不绝"，使陶成为朝野闻名的"山中宰相"。这庙里供奉的又是些什么神灵呢？"听说，有一次他的祖父带了他进社庙去，教他拜社老爷，瘟将军，王灵官老爷，他就害怕了，硬不拜，跑了出来，从此便有些怪。"可见，这座庙是道教的庙，所供奉的都是道教系统的神灵。社老爷即土地神；瘟将军是掌管瘟疫的神；王灵官是主管纠察的天将，道教庙宇中多奉为镇守山门的神。正因为社神与老百姓关系最为直接，供奉社神最为普遍，因此社庙中的"长明灯"就成为传统文化的体现，成为封建宗法统治的象征。"疯子"是觉醒的反封建战士，他从坚持要吹熄"长明灯"到喊出"我放火"，就是要打破传统精神枷锁，打破封建宗法统治。虽然"疯子"最后还是被禁闭起来，但是打破封建迷妄的科学与民主的

潮流，则是谁也阻挡不住的。

在鲁迅的作品中，还可以看到道教的一些荒诞的法术如何在社会上泛滥，并且成为攻击新事物的工具。在小说《高老夫子》中，不学无术的所谓"学者"高尔础高老夫子在贤良女学校供职，该校教务长为花白胡子的万瑶圃，这是个迷信扶乩的封建遗老，别号"玉皇香案吏"，"新近正将他自己和女仙赠答的诗《仙坛酬唱集》陆续登在《大中日报》上"。万瑶圃第一次与高老夫子见面，就大讲请乩仙的事："我们的盛德乩坛天天请仙，兄弟也常常去唱和。础翁也可以光降光降罢。那乩仙，就是蕊珠仙子，从她的语气上看来，似乎是一位谪降红尘的花神。她最爱和名人唱和，也很赞成新党，像础翁这样的学者，她一定大加青眼的。"关于扶乩，前边说了，是道教的一种法术。乩仙，就是请的仙人。这"盛德乩坛"天天都请仙，所请的是"蕊珠仙子"。蕊珠仙子是道教传说中的仙女，所居之处称为蕊珠宫。唐代诗人赵嘏有《赠道者》诗："华盖飘飘绿鬓翁，往来朝谒蕊珠宫。"据万瑶圃所说，这位"乩仙"不仅"最爱和名人唱和"，竟然"也很赞成新党"，则完全是胡言乱语，可以看出这伙人既在空虚、无聊的昏乱中生活，又在社会上散布着妖气。从这位所谓"谪降红尘的花神"一定会对高老夫子"大加青眼"的话里，我们可以看到这些人淫猥、无耻的心理。小说还有"蕊珠仙子也不很赞成女学，以为淆乱两仪，非天曹所喜"的话，分明是借扶乩来反对、攻击女子教育。

道教所描绘的虚无缥缈的天界地狱，所宣扬的那一套以鬼神惩戒为特征的宗教伦理思想，成为钳制劳动人民精神的枷锁，起着维护封建统治秩序的作用。儒家伦理规范的实施主要依靠人的道德自觉和社会的道德教化，而道教主要依靠特有的鬼神惩戒来强迫人民就范。道教用来威慑民众百姓的玉皇大帝、阎罗王、城隍、土地、灶神等，常常代表儒家的思想意志，在前台发号施令，实行鬼神惩戒，充当社会教化的角色。在《祝福》中，祥林嫂由于再嫁，就被同是佣工的柳妈的一席话说得恐怖万分。柳妈说："你和你的第二个男人过活不到两年，倒落了一件大罪名。你想，你将来到阴司去，那两个死鬼的男人还要争，你给谁好呢？阎罗大王只好把你锯开来，分给他们。"祥林嫂的"大罪名"，就是违背了儒家所宣扬的节烈观。阴司、阎罗大王、死鬼等在等待着惩罚祥林嫂。祥林嫂生前备受苦楚，死后也难免折磨。柳妈给祥林嫂提出的补救办法——到土地庙里"捐门槛"，也是道教所谓的禳解的方法之一，即让这条门槛做祥林嫂的替身，让千人踏、万人跨，才能赎掉这一世的罪名，免得死了去受苦。她流着眼泪向庙祝苦苦哀求，才答允她用历来积存的工钱捐了门槛。即使这样，封建礼教还是不放过她，她终于带着对灵魂的有无的疑问，在绝望中结束了自己的一生。很显然，使祥林嫂受到恫吓的主要不是孔夫子那一套节烈观念，而是道教的鬼神惩戒观念，由此可见道教的影响深入人心。

我国古诗中有一种叫游仙诗的体裁，是晋代流行的以描述"仙境"来寄托作者思想感情的诗歌。它是神仙观念影响的产物。屏除俗累，服食上仙，是这类诗的主旨。在《楚辞·远游》中，已有关于仙人、仙境的生动描写。到了秦代，始皇好仙，曾"使博士为《仙真人诗》"，"盖后世游仙诗之祖"①。魏晋时期游仙诗的流行与繁荣，同当时道教活动的逐步深入密不可分。梁萧统《文选》列"游仙诗"为文学体裁之一，可见其已蔚然成一代诗风。后世文人亦颇有以此为题的作品。鲁迅1932年3月31日写的《赠蓬子》一诗，可以说是"俳体之游仙诗"②。诗曰：

蓦地飞仙降碧空，云车双辆挈灵童。

可怜蓬子非天子，逃来逃去吸北风。

---

① 《汉文学史纲要》第五篇。

② 见曹礼吾：《鲁迅旧体诗臆说》，载《天津师院学报》1980年第4期。

"一·二八"战争中，穆木天的妻子麦广德携带儿子乘人力车到姚蓬子家中寻找丈夫，姚陪他们母子到鲁迅寓所寻找。鲁迅应姚的请求写了这首诗。由于穆木天和穆天子字音相近，鲁迅遂戏称穆木天为穆天子。穆天子即周穆王，《穆天子传》曾记周穆王驾八骏马西巡事，为古代传说。穆王西巡，曾过西王母宴游。西王母为中国古代神话中的女神，于是穆天子也成为仙人了。穆木天成了仙，当了神仙，他的妻子当然也不是凡人，而是蓦地降碧空的"飞仙"；她乘坐的也不会是一般的车辆，而是云车，即以云为车；她的孩子，自然是灵童，亦即仙童了。可是穆木天不在姚家，她只找着姚蓬子而没有找到"天子"，无可奈何，只好逃来逃去，饿着肚子，吸北风了。鲁迅的这首诗，即事遣兴，直接反映现实生活，既有传统游仙诗的特点，又别开生面，亦谐亦庄，使自由自在的游仙与妻离子散的人间痛苦形成了鲜明的对照，反映了日本帝国主义侵略上海的战争给中国人民所造成的祸害。

第七节　道教阻碍历史发展的消极因素

一、"现在的屠杀者"："做了人类想成仙，生在地上要上天"

在漫长的中国封建时代，道教以它那独特的以神仙信仰为中心的神秘主义的宗教思想，对社会生活发生了广泛的影响。但是，作为颠倒的世界观，总的来说，它是阻碍历史发展的消极因素，是封建统治阶级扶持、控制并利用来统治人民的精神工具。鲁迅把我国这唯一的土生土长的宗教看作"中国的根柢"，结合中国革命斗争的实际，给予了深刻的揭露和批判。

道教在民间的主要影响和表现形式，是它所宣扬的鬼神观念深入人心，各种形式的封建迷信活动几乎都与它有着密切的关系。因此，近代以来，它就理所当然地受到了民主革命潮流的猛烈冲击。近代启蒙思想家龚自珍否定神的存在，认为神是人造的。他说："天神，人也；地祇，人也；人鬼，人也。"①他把以阴阳五行占星灾异推测人世的吉凶祸福，或借天象"天人感应"等斥之为谬说，对宣扬神秘主义的梓慎与裨灶之流、京房之《易》、刘向《洪范》及班固《五行志》等，皆表深恶痛绝。谭嗣同说："中国之佛、老何谓也？乡曲之牛鬼蛇神，一木一石，一藤一井，皆虔而祀之，祷而祈之。"②他反对这种偶像崇拜，对传统封建世俗迷信也持否定与批判态度，说："嗣同夙愤末世之诬妄，惑于神怪杂谶使民弗亹亹乎事业，坐为异邦隶役。读衡阳王子辟五行卦气诸说，慨焉慕之。独怪于《河图》《洛书》《太极图》等，何复津津乐道。"③他对于王夫之没有摆脱《河图》《洛书》等神秘主义的影响很不满。在20世纪初年，陈榥在《续无鬼论》中，认为鬼神迷信的危害，关系到"亡国亡种"的大事。他说："观民族国家兴亡之故，知其与鬼神祸福之说，大有关系。非洲之人，聚一木一石而拜之，以为无上之尊，而种将尽矣。印度之人，信天堂地狱之说……而社已墟矣。"中国是信鬼神之国，已成为"待亡老大帝国"。章太炎、严复等，也尖锐地批判了有神论。辛亥革命中，民主革命家对儒教、道教给予了批判，后来窃国大盗袁世凯等继续利用道教。袁世凯在短暂的称帝复辟期间，就曾封第六十二代正一天师张晓初为"正一嗣教大真人"。

"五四"运动中，陈独秀、钱玄同等对旧宗教、偶像崇拜等予以抨击。陈独秀当时指出："道教出于方士，方士出于阴阳家"，"这是我中华国民原始思想，也是我中华自古迄今普遍国民性思想，较之后起来的儒家孔家'忠孝节'之思想入人尤深。"他认为，一切阴阳、五行、吉凶、灾祥、生克、画符、念咒、奇门、遁甲、吞刀、吐火、飞沙、走石、算命、卜卦、炼丹、出神、采阴、补气、圆光、

---

① 《壬癸之际胎观第一》。
② 《思纬氤氲台短书·报贝元征》。
③ 《思纬氤氲台短书叙》。

呼风、唤雨、求晴、求雨、招魂、捉鬼、拿妖、降神、扶乩、静坐、设坛、授法、风水、谶语等等迷信邪说，其所以能普遍社会，都是历代阴阳家、方士、道士造成的。①钱玄同认为，"欲使中国民族为20世纪文明之民族，必以废孔子、灭道教为根本之解决"。他并且激烈地提出废除汉字的主张，"而废记载孔门学说及道教妖言之汉字，尤为根本之根本解决"②。周作人认为，改良乡村的最大阻力，便在乡人们自在的旧思想，这旧思想的主力则是道教思想。他说，平常讲中国宗教的，总说有儒释道三教，其实儒教纲常早已崩坏，佛教也只剩了轮回因果几件和道教同化了的信仰还流行民间，"支配国民思想的已经完全是道教的势力了"；照事实看来，"中国人的确都是道教徒了"。比如乡村人佩服皇帝，不全由儒教影响，而是预言天下从此太平的陈抟老祖。③

鲁迅在其战斗的一生中，在充分肯定道教文化作为中国古代文化遗产的重要部分的同时，对道教作为宗教的实质及其对中华民族发展所起的阻滞作用进行了深入的揭发和批判。这主要表现在两个方面：一是"做了人类想成仙；生在地上要上天"④的长生不老的神仙观念，这实际上是一种极端自私的剥削阶级的思想，鲁迅把有这种思想的人斥之为"现在的屠杀者"。二是充满整个社会的封建迷信思想和形形色色的迷信活动，这不断变本加厉的行为更增加了人们的愚昧，使社会罩满了妖气，成为社会改革和发展的对立物。鲁迅的一系列具体剖析和批判，从上面的论述中已经看到了。这里，就鲁迅结合现实斗争，在一些文章中或借用道教故事，或引用道教语言，从而加强了文章的战斗性，从其吸引力方面再做些介绍。

1925年，鲁迅结合自己的创作经验，批判了陈源宣扬的"创作冲

---

① 《克得林碑》。

② 《中国今后之文字问题》。

③ 《谈虎集·乡村与道教思想》。

④ 《热风·五十七　现在的屠杀者》。

动论""灵感论"等唯心主义文艺思想，说自己的文章是"挤"出来的。他说："那么，我在写的时候没有虔敬的心么？答曰：有罢。即使没有这种冠冕堂皇的心，也决不故意要些油腔滑调。被挤着，还能嬉皮笑脸，游戏三昧么？倘能，那简直是神仙了。我并没有在吕纯阳师门下投诚过。"[①]吕纯阳即八仙之一的吕洞宾，相传为唐末著名道士，隐居终南山，后来得道成仙。他改丹铅与黄白之术为内功，为道教内丹派的重要人物，被全真道奉为五祖之一。在民间传说中，他是个鹤顶龟背、凤目束眉、修髯飘拂、神志飘逸的美男子，集侠士、酒徒、诗人于一身的神仙。他超然独立，仗剑云游，到处扶弱济贫，根除强暴。他好酒贪杯，留下了"三醉岳阳楼"的故事。他也有七情六欲，《三戏白牡丹》的传说在民间很流行。鲁迅说未在吕纯阳门下投诚过，就是说他没有那种游戏人间的所谓"烟土披离纯"，而是实实在在、认认真真地写作，是"挤"出来、"做"出来的。

1934年1月29日，《申报·自由谈》上发表了《如此广州》一篇文章，讽刺广州人的迷信，说广州的店家做起玄坛和李逵的大像来，眼睛里嵌上电灯，以镇压对面的招牌。玄坛即道教尊为"正一玄坛元帅"的财神赵公明，其绘像身跨黑虎，故称"黑虎玄坛"。鲁迅认为，其实，中国人谁没有迷信，只是那迷信迷得没出息了，所以别人倒不注意。他举例说，对面有了老虎招牌，江浙一带恐怕就不肯这样的出死力来斗争，他们只会花一个铜圆买一条红纸，写上"姜太公在此百无禁忌"或"泰山石敢当"，悄悄地贴起来，就如此的安身立命。姜太公，即周朝太公望吕尚，为道教所尊奉的神，神话小说《封神演义》说他给神魔封号，民间也迷信他的名字能镇压妖邪。旧时流传"泰山府君"能制鬼驱邪，在人家正门或村口等处，常竖起一个石人或石片，上刻"泰山石敢当"字样，表示所当无敌，以作镇邪之用。这都是与道教有关的迷信。鲁迅认为："广州人的迷信，是不足

———————
① 《华盖集·并非闲话（三）》。

为法的，但那认真，是可以取法，值得佩服的。"他借此阐发办事要认真的精神，反对不切实际的社会风气，指出："中国有许多事情都只剩下一个空名和假样，就为了不认真的缘故。"①

中国的武侠小说，宣扬剑仙侠客，其发展与道教有密切关系。唐代曾有不少反映侠客术士的志怪小说，段成式《酉阳杂俎》中就有一篇《盗侠》，"叙怪民奇异事，然仅九人"。"至荟萃诸诡幻人物，著为专书者"，始于宋代吴淑，所著为《江淮异人录》。鲁迅说："明人钞《广记》伪作《剑侠传》又扬其波，而乘空飞扬之说日炽；至今尚不衰。"②鲁迅又说："唐宋以来，偷生的小市民就已崇拜替自己打不平的'剑侠'，于是《七侠五义》，《七剑十八侠》，《荒山怪侠》，《荒林女侠》……层出不穷。"③20世纪30年代，在国难当头的情况下，鲁迅对那种神化与迷信武当山剑术、期望"袖手杀敌"的"中国的奇想"，不止一次地给予了辛辣的讽刺。

武当山为我国著名的道教圣地，相传东汉阴长生、晋谢允、唐吕洞宾、五代宋初陈抟、明张三丰等皆曾在此修炼，并传真武帝君于此修炼42年，功成飞升。武当山又是武当派拳术发源地。武当拳又叫内家拳，相传为武当山道士张三丰首创。在我国武林中，素有"北崇少林，南尊武当"之称。在旧小说中，武当山常被写为剑侠修炼的神奇的地方。武当山的拳法剑术后来则被神化成十分厉害的功夫，"那就是哼的一声，鼻孔里放出一道白光，无论路的远近，将仇人或敌人杀掉。白光可又回来了，摸不着是谁杀的，既然杀了人，又没有麻烦，多么舒适自在"④。会这种功夫的人，则称之为"剑仙"，"剑仙坐在书斋里，哼的一声，一道白光，千万里外的敌人可被杀掉"⑤。剑仙的这个本领，

---

① 《花边文学·〈如此广州〉读后感》。
② 《中国小说史略》第十一篇。
③ 《二心集·现代电影与有产阶级》。
④ 《准风月谈·中国的奇想》。
⑤ 《南腔北调集·家庭为中国之基本》。

是要到武当山才能练得。鲁迅把这种"白光杀人"、"袖手杀敌"与"纵欲长寿"同样称为"中国的奇想"。"这种本领，前年还有人想上武当山去寻求，直到去年，这才用大刀队来替代了这奇想的位置。现在是连大刀队的名声也寂寞了。"①"我们听了千多年的剑仙侠客，去年到武当山去的只有三个人，只占全人口的五百兆之一，就可见。古时候也许还要多，现在是有了经验，不大相信了，于是照办的人也少了。"②

《推背图》是旧社会影响很大的一本道教书籍，相传为唐贞观中李淳风和袁天罡撰。该书共60图像，以卦分系之。每像之下有谶语，并附有"颂曰"诗四句，前59图预测以后历代兴亡变乱，第六十图像颂曰"万万千千说不尽，不如推背去归休"，故名。此书诗句模棱两可，若明若暗。1934年3月《申报·自由谈》刊登了陈子展《正面文章反面看》一文，认为有些正面文章应从反面来看，如"长期抵抗"等于长期不抵抗；"收回失地"等于不收回失地；"航空救国"其实是不敢炸日本军而炸"匪"（红军）；等等。鲁迅有感于此，特写了《推背图》一文，这里所用的"推背"，是"从反面来推测未来的情形"的意思。鲁迅指出，得出"正面文章反面看"的结论，"一定经过许多苦楚的经验，见过许多可怜的牺牲"。当时国民党反动派造了不少谣言，如"共党联日，该伪中央已派干部××赴日接洽"等。鲁迅说："听说，《推背图》本是灵验的，某朝某皇帝怕他淆惑人心，就添了些假造的在里面，因此弄得不能豫知了，必待事实证明之后，人们这才恍然大悟。"从反面来推测未来的情形，这也是从苦楚的经验和可怜的牺牲中得来的结论。鲁迅指出，事实不久就会揭穿这些所谓政治"要闻"的欺骗性。

二、隐士历来是一个美名

鲁迅从当时尖锐、激烈的阶级斗争和日本帝国主义侵华威逼的实

---

① 《准风月谈·中国的奇想》。
② 《且介亭杂文·难行和不信》。

际出发，对一些人所极力称道的逃避现实、回避斗争、缺乏社会责任感的"隐君子"风进行了揭露和讽刺。

隐士，又称隐逸，可以说是一种有着深厚的历史积淀的文化现象，是中国文人一种人生哲学的表现形态。鲁迅在小说《采薇》中写到的伯夷、叔齐，为孤竹君的二子，因互让王位而逃隐，就是著名的隐士。儒家、佛教对隐逸之风的形成有着影响，但道家与道教则为隐逸提供了思想基础，影响是主要的。老、庄所处的时代是动荡不定的，他们对西周以来的宗法制文化和黑暗现实强烈不满，进而愤世嫉俗，鄙视功名利禄，主张遗世隐逸。他们的人生理想就是"可以保身，可以全生，可以养亲，可以尽年"①。从这种"保身"哲学出发，道家就主张逃避现实。正如贺麟先生所说："我们发现老庄思想富于诗意，富于山林隐逸和潇洒超脱的风味，我们也发现注重归真返璞，羡慕赤子婴儿式的天真或天机，保持人的真性情，厌恶人世的繁文缛节、权诈智巧，是老庄的特色。"②少私寡欲、清静自守、质朴无华、超然自得、流连山水等特点，决定了道家的理想人格是"隐士"，即隐居不仕。"所谓隐士者，非伏其身而弗见也，非闭其言而不出也，非藏其知而不发也，时命大谬也。"不合世运而困顿天下，则深藏静处，等待时运的变化，——"此存身之道也"。③据《史记·老庄申韩列传》："老子，隐君子也。"老子本人就是一个隐士。早在1907年的《摩罗诗力说》中，鲁迅就对以老子为代表的隐君子进行了批判。他说："老子书五千言，要在不撄人心；以不撄人心故，则必先自致槁木之心，立无为之治；以无为之为化社会，而世即太平。"老子这些"爱智之士"，"心神所往，辽远在于唐虞，或径入古初，游于人兽杂居之世"。这些人总是向慕往古，以为越古越好，其实是由于他

---

① 《庄子·养生主》。

② 《文化与人生》，第169页。

③ 《庄子·缮性》。

们本身懦弱无为，不敢面对严酷的现实，只好希求超脱尘世，神往于远古，隐居山林，了此一生。鲁迅抨击了这种幻想倒退、主张复古的思想，认为有这种思想的人，是没有什么希望、不想前进、不肯努力的人。

在道家和道教思想的影响下，在中国历史上，曾有不少知识分子，或因政见不同，或因生性厌恶官场，或因事变境迁，采取了与当时统治者不合作的态度，遁迹田园，寄情山水，以示高洁，被世人称为隐逸之士。鲁迅说："隐士，历来算是一个美名"①，"历史上很尊隐逸"②。一部"二十四史"，大部分立有隐逸传。这些隐士为道家学者、道教清修者和佛教出家者。例如，"蜗牛庐"，就是"三国时所谓'隐逸'的焦先曾经居住的那样的草窠"③。当然，也有一些人当隐士是别有所图，想借此造成隐士的名声，作为交游权贵、出仕从政的捷径。《新唐书》中说，卢藏用想做官，假为隐士，住京城附近的终南山，后果被召用，这就是有名的"终南捷径"的故事。④

1934年，周作人在《人间世》创刊号发表宣扬"隐士风度"的"五秩自寿诗"后，一些文人就写诗著文加以吹捧。如《人间世》第8期就刊了钱天起的《隐士》一文，吹捧周作人的"隐于文采风流"、林语堂"隐于幽默"，都是"艰巨的事业"。鲁迅便也写了一篇题为《隐士》的杂文，对隐士进行了深刻的阶级分析，反对那种企图逃避现实的消极思想。鲁迅指出，"'隐'总和享福有些相关"。凡是有名的隐士，总是已经有了"优哉游哉，聊以卒岁"的幸福的；不然，朝砍柴，昼耕田，晓浇菜，夜织履，哪会有吟诗作文的闲暇？因此，"逸士也得有资格，首先即在'超然'，'士'所以超庸奴，'逸'

---

① 《且介亭杂文·隐士》。

② 《且介亭杂文二集·徐懋庸作〈打杂集〉序》。

③ 《二心集·序言》。

④ 《新唐书·卢藏用传》。

所以超责任"①。陶渊明是赫赫有名的大隐，他的归隐与历史上那些热衷于功名，以退为进，追求"终南捷径"的文人不同，但他也还略略有些生财之道的，他有奴子，"汉晋时候的奴子，是不但侍候主人，并且给主人种地，营商的，正是生财器具"。鲁迅指出，"隐士"的"归隐"，其秘密和"登仕"一样，也是"噉饭之道"。"翩然一只云中鹤，飞来飞去宰相衙"，就形象地反映一批隐士的实质。鲁迅说，隐士们关心的其实只是自己的利益，"泰山崩，黄河溢，隐士们目无见，耳无闻，但苟有议及自己们或他的一伙的，则虽千里之外，半句之微，他便耳聪目明，奋袂而起，好像事件之大，远胜于宇宙之灭亡"。这就道破了"隐士们"龊龊自私的心理。这里显然不是对隐逸这种历史久远的文化现象的全面论述，是有感而发，是对一些人在国难当头时仍然宣扬避世隐遁、追求闲适清静生活的论调的有力抨击，这是有其积极意义的。

---

① 《且介亭杂文·杂谈小品文》。

第四章

鲁迅论"三教合流"

在中国历史上，儒、释（指佛教，因其创始人为释迦牟尼，故名）、道的"三教合流"，是中国思想史、文化史上的重要现象，它对中国思想文化的发展与中国人的心理结构影响很大。鲁迅对"三教合流"问题进行过深入的研究。我们要探讨鲁迅的宗教观，弄清鲁迅与佛教、道教的关系，离开了鲁迅对于作为中国传统文化主干的儒学的批判，离开了关于儒释道之间长期而复杂的既排斥斗争又相互吸收融合的事实的了解，显然难以得到全面、准确的认识。

第一节　三教合流：中国思想史、文化史上的重要现象

一、孔子死后总是当着"敲门砖"的差使

在儒释道"三教"中，佛、道两教属于宗教，这是没有问题的，但对于儒教是否是宗教，认识并不一致。笔者以为，要弄清这个问题，必须对以孔子为代表的儒家学说的实质及其在中国社会历史发展中的实际影响有深入的了解，也只有这样，才能深刻认识鲁迅批判孔子、儒学以及研究"三教合一"的重要意义。

被奉为儒家祖师的孔丘，字仲尼。他生活在春秋末年的社会大变动时代，基本上属于奴隶制趋于崩溃时期从贵族中分离出来的士阶层

的代表。孔子作为一个政治活动家，立场保守，在当时政治思想斗争的中心问题——"古今""礼法"之争上，他站在没落奴隶主阶级的立场上，"信而好古"，主张以周代奴隶制的一套礼制来治理国家，认为自己的使命就是把周礼恢复过来。他也承认需要局部的改良，但又反对社会根本制度的变革。他知其不可而为之，一生致力于维护正在崩溃的奴隶制度，因此当时颇受冷落，周游列国无人理会。正如鲁迅所讽刺的那样，孔子"虽然曾经贵为鲁国的警视总监，而又立刻下野，失业了；并且为权臣所轻蔑，为野人所嘲弄，甚至于为暴民所包围，饿扁了肚子。弟子虽然收了三千名，中用的却只有七十二，然而真可以相信的又只有一个人"①。

孔子生时并不受欢迎，死了以后运气才好起来了。"种种的权势者便用种种的白粉给他来化妆，一直抬到吓人的高度。"这有事实为证。从汉以来，历经隋、唐、宋、元、明、清，直至民国，孔子的头衔不断增加，地位不断升高：褒成宣尼公、先师尼父、文宣王、至成文宣王、大成至成文宣王、至圣先师、大成至圣文宣先师、大成至诚先师等等，真是"阔得可怕"。孔子的面貌随时代发展而不断变化。鲁迅指出，孔子自从死了以后，总是当着"敲门砖"的差使。历代统治者所崇奉的孔子，并不完全等同于历史上的真正的孔子，而是经过了一番改铸，把孔子打扮成适合自己需要的偶像。因此，"孔夫子之在中国，是权势者们捧起来的，是那些权势者或想做权势者们的圣人，和一般的民众并无什么关系"②。这是符合历史事实的。

孔子本人是权势者们捧起来的，与一般民众关系不大，但以孔子为代表的儒家学说却与中国普通百姓关系极大，它是中国封建

---

① 《且介亭杂文二集·在现代中国的孔夫子》。
② 《且介亭杂文二集·在现代中国的孔夫子》。

社会经天不变的规范知识。鲁迅说过，他是从"旧垒"中来的[①]。所谓"旧垒"，就是旧文化，主要指以孔子为代表的儒家学说。儒本来为古代拥有知识技艺者的通称。《说文解字》上说："儒，柔也，术士之称。"《汉书·司马相如传》注中说："有道术者皆为儒。"自孔子创立学派后，儒家便成为崇奉孔子学说的人的专称。儒学的内容，主要是"祖述尧舜，宪章文武"，崇尚"礼乐"和"仁义"，提倡"忠恕"和不偏不倚的"中庸之道"。儒家在先秦虽称显学，但未高出其他派别之上，《汉书·艺文志》列为"九派"之一。由于孔子鼓吹的"仁""礼"不足以解决春秋时的兼并争夺，荀子便把一些法家的思想融入儒家，力图糅合儒、法两家，以法治补救礼治。这样，以孔子之道为标志的荀派儒学，便孕育了大法家韩非、李斯。秦的统一表明了法治平定乱世的功效，但秦的短命也暴露了法家严刑峻法、重赋繁役不足以求得封建统治的长治久安的弊端。随着秦王朝的覆灭，儒家学说在经历了一段厄运之后又重新活跃起来。经汉初统治者的提倡，儒学以经学的形式得到广泛的传播。

二、两汉经学的谶纬化及其严重的神学趋向

孔子创立的儒家，重血亲人伦，重现实事功，重道德修养，与宗教迷信保持一定的距离。孔子本人对所谓鬼神之说，十分淡漠。"子不语怪力乱神"[②]，鲁迅就肯定了孔子"生在巫鬼势力如此旺盛的时代，偏不肯随俗谈鬼神"[③]的做法。孔子说过："祭如在，祭神如神在。"[④]意思是说，祭祀祖先的时候，便好像祖先真在那里；祭神的时候，好像神真在那里。鲁迅虽然指出其中的两个"如"字是"太聪

---

① 《坟·写在〈坟〉后面》。

② 《论语·述而》。

③ 《坟·再论雷峰塔的倒掉》。

④ 《论语·八佾》。

明"的韬晦手段①，但也说明儒家对于祭鬼神，无非是虚应故事罢了。有一次，弟子樊迟曾向孔子求教何谓"知"，孔子答道："务民之义，敬鬼神而远之，可谓知矣。"②但是到了汉代，儒学本身发生了很大的变化。

汉武帝时，谶纬之学盛行，许多儒生与方士合流，以巫术迷信观点去解释儒家的六经，使儒学具有了神学的内涵。谶纬是两汉流行的神学迷信。"谶"是一种"诡为隐语，预决吉凶"③的宗教预言，"立言于前，有徵于后，故智者贵焉，谓之谶书"④。又叫"符谶""符命"，有的有图有字，叫"图谶"。两汉谶书并不讲一般的因果验证，而专门"言为王者受命之徵验也"⑤。"纬"对"经"而言，是以神学迷信解释儒家经典的著作。《诗》《书》《礼》《乐》《易》《春秋》《孝经》等所谓儒家七经，都有比附的纬书，合称"七纬"。纬和谶的应用范围虽有不同，但二者的内容是相通的。纬往往夹杂着谶语，谶有时也依托儒经。王莽建立新朝，刘秀光复汉室，都大得力于谶纬。谶纬神学之源，远推《易经》中河图洛书的神话传说，近则直接为董仲舒创立的阴阳五行天人感应宇宙论。章太炎指出："燕齐怪迂之士兴于东海，说经者多以至道相揉。……伏生开源，仲舒衍其流。……谶纬蜂起，怪说布彰，曾不须臾而巫蛊之祸作，则仲舒为之前导也。自尔，或以天灾变异，宰相赐死，亲藩废黜，巫道乱法，鬼事干政，尽汉一代，其政事皆兼循神道。"⑥西汉经家用阴阳五行解说儒家经典，是为谶纬的先导。西汉后期谶纬开始盛行，东汉时达到极盛。东汉建初四年（79年），章帝召群儒集会白虎

① 《坟·再论雷峰塔的倒掉》。
② 《论语·雍也》。
③ 《四库全书总目提要》卷六。
④ 《后汉书·张衡传》。
⑤ 《后汉书·光武帝纪》注。
⑥ 《太炎文录初稿·别录》卷三。

观，名义上是"讲议五经同异"，实质上借皇权的威势，用图谶纬书妄解经义，由此编成的《白虎通义》，可算是儒家神学的代表作。经学与神学相结合，谶纬正式成为钦定法典，"士之趣赴时宜者，皆驰骋穿凿，争谈之也"[1]。

两汉经学的谶纬化，表现出严重的神学趋向。任何一部经书，都要大讲五行灾异。董仲舒大肆鼓吹神秘的天人感应论。他所谓的"天"，是"百神之大君"的上帝。在他看来，天是有目的和意志的，天创造人是为了贯彻和体现自己的意志，人如违反了天的意志，天就会由此而震怒，从而制造出种种灾异。天是通过阴阳五行的变化来主宰人事。阴为天的刑罚的表现，阳为天的恩德的表现。五行相生体现了天的恩德，五行相胜体现了天的刑罚。董仲舒说："灾者，天之谴也；异者，天之感也。""凡灾异之本，尽生于国家之失。国家之失乃始萌芽，天而出灾害以谴告之。谴告之而不知变，乃见怪异以惊骇之。惊骇之尚不知畏恐，其殃咎乃至。"[2]不仅天的灾异能影响人，而且人的行为和精神活动也能感动天，他因此得出了"五行者，乃孝子忠臣之行也"[3]的结论。他认为，社会中的尊卑贵贱的等级制度，都是"天"的"阳贵而阴贱"的意志的体现。君臣、父子、夫妻都是阴阳相合的关系：君臣为一合，君为阳，臣为阴；父子为一合，父为阳，子为阴；夫妻为一合，夫为阳，妻为阴。所以，"王道之三纲，可求于天"[4]。在这灾祥迷信泛滥的时代，这位被刘向称之为"王佐之材"的公羊学大师董仲舒，竟也像那些招神弄鬼的方士一样，身披法衣，登坛求雨，煞有介事。"仲舒治国，以《春秋》灾异之变推阴阳所以错行，故求雨，闭诸阳，纵诸阴，其止雨反是。"[5]唐代颜

---

[1]《后汉书·方术列传序》。

[2]《春秋繁露·必仁且智》。

[3]《春秋繁露·五行之义》。

[4]《春秋繁露·基义》。

[5]《汉书·董仲舒传》。

师古注："谓若闭南门，禁举火，及开北门，水洒人之类是也。"在《春秋繁露·求雨》中也有这样的话："令吏民夫妇皆偶处。凡求雨之大体，丈夫欲藏匿，女子欲和而乐。"鲁迅对这种"用寡妇，关城门"的祈雨法进行了批判，指出："乌烟瘴气，其古怪与道士无异。"①经学的谶纬化，天人感应的神学目的论，便使儒学神学化了起来。

三、汉以后言论机关被业儒的垄断，宋元以来尤其厉害

儒学发展到宋代，进一步与佛道二教的宗教唯心主义合流，从二程到朱熹，一个哲理化的儒学出现了，这就是程朱理学。理学的核心内容仍是孔孟倡导的伦理思想。理学家们把忠孝与五常拔到"天理"的高度，"天理"至善至美，神圣不可侵犯。存"天理"必须灭"人欲"，以此扼杀人们身上违背封建道德的感情欲求，窒息人们的个性发展。礼教的吃人，正是从这一时期开始的。理学家们神化孔子，有"天不生仲尼，万古长如夜"的颂言。朱熹把《古文尚书》中"人心惟危，道心惟微，惟精惟一，允执厥中"十六字，奉为孔门传授心法，使之成为类似神启的宗教教义。理学把佛道的某些哲学理论融入儒学，提高了儒学的理论思维水平，也正因为这样，它对中国社会造成的影响尤为深刻。它使得三纲五常的观念渗透到中国封建社会的每个角落，使禁欲主义、蒙昧主义、偶像崇拜影响到每个家庭，压制了包括知识分子在内的整个社会的思想意识。正如鲁迅所指出的："汉朝以后，言论的机关，都被业儒的垄断了。宋元以来，尤其厉害。我们几乎看不见一部非业儒的书，听不到一句非士人的话。"②在这个过程中，朱熹起了相当重要的作用。英国的比较宗教学者保魁特说："生活于1130—1200年的朱熹被呼为中国的圣·托马斯·阿奎那。"③朱熹是鼓吹中庸、仁恕的"道学先生"。鲁迅揭露说："道学

---

① 《花边文学·迎神和咬人》。
② 《坟·我之节烈观》。
③ 转引自马焯荣著：《中西宗教与文学》，岳麓书社1991年版，第329页。

先生躬行‘仁恕’的，但遇见不仁不恕的人们，他就也不能仁恕。所以朱子是大贤，而做官的时候，不能不给无告的官妓吃板子。"①

在长达两千多年的封建社会中，儒家经典曾是封建统治阶级的最高教条，实际成为中国封建文化的主体。汉高祖马上得天下，看不起儒生儒术，以至于取儒冠撒尿，以示蔑视，但到成就了大业，就去曲阜以太牢祭孔。"半部《论语》治天下"，更是封建时代流传甚广的佳话。直到"五四"运动以后，以孔子为代表的儒家学说才随着时代潮流的冲击而日渐丧失其作为正统思想的地位。

四、儒教在中国封建社会起到宗教的某些作用，但又不同于一般意义上的宗教

儒学因孔子所创，亦称孔学，儒教亦称孔教。儒教是不是宗教？不少人认为，儒教的"教"，是"教化"的意思，并不是宗教。以上我们简略地回顾了儒学的发展、演变过程，说明儒学与宗教迷信有着密切的关系。这里，回顾一下民国初年关于儒学性质的讨论，对我们认识这个问题是有裨益的。民国初年，康有为、陈焕章等人成立孔教会，向国会请愿，要求"于宪法上明定孔教为国教"。他们说："立国之道，本在乎道德"；"而中国之道德，源本孔教，尤不容有拔本塞源之事。故中国当仍奉孔教为国教"②。关于儒学是否是宗教，当时有两种对立的观点：一种认为儒学是宗教；一种认为儒学不是宗教，而是一种社会伦理学说。主张儒学是宗教的主要是孔教会的人。狄郁《孔教评议》一文很有代表性。该文列举宗教重要之点，而引孔子之事与言以论证：（一）凡言宗教者皆以信仰天为根据；孔子自言五十而知天命。（二）凡宗教皆以受天委托代表天意为责任；子曰：天何言哉……天生德于予。（三）凡宗教或祀一神，或祀多神，要必视其所祀神，即为天之职

---

① 《且介亭杂文·论俗人应避雅人》。

② 经世文社编：《民国经世文编》第三十九卷，1914年版，第48页。

司，而对之有赫声濯灵之体认；孔子曰："鬼神之为德，其盛矣乎，视之而不见，听之而不闻，体物而不可遗。"（四）凡宗教皆以主祭祀为敛摄心性之具；孔子虽蔬食菜羹瓜祭，必斋如也，祭神如神在。（五）凡宗教皆以祈祷为通诚或悔罪之形式；孔子曰："获罪于天，无所祷也。"（六）凡宗教皆有宣誓以质信天神；子见南子，子路不悦，夫子矢之，曰："予所否者，天厌之，天厌之。"

"历观以上六条，则孔子之教育中，本具有宗教精神。"[①]少数学者如张东荪，也认为儒学是宗教。他说，宗教的条件有神、信仰、道德及风习、文化等四个方面，而孔教又都具备，"由是观之，不仅孔教可为宗教，且其为宗教也"。反对把儒学看成是宗教的人，有的是从反对所有宗教出发，如章太炎；更多的则是认为儒学内容不符合宗教的特点，如认为："孔道与宗教原理，本不相符，世俗相沿，动称孔教，究其解释，乃教育之教，非宗教之教也。"[②]

在国外，把儒教看作宗教的观点也颇有影响。明末来中国的天主教传教士利玛窦一踏上中国的土地，就看到了儒学在中国思想文化中的主导地位和巨大权威。他说："儒教是中国所固有的，并且是国内最古老的一种。中国人以儒教治国，有着大量的文献，远比其他教派更为著名"；"中国哲学家之中最有名的叫作孔子。……中国有学问的人非常之尊敬他，以致不敢对他所说的任何一句话稍有异议，而且还以他的名义起誓，随时准备全部实行，正如对待一个共同的主宰那样。"[③]美国休斯敦大学教授、世界宗教研究专家路易斯·穆尔·霍普夫在其所著的《世界宗教》一书中，把"儒教"辟专章论述，指出"儒教被公认为世界大宗教之一"。他说，儒家有许多非宗教方面，例如孔子认为求神无用而加以反对，儒家主要关心的是人类世俗生活

---

① 《民国经世文编》第三十九卷。

② 许世英：《反对孔教为国教呈》，《民国经世文编》第三十九卷。以上参阅宋仲福等著：《儒学在现代中国》第1章，第2节。

③ 《利玛窦中国札记》，中华书局1983年版，第100页，第31页。

等，"但儒教在历史上发展了若干祭礼，其哲学又深深影响了中国人的性格。因此至少应作为一种可能的世界宗教而受到考察"。他也指出："在严格的意义上说来，儒教不能被称为宗教。它更是一种伦理观，一种治国安邦的理论，一整套深刻影响了中国人达24个世纪之久的个人和社会的奋斗目标。"①苏联著名学者谢·亚·托卡列夫在《世界各民族历史上的宗教》中，认为儒学是一种宗教，这因为儒家的某些典籍蕴含关于超自然范畴、精灵、彼岸世界等的观念；另一方面，孔子对宗教仪礼虔诚以待，孔子殁后即被奉为神圣。但他又指出，儒学作为宗教，确有其不容忽视的根本特点。它没有专职祭司，儒家的各种仪礼，均由官吏、家长或族长行之。儒家最重祖灵崇拜，并非意在供奉祖灵之所需或取悦之，而纯为奉行古制。②

从以上的论述可以看出，儒教在漫长的中国封建社会确实起到了宗教的某些作用，但它又不同于一般意义上的宗教，正如有人所说的："中国儒教的基本特征之一在于它不是一种宗教，却非常宗教化。"③从鲁迅对儒学的揭露和批判来看，他是把儒教当作准宗教对待的。他曾对人说过："佛教和孔教一样，都已经死亡，永不会复活了。"④

第二节　鲁迅对儒教的批判

一、集中攻击孔子是中国近现代革命斗争任务的要求

鲁迅在他的战斗的一生中，对孔子和儒学进行了持续的并且是犀利的、深刻的揭露和批判。研究这个问题，应注意到这么一个时代

---

① L.M.霍夫曼：《世界宗教》，知识出版社1991年版，第155页、第157—158页。

② 谢·亚·托卡列夫：《世界各民族历史上的宗教》，中国社会科学出版社1985年版，第14章第1节。

③ 唐建：《中国儒教与日本大化革新》，载《复旦学报》（社科版）1987年第1期。

④ 许寿裳：《亡友鲁迅印象记》。

的背景，即集中攻击孔子，是中国近现代革命斗争任务的要求。在长达数千年的封建社会中，孔子是中国的"至圣先师"，儒学总的说处于独尊的地位，以孔子为代表的儒家学说对中国民族性格和民族心理的弱点的形成，有着重要的关系。到了近代，孔子和儒学受到新学家们越来越猛烈的攻击。资产阶级维新派出于资本主义变革和资产阶级文化重建的需要，既感到儒学在许多方面同资本主义变革的需要相抵触，又认为必须从中国人的历史习惯出发，不能抛弃孔子和儒学的旗帜，于是开始以新的理论武器去触动孔子和儒学，这就是试图效法马丁·路德，按资产阶级的要求对儒学进行改造。梁启超公开宣称，他的老师康有为便是"孔教之马丁·路德"[1]。他们在尊孔的旗帜下，通过偷梁换柱等手段，改变孔子的形象，赋予儒学以新的内容。在20世纪初资产阶级革命派登上历史舞台后，近代的批儒反孔完全以公开的形式出现。有人认为，"使中国而于致今日也，其儒之罪哉"[2]。当时革命派中反孔最激烈的是无政府主义者。他们的一篇文章认为，"孔丘砌专制政府之基，以荼毒吾同胞者，二千余年矣"，因此"欲支那人之进于幸福，必先以孔丘之革命"[3]。

还应看到，鲁迅的批孔，与辛亥革命后思想文化战线上的尊孔逆流有关。1913年6月，窃取了中华民国大总统职务的袁世凯，即通令全国，要"尊崇孔圣"，举行"祀孔典礼"；稍后，更拟以"孔教为国教"，列入宪法。鲁迅在同年的日记中，曾以完全否定的态度记述了当时的祀孔丑剧。例如，9月28日：

> 星期天休息。又云是孔子生日也。昨汪总长令部员往国子监，且须跪拜，众已哗然。晨七时往视之，则至者仅三四十人，或跪或立，或旁立而笑，钱念敏（劬）又从旁大声而骂，顷刻间

---

[1] 《南海康先生传》。
[2] 壮游：《国民新灵魂》，载《江苏》1903年第5期。
[3] 绝圣：《排孔征言》，载《新世纪》1908年第52期。

便草率了事，真一笑话。

从复辟帝制的袁世凯到"随便砍杀百姓"的孙传芳与"连自己也数不清金钱和兵丁和姨太太的数目"的张宗昌，从成立"孔教会"的康有为到主张读经的章士钊，从尊孔崇儒的国民党政府到叫嚷恢复"孔子之教"的日本帝国主义，都是把孔子当作敲门的"砖头"使用的。鲁迅指出："孔夫子之被利用为或一目的的器具，也从新看得格外清楚起来，于是要打倒他的欲望，也就越加旺盛。"这就是"厌恶和尚，恨及袈裟"的道理。即使是孔夫子，缺点总也有的，在平时谁也不理会，因为圣人也是人，本是可以原谅的。"所以把孔子装饰得十分尊严时，就一定有找他缺点的论文和作品出现。"①鲁迅明确地指出，时代不同了，那些企图把孔子当作"敲门砖"使用的人不仅自己明明白白地失败了，而且带累孔子"也更加陷入了悲境"。明乎此，我们对于鲁迅对孔子的调侃、嘲讽、憎恶等态度以及一些尖利甚至于刻薄的言辞，也就不会感到奇怪了。

二、鲁迅批孔坚持实事求是的态度

鲁迅不仅指出了以孔子为代表的儒学的复古、倒退实质，而且揭穿了孔子的巧伪、言行不一。例如，他用"瞯亡而拜""出疆载质"的事例说明孔子正是那种会要"钻营，取巧，献媚"的"玩意儿"的人②；他把子路声言"吾闻君子死冠不免"，终于"结缨而死"的做法，认为是"上了仲尼先生的当"③；他说孔子的"毋友不如己者"，是交友上的"势利眼"④；孔子"厄于蔡陈"，却并不饿死，真是"滑

---

① 《且介亭杂文二集·在现代中国的孔夫子》。
② 《华盖集·十四年的"读经"》。
③ 《两地书·四》。
④ 《坟·杂忆》。

得可观"①；等等。恩格斯在谈到黑格尔哲学时说："仅仅宣布一种
哲学是错误的，还制服不了这种哲学。像对民族的精神发展有过如此
巨大影响的黑格尔哲学这样的伟大创作，是不能用干脆置之不理的办
法加以消除的。"②同样，对于孔子这样一个在中华民族文化史上占
有相当重要地位的人物，对于儒学这种在中国历史上产生过巨大影响
的中国传统文化的主要代表，当然也不能采取简单否定、一笔抹杀的
态度。鲁迅在批判孔子及儒学中，就坚持了实事求是的科学态度。鲁
迅把孔子本人同历代统治阶级利用孔子、改塑孔子区别开来，把先秦
儒家同汉以后经过发展变化的儒学区分开来。鲁迅肯定了儒家积极进
取、知其不可为而为之的人生态度。他的历史小说《出关》，写的就
是孔老相争、孔胜老败的故事。他在解释为什么这样处理时说："至
于孔老相争，孔胜老败，却是我的意见：老，是尚柔的；'儒者，柔
也'，孔也尚柔，但孔以柔进取，而老却以柔退走。这关键，即在孔
子为'知其不可而为之'的事无大小，均不放松的实行者，老则是
'无为而无不为'的一事不做，徒作大言的空谈家。"③儒家所主张的
乐观进取、自强不息的人生哲学，以及蕴含其中的责任感、使命感，
在鲁迅身上也是有所反映的。

三、鲁迅对封建礼教的批判

鲁迅对儒学的攻击主要集中在封建礼教上。礼是中国古代社会的
典章制度和道德规范。周代把礼从仪式中区别出来，发展成为"君君
臣臣父父子子"的奴隶主贵族等级制度和以奴隶主贵族的血缘关系为
纽带的宗法制度。孔子十分推崇周礼，主张对人民"齐之以礼"④，
要求人们的行为符合周礼，行礼的最高境界是"非礼勿视，非礼勿

---

① 《两地书·四》。
② 《马克思恩格斯选集》第 4 卷，第 219 页。
③ 《且介亭杂文末编·〈出关〉的"关"》。
④ 《论语·为政》。

听，非礼勿言，非礼勿动"①。朱熹注道："礼，谓制度品节也。"礼的中心内容和基本原则，是充分承认存在于社会各个阶层的亲疏尊卑、长幼分异的合理性，认为这种分异就是理想的社会秩序，而为使这种秩序长存，就必须使贵贱、尊卑、长幼各有其特殊的行为规范。鲁迅指出，《左传·昭公七年》就有一整套等级制度的论述，即"天有十日，人有十等。下所以事上，上所以共神也。故王臣公，公臣大夫，大夫臣士，士臣皂，皂臣舆，舆臣隶，隶臣僚，僚臣仆，仆臣台"等，这是古人的"良法美意"，它"妥帖布置"了"贵贱""大小""上下"，"自己被人凌虐，但也可以凌虐别人；自己被人吃，但也可以吃别人"。这样"一级一级的制驭着"，就"不能动弹，也不想动弹了"。②18世纪上半叶法国启蒙思想家孟德斯鸠在《论法的精神》中也曾指出，中国的立法者们的主要目的，是要使他们的人民能够平静地生活，因此便"把宗教、法律、风俗、礼仪都混在一起。所有这些东西都是道德。这四者的箴规，就是所谓礼教"。

　　以礼为中心的封建道德，至宋代发展得更完备、更严酷，三纲五常等一套被说成是"天理"。宋儒说："圣人千言万语，只是教人存天理灭人欲。"③这"理"，指的是封建伦理纲常，与人们的生活欲望是完全对立的。二程则号召人们绝对遵守封建伦理教条。在中国历史上特别是明清两代，进步的思想家就对封建礼教表示过怀疑和进行过批判，例如清人戴震对此给予尖锐的指斥："酷吏以法杀人，后儒以理杀人"；"人死于法，犹有可怜者，死于理，其谁怜之。"④"五四"时期，对于封建礼教反动本质揭露得最深刻的是鲁迅。他的第一篇小说《狂人日记》，就是"暴露家族制度和礼教的弊害"的呐喊：

---

　　①《论语·颜渊》。

　　②《坟·灯下漫笔》。

　　③《朱子语类》卷十二。

　　④《孟子字义疏证》。

　　我翻开历史一查，这历史没有年代，歪歪斜斜的每页上都写着"仁义道德"几个字。我横竖睡不着，仔细看了半夜，才从字缝里看出字来，满本都写着两个字是"吃人"！

　　鲁迅在谈到《狂人日记》的创作时说："偶阅《通鉴》，乃悟中国人尚是食人民族，因此成篇。"①鲁迅显然不会停留在"食人民族"的表象，"礼教吃人"才是他"悟"出的真髓。"吃人"，是对以封建礼教为核心的封建道德本质的深刻揭露，是对它的血腥罪恶的愤怒控诉。鲁迅对封建礼教的批判，主要集中在以下几个方面：

四、对于孝道的批判

　　孝是封建社会地主阶级道德的基本规范。封建社会是一个以小农经济为主的社会，其主要特征是自给自足、男耕女织和以分散的、个体的家庭为基本生产单位。这一经济结构表现在社会方面，就形成了以家庭（家族）为基础的社会结构。父家长统治下的家庭是中国古代社会的细胞，它要求儿子绝对地服从父亲。在这个基础上建立的封建政权，就是放大了的封建家长制的形式。鲁迅指出："有人说，中国的国家以家族为基础，真是有识见。"②维护家族秩序的是孝。孔子说："夫孝，德之本也，教之所由生也。"③"孝"扩大和延伸到君臣关系上就是"忠"。"君子之事亲孝，故忠可移于君。"④这样，维护宗法关系的道德与维护国家政权的政治法律就结合了起来。朱熹及其门徒，又宣扬"天下无不是底父母""天下无不是底君"，把臣对君、子对父的关系看作绝对服从的关系，从而形成以"君为臣纲，父为子纲，夫为妻纲"为中心的道德规范体系。孔子从孝为德之本出

---

① 《书信·180820 致许寿裳》。

② 《准风月谈·礼》。

③ 《孝经》。

④ 《孝经》。

发，提出"三年无改于父之道""父母在，不远游"等。东汉郑玄注《孝经》，说"孝为百行之道"。黑格尔也指出："中国纯粹建筑在这一种道德的结合上，国家的特性便是客观的'家庭孝敬'。中国人把自己看作是属于他们家庭的，而同时又是国家的儿女。在家庭之内，他们不是人格，因为他们在里面生活的那个团结的单位，乃是血统和天然义务。在国家之内，他们一样缺少独立的人格；因为国家内大家长的关系最为显著，皇帝犹如严父，为政府的基础，治理国家的一切部门。"[1]黑格尔对中国的具体史料掌握得并不多，但上述分析是深刻的。应该看到，这种反映和维护血缘关系和宗法制度的伦理思想，由于强调整体利益，维护了尊老爱幼的社会公德，有利于巩固正常的社会秩序，对我们民族的繁荣和发展曾起过积极作用。但是，它始终粉饰社会现实，掩盖阶级矛盾，成了统治者麻醉和欺骗人民的工具。愚忠、愚孝观念，是扼杀个性和自由，制造奴性和奴才的渊薮。

鲁迅说过，中国人的官瘾实在深，"汉重孝廉而有埋儿刻木"[2]。推举"孝子"和"廉士"做官，是汉朝选用人才制度中的一项办法。为了当出名的孝子，社会上就产生了许多虚伪矫情的事情。鲁迅说的"埋儿刻木"两件事见《太平御览》：

> 郭巨，河内温人。甚富，父没，分财二千万为两，分与两弟，己独取母供养。……妻产男，虑养之则妨供养，乃令妻抱儿，欲掘地埋之。于土中得金一釜，上有铁券云："赐孝子郭巨。"……遂得兼养儿。[3]

> 丁兰，河内野王人。年十五，丧母，乃刻木作母事之，供养如

---

[1] 《历史哲学》，三联书店1956年版，第165页。
[2] 《华盖集续编·学界的三魂》。
[3] 《太平御览》卷四一一，引刘向：《孝子图》。

生。邻人有所借，木母颜和则与，不和不与。后邻人忿兰，盗斫木母，应刀血出。兰乃殡殓，报仇。汉宣帝嘉之，拜中大夫。①

郭巨埋儿、丁兰刻木的故事何等残忍、荒诞，只能使人看清封建统治者鼓吹的所谓孝道的虚伪性。

魏晋时代的统治者标榜"以孝治天下"。孔融为曹操所杀，罪名就是不孝，因为他说过："父之于子，当有何亲？论其本意，实为情欲发耳！子之于母，亦复奚为？譬如寄物瓶中，出则离矣！"②事实上，孔融对他父亲是有真性情的，《孔融传》里记他"年十三丧父，哀悴过毁，扶而后起，州里归其孝"。曹操开始并不讲求孝，他在《求才令》中就公开提出"唯才是举"，凡"不仁不孝而有治之术""污辱之名，见笑之行"的人都在招聘之列。孔融反对曹操，不肯借着孝道的行为去沽名钓誉，便被曹操以不孝罪名杀掉了。这里的"孝"，只是曹操在政治上排除异己的手段。鲁迅说："曹操想杀他，便不惜以这种主张为他不忠不孝的根据，把他杀了。倘若曹操在世，我们可以问他，当初求才时就说不忠不孝也不要紧，为何又以不孝之名杀人呢？"道理很简单，因为曹魏的王位篡夺于汉，晋司马氏的王位篡夺于曹魏，都是巧取豪夺而来，不符合儒家"忠君"的原则，"若主张以忠治天下，他们的立脚点便不稳，办事便棘手，立论也难也，所以一定要以孝治天下"③。

鲁迅在童年看了《二十四孝图》，那诸如"老莱娱亲""郭巨埋儿""卧冰求鲤""哭竹生笋"等一类所谓孝子的孝行，引起他极大的反感和憎恶，使他痛切地看到孝道的虚伪和残酷。鲁迅前期就用进化发展的观点指出孝道思想是必须破除而且早就应该破除的。他说：

---

① 《太平御览》卷四八二，引干宝：《搜神记》。
② 《后汉书·孔融传》。
③ 《而已集·魏晋风度及文章与药及酒之关系》。

"'三年无改于父之道可谓孝矣'，当然是曲说，是退婴的病根。假如古代的单细胞动物，也遵着这教训，那便永远不敢分裂繁复，世界上再也不会有人类了。"①针对孔子说的"身体发肤，受之父母，不敢毁伤，孝之始也"②，鲁迅尖锐地指出："那么，'为国捐躯'是'孝之终'么？"③鲁迅认为，父亲必须正确教育孩子，使孩子超越自己，超越过去。但是旧社会却不大注重孩子的教育和解放，不管是穷人还是富人的孩子，长大了都昏天黑地地在社会上转。鲁迅把孩子同国家的前途连在一起，提出了"以幼者为本位"的思想，喊出了"救救孩子"的呼号，要求觉醒的人先各自解放了自己的孩子，"自己背着因袭的重担，肩住了黑暗的闸门，放他们到宽阔光明的地方去；此后幸福的度日，合理的做人"④。

五、对于祖先崇拜的批判

祖先崇拜是和孝道联系在一起的。儒家认为，人生至大莫过于事亲（孝）与祭祖。《孝经》说："孝子之事亲也，居则致其敬，养则致其乐，疾则致其忧，丧则致其哀，祭则致其严：五者备矣，然后能事其亲。"这种观念影响深远。阿Q也非常重视子嗣问题："不错，应该有一个女人，断子断孙便没有人供一碗饭。"鲁迅是这样分析阿Q的念头的："夫'不孝有三，无后为大'，而'若敖之鬼馁而'，也是一件人生的大哀，所以他那思想，其实是样样合于圣经贤传的。"礼教的基本原则之一的孝，有三条具体规范，最重要的是有无子嗣，因为"不娶无子，绝先祭祀"⑤。

祖先崇拜是从灵魂崇拜与图腾崇拜发展而来的。在父权制和私

---

① 《坟·我们现在怎样做父亲》。

② 《孝经》。

③ 《且介亭杂文二集·"寻开心"》。

④ 《坟·我们现在怎样做父亲》。

⑤ 赵岐注：《孟子》。

有制产生之后，其作用是确立和巩固父系血统关系，以保证权力或财产的正常继承和分配。祭祖意义重大。儒家认为："先祖者，类之本也。"①就是说，祖先是能够保佑人们正常生活和繁衍的最好的保护神。故《礼记·祭统》说："禘尝（按指诸侯宗庙的夏秋祭）大矣，治国之本也。"祭祖之所以能成为治国的关键，正如《国语·楚语》所讲的："祀所以昭孝息民、抚国家、定百姓也。"就是说，祭祀可以用来宣明孝德，蕃息民众，安抚国家，安定百姓。在祭祀先祖时，乡亲朋友聚会，兄弟亲戚更亲了。于是乎清除了纠纷和邪恶，大家和谐友好，团结亲近，上下安定，来巩固发展自己的同姓。上边用祭祀教民虔诚，下边用祭祀表明自己恭敬奉事长上。②儒家重视祭祀祖先，主要是为了培养孝悌之心，如曾子所说："慎终追远，民德归厚矣。"③孝子，不仅仅是指孝敬父母，更主要的是要孝敬祖宗，孝敬祖宗的神灵。鲁迅的著名小说《祝福》，就写了敬神祭祖这个习俗。

"祝福"是旧时浙江绍兴一带曾经流行过的一种习俗。每当旧历年底，地主阶级和有钱人家举行年终大典，杀鸡、宰鹅、买猪肉，并将三牲煮熟作为"福礼"，恭请天神和祖宗享用，感谢他们保佑当年"平安"，并祈求来年"幸福"。那种隆重肃穆的气氛，足以显示出祭祖的重要性了。

由于祖先崇拜观念的长期影响，在中国人的性格上，就形成了因循守旧、维持现状、不求改革的弱点。儒学是为封建统治的长治久安服务的，它的一个特点就是守旧复古，认为越古越好，"温故而知新，可以为师矣"④"述而不作，信而好古""久矣吾不复梦见周公"⑤等等。在不少中国人看来，"祖宗之法"，动它不得，"只要从

① 《荀子·礼论》。
② 《国语·楚语·观射父论祀牲》。
③ 《论语·学而》。
④ 《论语·为政》。
⑤ 《论语·述而》。

来如此"，便是宝贝，"古人所作所说的事，没一件不好，遵行还怕不及，怎敢说到改革？"还有一种"掉了鼻子，还说是祖传老病，夸示于众的人"，把凡不符列祖列宗成规的"全踏在朝靴底下"①，在他们眼里，即使无名肿毒，倘若生在中国人身上，也便"红肿之处，艳若桃花；溃烂之时，美如乳酪"②。鲁迅热情地宣传改革，支持改革，抨击各种反对改革的谬论以及逆历史潮流的现象。在旧中国，反对改革论者口口声声叫嚷着："保古！保古！保古！"鲁迅指出：不能革新的人种，也不能保古的。中国历史上其所以多受异族侵略，重要原因就是"老大的国民尽钻在僵硬的传统里，不肯变革，衰朽到毫无精力了，还要自相残杀。于是外面的生力军很容易地进来了，真是'匪今斯今，振古如兹'"③。这"僵硬的传统"，主要就是束缚、禁锢人们的儒家思想。这不思改革、反对改革的消极影响，就使得不少的中国人对于旧状况是那么心平气和，对于较新机遇是那么疾首蹙额，对于已成之局是那么委曲求全，对于初兴之事是那么求全责备。而这也正是中国"不能再有振拔改进的原因"。舍弃改革，中国是没有出路的，因此，"无论如何，不革新，是生存也为难的，而况保古。现状就是铁证，比保古家的万言书有力得多"④。

六、对于封建节烈观的批判

在中国漫长的封建社会里，男尊女卑、男主女从的观念牢牢地束缚着广大妇女，她们处在社会的最下层，受礼教秩序桎梏最为严重，承受生活苦难也最为深重。孔子对妇女就很鄙视，他说过："唯女子与小人为难养也，近之则不逊，远之则怨。"⑤鲁迅对此给予尖锐嘲

---

① 《热风·三十八》。

② 《热风·三十九》。

③ 《华盖集·忽然想到（五至六）》。

④ 《华盖集·忽然想到（五至六）》。

⑤ 《论语·阳货》。

讽：“女子与小人归在一堆里，但不知道是否也包括了他的母亲。”①
孟子认为：“以顺为正者，妾妇之道也。”②“以顺为正”的妇女道德，数千年来成为加在妇女身心上的严酷的枷锁。儒家从否认妇女的独立地位出发，提出了“三从”之说：“未嫁从父，既嫁从夫，夫死从子。”所谓“从”，即随从之意，因而又有“妻从夫贵，母从子荣”之说。鲁迅对歧视妇女、迫害妇女的社会根源进行了深刻的分析。他说：“私有制度的社会，本来把女人也当做（作）私产，当做（作）商品。一切国家，一切宗教，都有许多稀奇古怪的规条，把女人看作一种不吉利的动物，威吓她，使她奴隶般的服从；同时又要她做高等阶级的玩具。”③

对妇女摧残最严重的是强制单独守贞、片面守节的节烈观。所谓“节”，是指丈夫死了，决不再嫁，也不私奔，丈夫死得愈早，家里愈穷，她便节得愈好。所谓“烈”，有两种，一是无论已嫁未嫁，只要丈夫死了，她也跟着自尽；一是有强暴来污辱她的时候，设法自戕，或者抗拒被杀，都无不可。鲁迅认为，节烈源于原始“殉葬”的风气：“古代的社会，女子多当作男人的物品。或杀或吃，都无不可；男人死后，和他喜欢的宝贝，日用的兵器，一同殉葬，更无不可。后来殉葬的风气，渐渐改了，守节便也渐渐发生。但大抵因为寡妇是鬼妻，亡魂跟着，所以无人敢娶，并且要她不事二夫。这样风俗，现在的蛮人社会里还有。”④鲁迅从中国文化史的角度阐述了节烈思想的由来。他又由历史源流纵向考察发现，节烈并不是道德家所说的存在于天地间的永恒天理，从周到汉唐，也没有鼓吹节烈，直到宋代那一班“业儒”才说出“饿死事极小，失节事极大”⑤的话，

---

① 《南腔北调集·关于妇女解放》。
② 《孟子·滕文公下》。
③ 《南腔北调集·关于女人》。
④ 《坟·我之节烈观》。
⑤ 《二程遗书》卷二十二。

此后皇帝换了几家，守节便发达起来。可见，节烈观念是我国封建社会走下坡路后才出现的，完全是压抑民族生机与人性的昏庸和强暴的行为。它深深地渗入到人们的骨髓中，像一条毒蛇，千百年来吞噬了不知多少无辜妇女的青春和生命。祥林嫂受尽生活的折磨，但她头脑中根深蒂固的观念正是"好女不嫁二夫""寡妇再嫁不洁"的思想，她怒撞香案的行为，并非如某些人理解的是对礼教的"反抗"，而恰恰是她捍卫礼教的行为。窃夺了辛亥革命成果的袁世凯，大肆鼓吹封建道德，在颁布的《褒扬条例》中，有表彰"妇女节烈贞操"的条款，对"孝行节妇"，由政府给予匾额题字褒扬，允许受褒扬人及其家族自己立牌坊。冯国璋任大总统时，公布《修正褒扬条例》，规定凡合"孝行纯笃""节烈妇女"等八条之一者，由部呈请褒扬。直到"五四"运动前后，报刊上还不时出现颂扬"节烈"的纪事和诗文。反对节烈等封建纲常名教，是民主主义革命的一个迫切任务。《新青年》杂志从第2卷第6号开始，展开了关于"女子问题"专题讨论，痛击这股复古倒退逆流。鲁迅写了《我之节烈观》一文，积极投入这场斗争。他深刻地指出，中国的国家，以家族为基础，因此"中国亲权重，父权更重"。正因为这样，"皇帝和大臣们，向来总要取其一端，或者'以孝治天下'，或者'以忠诏天下'，而且又'以贞节励天下'"。可见，鼓吹节烈观是维护封建统治秩序的需要。鲁迅用事实抨击"节烈"是一种"畸形道德"，是"实在无理可讲"，是从"古人模模糊糊传下来的道理"，是"极难，极苦，不愿身受，然而不利自他，无益社会国家，于人生将来又毫无意义"的野蛮行为，深刻地揭露了旧礼教的罪恶。鲁迅提出，应该对于在"节烈"的名义下无谓牺牲的妇女表示哀悼，应该使广大妇女从"节烈"的枷锁下解脱出来。他说："我们追悼了过去的人，还要发愿：要自己和别人，都纯洁聪明勇猛向上。要除去虚伪的脸谱。要除去世上害人害己的昏迷和强暴。"

七、对于尊孔读经论的批判

随着汉武帝的独尊儒术，儒家典籍便被法定为经，阐发和议论儒家典籍之学的"经学"，也就成为封建文化的主体。以三纲五常为理论核心的经学，为封建统治起了维护和巩固的作用，其思想的影响，在两千余年的中国封建社会中，是天经地义、神圣不可侵犯的。中国传统的学校教育是以儒学为主要内容的，儒家的典籍则是学校的主要教科书。中华民国成立后，颁发了中小学校读经科一律停止的法规。全国临时教育会议通过的《大学令》，也取消了经科，将其并入文科。在袁世凯复辟帝制的时候，1916年元月，教育部又公布了一系列法令，规定在中小学和师范学校增设读经课程；规定国民学校讲授《孟子》《大学》，高等小学讲授《论语》。这些教育法令还未来得及实施，就同袁世凯复辟的帝制一样，在全国人民的声讨下，一同被废除了。封建复古派虽然在"五四"运动中受到严重打击，但是"百足之虫，死而不僵"，他们一有机会就向新文化反扑，顽固地坚持旧文化，鼓吹尊孔读经。章士钊任教育总长后，一面镇压学潮，一面宣扬"读经救国"。1925年11月2日，他召开教育部部务会议，规定小学生从四年级起就要读经，每周一小时，至高小毕业。这一倒行逆施激起了革命知识分子的反对。鲁迅通过民国以来十四年读经的回顾，深刻揭露了封建复古派鼓吹读经的险恶用心。他说：

> 我看不见读经之徒的良心怎样，但我觉得他们大抵是聪明人，而这聪明，就是从读经和古文得来的。我们这曾经文明过而后来奉迎过蒙古人满洲人大驾了的国度里，古书实在太多，倘不是笨牛，读一点就可以知道，怎样敷衍，偷生，献媚，弄权，自私，然而能够假借大义，窃取美名。再进一步，并可以悟出中国人是健忘的，无论怎样言行不符，名实不副，前后矛盾，撒谎，造谣，蝇营狗苟，都不要紧，经过若干时候，自然被忘得干干净净；

只要留下一点卫道模样的文字，将来仍不失为"正人君子"。[①]

　　鲁迅还用事实说明读经对解决实际问题是没有用处的："欧战时候的参战，我们不是常常自负的么？但可曾用《论语》感化过德国兵，用《易经》咒翻了潜水艇呢？儒者们引为劳绩的，倒是那大抵目不识丁的华工！"他还指出，在衰老的中国，每年都有人提倡读经，这是"因为大部分的组织被太多的古习惯教养得硬化了"；而一些被坏经验教养得"聪明了"的家伙，便在这"硬化的社会里"妄行。"唯一的疗效"，便是用"强酸剂"即革命的手段，来将他们"扑灭"。[②]

　　鲁迅还深刻揭露了日本帝国主义尊孔侵华的闹剧以及国民党政府尊孔卖国的罪行。它们一个共同之处，都是鼓吹尊孔读经。1931年"九一八"事变后，日本帝国主义侵占了我国东北三省，不久又把铁蹄踏进华北。随着侵略活动的加剧，尊孔崇儒活动也更为猖獗，并在东京建成日本最大的孔庙——"汤岛圣堂"，鼓吹用"孔子之教"来建立"东亚新秩序"。国民党政府不仅在政治上与日本帝国主义相勾结，在文化上也结成了伙伴。国民党军阀何健为了向日献媚，表示"志同道合"，寄去"向来珍藏"的孔丘画像；国民党政府特派孔氏"圣裔"专程去东京，"拜他们的祖宗"。鲁迅对帝国主义的尊孔阴谋洞若观火，他早就指出过，如果外国人要来灭中国，就会称赞中国文化，"还要奖励你多读中国书，孔子还要更加崇奉"。鲁迅还以中国历史上异族入主中原的事例，说明这些战胜者为了坐稳天下，羁縻人心，仍然要借用孔子这块"敲门砖"，无不崇奉孔子，鼓吹读经，"像元朝和清朝一样"[③]。日本帝国主义尊孔，同样是把孔子当作"敲门砖"用的。这是因为，儒家学说中存在着有利于苟活哲学、奴隶主

①《华盖集·十四年的"读经"》。
②《华盖集·十四年的"读经"》。
③《集外集拾遗·报〈奇哉所谓……〉》。

义的培养和形成的部分。鲁迅指出，苟活就是活不下去的初步，所以到后来，就活不下去了。"意图生存，而太卑怯，结果就得死亡。以中国古训中教人苟活的格言如此之多，而中国人偏多死亡，外族偏多侵入，结果适得其反，可见我们蔑弃古训，是刻不容缓的了。"①而保古守旧、奴隶性格，也就"安排好了用子女玉帛所做的奉献于征服者的大宴"②。因此，"金制军"整理国故于香港，日本人佩服骈文于东京等，也就不足为怪了，因为这既是帝国主义的阴谋，又是帝国主义文化同中国封建文化在反对中国革命文化中所结成的反动同盟。

国民党政府在日本帝国主义的咄咄进逼下，推行反共卖国政策，同时竭力提倡"儒术"。这种"儒术"是些什么货色呢？金代儒者元好问，在金亡之后，请元世祖为"儒教大宗师"，便获得"蠲除儒户兵赋"，结果也能"渐渐的进身"。鲁迅通过对史实的分析，揭露了"一代文宗"的丑态。当时上海电台在"读经讲座"中广播《颜氏家训》的《勉学》时，竟宣扬什么"自荒乱以来，诸见俘虏，虽百世小人，知读《论语》《孝经》者，尚为人师""千载终不为小人"的论调。鲁迅指出，大力提倡"儒术"，援引《论语》《孝经》，正是"有感于方来，遂绸缪于未雨"，以达到"虽被俘虏，犹能为人师，居一切别的俘虏之上"的"儒效"。③这是对当时甚嚣尘上的尊孔读经论的有力挞伐。

八、对于儒医的批判

在儒家思想中，本来就有不少原始宗教观念的遗留，加上天人感应的神学目的论和谶纬迷信的影响，更使儒学增添了神学的内容。中国人民群众中长期流行的一些封建迷信的东西，也与儒家思想有很大关系。儒医就是造成这种影响的一个方面。

---

① 《华盖集·北京通信》。

② 《坟·灯下漫笔》。

③ 《且介亭杂文·儒术》。

儒医，是旧时对儒生而行医者的称呼。"学而优则仕"，古代人读书的目的是为了仕途亨通，光宗耀祖，但这条路并不是每个读书人都能走通的。所以，在不能做一个辅助国君、经天纬地的大官时，做个救治民瘼的良医，也成为读书人的一种心愿或出路。同时，懂得一些医道，不仅能够"下以救贫贱之厄"，而且也可以"上以疗君亲之疾"①，从而更好地奉行忠孝之道。古代文人中，不乏文理医道兼通的人才，如苏轼和沈括著《苏沈良方》，就是一例。但是，儒医所宣扬的那一套反科学的极其荒诞、迷信的东西，则影响很大，是应该坚决清除的。鲁迅的批判，并不是对中医的否定。

儒家认为，天命决定人的死生、贵贱，即所谓"死生有命，富贵在天"②。孔子在学生伯牛病重的时候，隔着窗口对伯牛说："亡之，命矣夫。"③认为死是命中注定的。孔子本人也是个信巫不信医的人。《论语·述而》中说："子疾病，子路请祷。……子曰：'丘之祷久矣'。"在鲁迅的小说《弟兄》中，儒医白问山在行医时要预先声明，即病是否可医，则"要看你们府上的运气"。《父亲的病》里的儒医陈莲河，当病人被他奇特的药引折磨得奄奄一息时，他竟说："请人看一看，可有什么冤愆，……医能医病，不能医命，对不对？自然，这也许是前世的事。"鲁迅还在《从胡须到牙齿》中提到一个"善士"，这个儒医给他治牙痛的"秘方"，是"择日将栗子风干，日日食之，神效"。这里的"择日"，就是把医疗效果寄托于时辰的选择上。鲁迅对于这种以天命鬼话骗人害人的行径，给予尖锐的指斥。他说："轩辕时候是巫医不分的，所以直到现在，他们的门徒就还见鬼。"④直到1934年，他还表达了这样的心愿："科学替换了迷信，那么，定命论的思想，也就和中国人民离

---

① 张仲景：《伤寒论·序》。

② 《论语·颜渊》。

③ 《论语·雍也》。

④ 《朝花夕拾·父亲的病》。

开了。"①

在儒医看来，儒与医是不可分的，"儒识礼仪，医知损益，礼义之不修，昧孔孟之教，损益不分，害生民之命。儒与医岂可轻哉？儒与医岂可分哉？"②因此，他们便极其荒谬地把儒家的纲常名教搬到中医上来。"名医"陈莲河就是一个典型。他开药方惯于用特别的丸散和奇特的药引，而"最平常的是'蟋蟀一对'，旁注小字道：'要原配，即本在一窠中者。'"鲁迅辛辣地嘲讽道："似乎昆虫也要贞节，续弦或再醮，连做药资格也丧失了。"在陈莲河的处方中，还有一种特别的丸药，叫败鼓皮丸，是用打破的旧鼓皮做成的，"水肿一名鼓胀，一用打破的鼓皮自然就可以克伏他"。这就是"医者，意也"的产物。鲁迅对此作了一个生动的比喻：这种道理就像清王朝的刚毅憎恨"洋鬼子"一样，不是积极抵抗外来侵略者，而是"练了些兵称作'虎神营'，取虎能食羊，神能伏鬼的意思"，荒唐地以为这样就可以战胜"洋鬼子"了。"名医"的这种医道，和腐败无能的清王朝一样的是自欺欺人。

原始民族认为动物（包括人）的内脏、骨骼、血液、毛发甚至排泄物具有某种神秘的意义，这种观念在古代医学中也有所反映。鲁迅说："道学先生所谓'万物皆备于我'的事，其实是全国，至少是S城的'目不识丁'的人们都知道，所以人为'万物之灵'。所以月经精液可以延年，毛发爪甲可以补血，大小便可以医许多病，臂膊上的肉可以养亲。"③这一系列"医学常识"竟存在于普通老百姓的头脑中，可见影响之深广了。小说《药》中，华老栓从刽子手手中买蘸过人血的馒头，就是民间迷信人血馒头可以医治肺痨。在旧时代，"臂膊上的肉可以养亲"、割股疗亲，作为封建礼教的体现，影响尤为

①《且介亭杂文·运命》。

②《古今医统·儒医篇》。

③《坟·论照象之类》。

远大，也尤为残酷、荒谬。在《狂人日记》中，鲁迅通过狂人的不幸和反抗，无情地揭露封建制度的黑暗和封建礼教的罪恶。"狂人"提出这样血泪的控诉："记得我四五岁时，坐在堂前乘凉，大哥说爷娘生病，做儿子的须割下一片肉来，煮熟了请他吃，才算好人；母亲也没有说不行。"在"孝道"的招牌下，吃人是神圣的、有理的。这是多么残忍而又何等愚昧的行为！但是，正如行孝道中有许多伪孝子一样，那些大唱割股疗亲之徒，自己则很少会割股的。鲁迅曾引用过这么一个故事："旧笑话云：昔有孝子，遇其父病，闻股肉可疗，而自怕痛，执刀出门，执途人臂，悍然割之，途人惊拒，孝子谓曰：'割股疗父，乃是大孝，汝竟惊拒，岂是人哉！'"[1]割股是极不人道的令人痛苦的行为，宣传得声势甚大，但真正实行者很少，所以鲁迅说，在我国历史上，"汉有举孝，唐有孝悌力田科，清末也还有孝廉方正，都能换到官做。父恩谕之于先，皇恩施之于后，然而割股的人物，究属寥寥"[2]。割股是人们认识水平低下的产物，随着科学的不断发展，以及封建礼教的被打破，这种愚妄的行为自然就成为历史的陈迹，正如鲁迅所说的："医学发达了，也不必尝秽，割股。"[3]

第三节　儒释道三教合流

鲁迅在新文化运动中，就注意研究三教合流的问题。他曾对许寿裳说，孔子提出三纲五常，硬要民众当奴才，本来不容易说服人，而佛教轮回说很能吓人，道教炼丹求仙则颇有吸引力，能补孔子之不足，所以历代统治者以儒释道三者兼济，互相补充、融会。[4]这是鲁

---

① 转引自《且介亭杂文二集·〈题未定〉草》。

② 《坟·我们现在怎样做父亲》。

③ 《坟·我们现在怎样做父亲》。

④ 参阅罗慧生：《鲁迅与许寿裳》，第108页。

迅对中国历史上儒释道三教合流进行认真考察后得出的结论。三教合流，是一个不断互相排斥、斗争而又互相吸收、补充直至融合统一这么一个复杂而漫长的过程。鲁迅的攻读佛经，钻研玄学，剖析封建礼教，留意于造成中国"根柢"的道教，都是对三教合流的具体研究。他在这个问题上下了很大的功夫，并有许多深刻的见解。

一、汉代显露三教合一的端倪

汉代是佛教初入和道教初建时期。这一时期，儒释道三教都忙于自身的改造。产生于先秦时期的儒家学说，是一种以心智、伦理、政治相结合的学说。为了适应统一的中央集权政治的需要，传统儒学被改造成"天人感应"的儒学，即两汉经学，自汉武帝起并取得一家独尊的地位，谶纬神学成为占统治地位的思想，儒家的伦理道德得到加强和发展。佛教在两汉之际由西域传入中国内地。当时的信奉者认为佛教和中国的黄老之术差不多，如光武帝的儿子楚王刘英"好黄老微言，尚浮屠之仁祠"[①]。佛教开始是附庸于道术流传的，佛教哲学也被理解为黄老之学。《后汉书·襄楷传》说："此道清虚，贵尚无为，好生恶杀，省欲去奢。"把清静、无为作为佛教、道教的共同教理。汉代早期道教的一个明显特点，即与佛教一样，也是依附于当时盛行的黄老之学。汉代道教重要经书，如于吉纂集的《太平清领书》，张鲁的《老子想尔注》，都是援引《老子》中的神秘色彩的内容和语汇，来充实道教的教义。托名"河上公"的《老子章句》，也是用神仙家的论调来注释《老子》，从依附以至将老子之学融入道教的义理范畴。道教一开始就注意"道"与儒家伦理道德的结合。《老子想尔注》中说："道用时，臣忠子孝，国则易治""道用时，家家慈孝"。把修道与遵循伦理道德融而为一。儒家的谶纬学说对道教影响也很大。

[①] 《后汉书·楚王英传》。

在汉代，三教主要是相互启发、补充，但其间也是有矛盾的。道教流布的《太平经》，就有影射攻击佛教的内容，如《天咎四人辱道诫第二百八》说："为子详陈道大瑕病所起，使天下后学者，令昭然知其失道也。其第一曰不孝，第二曰不而性真，生无后世类，第三曰食粪饮其小便，第四曰行为乞者。故此四人者，皆共污辱天正道，甚非所以兴化。"但该书在指斥佛教的同时，也偷运佛教"本起""三界"之说，为道书窃取佛教教义开了先河。当时它们虽有争端，由于彼此羽毛未丰，还是以求同为主。东汉末牟融的《理惑论》，是中国较早论证佛教原理的书。牟融本人"既修经传，诸子书无大小，靡不好之"，又"锐志于佛道"，且"兼研《老子五千文》"。[①]可见他尊孔、尊佛、尊老。当时有人责怪他放弃黄帝尧舜周孔的学说，他回答说："尧舜周孔修世事也，佛与老子无为志也。仲尼栖栖七十余国，许由闻禅，洗耳于渊。君子之道，或出或处，或默或语，不溢其情，不淫其性，故其道为贵，在乎所用，何弃之有乎！"[②]在他看来，儒释道各有所用，不应有所取舍，已显露三教合一的端倪。

二、魏晋玄学：道表儒里

从汉末到魏晋南北朝，是中国历史上第二次社会大变动时期。历时数百年的统一封建帝国解体，社会转入分裂、纷争的状态。以谶纬神学为形式的儒学，没有能够挽救东汉王朝的灭亡，它的独尊地位被打破，名教衰微，适应统治者寻找新的思想工具的需要，就产生了玄学。"玄"，出自《老子》"玄之又玄，众妙之门"。魏晋时期奉《周易》《老子》《庄子》为"三玄"，以道家观点解说儒家典籍，这是对两汉"天人感应"谶纬迷信的否定。玄学的创始者为魏正始年间的何晏、王弼，他们主张"贵无"，"天地万物皆以无为本"[③]，

---

① 《理惑论序》，《弘明集》卷一。

② 《理惑论序》，《弘明集》卷一。

③ 《晋书·王衍传》。

认为名教出于自然，创立"贵无论"体系。与何、王同时又有阮籍、嵇康，主张"自然""无为"，即所谓"法自然而为化"①"越名教而任自然"②。魏晋玄学家大多是所谓名士，他们在行动上鄙视礼法，放荡不羁，为一时风尚之代表。玄学的最高成就为向秀、郭象的《庄子注》。《庄子注》出，玄风大畅，"儒墨之迹见鄙，道家之言遂盛焉"③。当时的名流学者，皆喜老庄，竞尚虚无，谈玄说道。正如顾炎武在《日知录》卷十三《正始》所说，自曹魏开始，"一时名士风流，盛于雒下，乃其弃经典而尚老庄，蔑礼法而崇放达"。

鲁迅对玄学做过深入的研究，这从他的《魏晋风度及文章与药及酒之关系》的著名演讲中就可看出来。这篇演讲主要分析了魏晋时期文学与政治的关系，对何晏、王弼、嵇康、阮籍以及反对何、王的裴頠、孙盛等，都有所论述。鲁迅说，何晏的名声很大，位置也很高，喜欢研究《老子》和《易经》；嵇康"思想新颖，往往与古时旧说反对"，后被司马昭杀了，罪名是文章中有"非汤武而薄周孔"的话。鲁迅指出，魏晋统治者标榜以孝治天下，崇奉礼教，但实际上是毁坏礼教，不信礼教，而像嵇康那样表面上毁坏礼教者，实则倒是太相信礼教的。为什么这样说呢？因为魏晋时所谓崇奉礼教，是用以自利，统治者不过是以"不孝"为名义，加罪于反对自己的人罢了。于是老实人以为如此做法，是亵渎了礼教，不平之极，遂变为不谈礼教，不信礼教，甚至于反对礼教。但是，这些人的本心倒是相信礼教，把礼教当作宝贝。鲁迅对形成玄学的社会政治背景进行了深刻的探析，认为在当时儒道合流所形成的玄学中，儒仍为主体，是"道表儒里"；道之为用，不仅在于解释儒，而且在于真正的儒生以道掩护儒。

在魏晋南北朝时期，佛教摆脱了方术，与玄学结合起来，为当时

---

① 阮籍：《通老论》。

② 嵇康：《释私论》。

③ 《晋书·郭象传》。

的统治阶级所接受，南朝时更取玄学而代之，得到了更大的发展。道教经过整顿和改造，成为贵族化的宗教，并与儒学结成思想联盟，维护纲常名教，取得封建统治者的信任。儒释道三教鼎立的局面形成。作为外来宗教文化的佛教，发展到一定程度，不可避免地与传统的儒家宗法伦理观念发生冲突。同时，随着佛教势力的不断增长和道教的迅速成熟，两大宗教为了争夺思想文化阵地，相互排斥、斗争，其论争也日益激烈。鲁迅说："凡当中国自身烂着的时候，倘有什么新的进来，旧的便照例有一种异样的挣扎。例如佛教东来时有几个佛徒译经传道，则道士们一面乱偷了佛经造道经，而这道经就来骂佛经，而一面又用下流不堪的方法害和尚，闹得乌烟瘴气，乱七八糟。"①

　　这是魏晋南北朝佛、道二教斗争情况的真实反映。由于佛教初传时依附黄老，其空廓玄虚的理论与老庄的虚无之道也颇为相似，人们对两者的关系并不很清楚，所以当时就有"老子入夷狄为浮屠"的传言。东晋时，道士王浮著《老子化胡经》，记述老子入天竺化为佛陀，教胡人为佛教之事，宣扬佛教源于道教，老子是释迦牟尼的老师，显示道高于佛。佛教针锋相对，编了《清净法行经》，伪托佛陀之语，把老子、孔子、颜渊统统贬为佛教的弟子。佛教徒攻击道教盗窃佛经，图写神像，又剽窃地狱天堂五戒十善之说。道教又不择手段，编造谎言，进行下流的辱骂。道教由于有过多的巫觋之术，缺乏能与佛教对抗的理论体系，显得鄙陋粗浅，在这场相互攻讦中处于下风。这就迫使道教不得不加强自身理论建设，大造道书，改造自己的仪式方法，摆脱民间宗教的色彩。造道书的方法，诚如鲁迅所说，"乱偷了"不少佛经。例如，对道教理论有重要贡献的陶弘景，其名著《真诰》，即是仿造佛教经典而成，其中对佛教生死轮回之旨尤为重视，书中的修炼方法类似佛教戒条和地狱托生等说教。朱熹就说过："《甄命篇》（《真诰》中的第二篇）是窃佛家《四十二章经》

---

　　① 《集外集拾遗补编·关于〈小说世界〉》。

为之。"①又如道教的《洞玄灵宝太上真人问疾经》导源于佛教的《法华经》，《太上灵宝元阳妙经》是篡改《涅槃经》而成，《太玄真一本际经》是深受《般若经》的空观思想影响的产物。道教又仿效佛教，整理道书，制作神像，制定规范，就是在道观的建造上，也窃取了佛寺建筑的特点、规则。当然，佛教对道教也有所借鉴、吸收。僧人昙鸾曾到茅山向陶弘景学养生之术。天台三祖慧思的佛教修持思想也融摄了道教的内容，在他的《立誓愿文》中，充分表露了其仰慕"长生"及热衷"养生"之术的激情与幻想："愿诸贤圣佐助我，得好芝草及神丹。疗治众病除饥渴，常得经行修诸禅。""为大乘故入深山，愿速成就大仙人，寿命长远具神通。"

三、在中国，宗教战争是向来没有的

鲁迅指出，在中国，"宗教战争是向来没有的，从北魏到唐末的佛道二教的此仆彼起，是只靠几个人在皇帝耳朵边的甘言蜜语"②。南北朝时期，道教与佛教之间的斗争，最激烈的事件是北魏太武帝、北周武帝的灭佛。

北魏太武帝本人信道斥佛，又在信奉道教的司徒崔浩的煽动下，下诏毁寺坑僧，酿成中国历史上第一次残酷的反佛事件。据唐道宣《集古今佛道论衡》记载："以太平七年（446年）遂普灭佛法，分军四出烧掠寺舍，统内僧尼无少长坑之，其窜逸者捕获枭斩。"北周武帝相信谶记，谶记谓"黑者得也，谓有黑相当得天下"。因僧穿黑衣，有道士张宾，乘机蛊惑周武帝"以黑释为国忌，以黄老为国祥"，帝信其言，遂灭佛法。③这两次灭佛，固然有着复杂的深刻的社会政治原因，但确又与道士的挑唆煽惑及推波助澜有关。中国历史上又一次著名的灭佛事件，是唐代的"会昌法难"。唐武宗出于维护国

---

① 见《四库全书总目提要》。
② 《且介亭杂文·运命》。
③ 见《广弘明集》卷八《叙周武帝集俗议灭佛法事》。

家财政利益的需要，在道士赵归真、邓元起、刘玄靖等的煽动下，于会昌五年（845年）实行灭佛，除留个别寺院僧人外，其余寺庙一律拆毁，僧尼一律还俗，财产全部没收。同样，道教的受挫，也不是其与佛教直接斗争的结果，而取决于封建统治者的意志、好恶。在三教斗争中，封建帝王往往充当裁判，或兴或废，或扶或抑，完全是从巩固封建统治的需要而决定的，宗教斗争始终为统治者所操纵和利用。

四、封建统治者推行三教并用的政策

三教异中有同，故能在相互斗争的同时又相互融合。事实上三教也在互相吸收。在中国历史上，南朝梁武帝创释儒道"三教同源"说。梁武帝原崇奉老子，后舍道归佛，在宗教信仰领域把佛教置于最高地位。他虽然宣称佛教比儒、道优越，但并不是排斥、压制儒道。他"尊重儒术"，提倡忠君孝亲，曾亲临国子学讲经策试，并著有大量儒学著作，在解释佛教教义时，往往吸收儒家思想。他对道家、道教仍然十分崇信，常为臣下讲《庄子》《老子》，与道士陶弘景关系密切。他曾称老子、孔子和佛陀为"三圣"[①]，认为三教同源、三教一致，在现实政治生活中实行三教并用的政策。这是因为，儒家讲治国平天下，建立封建纲常，其内容既有社会政治理论，又包括伦理道德学说，被中国历代封建统治阶级奉为统治思想；道家、道教中有关于统治方术、谋略的内容，又讲节欲及养性、修炼成仙，既可满足统治者追求不死的幻想，又可以愚化民众；佛教以因果报应论来解释、掩饰社会上的贫富等级差别，又以升天、解脱成佛教义给人以幻想寄托。三教从不同角度、用不同的方法维护与巩固封建统治秩序。这是梁武帝，也是其他统治阶级代表人物主张三教一致，推行三教并用政策的现实原因所在。[②]

---

① 见《弘明集》卷十《敕答臣下神灭论》。

② 参阅任继愈主编：《中国佛教史》第三卷，中国社科出版社 1988 年版，第28页。

隋唐时期，儒释道继续发展，三教的斗争和融合也进一步展开。隋唐结束了南北纷争的局面，统一了全国。唐代又是中国封建社会的鼎盛时期。与这种政治经济统一的局面相适应，唐代统治阶级采取了三教兼容的政策。佛教在隋唐是大盛时期，在教理上综合、融摄各派学说，寺院经济高度发展，各个宗派相继建立，佛教的社会影响日益扩大。唐朝也是道教的隆盛时期。唐代统治者为了抬高自己的门第，因李耳（老子）与李唐同姓，便认定老子为李家的宗祖。道教与唐室皇权的结合，便成了皇室宗教。唐高祖不仅立老君庙，而且宣布"老先，次孔，末后释宗"[1]。高宗到亳州老君庙，追封老子为"太上玄元皇帝"。唐玄宗则把老子加封为"大圣祖高上大道金阙玄元天皇大帝"，把道士当皇帝的宗室看待，并亲作《道德真经疏》，以此为群经之首。虽然道教受到唐朝统治者的青睐，但儒家的礼乐刑政仍然是统治者的重要工具。唐太宗申明他所好者"惟在尧舜之道，周孔之教；以为如鸟有翼，如鱼依水，失之必死，不可暂无"[2]。他尊孔子为"先圣""宣父"，令各州县立孔子庙，还亲自到国子监听孔颖达讲《孝经》，大征名儒为学官。唐玄宗则追谥孔子为"文宣王"。当时"儒学之盛，古昔未之有也"[3]。由于三教各有利弊，相互为用，因而在不同程度上受到唐朝统治者的重视。在政府的倡导下，三教合流的风气更为盛行。佛教华严五祖宗密说："孔、老、释迦皆是至圣，随时应物，设教殊途，内外相资，共利群庶。"[4]李翱作《复性书》，以儒家思想为基础，以佛、道形上思想和修养方法为借鉴，提出"去情复性"说，成为宋明理学援佛入儒的先驱。唐代三教斗争，著名的有太史令傅奕、道士李仲卿、刘进喜与释法琳、释明概的辩论，韩愈的反佛，武宗灭佛等。

① 《集古今佛道论衡》卷丙。
② 《贞观政要》卷六。
③ 《儒学传序》，《旧唐书》卷一八九。
④ 《原人论》。

鲁迅说："从前的排斥外来学术和思想，大抵专靠皇帝；自六朝至唐宋，凡攻击佛教的人，往往说不拜君父，近乎造反。"①

这里说的"不拜君父，近乎造反"，是当时儒家、道教攻击佛教的一个重要内容。中国古代封建社会实行中央集权的君主专制主义制度，以及与小农经济基础相适应的宗法制度，因此忠君孝亲就是维护封建统治阶级利益的社会规范。佛教是与中国传统文化迥异的一种外来文化。两种文化的冲突涉及到许多方面，是否忠君孝亲，就是一个十分重要的问题。佛教主张无君无父，一不敬王者，二不拜父母，就是见到在家的任何人都不跪拜，只合掌致敬，不受世俗礼法道德约束。这在儒家看来，是悖逆人伦的行为。佛教初传来后，儒家就从沙门剃发违背《孝经》，不娶妻生子是不孝等对佛教予以责难，道教的《太平清领书》也以出家弃父母、不娶妻生子指斥佛教。东晋成帝时，车骑将军庾冰提出沙门应礼敬王者，指责僧人蔑弃忠孝，遗礼废敬，伤治害政，但尚书令何充等人表示异议，结果不了了之。安帝时太尉桓玄又重申沙门应敬王者，强调君道比佛道伟大，但也遭到一批朝贵的反对。事实上，佛教在发展过程中，也竭力迎合儒家的伦理道德观念，吸收儒、道，与中国传统文化相融合。南朝宋孝武帝曾下令沙门必须对皇帝跪拜，否则就"鞭颜皱面而斩之"，僧侣只好屈服。唐高宗曾命令沙门应向君主和双亲礼拜，后因道宣等人反抗，改为只拜父母。但到了中唐，沙门上疏的自称就由"贫道""沙门"改为"臣"了。君权高于神权，封建礼制高于僧制，这就是中国的国情。自唐代以来，在儒家名教的影响下，佛教还大力宣扬孝道，佛教学者专门编造了讲孝的佛经，如宣扬应报父母孕育之恩的《父母恩重经》等。华严宗五祖宗密亲撰《盂兰盆经疏》二卷，强调释迦牟尼出家和目连出家，都是为救济父母。中国佛寺每年农历七月十五日还举行盂兰盆会，追荐祖先，影响深远。佛教经过这一番改造，就十分笃敬君

---

① 《热风·三十三》。

父，不仅消除了"造反"之嫌，而且成为维持统治秩序的有力工具。

五、"三教辩论"变成大家打诨

鲁迅也注意到中国历史上的"三教辩论"。在中国，君权高于神权，宗教之间的争端要靠皇帝来裁判。从北周开始，就有"三教辩论"。北周武帝亲政前，曾多次召集臣僚、沙门、道士讨论儒释道三教问题，研究何者对维护封建统治和富国强兵最为有利。天和四年（569年）三月十五日，周武帝集众僧、名儒、道士于正殿讨论三教优劣，他以儒教为先，佛教为后，以道教出于"无名"之前，故道教最上。此月二十日再次集议，他说："儒教、道教，此国常遵，佛教后来，朕意不立。"①建德二年（573年）十二月，周武帝已亲政一年多，集群臣及沙门、道士等，辨识三教先后，以儒教为先，道教为次，佛教为后。②这一次，儒教则升在第一位。道教由"最上"降到第二位。过了一年，即建德三年（574年）五月十六日，召僧、道士大集京师，周武帝于太极殿命道士、僧人辩论二教优劣，释智炫辩败道士张宾，周武帝按捺不住，就自升高座，斥佛法"不净"，智炫也不示弱，说道法更为"不净"。③第二天，周武帝就下诏禁断佛、道二教，经像皆毁，罢沙门、道士，并令还俗。④这哪里像辩论，不过是做做样子，完全决定于皇帝个人的喜恶。这一年六月二十九日，周武帝又下诏设立通道观，选取佛、道二教名人为学士，共一百二十人，令讲《老子》《庄子》《周易》，会通三教。⑤

这种"三教辩论"的形式盛于唐代。鲁迅说："唐有三教辩论，

---

① 《广弘明集》卷八《叙周武帝集道俗议灭佛法事》。

② 《周书·武帝纪》。

③ 《续高僧传》卷二十三《智炫传》。

④ 《周书·武帝纪》。

⑤ 《广弘明集》卷十《叙周武帝更兴道法事》。

后来变成大家打诨。"①唐朝的最高统治者，除少数皇帝（如唐中宗一心佞佛）外，其余的都深知调和三教对自己有利，因此虽然也搞"三教辩论"，但多是做做样子，维持着儒学为本、和合三教的格局。著名诗人白居易的文集中有一篇《三教论衡》，即是唐文宗太和元年（827年）十月，皇帝生日那天"对御三教谈论"的简要实录。白居易以儒臣身份出场，另有安国寺沙门义林和太清宫道士杨弘元。三人间的问答，没有多少实质性的东西。到了唐德宗时，传统的内殿三教论议，演化为诞节三教讲论。唐德宗每年生日，在麟德殿举行儒释道三教的辩论，形式很典重，但三方都以常识性的琐碎问题应付场面，并无实际上的问难，相反却强调三教"同源"。如贞元十二年（796年）四月，德宗诞日，"内殿三教讲论，以僧鉴虚对韦渠牟，以许孟容对赵需，以僧覃延对道士郗惟素。诸人皆谈毕，鉴虚曰：'诸奏事云：元元皇帝，天下之圣人；文宣王，古今之圣人；释迦如来，西方之圣人；今皇帝陛下，是南瞻部洲之圣人。臣请讲御制《赐新罗铭》。'讲罢，德宗有喜色"②。这显然是虚应故事。唐懿宗时，还有俳优在皇帝面前以"三教辩论"作为逗笑取乐的资料。从下面一则野史中，就可看出鲁迅所说的当时"大家打诨"的情景：

　　唐咸通（懿宗年号）中，俳优人李可及滑稽谐戏，独出辈流，虽不能托谊谕，然巧智敏捷，亦不可多得。尝因延庆节，缁黄讲论毕，次及倡优为戏。可及褒衣博带，摄齐以升座，自称三教论衡。偶坐者问曰："既言博通三教，释迦如来是何人？"对曰："妇人。"问者惊曰："何也？"曰："《金刚经》云：'敷座而座'，或非妇人，何烦夫坐，然后儿坐也。"上为之启齿。又问曰："太上老君何人？"曰："亦妇人也。"问者益所

---

①《准风月谈·吃教》。

②《唐语林》卷六《补遗》。

不谕，乃曰："《道德经》云：'吾有大患，为吾有身；及吾无身，吾有何患。'傥非为妇人，何患于有娠乎？"上大悦。又问曰："文宣王何人也？"曰："妇人也。"问者曰："何以知之？"曰："《论语》云：'沽之哉，沽之哉！我待价者也。'向非妇人，待嫁奚为？"上意极欢，宠锡颇厚。①

六、理学先生谈禅、和尚作诗：三教同源机运的成熟

鲁迅说："佛教初来时便大被排斥，一到理学先生谈禅，和尚作诗的时候，'三教同源'的机运就成熟了。"②这里说的是宋代三教调和的情况。

宋代是中国封建经济、科技和文化比较发达的时期，在政治上，中央集权制更趋成熟；在思想文化方面，形成了以儒家伦理思想为核心，糅合佛、道而形成三教归一新特点的理学。理学家与佛、道都有密切的关系。宋代佛教主要是禅宗（尤其是临济宗）的天下。禅宗打破早期"不立文字"的传统，而有大量《灯录》《语录》出现，变成不离文字；又编出一批"公案"，对"公案"加以注释，这都扩大了佛教的影响。理学的开山者周敦颐著《太极图说》，实受道士陈抟《无极图》及寿涯、慧南、祖心、丁元和尚的影响，其《爱莲说》由《华严经探玄记》脱胎而出。二程也出入老释，其"体用一源""理一分殊"思想，与佛教华严宗有密切的关系。宋代理学最大代表者朱熹，对《阴符经》《周易参同契》均有精心研究，并称赞佛教，讲学中多处引用佛教道理。宋代心学大儒陆九渊反对朱熹"格物致知"的修养方法，斥之为"支离事业"，主张直指本心、明心见性的简易功夫，颇有禅宗的风度，故世人称陆学即禅学。这些就是鲁迅所说的

---

① 《太平广记》卷二五二，引《唐阙史·优俳人》。
② 《华盖集·补白》。

"理学先生谈禅"。

如果说"理学先生谈禅"是儒与佛的调和，那么，"和尚作诗"就是佛与儒合流的反映。自东晋以后，僧侣中出现不少善诗文的人，例如支遁，就写了许多诗，开以禅入诗的风气。中唐以后，更出现了"诗僧"这样一种特殊的人物，即披上袈裟的诗人。仅唐五代时期，现在仍见于著录的诗僧的诗集就在四十家左右，王梵志、寒山、拾得、贯休、齐己等，都是著名的诗僧。僧侣本是宗教职业者。佛教戒律就有"绮语"一戒。禅宗讲"不立文字""以心传心"，当然也没有诗了。中国本来就有悠久发达的诗的传统。唐承隋制，采取科举态度，并以诗赋取士，因此写诗可说是儒的学业。僧人而写诗，本身就是一种矛盾现象。诗僧的出现，有着多方面的原因，其中重要的一条，是唐中叶以后，儒释道三教调和的思潮兴盛，容许僧侣参与到社会生活的各个领域中来。士大夫可以外为君子儒，内修菩萨行；和尚也可涉足文坛，不再被视为"方外之人"。社会上僧俗交结攀附，不以为讳。鲁迅说："既然是超出于世，则当然连诗文也没有。诗文也是人事，既有诗，就可以知道于世事未能忘情。"[1]这些诗僧虽然遁入空门，但仍然不能忘怀世事，内心不能清静，所以他们才要写诗。到了宋代，佛教进入后期，禅宗急剧儒化。云门系禅僧主张"儒释一贯"，力求糅合二者。经过唐五代禅宗与士大夫的互相渗透，到了宋代，禅僧已完全士大夫化了，他们不仅游历名山大川，还与士大夫们结友唱和，填词写诗，鼓琴作画，生活安逸恬静、高雅淡泊又风流倜傥。[2]著名的诗僧有九僧、秘演、道潜、清顺、仲殊、思聪、文莹、觉范、饶节、文简等。如清顺就是熙宁年间最著名的诗僧，他"清约介静，不妄与人交，无大故不至城市"，而士大夫却"多往见之，时有

---

① 《而已集·魏晋风度与文章及药及酒之关系》。

② 参阅葛兆光：《禅宗与中国文化》。

馈之米者"。①鲁迅从"和尚作诗"这个方面，指出了释儒合流的具体表现。

在宋代，道教与儒、佛的融合也进一步发展。被奉为道教南宗祖师的"紫阳真人"张伯端，就宣扬道教、禅宗、儒教"三教一理"的思想。他在《悟真篇》序中说："教虽三分，道乃归一，奈何后世黄缁之流，各自专门，互相非是，致使三家宗要迷设邪歧，不能温一而归矣。"到了金代，全真道更是高喊三教归一。王重阳以《道德经》为基础，融合儒释道三教，以"一根树生三枝""如鼎三足"比喻三教平等、三教一家，"满座谈开三教语，一杯传透四时春"②。他曾在文登、宁海、福山等地建过"三教七宝会""三教金莲会""三教三光会""三教玉华会""三教平等会"等，充分体现他的"三教平等"的主张。

可见在宋代，三教都在向对方靠拢，从外部功能的一致性发展到内在精神的一致性。元代大致保持了这种状态。明、清两代，统治者以程朱理学为官方哲学，大力提倡尊孔读经；佛教在外部加速与儒学的融合，在内部加速各派间的融合；道教势力衰微，但越加渗透到民间信仰中。范文澜在概括三教之间的关系时说："儒家佛教道教的关系，大体上，儒家对佛教，排斥多于调和，佛教对儒家，调和多于排斥；佛教和道教互相排斥，不相调和（道教徒也有主张调和的）；儒家对道教不排斥也不调和，道教对儒家有调和无排斥。"③这基本是符合事实的。

从以上鲁迅有关论述看，中国历史上三教合流有着显著的特点：三教之间虽然有矛盾，曾相互排斥，但对于封建统治阶级来说，都是可以利用的思想武器，"三教同源"说便应运而生，历代统治者也大

①《避暑录话》卷下。
②《重阳全真集》卷十一。
③《中国通史简编》第二编，第442—443页。

都实行三教并举的政策，因此，三教之间更多的是互相渗透、吸收；三教之间对抗是表面的，斗争的实质是政治、经济利益问题，鲜有单纯的义理问题，在义理方面，则是互相启发、模仿、融合，彼此没有不可逾越的界限；儒家学说是封建社会的治国之本，因此名为三教，但地位是不相等的，儒家总的来说处于根本、核心的位置，三教合流产生的宋明理学，就是以儒为本的；由于君权至上、政教分离，因此三教之间的斗争，是在封建统治阶级的控制下进行的，服从于封建统治的需要，三教孰先孰后的地位或抑扬废兴的命运，完全由皇帝来裁决。

第四节 三教同源与中国国民性的弱点

在中国历史上，三教合流是一个复杂的现象，它是中国封建社会政治、经济、文化诸因素共同作用并长期发展的产物，与中国国民性有着密切的关系。以改造国民性为职志的鲁迅，认真考察三教合流的历史及其影响，同时结合现实的斗争，对中国国民性中庸、调和的消极方面进行了批判。

一、中西宗教观的差别

从三教同源理论的鼓吹到三教合流事实的出现，其间反映了中国人对于宗教的看法和态度，也是中国人性格的体现。鲁迅通过比较研究，指出中西方由于性格的差异而表现在宗教观念上的不同态度。他以西班牙塞万提斯的名著《堂吉诃德》中的主人公堂吉诃德为例。堂吉诃德看武侠小说看呆了，硬要去学古代的游侠，穿一身破甲，骑一匹瘦马，带一个跟班，游来游去，想斩妖服怪，除暴安良。由于时代不同了，因此只落得闹了许多笑话，吃了不少苦头，受了重伤，最后狼狈回来了，死在家里，临死才知道自己不过是一个平常人，并非是什么侠客。有人把堂吉诃德讥为"书呆子",鲁迅认为:"这种书呆子,乃是西班牙书呆子,向来爱讲'中庸'的中国,是不会有的。西班牙人讲恋爱,就天天到女人窗下去唱歌,信旧教,就烧杀异端,一革命,就捣烂教堂,踢出皇帝。然而我们中国的文人学子,不是总说女人先来引诱他,诸教同源,保存庙产,宣统在革命之后,还许他许多年在宫里做皇帝吗?"①

　　旧教,即天主教,或称罗马公教、加特力教,以区别于基督教新教而称"旧教"。西罗马帝国于476年灭亡前后,罗马主教逐渐成为整个西部教会的领袖。1054年,东、西两派正式分裂,东部教会以君士坦丁堡为中心,自称"正教",即东正教;西部教会以罗马为中心,自称"公教",即天主教。中世纪时,旧教成为西欧各国封建社会中占统治地位的宗教。旧教把异己派别贬称为异端。为了侦察和审判"异端分子",专门设立了"异端裁判所",即"宗教裁判所""宗教法庭"。它是由教皇洪诺留三世于1220年通令建立,主要由多明我会修士主持。后来教皇格列高利九世又发布通谕,强调这一设置。于是法国、比利时、意大利、西班牙等国先后设立异端裁判所,残酷迫害所谓"异端分子"或"异端嫌疑者"以及反封建势力的人士,对他们秘密审讯,严刑拷打。西班牙的异端裁判所尤为残暴,受迫害者达三十余万人,其中火刑处死者十多万人。鲁迅举这个例子,显然不是评论基督教发展史上的斗争,因为这是一个十分复杂的问题,只是由此说明西班牙人在宗教观念上的激烈、偏执的态度。他们坚持自己的信仰,不管是占统治地位的派别或是称为异端的派别,两方面都采取毫不调和的态度:一方是血腥的镇压、残酷的折磨;另一方则宁愿忍受一切惩罚直至为信仰而献身。这种执着、认真精神,同样表现在西班牙人的恋爱方式以及革命行动上。堂吉诃德的书呆子气,就是这种精神的反映。

---

　　①《二心集·中华民国的新"堂吉诃德"们》。

　　但是，类似西班牙人的这种执着的殉道精神，却是中国人所缺乏的。之所以缺乏，主要是中国人"向来爱讲'中庸'的缘故"。中庸是儒家的伦理思想，孔子对中庸推崇备至，他赞叹说："中庸之为德也，其至矣乎！"①他认为中庸是一种最高的道德准则，并认为"过"和"不及"都不合中庸之道。《礼记·中庸》发挥孔子的思想，不仅以中庸为一种美德，而且作为道德修养和处理事物的基本原则和方法。"喜怒哀乐之未发，谓之中；发而皆中节，谓之和。……致中和，天地位焉，万物育焉。"②做到喜怒哀乐等情感的流露恰到好处，便是"中和"，能够中和，天地万物就可以各得其所。朱熹解释说："中者，不偏不倚，无过无不及之名。庸者，平常也。……程子曰：'不偏之谓中，不易之谓庸。中者天下之正道，庸者天下之定理。'"③儒家的中庸之道，强调不偏向任何极端，追求对立两端的统一与中和，对人们的认识有着重要的意义，也对中国人的精神观念影响至深。从中庸观念出发，中国人特别注重人际和谐，在人际交往中，重视和合为贵，遇到矛盾时避免正面冲突，力求保持人与人之间的和睦。中国文化传统中处理人际关系的这些方式和准则，非常直接地影响了整个民族性格的面貌，就使得古代中国人没有决斗，尚文不尚武，推崇平和、温顺，不喜激烈，不走极端。这也反映在宗教观念上："中国人自然有迷信，也有'信'，但好像很少'坚信'。"正因为如此，"崇孔的名儒，一面拜佛，信甲的战士，明天信丁。"④

　　对于中国人的这种观念，西方传教士有着深切的体会。利玛窦就认为："在中国，大家很少关注拯救灵魂的事。"他说："今天，在那些自认为是最贤明者之中，最普遍的观点是声称这三教（儒释道）本为一体，可以同时遵守所有这三教的戒律。他们以此自我欺骗并在

　　① 《论语·先进》。

　　② 《中庸》。

　　③ 《中庸》。

　　④ 《且介亭杂文·运命》。

极大的混乱中期骗别人。因为他们觉得，在这种宗教方面，论述它的方式越多，它就越会对帝国有利。"①西方有的学者认为，中国人之所以对各种形式的混合论表现出强烈兴趣，是由于他们确实觉得一切都可以被调和，真理只是一种约估的事，试图从各个不同方面达到真谛并接受能够在各种教理中发现的精华之启发是大有裨益的。事实上，达到真谛的办法无关紧要。②

鲁迅指出，在中国，宗教战争是从来没有的。虽然佛道之间也曾闹得很厉害，"但中国人，所擅长的是所谓'中庸'，于是终于佛有释藏，道有道藏，不论是非，一齐存在"③。鲁迅又说："况且历来三教之争，都无解决，大抵是互相调和，互相容受，终于名为'同源'而已。凡有新派进来，虽然彼此目为外道，生些纷争，但一到认为同源，即无歧视之意，须俟后来另有派别，它们三家才又自称正道，再来攻击这非同源的异端。"④

三教之间，争而不战且彼此讲和；由于诸教同源，"悟善社里的神主有了五块：孔子，老子，释迦牟尼，耶稣基督，谟哈默德"⑤。一般的中国人也不执着于某一种宗教，而是游移于三教之间，儒家的纲常礼法，佛教的因果报应，道教的长生成仙，都可以共居在一个人的头脑里。而在西方，人只能信奉一种宗教，对于宗教的热忱又往往变成一种狂热，便酿成了欧洲历史上的宗教战争，先有持续近二百年的"十字军东侵"，后有欧洲本土的三十年战争，神圣罗马皇帝和撒克逊诸族，英王和法王，西班牙和荷兰，都因宗教信仰而发生战争。当然，鲁迅这里批评中国人的"三教同源"说，肯定西方人的殉道精神，并不是说他赞同西方人的宗教信仰和西方的宗教战争，只是通过

① ［法］谢和耐：《中国和基督教》，上海古籍出版社 1991 年版，第 107 页，第 96 页。

② ［法］谢和耐：《中国和基督教》，上海古籍出版社 1991 年版，第 95 页。

③ 《集外集拾遗补编·关于〈小说世界〉》。

④ 《中国小说的历史的变迁》。

⑤ 《华盖集·补白》。

在宗教观念上的比较，批评中国人缺乏坚定信仰并为之坚韧奋斗的人生态度和处世精神。

中国人缺乏坚执的宗教信仰与殉道精神的另一个重要原因，是重视现实的利益，以生命的安乐为本。中国人民是务实求存、面向现实的。恩格斯曾经指出："在一切实际事务中，……中国人远胜一切东方民族。"①反映在宗教信仰上，就是功利主义的信仰心理。人们不是把宗教价值作为现实幸福的慰藉，不是在精神上向神"奉献"，而是索取。对神的精神虔诚和物质供奉，就是为了得到好处，免灾祈福，有着现实的具体的目的，信什么就需要从什么得到好处，而且是现世现报，"无事不烧香，急来抱佛脚"就是这种思想的形象注脚。鲁迅指出，在中国历史上，确有为信仰而焚身的和尚、砍下臂膊布施无赖的和尚，但这并不能代表中国历史。"中国历史的整数里面，实在没有什么思想主义在内。这整数只有两种物质，——是刀与火，'来了'便是他的总名。"②许多中国人所孜孜追求的是功名富贵，保身养生，即"威福，子女，玉帛"，这就是他们的"最高理想"。就是说，许多中国人对思想主义本身很少执着，而着重思想主义对自己的现实利益，大而至于兴国利民是否有利。信仰取向上的功利原则规定了崇拜对象的广泛性，为了免灾祈福，形成了有神就敬、多多益善、"礼多神不怪"的信条。信仰取向上的功利原则又造成了鲁迅所剖析的"收贿，无持操，趋炎附势，自私自利"③以及马虎、不认真、名实不副等国民性弱点。"要做事的时候可以援引孔丘墨翟，不做事的时候另外有老聃，要被杀的时候我是关龙逄，要杀人的时候他是少正卯，有些力气的时候看看达尔文赫胥黎的书，要人帮忙就有克鲁泡巴金的《互助论》"④，等等，不管什么信仰、原则，只要对自己有利就

①《马克思恩格斯全集》第12卷，第190页。

②《热风·五十九"圣武"》。

③《华盖集·通讯》。

④《华盖集·有趣的消息》。

行。有人认为，这种功利主义的信仰心理，实质上是农业和手工业的个体生产者，在劳动过程中所积累起来的交换互利经验（"兼相爱，交相利"①）向信仰层面的延伸——由人际互利推衍为人神交换。②

诸教同源的重要指导思想是中庸，中庸的突出表现是折中主义。鲁迅多次论及三教合流、诸教同源，是结合当时革命斗争的实际有感而发的。"五四"时期，鲁迅就针对社会上由于旧势力的顽固狡猾和改革者的软弱妥协而形成的种种新旧并存的现象，揭示了折中主义的虚伪性、危害性。凡是搞折中、调和的人，总想把互相对立的两个方面调和，在自己头脑里并行不悖，颇有"兼收并蓄"之好，因此他们的所作所为就相当矛盾，甚至于令人不可理解。在当时的中国社会上，新旧并陈、美丑与共的现象到处可见：自油松片以至电灯，自独轮车以至飞机，自镖枪以至机关炮，自不许"妄谈法理"以至"护法运动"，自"食肉寝皮"的吃人思想以至人道主义，自迎尸拜蛇以至"美育代宗教"，等等，这种状态，简直是将几十世纪缩在了一时。此外如既许信仰自由，却又特别尊孔；既自命"胜朝遗老"，却又在民国拿钱；既说是应该革新，却又主张复古；等等。这四面八方几乎都是二三重以至多重而每重又各自相矛盾的事物挤在一起，"正如我辈约了燧人氏以前的古人，拼开饭店一般，即使竭力调和，也只能煮个半熟；伙计们既不会同心，生意也自然不能兴旺，——店铺总要倒闭"。鲁迅把这种折中、调和的思想称之为"二重思想"。他指出："要想进步，要想太平，总得连根拔去了'二重思想'。因为世界虽然不小，但彷徨的人种，是终竟寻不出位置的。"③

鲁迅还揭露了复古派、改良派搞折中主义的反动实质，指出他们是"学了外国本领，保存中国旧习。本领要新，思想要旧""关上大

---

① 《墨子》。
② 见程啸：《拳民意识与民俗信仰》，载《中国社会科学》1991年第3期。
③ 《热风·五十四》。

门，再来守旧"。他们所谓"因时制宜，折中至当"，也不过是"中学为本，西学为用"的翻版。鲁迅还指出，他们那种皮毛的"维新"和"关门"的梦想，必然要失败和破灭，因为"世界上决没有这样如意的事"。鲁迅说："社会上最迷信鬼话的人，尚且只能在赛会这一日抬一回神舆。不知那些学'声光化电'的'新进英贤'，能否驮着山野隐逸，海滨遗老，折中一世？"①

二、自晋以来，集儒释道为一身的封建士大夫历朝都有

三教合流的现象，也对封建时代的一些知识分子的人生态度及行为方式产生了很大影响。《文心雕龙》的作者刘勰就是一个。刘勰生平经历宋、齐、梁三朝。他出生于一个贫寒家庭，青年时代曾依附当时著名的和尚、《弘明集》的编者僧祐生活，博通佛教经论，还参加过佛经的整理工作。梁以后做过记室、参军等小官，并兼东宫通事舍人，深得太子萧统的器重。晚年出家做和尚，改名慧地，不久就死了。《文心雕龙》是刘勰三十多岁时创作于齐代的文学批评巨著。他的思想受儒家和佛家的影响都很深。在《文心雕龙·序志》中，他说自己"齿在逾立，则尝夜梦执丹漆之礼器，随仲尼而南行，旦而寤，乃怡然而喜。大哉圣人之难见也，乃小子之垂梦欤？自生人以来，未有如夫子者也"。他还推崇过东汉的经师马融、郑玄等。由于从小同和尚生活在一起，刘勰颇受佛教熏染，他的《灭惑论》是从哲学上阐述儒、佛两家"殊教合契""异经同功"的主张的，《梁建安王造剡山石城寺石像碑》一文，宣扬佛教威灵，但在《文心雕龙》中，所表现的则主要是儒家思想。

1933年，有人在文章中批评刘勰说："微惜其攻乎异端，皈依佛氏，正与今之妄以道统自肩者同病，贻羞往圣而不自知也。"鲁迅对此提出了不同看法。他认为，刘勰"自谓梦随孔子，乃始论文，而后

---

① 《热风·四十八》。

来做了和尚"，这不能说是"贻羞往圣"，因为它不是个别现象，而是三教合流在中国古代知识分子身上的反映，是一种相当普遍的文化现象。鲁迅说：

> 其实是中国自南北朝以来，凡有文人学士，道士和尚，大抵以"无特操"为特色的。晋以来的名流，每一个人总有三种小玩意，一是《论语》《孝经》，二是《老子》，三是《维摩诘经》，不但采用谈资，并且常常做一点注解。唐有三教辩论，后来变成大家打诨；所谓名儒，做几篇伽蓝碑文也不算什么大事。宋儒道貌岸然，而窃取禅师的语录。清呢，去今不远，我们还可以知道儒者的相信《太上感应篇》和《文昌帝君阴骘文》，并且会请和尚到家里来拜忏。①

在传统中国，儒释道诸种文化因子常常有机地交织在一起，融合在传统中国人尤其是士大夫身上，并且成为传统观念中的理想的、完美的人格。儒释道之所以能在同一个人身上得到整合，并构成古人所追求的完美人格，根本原因就在于它们的互补性。儒家思想作为社会伦理主要用于调节人与人之间的关系，强调以道德为本，仁爱为怀，待人宽厚，遇事忍让；道家（道教）作为修身养性之术，主要调节人与自然和社会环境的关系，倡导顺乎自然，虚怀若谷，若动若静，处变图成，无为而无不为；释家思想作为精神超脱的手段，则主要调节人与天（超自然超社会的幻境）的关系，崇尚清心寡欲，恶名远利，破除我执，以解脱人生的痛苦。这种互补性，就使儒释道三者能浑然一体，成为古人所追求的理想境界。②这种集儒释道为一身的封建士

---

① 《准风月谈·吃教》。

② 参阅俞可平：《传统观念中的理想完人——君子，集儒道释于一身》，载《社会科学报》1992 年 5 月 14 日。

大夫，晋以后各个朝代都有。例如南北朝张融临死时的遗嘱是："入敛：左手执《孝经》《老子》，右手执《法华经》。"①唐代伟大的现实主义诗人白居易，从青年时代起即礼佛，敬僧，读经，参禅，到了晚年，更是栖身佛门为居士。他又有相当一段时间相信道教，在庐山草堂烧丹、服药，与道士结交，在草堂中置儒、道、佛书各二三卷。他自谓"身着居士衣，手把南华篇"②；"七篇真诰论仙事，一卷坛经说佛心"③；"八戒夜持香火印，三元朝念蕊珠篇"④。白居易把儒、佛、道三教调和起来，使之与封建教化伦理不相背离，又使宗教生活与闲适放达的世俗生活相统一，从而形成了一种自由放达、知足保和的消极的生活方式和精神境界，对后来的封建士大夫的精神与生活都产生了相当的影响。⑤唐代著名文学家柳宗元，也是一位具有唯物主义倾向的进步思想家，他的基本思想是尊儒的，把实行"尧舜孔子之道"当作人生的最高理想，但他又崇信佛教，写过许多"伽蓝碑文"之类的作品。在他的《柳河东集》正集45卷诗文中，释佛碑占了整两卷，记祠庙、赠僧侣的文章各近一卷。唐德宗朝有一个韦渠年，初为道士，又为僧，后入仕，被权德舆称赞为"洞彻三教""周流三教"的人物。⑥

三、戴季陶："做戏的虚无党"的典型

三教合流体现在一个人身上，其特点就是"无特操"。如果说，封建时代的知识分子把三教合流作为理想人格的追求，其"无特操"是一种深刻的文化现象，那么，现代中国"上等人"中的"无特操"

---

①《南齐书·张融传》。

②《游悟真寺诗》。

③《味道》。

④《白发》。

⑤ 参阅孙昌武：《唐代文学与佛教》，陕西人民出版社1985年版，第121页。

⑥《唐故太常卿赠刑部尚书书公墓志铭》。

特色，则既有传统思想的影响，更是现实的阶级斗争的反映。俄国作家屠格涅夫在他的长篇小说《父与子》中，塑造了一个叫巴扎洛夫的人物，作者把巴扎洛夫这一类型人物称之为"虚无主义者"或"虚无思想者"，其特点是"不信神，不信宗教，否定一切传统和权威，要复归那出于自由意志的生活"。这样的人物与中国的"无特操"者表面上看是极其相似的，但实际上有很大不同。鲁迅指出："但是，这样的人物，从中国人看来也就已经可恶了。然而看看中国的一些人，至少是上等人，他们的对于神，宗教，传统的权威，是'信'和'从'呢，还是'怕'和'利用'呢？只要看他们的善于变化，毫无特操，是什么也不信任的，但总要摆出和内心两样的架子来。要寻虚无党，在中国实在很不少；和俄国的不同的处所，只在他们这么想，便这么说，这么做，我们的却虽然这么想，却是那么说，在后台这么做，到前台又那么做……将这种特别人物，另称为'做戏的虚无党'或'体面的虚无党'以示区别罢，虽然这个形容词和下面的名词万万联不起来。"①

在中国的"上等人"中，这样的人屡见不鲜。鲁迅以戴季陶为典型，花了不少笔墨，对"做戏的虚无党"进行了深入的批判。

戴季陶又名传贤，号天仇，一生思想多变。在辛亥革命时期参加同盟会，激烈排满，后随孙中山反对袁世凯。"五四"运动后，一度宣传过社会主义，并参加过上海共产主义小组的筹备活动。1920年后，戴与蒋介石在上海交易所搞投机生意。在孙中山领导的革命事业遭到严重打击以及个人遭到挫折的情况下，戴逐转而信仰佛教。"四一二"政变前后，曾为蒋介石公开叛变革命大造反革命舆论，其理论被称为"戴季陶主义"。戴曾任过国民党中央执行委员会常务委员、国民党政府委员、考试院院长。他把自己装扮成三民主义的信奉者和孙中山先生的信徒，其实是以儒学来曲解孙中山的三民主义，把

---

① 《华盖集续编·马上支日记》。

孔子三民主义化，把孙中山孔子化，把三民主义儒学化。他说："中山先生的三民主义盖自孔子之思想系统递嬗而出，对于全世界人类共同欲求之理想与现实，一以贯之，以诚之一字为基础，而成民族的哲学。故曰天下之达道三：民族也、民权也、民生也。所以行之者三：智、仁、勇也。贯智仁勇而为一者，诚也。"①中国共产党人对戴季陶主义给予了严厉批评。恽代英就指出戴季陶歪曲了孙中山的思想。他说，孙先生的主义，包括"绝对的平等的思想"与"革命的精神"两个方面，戴季陶怕革命，把孙先生比作孔子，把孙先生的平等思想化为空想，但孙先生不是孔子或释迦，不是一个教主，而是一个革命领袖。②

　　戴季陶当时变化甚多，所作所为，令人眼花缭乱。他曾捐款修建吴兴孔庙，鼓吹"仁爱"和"忠恕"；又宣扬"忠孝仁爱信义和平"的所谓"八德"，由国民党当局强令机关团体制匾悬挂于礼堂；1933年初他在南京东郊汤山修建别墅，命名为"孝园"，自称"孝思不匮"；他在担任国民党政府考试院院长时，于考试院内设置佛堂，在书斋内设置佛经佛像，持斋茹素；1934年，他和当时已下野的北洋军阀段祺瑞等发起，请第九世班禅喇嘛在杭州灵隐寺举行"时轮金刚法会"，宣扬"佛法"；1934年4月，他又去陕西扫祭文武周公墓，并以"救国救民""培国本而厚国力"为名，发出严禁"研究国学科学诸家发掘古墓"的通电。鲁迅在一封信中谈到戴季陶时说："至于戴季陶者，还多得很，他的忽而教忠，忽而讲孝，忽而拜忏，忽而上坟，说是因为忏悔旧事，或藉此逃避良心的责备，我以为还是忠厚之谈，他未必责备自己，其毫无特操者，不过用无聊与无耻，以应付环境的变化而已。"③鲁迅指出戴季陶言行的变化不定，其目的是应付

　　① 《三民主义之哲学渊源》，转引自宋仲福等著：《儒学在现代中国》，中州古籍出版社1991年版，第133页。

　　② 《孙中山主义与戴季陶主义》。

　　③ 《书信·340424致杨霁云》。

环境的变化，教忠讲孝、拜忏上坟只是手段，他的毫无特操、言行不一，在别人看来是"无聊与无耻"，在他却是出于本心，因此他"未必责备自己"。鲁迅指出，不负责任的、不能照办的教训多，则相信的人少；利己损人的教训多，则相信的人更其少。"不相信"就是"愚民"的远害的堑壕，也是使他们成为散沙的毒素。但有这种"不相信"的"脾气"的，不只是"愚民"，虽是说教的"士大夫"，相信自己和别人的，现在也未必有多少，"例如既尊孔子，又拜活佛者，也就是恰如将他的钱试买各种股票，分存许多银行一样，其实是那一面都不相信的"①。这"既尊孔子，又拜活佛者"，即戴季陶之流。

　　中国现代的这些"无特操者"，为了抬高他们自己，就必然要利用他们所奉为大旗的伟人。1933年，戴季陶邀广东中山大学在南京的师生七十余人，合抄孙中山的著作，盛铜盒中，外镶石匣，在中山陵附近建筑宝塔收藏。宝塔即佛塔，起源于印度，用以藏舍利和经卷等。例如著名的西安大雁塔，就是唐僧玄奘为存放从印度取回的佛经，向朝廷建议修造的。戴季陶把孙中山的著作造塔收藏，表面上似乎是把孙中山的著作看得很珍贵，其实是力图把孙中山思想宗教化，使孙中山成为"教主"，而他们一伙，则是孙中山的继承人。这才是他们的最终目的。鲁迅对这"太平之区，却造起了宝塔"②给予尖锐的讽刺。他说："耶稣教传入中国，教徒自以为信徒，而教外的小百姓，却都叫他们是'吃教'的。这两个字，真是提出了教徒的'精神'，也可以包括大多数的儒释道之流的信者，也可以移用于许多'吃革命饭'的老英雄。"③这就揭穿了戴季陶之流政客的真面目。他们都是些"吃教"的。"教"对他们来说，只是一件可以利用的工具，就像清朝人称八股文为"敲门砖"一样，因为得到了功名，就如打开了

① 《且介亭杂文·难行和不信》。

② 《伪自由书·天上地下》。

③ 《准风月谈·吃教》。

门，砖即无用。鲁迅说："'教'之在中国，何尝不如此。讲革命，彼一时也；讲忠孝，又一时也；跟大喇嘛打圈子，又一时也；造塔藏主义，又一时也。有宜于专吃的时代，则指归应定于一尊；有宜合吃的时代，则诸教亦本非异致，不过一碟是全鸭，一碟是杂拌儿而已。"①

这些"无特操者"似乎在信奉着什么，其实什么也不信，他们所奉为大旗的伟人，只是可以利用的傀儡。伟大的人物要得到他们的恭维赞叹时，必须死掉，或者沉默，或者不在眼前。总而言之，第一要难于质证。鲁迅说："如果孔丘，释迦，耶稣基督还活着，那些教徒难免要恐慌。对于他们的行为，真不知道教主先生要怎样慨叹。"②同样，如果孙中山还活着的话，对于自称为他的继承人而又歪曲他的精神的戴季陶之流，也不知要发出怎样的慨叹来！

鲁迅重视对戴季陶的揭露和批判，是把戴作为一个类型来看待的。因为在现代中国，有许多像戴季陶一样的"吃革命饭"的人物，在他们身上，也是儒释道合于一起，思想深处仍是儒家的一套；他们毫无操守，善于变化，左右逢源，无所不宜。鲁迅曾在上海内山书店的漫谈会谈过"儒家和革命"问题，也是对这种现象与这种人物的剖析。他说：

> 其实中国的革命，不论什么时候都是对儒家的革命。正如各位所知道的，从来成为儒家思想的东西，都是为从事政治活动的人们而写作的训条，并非是庶民自己的东西。这样成为儒家思想的东西，经常是政治家，有时也是政府加以利用的东西。只要建立一个政府，就一定用儒家思想强制庶民，这是中国自古以来不成文的律法。这个儒家思想的强制一方搞得很厉害的时候，也就会发生有名的东西——革命。这个革命一旦巧妙获得成功，革命

---

① 《准风月谈·吃教》。
② 《华盖集续编·无花的蔷薇》。

政府就出现了……而革命一旦成功，成为今日之旗号的言论自由啦，结社自由啦，天下为公啦，宗教是鸦片烟啦，都会忘得一干二净，现出一副全然不知的脸相。藏匿在为国家的美名之下，抛弃掉无罪的糟糠之妻子；宗教是鸦片烟的叫喊声声犹在耳，自己已经接受了耶稣教的洗礼，按基督教的教义举行结婚仪式，这已是家常便饭。破坏文庙和夫子庙的两手还没有去洗，就又去复活祭孔。一方面去说教，声称是符合时代需要，同时毫不留情地在镇压言论自由，禁止结社。不问文章内容，只根据作者的名字，一开头就禁止发行，对这种野蛮的行为满不在乎，世界不论哪一国也没有这么干过的。当采取这种行动的时候，借用儒家思想仍然是最方便的。祭孔的复活毕竟是序曲。从这儿将产生什么呢？不用说，就是下一次革命……①

鲁迅的论述有着很强的现实性和针对性。当时的蒋介石、国民党就是如此。国民党左派邓演达在批评蒋介石把孙中山的三民主义儒学化时说，"蒋氏的灵魂是礼教"。对于蒋介石为与宋美龄结婚而加入基督教一事，邓认为不能改变蒋介石的意识形态。"最近他受了耶教洗礼，虽然这件事在中国现时的历史是一件大事，是一个殖民地资本主义化的象征，但是他的灵魂始终是孔教的。"②由此可见鲁迅批判戴季陶，是从激烈的阶级斗争着眼，从深厚的传统文化着手，有着深刻的现实意义，充溢着强烈的战斗精神。

四、中国古典文学中的三教合流

三教合流的思想，在中国古代文学作品中有着鲜明的反映。鲁迅对此也有深入的研究。佛教传入汉地以后，便注意吸收在思想领域占

---

① 转引自薛绥之：《鲁迅与内山书店的漫谈会》，见鲁迅研究学会编：《鲁迅研究》第1辑。作者原注，此段引文见吕元明等：《日本人士回忆鲁迅》。

② 《南京统治的意识形态》，见《邓演达先生遗稿》。

统治地位的儒家学说，力求为不同阶层的人更加广泛地接受，这也在六朝的鬼神志怪书中有所体现。鲁迅指出，《冥祥记》等释氏辅教之书，"引经史以证报应，已开混合儒释之端矣"①。在元明清小说里，更有大量的三教合流意识的艺术描写，这其中既有对社会生活中的三教合流现象的描绘，也有借助宗教神话形象反映作者的三教合流意识。明代吴承恩的《西游记》就是这么一部小说。

《西游记》是在民间流传的唐僧玄奘取经故事和有关话本、杂剧的基础上，演变而成的浪漫主义的神魔故事小说。唐僧取经本是唐代贞观年间的史实。这部小说没有拘泥于史书有关玄奘取经的记载，而是以浪漫主义的精神和手法，做了大胆的创造性的改造，使整部小说充满了神奇的幻想和艺术想象的光辉。对本书的宗旨，有人说是劝学，有人说是谈禅，有人说是讲道，议论纷纷。鲁迅不同意这些看法，认为"作者虽儒生，此书则实出于游戏，并非语道，故全书仅偶见五行生克之常谈，尤未学佛，故末回至有荒唐无稽之经目"。既然不是劝学、谈禅、语道，那么该书的撰写目的到底是什么？鲁迅指出："特缘混同之教，流行来久，故其著作，乃亦释迦与老君同流，真性与元神杂出，使三教之徒，皆得随宜附会而已。"②如果一定要探求它的宗旨，鲁迅同意谢肇淛的看法："《西游记》曼衍虚诞，而其纵横变化，以猿为心之神，以猪为意之驰，其始之放纵，上天下地，莫能禁制，而归于紧箍一咒，能使心猿驯伏，至死靡他，盖亦求放心之喻，非浪作也。"③

在《西游记》的众多神仙里，既有如来、菩萨、观音等佛教神灵，又有太上老君、玉皇大帝等道教仙人，在许多时候又是佛道合作，共同帮助唐僧一行战胜妖魔。主人公孙悟空神通广大，勇猛无敌，大闹天宫，降妖伏魔，护送唐僧到西天取经。他是三教齐修的，

---

① 《中国小说史略》第六篇。
② 《中国小说史略》第十七篇。
③ 《五杂俎》卷十五。

首先在菩提祖师门下修习道教长生不老之术，然后在天宫做了个散仙，后又皈依观音菩萨门下，护送唐僧去西天，正式当了和尚。他佛法道术都精通。为了搭救被妖魔关在高温蒸笼里的唐僧、八戒与沙僧，要请北海龙王前来向蒸笼里吹送冷气，他召请龙王的咒语是："唵蓝净法界，乾元亨利贞。"①前一句为佛家语，后一句为道家语。孙悟空无父无母，生于石头，但精通儒学，极重视孝道。他用儒家伦理说服百花公主同她的妖怪丈夫黄袍郎决裂，责备她苟安于妖洞而忘却父母之恩，说什么"盖'父兮生我，母兮鞠我。哀哀父母，生我劬劳！'故孝者，百行之原，万善之本"②。孙悟空本人虽一再被唐僧无理斥退，但却始终对师父忠心耿耿，因为"一日为师，终身为父""父子无隔宿之仇"。③孙悟空是个会同三教的形象。他在申斥妖怪南山大王时，列举的三个典范人物就是三教教祖孔圣人、李老君和佛如来。他曾劝告车迟国王"也敬僧，也敬道，也养育人才，我保证你江山永固"④。这正是三教合流意识的具体体现。当然，孙悟空的性格是矛盾而复杂的，他还具有反封建的战斗的一面。⑤

明人丁耀亢撰《续金瓶梅》，说是因见"只有夫妇一伦，变故极多……造出许多冤业，世世偿还，真是爱河自溺，欲火自煎，一部《金瓶梅》说了个色字，一部《续金瓶梅》说了个空字，从色还空，即空是色，乃自果报，转入佛法"⑥。鲁迅指出："然所谓佛法，复甚不纯，仍混儒道，与神魔小说诸作家意想无甚异，惟似较重力行，又欲无所执着，故亦颇讥当时空谈三教一致及妄分三教等差者之弊。"⑦鲁迅以李师师旧宅没收入官，立为大觉尼寺，儒道又出而纷争为例：

---

① 《西游记》第七十七回。

② 《西游记》第三十一回。

③ 《西游记》第三十一回。

④ 《西游记》第四十七回。

⑤ 参阅马焯荣：《中西宗教与文学》第11章，第5节。

⑥ 《续金瓶梅》第四十三回。

⑦ 《中国小说史略》第十九篇。

……这里大觉寺兴隆佛事不题。后因天坛道官并阖学生员争这块地，上司决断不开，各在兀术太子营里上了一本，说道："这李师师府地宽大，僧妓杂居，单给尼姑盖寺，恐久生事端，宜作公所。其后半花园，应分割一半，作三教堂，为儒释道三教讲堂。"王爷准了，才息了三处争讼。那道官见自己不独得，又是三分四裂的，不来照管。这开封府秀才吴蹈理卜守分两个无耻生员，借此为名，也就贴了公帖，每人三钱，倒敛了三四百两分资。不日盖起三间大殿，原是释迦佛居中，老子居左，孔子居右，只因不肯倒了自家门面，便把孔夫子居中，佛老分为左右，以见贬黜异端外道的意思。把那园中台榭池塘，和那两间妆阁，当日银瓶做过卧房的，改作书房。……这些风流秀士，有趣文人，和那浮浪子弟们，也不讲禅，也不讲道，每日在三教堂饮酒赋诗，倒讲了个色字，好个快活所在。题曰三空书院，无非说三教俱空之意。①

从鲁迅《中国小说史略》中所引这一段描写，可以看到三教合流意识在明代社会生活中的表现。在清代，三教合流也有广泛的描写。这在打破了"传统的思想和写法"的《红楼梦》中就有大量的描述。例如，在贾府这个封建贵族大家庭中，就有三座宗教建筑，其一是祭祀祖先的贾氏宗祠，其二是道教的清虚观，其三是佛教的铁槛寺。儒、道、佛三教结合起来，发挥着互补的作用。在贾府，有很多宗教活动，且常常是佛道一起进行。如秦可卿死后，宁国府做了七七四十九天"好事"。这四十九日，单请一百零八众禅僧在大厅上拜大悲忏，超度前亡后化诸魂，以免亡者之罪；另设一坛于天香楼上，是九十九位全真道士，打四十九日解冤洗业醮。然后停灵于会芳园中，灵前另外五十众高僧、五十众高道，对坛按七做好事。②僧道各

---

① 《续金瓶梅》第三十七回上。

② 《红楼梦》第十三回。

以其特有的仪式互相合作，共同表演。

五、鲁四老爷房中陈抟的"寿"字和《四书衬》

在鲁迅的作品中，对这种三教合一的思想和反映也有一些描写。小说《孤独者》的主人公魏连殳的祖母去世后，亲族聚议，要魏连殳在丧葬仪式上必须按照以下三大条件去办：其一是穿白，其二是跪拜，其三是请和尚道士做法事。法事这里指和尚、道士超度亡魂的迷信仪式。虽是一个普通家庭办丧事，其规模、程度远不可与《红楼梦》里的贾府相比，但同样都请了和尚与道士，在这一点上，说明三教合流的意识是何等普遍！

小说《祝福》中的鲁四老爷，是一个讲理学的老监生，窗下案头是《近思录集注》《四书衬》，墙上挂着"事理通达心气和平"的条幅，这是朱熹解释《论语·季氏》的语录。但在他的书房墙壁上，则挂着朱拓的大"寿"字，是"陈抟老祖"写的。陈抟为五代、宋初道士，字图南，自号扶摇子。后唐长兴年间应考进士，不中，于是放弃仕途，游历名山，求仙访道，长期隐居在武当山九室岩，服气辟谷二十余年，后移居华山。宋太祖赐号希夷先生。相传他常练功长睡，百余日不起，世称"隐于睡"者。他好读《易》，曾著《无极图》《先天图》，认为万物一体，只有超绝万有的"一大理法"存在，其思想对宋代理学有较大影响。在旧时的传说中，他被附会为"神仙"。透过这个"寿"字，可以看到鲁四老爷企望长生的道教式生活情趣。他是杂糅儒、道两教为一身的颇有代表性的人物。

六、三教合流与中国人的鬼神观

三教合流意识，也反映在中国人对于鬼神的态度上。我们知道，原始人由于灵魂观念而产生了对鬼魂的崇拜。鬼就是已经死亡了的人们的灵魂。鬼的观念后来又演变成神的观念。最初的神，就是远古时候的氏族部落的"大人物"死后的灵魂。因此，在先民看来，鬼与神在性质上没有根本的区别。在中国传统宗教中，就有对于鬼神的信仰和祭礼，并与天帝崇拜和祖先崇拜同时并存，共同构成传统宗教的庞杂体系。[①]其中天帝为百神之首，祖先神为百鬼之先，百神百鬼各有自己的特殊神性与管辖范围。《礼记·祭法》说："山林川谷丘陵，能出云，为风雨，见怪物，皆曰神。有天下者祭百神……此五代之所不变也。"道教出现后，就收纳当时汉民族所信仰的各类鬼神，构造自己的鬼神体系。陶弘景的《真灵位业图》，将道教的鬼神分为七阶，每阶设一个"中位"，每个中位左右都开了一大串名单，既有儒家鼻祖孔子，又有一些有名的历史人物。道教的神很多，神无所不有，甚至人的四肢百骸也有神名。释迦牟尼原本并不是神，只是一个参透了人生苦难的觉者，但当他成为佛教教主后，便开始被神化。释迦牟尼随着佛教传入中国时，就是以神的身份出现的，而佛教原有的菩萨、天王、罗汉、诸多护法伽蓝以及管理地狱的阎魔王及判官等，也都以神的身份来到中国。因此，中国的鬼神谱系是复杂的，既有传统宗教的鬼神世界，又有道教的鬼神谱系，还有佛教的鬼神系列。但是，长期以来，老百姓对以上不同系列的鬼神则采取兼收并蓄的态度，不分畛域，一概崇拜，见庙就烧香，逢神就磕头。在有些神庙里，往往是不同宗教的神灵排在一起。鲁迅作品中记述的民间祭神活动，也往往是三教混杂，不大注意区分。例如，绍兴民间的迎神赛会上，要唱"目连戏"。目连戏反映的是佛教故事，但在整个迎神活动中，又与道教有关，且往往是佛、道结合在一起的。

---

① 参阅吕大吉主编：《宗教学通论》，第556页。

第五章

鲁迅与基督教

　　基督教作为世界三大宗教之一，是西方文明之源——希伯来文明和希腊文明的结晶。它构成了西方社会两千年来的文化传统与特色。T. S. 艾略特从宗教是促使不同文化的民族之间产生共同文化的主导力量的认识出发，认为欧洲文化统一的基础是基督教。他说："如果基督教不存在了，我们的整个文化也将消失。接着你不得不痛苦地从头开始，并且你也不可能提得出一套现成的新文化来。你必须等到青草长高，羊吃了青草长出羊毛，你才能把毛弄来制作一件新大衣。你得经过若干个世纪的野蛮状态。"①这个说法虽有夸大宗教作用之嫌，但从另一方面告诉我们西方文化与基督教的密切关系。从其信仰人数和地域分布情况来看，基督教为现今世界上信仰人数最多的宗教，影响到世界广大地区的历史发展和文化进程。作为伟大思想家的鲁迅，终其一生，对中外文化进行了认真的研究与择判，这里当然包括对西方文化影响甚巨的基督教。

第一节　基督教与西方文化

　　基督教是奉耶稣基督为救世主的各教派的统称，1世纪产生于巴勒

---

① T.S. 艾略特：《基督教与文化》，四川人民出版社 1989 年版，第 205—206 页。

斯坦，逐渐流传于罗马帝国全境。基督教信仰上帝（天主）创造并主宰世界，认为人类从始祖起就犯了罪，并在罪中受苦，只有信仰上帝及其儿子耶稣基督才能获救。鲁迅对基督教的渊源、教义及历史发展中的重大事件都是熟悉的，并有许多论述。

一、希伯来文化：“教宗文术，此其源泉”

基督教的形成与希伯来文化有着密切的关系。它是古代希腊哲学和希伯来宗教的混合产物，以《旧约全书》和《新约全书》为圣经，而《旧约全书》就是希伯来人的典籍。鲁迅对希伯来文化予以极高评价，他在论述希伯来文献时说：“……希伯来，虽多涉信仰教诫，而文章以幽邃庄严胜，教宗文术，此其源泉，灌溉人心，迄今兹未艾。特在以色列族，则止耶利米（Jeremiah）之声；列王荒矣，帝怒以赫，耶路撒冷遂隳，而种人话亦默。当彼流离异地，虽不遑忘其宗邦，方言正信，拳拳未释，然《哀歌》而下，无赓响矣。”[1]

鲁迅这里盛赞的希伯来文献，主要就是今天基督教的《旧约全书》。希伯来是犹太的古称。公元前12世纪中叶，希伯来各部落逐渐定居于巴勒斯坦。公元前1000年左右，他们开始自称“以色列人”，因为相传他们的族祖雅各曾于夜间与天使摔跤，直到天亮，天使叫他改名“以色列”。以色列（Israel）是“与神角力”的意思。后来形成两个部落联盟，北方的叫以色列，人口较多，地盘较大而肥沃；南方的叫犹太，人数较少而土地硗薄。大约在同一时期，在犹太部落的领袖大卫和其子所罗门的领导下，建立了统一的以色列——犹太王国，定都在耶路撒冷。公元前936年，王国分裂为二，北方以色列，南方犹太。分裂后，两国先后亡于亚述和新巴比伦，国人或被俘虏，或流亡异国。人们把这些流离在外的人统称为犹太人，成为“没有国家的民族”。到135年最后一次对罗马帝

---

[1] 《坟·摩罗诗力说》。

国起义失败时，就结束了"希伯来人"的历史，转入"犹太人"的历史。

希伯来宗教又称犹太教或摩西教。希伯来人奉耶和华为各部落的主神，宇宙唯一的主宰，并认为犹太民族是神的特选子民，盼望耶和华派遣弥赛亚来当复兴犹太国的救世主，带领他们摆脱异族的迫害。当时，犹太教内部由于对罗马统治和人民起义持不同态度形成许多派别，原始基督教的伊便尼派、拿撒勒派等就与其中的艾赛尼派有着许多共同之处。这些派别因反对处于犹太教正统地位的撒都该派和法利赛派而被当作异端，从而最终发展、演变成一种新的世界性宗教——基督教。

在犹太教教义形成时期，希伯来人收集历代文化遗产，完善了宇宙一神教的理论，汇编为适合他们教义教规的总集，称为《圣经》。希伯来人的这份文化遗产被后来的基督教全部接受，编入他们自己的《圣经》。为了加以区别，基督徒们给希伯来人编的《圣经》取名为《旧约全书》，表示这是希伯来人与上帝的契约；把自己的经典称为《新约全书》，表示是基督徒与上帝的契约。希伯来人的《圣经》，内容十分丰富，有民间流传的史诗、战歌、情歌，有以色列和犹太国王的编年史记，有先知的教诫，国王制定的法律，等等。诚如鲁迅所说，其文章"以幽邃庄严胜"，成为西方世界宗教和文学艺术的源泉，"灌溉人心，迄今兹未艾"。鲁迅特别提到先知耶利米的歌声。据《圣经》记载，他于公元前627年开始预言，说犹太与耶路撒冷一定会灭亡。《圣经·旧约》中有《耶利米书》52章，又有《耶利米哀歌》5章，是他哀悼首都耶路撒冷被毁（公元前583年）的诗歌。诗人认为耶路撒冷遭劫是上帝对犹太人罪恶的惩罚，哀恳上帝宽恩眷顾，期望与上帝恢复和好，使耶路撒冷重新复兴。犹太人每逢纪念亡城的日子，都朗诵此诗。希伯来文化是世界文化宝库之一。闻一多在《文学的历史动向》一文中指出，希伯来民族是"对近代文明影响最大最深的四个古老民族之一"，与中国、印度、希腊"在差不多同时猛然抬头，迈开了大步"。

二、马丁·路德"力击旧教而仆之"

对于基督教的历史及其与欧洲文化发展的关系，鲁迅在早期写的《文化偏至论》一文中，就进行了明晰而全面的分析，特别是对马丁·路德宗教改革的原因、内容及巨大影响，有着正确的论述。他指出，欧洲进入中世纪以后，由于宗教神学的严密统治，"益于梏亡人心，思想之自由几绝，聪明英特之士，虽摘发新理，怀抱所见，而束于教会，胥缄口结舌而不敢言"。但民众却像是一股排山倒海的洪流，受到阻挡就更加汹涌澎湃，他们极力要摆脱宗教的束缚，"时则有路德（M.Luther）者起于德，谓宗教根元，在乎信仰，制度戒法，悉其荣华，力击旧教而仆之"。在西方，大规模的宗教改革运动，是在16世纪初期由德国兴起的。德国宗教改革的倡导者为马丁·路德。按照天主教神学观点，人类始祖亚当和夏娃因受诱惑而犯罪，给他们的后代遗传了世代相同的"原罪"，即人一生下来就是有罪的。人要从"原罪"中获得拯救，必须在生前做善事，积功德，并通过教会代为祈祷才能实现。路德宗教改革的思想核心是"信仰得救"，认为人要获得上帝的拯救，不在于遵守教会规条，用不着教士的监督和干预，而在于个人信仰；只要虔诚地信仰上帝，死后灵魂即可得救。这样，路德的宗教改革思想不仅从精神上否定了教会和罗马教廷的特权，而且也从经济上否定了教会的剥削权。这是新兴市民资产阶级主张建立民族的廉俭教会愿望的反映。路德并对原有的教义、教阶和仪礼方面做了许多改革。这像一把点燃的火种，很快席卷欧洲，引起不少国家相继发生反对罗马教廷的宗教改革运动，同时奠定了新教的理论基础，使路德成为新教的奠基人。鲁迅又指出，这个遍及欧洲的变革有着重大的意义和深远的影响，受到影响的不仅是宗教，还波及其他许多方面，其中包括要求政治上的变革等。鲁迅的这些论述是深刻的。

马丁·路德是16世纪欧洲宗教改革的发起者，但后来他退却了，并站到了人民的对立面。随着宗教改革的深入，德国的反教会斗争形成了两派：一派是以市民资产阶级、下层贵族和部分诸侯组成的温和的改良派，他们只要求摆脱罗马教廷，建立"廉俭教会"为自己服务，反对彻底改革。另一派是以广大农民和城市平民组成的激进的革命派，要求进行彻底的宗教改革，并进而改变现有的社会制度。这时，路德则站到了统治阶级一边，和贵族、教皇等结成同盟，宣传只能用和平手段改革，鼓吹"合法的前进"，后又提出教会与政府应以刀剑来迫使群众服从。当闵采尔领导农民起义时，他更公然主张武力镇压。闵采尔认为耶稣是人而不是神，信仰的建立应基于人的理性，宗教改革的目的是摧毁整个封建制度，建立现实的天国。为了实现天国的理想，闵采尔亲自发动和领导了德国农民战争，并建立了革命政权"永久议会"，起义虽然失败了，但却打击了封建制度，动摇了天主教会在德国的统治地位。鲁迅晚年曾编选并出版了德国女艺术家凯绥·珂勒惠支的版画选集，其中有一幅为《耕夫》，是她的七幅连续画《农民战争》中的第一幅，鲁迅在《序目》中对德国农民战争的来龙去脉以及马丁·路德的情况做了简明扼要的介绍，他说："'农民战争'是近代德国最大的社会改革运动之一，以一五二四年顷，起于南方，其时农民都在奴隶的状态，被虐于贵族的封建的特权；马丁·路德既提倡新教，同时也传播了自由主义的福音，农民就觉醒起来，要求废止领主的苛例，发表宣言，还烧教堂，攻地主，扰动及于全国。然而这时路德却反对了，以为这种破坏的行为，大背人道，应该加以镇压，诸侯们于是放手的讨伐，恣行残酷的复仇，到第二年，农民就都失败了，境遇更加悲惨，所以他们就称路德为'撒谎博士'。"①

三、《创世记》为"景教之迷信"

鲁迅早期在自然科学，特别是在达尔文的生物进化论里，就接受

---

① 《且介亭杂文末编·〈凯绥·珂勒惠支版画选集〉序目》。

了认识自然现象的唯物主义观点。他在辛亥革命前夕进行的革命文化思想启蒙教育中，对基督教神学观点给予尖锐的批判。基督教宣扬神是万能的，神创造人，人应该服从神。"《创世记》开篇，即云帝以七日作天地万有，抟埴成男，析其肋为女。"鲁迅明确指出，这不过是"景教之迷信"，"彷徨于神话之歧途"。[①]鲁迅后来一再运用生物进化的事实，来批判上帝造人的宗教神话。他说："生物在进化，被达尔文揭发了，使我们知道了我们的远祖和猴子是亲戚。"但是达尔文却受到那时的绅士的攻击，他们叫达尔文为猴子的子孙，被嘲笑了小半世纪。"给他来斗争的是自称为'达尔文的咬狗'的赫胥黎，他以渊博的学识，精辟的文章，东冲西突，攻陷了自以为亚当和夏娃的子孙们的最后的堡垒。"[②]鲁迅还以德国病理学家维尔和为例，说明背离了进化论，就难免陷入上帝造物的谬误。他说："德国的病理学家维尔晓（Virchow）（通译维尔和），是医学界的泰斗，举国皆知的名人，在医学史上的位置，是极为重要的，然而他不相信进化论，他那被教徒所利用的几回讲演，据赫克尔（Haeckel）说，很给了大众不少坏影响。因为他学问很深，名甚大，于是自视甚高，以为他所不解的，此后也无人能解，又不深研进化论，一口归功于上帝了。"[③]

四、地球实在在回旋

鲁迅在其一生中，坚持科学，反对基督教宣扬的宗教神话。这里以他对伽利略的地动说的多次论述为例。

16世纪以前，天文学的经典是古罗马天文学家托勒密的地球中心论。这一学说认为，我们居住的地球处在宇宙的中心，它是永远静止不动的。太阳、月亮和一切星星都围绕着地球这个中心旋转。这样一个体系，既符合人类在宇宙中占据特殊位置的宗教信条，又可成为教

---

① 《坟·人之历史》。

② 《南腔北调集·"论语一年"》。

③ 《且介亭杂文二集·名人和名言》。

会神学证明上帝存在的论据，于是地球中心说便被基督教罗马教会神化起来，说什么地球是上帝选定的宇宙中心，宇宙是上帝为了人而有目的地创造的等等，以此来维护神权统治。在中世纪，托勒密的学说被罗马教会奉为神圣不可侵犯的教条，绝对不允许怀疑，否则就是大逆不道。1543年，波兰天文学家哥白尼出版了《天体运行论》，宣布太阳是宇宙的中心，而地球则永远不停地围绕着太阳在旋转，这就是哥白尼世界体系。照恩格斯的说法，哥白尼的这一不朽著作，是"自然科学借以宣布其独立并且好像是重演路德焚烧教谕的革命行动"[1]。太阳中心说敲响了中世纪宗教神学的丧钟，反动宗教势力恐惧了，对这一学说进行打击。意大利哲学家布鲁诺就因为宣传哥白尼的学说而被宗教裁判所烧死在罗马的鲜花广场。

意大利天文学家和物理学家伽利略后来应用望远镜研究天体，有了一系列新的发展，进一步证明了哥白尼关于地球围绕着自己的轴心旋转的基本观点。这些新的发现，使地球降为一个普通的行星。这样，地球是宇宙中心的学说就彻底破产了，上帝这个不可触犯的偶像也跟着倒台了。这一学说的革命性后果，如鲁迅所说，它"摇动了宗教，道德的基础"，因此"被攻击原是毫不足怪的"[2]。慑于伽利略的声誉，教廷和宗教裁判所要求伽利略不推翻《圣经》对宇宙的说法，放弃为哥白尼学说辩护。伽利略在形式上服从了这个命令，不得不保持沉默或者用暗语谈论哥白尼学说。1632年，他发表的《关于托勒密和哥白尼两大世界体系的对话》一书，总结了他的一系列新的科学发现，大力支持和阐明哥白尼的地动说。1633年，宗教裁判所对伽利略进行了四次审问，拷打恫吓，使他受尽了凌辱，摧毁了这位年事已高并且重病在身的科学家的意志，迫使他宣布托勒密学说是"正确无疑"的。"神圣法庭"宣布伽利略"有重大的异端嫌疑"，只有按照

---

① 《马克思恩格斯全集》第 20 卷，第 362 页。

② 《且介亭杂文·中国语文的新生》。

指定的程式拒绝、诅咒、痛恨哥白尼学说，才允许免受被烧死的惩罚。鉴于伽利略已放弃了"邪说"，遂宣布"用公开的命令禁止伽利略的《对话》一书；判处暂时把你正式关入监狱内，我们勒令你在三年内每周读七篇忏悔圣歌一次，作为使你得救的忏悔"[1]。在宣读判词后，伽利略被迫跪在宗教裁判所的法庭面前，手捧福音书，发表了"抛弃（谬误）"词，宣誓"诚心诚意地抛弃、诅咒和憎恨"哥白尼学说，"永远信仰并在上帝帮助下将来继续信仰的神圣天主教的和使徒的教会包含、传播和教导的一切"，"宣誓并保证尊重和严格执行贵神圣法庭已经或将要对我做出的一切惩罚"[2]。七十高龄的伽利略，"几被宗教家烧死"[3]，被处以八年软禁。教会把他的誓约广为分发、宣读，妄图借以阻止太阳中心说的传播。但这是徒劳的。正如鲁迅所说的："凡事实，靠发少爷脾气还是改不过来的。格里莱阿（通译伽利略）说地球在回旋，教徒要烧死他，他怕死，将主张取消了。但地球仍然在回旋。为什么呢？就因为地球是实在回旋的缘故。"[4]

马克思也说过："有一个时候曾经命令人们相信地球不是围绕太阳运转。伽利略是不是因此就被驳倒了呢？"[5]答案是显而易见的。科学的真理是关闭不住、禁止不了的。1992年10月31日，伽利略蒙冤360年后获平反，梵蒂冈教皇约翰·保罗二世在梵蒂冈说："当年处置伽利略是一个善意的错误。"[6]这也因为"地球是实在回旋的缘故"。

---

① 见周一良、吴于廑主编：《世界通史资料选辑（中古部分）》，第328—329页。

② 参阅董进泉著：《黑暗与愚昧的守护神——宗教裁判所》，浙江人民出版社1988年版，第342页。

③ 《二心集·"硬译"与"文学的阶级性"》。

④ 《伪自由书·止哭文学》。

⑤ 《马克思恩格斯全集》第1卷，第43页。

⑥ 见《人民日报》1992年11月2日，第7版。

第二节　基督教对西方文学艺术发展的重要影响

由于基督教与西方文化关系十分密切，因此它对于西方文学艺术的发展有着重要的作用。

基督教对西方文学的作用，不仅表现在西方历史上，曾经以新旧约《圣经》为蓝本，形成了一种很有影响的宗教文学，而且反映在西方文学史上，许多作家的创作生涯都与基督教有一定的关系。鲁迅是一位学贯中西、善于广泛采撷域外文学营养的伟大的思想家、文学家，对欧美文学颇有研究，并且结合当时中国现实斗争的需要，殚精竭虑地译介了不少作品，在国内产生了广泛的影响。鲁迅在译介中，对这些作品与基督教的关系，也予以充分的注意，或精辟地分析蕴含在作品中的宗教观念，或细致地探求渗透在作者世界观中的宗教思想，并且指出对待这些作品的态度。这体现了鲁迅的很高的西方文学造诣，对于我们今天正确地借鉴外国文学作品，也有着积极的作用。

一、拜伦和《该隐》

鲁迅早期在形成通过"立人"而达到"立国"的改造国民性思想中，欧洲浪漫主义思潮特别是浪漫主义文学的影响是一个重要方面。18世纪后半期至19世纪前半期，欧洲各国在文学、哲学以至社会政治等方面，先后出现向传统挑战的思潮，即浪漫主义运动。浪漫主义从本质上讲，其目的在于把人的人格从社会习俗和社会道德的束缚中解放出来。①欧洲浪漫主义文学与基督教也有关系。18世纪兴起的基督教反理性主义神学思潮对浪漫主义文学的影响，主要是推崇脱尘超俗的神秘主义、直觉主义和经验主义，反映在作品中，构想奇妙，写法

---

① 见罗素：《西方哲学史》下卷第18章。

夸张虚饰，充满梦境分析以及与神灵交往等主体感受，同时在创作题材上，基督教的思想内容也常被选用。鲁迅在1907年发表的《摩罗诗力说》中，热情洋溢地介绍了拜伦、雪莱等八位欧洲浪漫主义诗人。鲁迅把这些曾在思想上掀起狂涛疾风的诗人称为"摩罗诗派"。"摩罗"即恶魔。"摩罗之言，假自天竺，此云天魔，欧人谓之撒但，人本以目裴伦（拜伦）。"撒但即撒旦，《圣经》中用作魔鬼的名称。

　　拜伦是欧洲积极浪漫主义文学的著名代表人物之一。他的"满腔热情地、辛辣地讽刺现实社会的"[①]诗篇，在欧洲封建复辟势力猖獗的时代，表现了人民反抗专制暴政和民族压迫，渴求自由、独立的情绪和愿望。拜伦曾创作了不少以基督教为题材的诗歌，引用了许多《圣经》典故和人物内容。鲁迅介绍了拜伦在异域的诗作，指出其"无不张撒但而抗天帝，言人所不能言"。拜伦的代表作是《该隐》。《旧约·创世记》说，亚当和夏娃被逐出伊甸园后，生了两个儿子，长子叫该隐，次子叫亚伯。亚伯牧羊，该隐种地。有一天，兄弟俩一同向上帝耶和华献祭，该隐拿地里的出产为供物，亚伯则将他羊群中头生的羊和羊的脂血献上。耶和华看中了亚伯和他的供物，却看不上该隐和他的供物，该隐由嫉妒而生仇恨，向亚伯寻衅并杀死了他。在基督教中，该隐杀弟是一件很重要的事件。它是人类历史上第一桩凶杀案，是亚当犯罪所结的第一个恶果。西方文学家常用该隐杀弟比喻骨肉相残，该隐也成为心胸狭隘的人的典型。拜伦在《该隐》剧中，则一反传统，赋予这个形象以全新的意义。拜伦给我们展现了这样一个《圣经》神话场面：亚当被驯服了，夏娃被恐惧所压倒。亚伯是一个温和柔顺的男孩，该隐则是年轻人类的化身，是一个善于思考问题、不甘心受奴役的叛逆者。在这部诗剧中，拜伦还描写了鲁西反的挑战精神。根据旧说，鲁西反是恶魔，但在拜伦笔下，他实际上是光明的创造者，是人类最好的朋友。诗剧中说该隐成了鲁西反的门徒，在随同鲁西反漫游太空

---

　　① 恩格斯：《英国工人阶级状况》，《马克思恩格斯全集》第2卷，第528页。

和谈论善恶生死的道理后，该隐觉悟了。魔鬼是怎么产生的？据犹太教经典《泰尔谟德》记载，他原为上帝的天使长，只是他忽然有了一个大希望，生了反叛上帝的心，被打败而坠落到地狱中去，于是被称为魔鬼了。可见，魔鬼也是上帝亲手造的。上帝自己造出魔鬼，因魔鬼破坏乐园又惩罚他，甚至牵连到全人类，那么上帝的仁慈又在哪里呢？

> 故凯因（按即该隐）曰，神为不幸之因。神亦自不幸，手造破灭之不幸者，何幸福之可言？而吾父曰，神全能也。问之曰，神善，何复恶邪？则曰，恶者，就善之道也。神之为善，诚如其言：先以冻馁，乃与之衣食；先以疠疫，乃施之救援；手造罪人，而曰吾赦汝矣。人则曰，神可颂哉，神可颂哉！营营而建伽兰焉。[1]

善不会创造恶，而除去恶之外，上帝还造出别的什么东西呢？即使恶能导善，那又为什么不立即就创造出善呢？该隐对上帝的全能和他是否是善者的形象提出了疑问和责难。鲁西反也认为，胜过他的强者确实是有的，但绝没有驾凌于他之上的统治者。"彼胜我故，名我曰恶，若我致胜，恶且在神，善恶易位耳。"人们说上帝是强者，因此也是至善者。但是，善者却不喜欢美果，特别爱吃腥膻的东西。该隐所供献的，纯洁无比，上帝却刮起旋风，把它们吹落。该隐思索着、怀疑着，怀着挚爱却陷进了上帝有意给他设下的陷阱，犯下了杀人的罪，随之而来的是诅咒、判决、放逐和永远打在该隐身上的烙印。《该隐》是一部讨论人的降生、受难、犯罪和死亡之源的悲剧。正如勃兰兑斯所说的那样："该隐身上的烙印是人类的烙印——受苦受难和永生不灭的标记。"[2]斗争的一方是受苦受难、不倦地追求着和奋斗着的人类，另一

---

① 《坟·摩罗诗力说》。

② 《十九世纪文学主流》第 4 分册《英国的自然主义》，人民文学出版社 1984 年版，第 393 页。

方是驾着雷霆暴雨的上帝，"而上帝软弱的臂膊不得不放开一个拼命从他的怀抱里挣脱出来的世界"。该隐毕竟从殉道者的火堆余烬中完好无损地站立起来，他创造着一个新的更加美好的、充满知识与和谐的伊甸园。鲁迅推崇拜伦的《该隐》，就是因为该诗具有鲜明的反抗精神，体现了拜伦"言人所不能""超脱古范，直抒所信，其文章无不函刚健抗拒破坏挑战之声"的摩罗诗力，以及所反映的"怀抱不平，突突上发，则倨傲纵逸，不恤人言，破坏复仇，无所顾忌"的"率真"的崇高人格精神。鲁迅像拜伦一样，也崇拜诱人偷食禁果的撒旦精神。在基督教中，撒旦被说成是恶魔，鲁迅却认为他是有惠于人类的："亚当之居伊甸，盖不殊于笼禽，不识不知，惟帝是悦，使无天魔之诱，人类将无由生。故世间人，当蔑弗有魔血，惠之及人世者，撒但其首矣。"

二、"《神曲》的《炼狱》里，就有我所爱的异端在"

鲁迅晚年说过，他在青年时代，读了伟大的文学者的作品，虽然敬服那作者，然而总不能爱的，一共有两个人，一个是但丁，一个是陀思妥耶夫斯基。这两人的作品，都与基督教有密切关系，充满强烈的宗教气氛。

但丁是意大利早期文艺复兴诗人，出身于佛罗伦萨旧贵族。他参加政治活动，站在主张民主的圭尔弗党一边，1300年被选为佛罗伦萨市的行政官。他坚决反对教皇干涉佛罗伦萨内政。后因亲罗马教廷的旧势力抬头，从1302年起被终身放逐。当时尖锐复杂的政治斗争和流放生活，使他接触了社会生活中的许多重大问题，他的眼界扩大到意大利全国和整个基督教世界。他用了十四年时间，写出了享有世界声誉的诗篇《神曲》。这部杰作对于欧洲文学脱离其拉丁起源向表现新时代文化的方向发展有着决定性影响。他的创作，既包含着中世纪的教会和封建的因素，又具有新的资本主义的成分，因此恩格斯称他是"中世纪的最后一位诗人，同时又是新时代的最初一位诗人"①。

《神曲》采用中世纪流行的梦幻文学形式，用幻想"生后的三个境界"，对现实世界作了描写，并对很多历史和当代人物作了褒贬。诗中叙述但丁在人生的中途（35岁），在一座黑暗的森林里迷了路，正想往一个秀丽的山峰攀登时，却被三只张牙舞爪的野兽（豹、狮、狼）挡住去路。危急时，古罗马时代的伟大诗人维吉尔出现了。他受但丁青年时代所爱恋的对象贝阿特丽采的嘱托来搭救但丁，引导他游历了地狱和炼狱，接着改由贝阿特丽采引导他游历天国，终于到达了上帝面前。这时但丁大彻大悟，他的思想已与上帝的意念融洽无间。但丁游历的过程构成了《地狱》、《炼狱》和《天国》三部曲。和许多中古文学作品一样，全书的情节充满了寓意。豹、狮、狼象征淫欲、强暴、贪婪，维吉尔象征理性和哲学，贝阿特丽采象征信仰和神学。贝阿特丽采接替维吉尔做向导，引导但丁游历天国，象征个人和人类通过信仰的途径、神学的启发，认识至大理和达到至善的过程。这表明了但丁的这样一种信念：理性和哲学可以帮助人们辨认出邪恶的道路，但要达到至善至美的境界，则必须依靠信仰和神学。诗中的地狱是现世的实际情景，天国是争取实现的理想，炼狱则是从现实到达理想必需的苦难历程。《神曲》里所描写的但丁行程，是但丁的灵魂的历史，也就是他的心灵走向上帝的行程，同时给每一个读者作为规范，帮助他探索一条过道德生活的"直路"，以达到尽善尽美的境地。《神曲》中表现了中世纪基督教世界观的烙印，充满神秘的宗教气氛，但它绝不是一部鼓吹来世主义的赎罪思想的宗教作品，它的进步意义主要在于揭露了当时的现实，其中尤以对教会的批判最为尖锐，反映了新旧交替的时代特色，肯定了新的思想和生活态度，现出了文艺复兴时代人文主义思想的曙光，表现了作者追求最高真理的精神和关怀人类命运的热情。

---

① 《马克思恩格斯选集》第 1 卷，第 249 页。

　　鲁迅提到他青年时代不爱但丁的原因时说："那《神曲》的《炼狱》里，就有我所爱的异端在；有些鬼魂还把很重的石头，推上峻峭的岩壁去。这是极吃力的工作，但一松手，可就立刻压烂了自己。不知怎地，自己也好像很是疲乏了。于是我就在这地方停住，没有能够走到天国去。"①

　　基督教根据犹太教的传统，认为地狱是魔鬼及其邪恶的使者的烈火之境，曾在罪恶之中生活而不信上帝的人死后在那里永受刑罚。地狱的形状有点像漏斗，下端直达地心，里面有三部分，每部分又有若干层，罪人的灵魂按生前罪孽的大小，置于相应部分接受苦刑。能够进入炼狱的，是那些生前的罪恶能够通过受罚而得到宽恕的灵魂。这里的刑罚不像地狱里的那样严酷，并且带有一种赎罪的性质，因此灵魂们比较乐于接受。炼狱山的山脚部分，收容的都是生前没有来得及忏悔的灵魂。山身部分共分七级，分别洗净傲慢、嫉妒、愤怒、怠惰、贪财、贪食、贪色七种人类大罪。灵魂在洗去一种罪过的同时，也就上升了一级；逐步升到山顶，是一座地上乐园，再上去就是天堂了。在《神曲》里，但丁对教会的贪婪腐化、封建统治者的残暴专横以及市民的贪财好利进行了无情的揭露和尖锐的抨击，例如他把尼古拉三世、卜尼法八世和克雷芒五世等三名当代教皇置于地狱，使他们受到惩罚。但由于他是一个虔诚的天主教徒，坚持教会的道德标准，在对待诗中人物的态度上，就常常是矛盾的。中世纪有一个流传甚广的故事：保罗与其嫂弗兰齐斯嘉之间产生了爱情，后被兄长发现，两位青年均惨遭杀害。但丁虽然同情这一对因热恋而被杀的青年男女，但按照天主教的道德标准，仍要把他们作为犯淫行的罪人放在地狱里。维吉尔虽然被但丁选为游历地狱和炼狱的向导，称之为"智慧的海洋""拉丁人的光荣"，但由于是异教徒，只能放在地狱外围的"悬狱"里，不能升入天国；同样，荷马、苏格拉底、亚里士多德等

---

　　① 《且介亭杂文二集·陀思妥夫斯基的事》。

生于基督教前未受过洗礼的异教徒，作者虽然流露出不同程度的敬意，也只能在"悬狱"里等候上帝的裁判。鲁迅说的自己"所爱的异端"，就是那些不符合基督教道德标准的勇于独立思考的精神界战士，以及敢于同旧的社会秩序挑战的叛逆者。

鲁迅说他年轻时不爱但丁，只是就自己读《神曲》时的感觉而言。事实上，鲁迅对但丁始终是推崇的，对他的作品评价甚高。他在1907年的《摩罗诗力说》中，就引用19世纪英国作家托马斯·卡莱尔的一段话，高度评价但丁作品对民族统一所起的作用："得昭明之声，洋洋乎歌心意而生者，为国民之首义。意大利分崩矣，然实一统也，彼生但丁（Dante Alighien），彼有意语。""迫兵刃炮火，无不腐蚀，而但丁之声依然。有但丁者统一，而无声兆之俄人，终支离而已。"但丁的《神曲》是用意大利语写的，对于解决意大利的文学用语问题和促进意大利民族语言的统一起了很大的作用。这也使但丁成为意大利第一个民族诗人。鲁迅晚年揭露当时中国统治者秘密杀人的罪恶时说："我先前读但丁的《神曲》，到《地狱》篇，就惊异于这作者设想的残酷，但到现在，阅历加多，才知道他还是仁厚的了：他还没有想出一个现在已极平常的惨苦到谁也看不见的地狱来。"[1]1931年，鲁迅为了避难，在上海"花园庄"旅馆的时候，看到一楼的一个休息室里挂着葛布兰式壁毯，马上就认出上面的图案是但丁的《新生》中理想化的女主人公贝阿特丽采的形象，鲁迅说："这是（但丁）和贝阿特丽采一见钟情的镜头。"[2]

三、陀思妥耶夫斯基式的忍从与俄国的基督文化传统

陀思妥耶夫斯基是俄国杰出的小说家，早年信仰空想社会主义，主张人道主义。1849年4月，因宣读一封别林斯基给果戈理的反农奴

① 《且介亭杂文末编·写于深夜里》。

② 增田涉：《谈〈鲁迅的故事〉——上海"花园庄"之事》，转引自程麻：《鲁迅留学日本史》，陕西人民出版社1985年版，第196页。

制反宗教的信被捕，判处死刑，在临刑前1分钟改判流放。十年流放期间种种难以想象的摧残，使他青年时期的激进主义让位于对既定秩序的尊重和对老百姓救世使命的信仰。勃兰兑斯曾这样概括陀氏流放后的思想变化："因为他已对政治革命底效用或可能全然失去了信仰，他便信仰一种遵循福音书底精神并由根本出发的道德革命。"①特别是他最后的十年，"很偏重于正教的宣传了"②。以宗教说教为主旨的小说创作，形成了其文学作品中的基督教特色。

鲁迅抓住陀氏艺术的主要特点——显示灵魂的深，把他称为"人的灵魂的伟大的审问者"。他说："对于这位先生，我是尊敬，佩服的，但我又恨他残酷到了冷静的文章。他布置了精神上的苦刑，一个个拉了不幸的人来，拷问给我们看。"③凡是人的灵魂的伟大的审问者，同时也一定是伟大的犯人。陀氏就一身兼任审问者和犯人："审问者在堂上举劾着他的恶，犯人在阶下陈述他自己的善；审问者在灵魂中揭发污秽，犯人在所揭发的污秽中阐明那埋藏的光耀。这样就显示出灵魂的深。"④所谓"显示灵魂的深"，即揭示人的灵魂善恶相间的复杂性。

基督教宣扬人们生来就有罪，苦难是不可避免的，因此必须忍让、顺从、仁爱、牺牲、甘心受苦，通过灵魂的净化和精神的解脱以求得解放。这在陀思妥耶夫斯基的作品中有着充分的反映。一方面，陀氏以惊人的敏感，对处在社会下层的被欺凌与被侮辱者无限关切，描述他们的种种苦难和不幸；另一方面，又鼓吹受压迫的人民群众忍辱含垢，以一种高傲的蔑视来对待欺凌与损害，用"博爱""宽恕"来溶解自己心灵的痛苦。例如，在小说《被欺凌与被侮辱的》中，受公爵欺侮的管家女儿娜达莎就说什么"我只得继续受苦才能换取未来的幸福""苦能洗净一切"等，宣传真正的幸福存在于受

---

① 《俄罗斯印象记》，载《新垒》第 2 卷第 5 期（1933 年 11 月）。

② 《集外集·〈穷人〉小引》。

③ 《且介亭杂文·忆韦素园君》。

④ 《集外集·〈穷人〉小引》。

难之中的观点，宣扬对富人的罪恶也要加以宽恕。《罪与罚》中，穷大学生拉斯科尔尼科夫杀害了一个放高利贷的老太婆，后来受到良心的谴责，陷于半疯狂状态中，以此来说明不能靠暴力消除社会邪恶与不平，指出以恶抗恶使人无法逃避内心的惩罚。拉斯科尔尼科夫遇到为了养活父母兄弟姐妹而卖淫的索尼雅，为她那种以自我牺牲来解救人类苦难的思想所感动，于是去官府自首，并走向"新生"。正如鲁迅所指出的："穿掘着灵魂的深处，使人受了精神的苦刑而得到创伤，又即从这得伤和养伤和愈合中，得到苦的涤除，而上了苏生的路。"这条路具体来说，就是"反省、矫正、忏悔、苏生"。①

鲁迅结合当时中国革命斗争实际，对陀氏所宣扬的"忍从"进行了深刻的剖析，他说："不过作为中国的读者的我，却还不能熟悉陀思妥夫斯基（即陀思妥耶夫斯基）式的忍从——对于横逆之来的真正的忍从。在中国，没有俄国的基督。在中国，君临的是'礼'，不是神。百分之百的忍从，在未嫁就死了定婚的丈夫，艰苦的一直硬活到八十岁的所谓节妇身上，也许偶然可以发见罢，但在一般的人们，却没有。忍从的形式，是有的，然而陀思妥夫斯基式的掘下去，我以为恐怕也还是虚伪。因为压迫者指为被压迫者的不德之一的这虚伪，对于同类，是恶，而对于压迫者，却是道德的。"②

鲁迅这里独具慧眼，从两种文化的比较中指出中国人难以接受陀氏所宣扬的"忍从"的原因。俄国人是笃信宗教的民族。基督教由希腊传教士从拜占庭传入俄罗斯，于988年在基辅大公弗拉基米尔统治时期宣布为俄国国教后，宗教文化世俗化，成为俄罗斯民族文化的一个重要组成部分。东西方教会分裂，使俄国长时期坚持自己的斯拉夫主义。在陀氏生活的时代，尽管宗教及教会暴露了其虚伪性和欺骗性，

---

① 《集外集·〈穷人〉小引》。
② 《且介亭杂文二集·陀思妥夫斯基的事》。

但是原始基督教教义还是随着宗教的发展在俄国广泛地传播开来。原始基督教教义中的博爱观念也就成为俄国人道主义的源泉之一。俄国人有着根深蒂固的赎罪与忏悔意识，造就了民族性格中博爱同情的广阔胸怀，即使对于囚犯，他们也不唾弃，而是认为在完美的上帝面前，他们和这些囚犯一样，都是上帝的罪人，因此便将囚犯也看成是自己的兄弟。在陀氏笔下，对于忏悔甚至发展为欣赏的心理，觉得只有这才是人生的快乐。"有时候，竟至于似乎并无目的，只为了手造的牺牲者的苦恼，而使他受苦。"①"在中国，君临的是'礼'，不是神。"千百年来，中国人遵循的是以三纲五常为核心的"礼"，信奉的是"中庸之道"，它帮助中国人安然地度过漫长的岁月但仍能保持内心的平衡，无须做自我忏悔，也就没有痛苦的煎熬。陀氏笔下那些信仰上帝的人物，不仅是在为自己，也是在为全人类背负沉重的十字架。由于中国没有基督文化的传统，也就不大理解那种文化对于人的原罪的恐惧，对于人自身赎罪和忏悔的需求，以及那种屈辱负重的忍从。

宣扬忍从的陀思妥耶夫斯基所塑造的忍从式的人物，根究起来，诚如鲁迅所说，那忍从也还是一个虚伪。这因为陀氏毕竟是一位伟大的现实主义作家，始终关注着人民的命运。他虽然在人道主义的宽恕、博爱中融进了宗教，却仍执着地为人民解放探索出路。后期作品虽着重于宗教的宣传，"其为人，却不妨说是始终一律。即作品，也没有大两样"②，仍忠实地描绘出社会的黑暗和人民的苦难，不时迸发出对专制制度的不满乃至抨击，这表明他内心深处也有反抗的怒火，是忍从和反抗相冲突的战场。同时，作品中人物有其自身的发展逻辑，能够摆脱陀氏神道观的束缚，是现实主义创作的伟大胜利。③陀氏

①《集外集·〈穷人〉小引》。

②《集外集·〈穷人〉小引》。

③ 参阅李春林：《鲁迅与陀思妥耶夫斯基》，安徽文艺出版社1985年版，第169页。

所塑造的一些堪称忍从典范的人物，一些虔诚的宗教徒，实际上也不能忍从到底，他们的忍从并非绝无限度。例如，娜达莎忍受了瓦尔科夫斯基之子阿辽沙的遗弃，但她却当面痛斥并剖析了瓦尔科夫斯基的灵魂；阿辽沙·卡拉玛佐夫主张对虐杀孩子的将军处以死刑等。鲁迅指出："陀思妥夫斯基式的忍从，终于也并不只成了说教或抗议就完结。因为这是当不住的忍从，太伟大的忍从的缘故。人们也只好带着罪业，一直闯进但丁的天国，在这里这才大家合唱着，再来修炼天人的功德了。只有中庸的人，固然并无堕入地狱的危险，但也恐怕进不了天国的罢。"①

四、《泰绮思》：人性和宗教教义的冲突

鲁迅对法国近代文坛巨擘法朗士的小说《泰绮思》进行过深入的研究和热情的推荐。法朗士为法国作家、文艺评论家，生于巴黎一书商家庭，对古希腊文学有较深的修养。早年创作受巴那斯派影响，后来对资本主义社会发生怀疑。出于深厚的人道主义感情，法朗士在政治上始终站在穷人和被压迫的弱小者一边。在第一次世界大战和十月革命影响下，他热情地参加国内外工人运动，曾担任法俄人民友好协会主席，支持民族解放运动，成为进步的社会活动家。1921年10月参加法国共产党，同年获诺贝尔文学奖。鲁迅称法朗士为"究竟是有真实本领"的"文豪"②；盛赞"法朗士之作，精博锋利"，为中国人向来不注意这位作家"讽刺文学"的艺术创作叹惜不已。③在法朗士的一些作品中，反映了作者对天主教不满的情绪，因此他的全部作品被教会列为禁书。1890年所作的长篇小说《泰绮思》就是其中的代表。鲁迅对法朗士的这部作品倾注了浓厚的兴趣和激情。1927年，他在给江绍原的信中，多次建议翻译这部小说，认为这"实是一部好书，

---

① 《且介亭杂文二集·陀思妥夫斯基的事》。

② 《且介亭杂文·"京派"和"海派"》。

③ 《书信·360201 致黎烈文》。

倘译成中文，当有读者，且不至于白读也"①。"以为实在是一部好书"，"有历史气"，"非法朗士，真是作不出来"②。1935年鲁迅写了《"京派"和"海派"》一文，极完整地叙述了这部名著的故事梗概，并把书中的一些情节与当时的中国社会现实相联系，用以说明他所要阐明的某些见解。

《泰绮思》写4世纪的宗教斗争。作品以古埃及名城亚历山大和后期希腊文化生活为背景，叙述在沙漠里修行的德高望重的神父巴福尼斯（Paphnuce），忽然想到亚历山大城的名歌妓泰绮思（Thais）是个贻害世道人心的人物，立誓拯救她的灵魂，要感化她出家，既救被惑的青年们，也给自己积无量功德，遂不辞辛劳，长途跋涉来到了亚历山大城。经过他的努力劝导，泰绮思改邪归正，皈依了基督教，把家里所有的珍宝付之一炬，进入修道院，弃绝了尘世的生活，终于成为圣女，上了天国。但是回来后的巴福尼斯却迷上了美貌的泰绮思，坠入情网而不能自拔，最后离经毁戒，落了个身败名裂的下场。这部小说反宗教的意味很明显。作者借宗教的历史题材来嘲讽现实，表现了他对教会以及当时社会制度的怀疑和谴责。

江绍原从宗教研究的角度出发，认为《泰绮思》一书中，"最要紧的是他（按指修士）陪达旖丝（按即泰绮思）赴宴"的情节③，鲁迅则说他注意的是"这位修士内心苦痛"④。小说名曰《泰绮思》，但统摄全局的中心人物实际上是巴福尼斯。巴福尼斯出生于亚历山大的贵族家庭，素有文化教养。他在信奉基督教后，毅然变卖家产，把银子散发给穷人，到埃及的沙漠隐修，坚持不懈地禁欲和苦行。他二十来岁就担任修道院院长，是个年轻有为的神父。他劝化泰绮思出家，主观上是要拯救世道人心。这时他是个三十来岁的年轻人，人的七情六

---

① 《书信·271114致江绍原》。

② 《书信·271120致江绍原》。

③ 见《语丝》1924年第7期。

④ 《书信·271120致江绍原》。

欲是禁不掉的，他被泰绮思的美貌所深深感动，但为教会的戒规所不容，这就陷于无法排遣的情欲的煎熬之中。鲁迅对巴弗奴斯劝化泰绮思出家后的"内心苦痛"作了这样的描画：

> 事情还算顺手，泰绮思竟出家了，他恨恨的毁坏了她在俗时候的衣饰。但是，奇怪得很，这位高僧回到自己的独房里继续修行时，却再也静不下来了，见妖怪，见裸体的女人。他急遁，远行，然而仍然没有效。他自己是知道因为其实爱上了泰绮思，所以神魂颠倒了的，但一群愚民，却还是硬要他当圣僧，到处跟着他祈求，礼拜，拜得他"哑子吃黄连"——有苦说不出。他终于决计自白，跑回泰绮思那里去，叫道"我爱你！"然而泰绮思这时已经离死期不远，自说看见了天国，不久就断气了。[1]

鲁迅这里概括地描述了这位修士精神世界的矛盾，揭示了人性和宗教教义的冲突。从这个经受精神苦刑的修士的"内心苦痛"中，读者可以倾听到被宗教扭曲的畸形人的灵魂的呼喊。不管是佛教还是基督教，宗教独身都是违反人道的，鲁迅在《反对"含泪"的批评家》《我的第一个师父》《寡妇主义》等文章中，曾对此进行过剖析，表示了坚决反对的态度。鲁迅指出：

> 至于因为不得已而过着独身生活者，则无论男女，精神上常不免发生变化，有着执拗猜疑阴冷的性质者居多。欧洲中世纪的教士，……那冷酷险狠，都超出常人许多倍。别的独身者也一样，生活既不合自然，心状也就大变，觉得世事都无味，人物都可憎，看见有些天真快乐的人，便生恨恶。尤其是压抑性欲之故，所以于别人的性底事件就敏感，多疑；欣美，因而妒嫉。其

---

[1] 《且介亭杂文二集·"京派"和"海派"》。

实这也是势所必至的事：为社会所逼迫，表面上固不能不装作纯洁，但内心却终于逃不掉本能之力的牵制，不自主地蠢动着缺憾之感的。①

五、"同路人"作品中的宗教气味

鲁迅在译介外国文学中，以翻译苏俄文学所付精力为最多，其中"同路人"作家的作品占了相当的比例。所谓同路人，比喻在某一阶段在某种程度上追随或赞同革命的人。用鲁迅的话说，是指"谓因革命所含有的英雄主义而接受革命，一同前行，但并无彻底为革命而斗争，虽死不惜的信念，仅是一时同道的伴侣罢了"②。同路人作家系小资产阶级文人，不少人受基督教影响很大，在他们的作品中往往散发着或充斥着宗教的味道。鲁迅在译介中，对作者的出身、经历以及所受教育等，大都进行了认真、详细的研究，并写了简明扼要的"前记"或"后记"。例如：

雅各武莱夫，鲁迅指出他是"在宗教的氛围中长大的"③，因此"艺术的基调，全在博爱与良心，而且很是宗教的，有时竟至于佩服教会。他以农民为人类正义与良心的最高的保持者，唯他们才将全世界连结于友爱的精神"④。短篇小说《农夫》，就是他的这个思想的具体化，其中描写了"人类的良心"的胜利。鲁迅剀切地指出，这不过是"作者的高洁的空想"。雅各武莱夫的代表作《十月》，也受到他的"纯为农民底、宗教底"世界观的影响。这部作品虽然"表示了较有进步的观念形态"，但其中的人物，没有一个是铁的意志的革命家。主人公亚庚"大半因为好玩"才被卷入十月革命浪潮，而那些士

①《坟·寡妇主义》。

②《南腔北调集·〈竖琴〉前记》。

③《译文序跋集·〈竖琴〉后记》。

④《译文序跋集·〈十月〉后记》。

兵也只是由于受过军事生活的训练才英勇地投身战斗。小说虽有一个"光明的尾巴",但"临末的几句光明之辞,并不足以掩盖通篇的阴郁的绝望底的氛围气"①。正因为作者没有摆脱"农民底、宗教底"世界观的束缚,鲁迅断言他"不能写出更进于此的东西"。

伦支,曾写了短篇小说《在沙漠上》,是以《旧约》为题材,写摩西带领犹太人出埃及的故事。日译者米川正夫说:"《在沙漠上》是伦支19岁时之作,是从《旧约》的《出埃及记》里,提出和初革命后的俄国相共通的意义来,将圣书中的话和现代的话,巧施调和,用了有弹力的暗示底的文体,加以表现的。凡这些处所,我相信,都足以窥见他的不平常的才气。"鲁迅首先纠正了米川正夫对该小说取材的说法,指出"上半虽在《出埃及记》,而后来所用的却是《民数记》,见第二十五章,杀掉的女人就是米甸族首领米甸的女儿哥斯比"。接着指出,"篇末所写的神,大概便是作者所看见的俄国初革命后的精神"。鲁迅提醒读者不要忘记作者是站在"同路人"立场上来观察问题的。"现今的无产阶级的作品,已只是一意赞美之作,属望将来,和那色黑而多须的真的神,面目全不相像了。"②显然认为"同路人"作品远没有达到无产阶级文学的思想高度。

绥甫林娜的小说《肥料》,描写十月社会主义革命初期农村中一场尖锐的阶级斗争,而列宁是作为故事的开端的引子出现的。作者生动地写出了小地主的阴险,乡下革命家的粗鲁和认真老农的坚决,"历历如在目前"。鲁迅认为,这篇小说内容和技术"都很精湛"。他在"译者附记"中特意指出:"文中所谓'教友',是基督教的一派,而反对战争,故当时很受帝制政府压迫,但到革命时候,也终于显出本相来了。倘不记住这一点,对于本文就常有难以明白之

---

① 《译文序跋集·〈十月〉后记》。
② 《译文序跋集·〈竖琴〉后记》。

处的。"①

鲁迅特别提请读者注意的"教友"，即教友派或公谊会，为基督教新教的一派，17世纪中叶，英国人福克斯所创立，宣称教会和《圣经》都不是绝对的权威，每个教徒都能直接领受"圣灵"的感动而讲道。他们宣扬和平主义，反对一切战争和暴力。在俄国曾受沙皇压制，十月革命后成为革命的反对者。这反映了鲁迅对读者认真负责的态度，也说明他对基督教及其派别是相当熟稔的。

受象征主义影响很深的诗人勃洛克，在其长诗《十二个》的结尾时，出现了拿着旗帜、戴着花圈，走在12个赤卫军前面的耶稣基督：

> 他带着白色的玫瑰花环——
> 走在前面——这就是基督。

鲁迅1926年为该诗中译本写的后记中说："篇末出现的耶稣基督，仿佛可有两种的解释：一是他也赞同，一是还须靠他得救。但无论如何，总还以后解为近是。故十月革命中的这大作品《十二个》，也还不是革命的诗。"②

按照基督教传说，耶稣开始传教活动后，从追随者中拣选了十二个门徒作为自己的助手。这十二个人被称为"十二门徒"，后来也称"十二使徒"。勃洛克在诗里把耶稣基督和他的十二使徒当作赤卫军的意象，把早期基督教的运动和十月革命风暴结合起来，使诗歌充满了积极、革命的色彩。但是，人民必须靠自身救自己，把希望寄托在耶稣基督身上，只能是幻想，因此《十二个》反映了伟大的十月革命，虽然作者认为是自己最好的诗，诚如鲁迅所指出的，但"还不是革命的诗"。

---

① 《译文序跋集·〈肥料〉译者附记》。
② 《集外集拾遗·〈十二个〉后记》。

六、托尔斯泰的人道主义精神

鲁迅在他世界观的形成时期及其后一段时期，曾受到俄国文学家列夫·托尔斯泰思想的影响。《新青年》的同人刘半农曾赠送鲁迅一副联语："托尼思想，魏晋文章。"这副联语得到当时不少人的欣赏和赞同，据说鲁迅本人也是首肯的。托尔斯泰对鲁迅的影响，主要是他的人道主义思想，他对俄国专制制度的人道主义抗争。托尔斯泰的这个思想，又与基督教有着复杂的关系。

托尔斯泰生性笃信宗教，潜心钻研宗教书籍，被鲁迅誉之为"伟哉其自忏之书，心声之洋溢者也"①的《忏悔录》，俄文原名为《教条主义神学的批判和基督教教义的考察导言》。为了准确地理解《圣经》，他分别在42岁和54岁时学习了希腊文和希伯来文，并且发现了《圣经》俄译本的许多错译与窜改，以致使有些基督教教义模糊不清。托尔斯泰从《安娜·卡列尼娜》开始，作品中的宗教意识逐渐明朗，在他的晚期作品中，表达自己的宗教思想往往成了重要主题之一。他一方面无情揭露、批判现实社会的各种罪恶现象，另一方面则竭力提倡"勿以暴力抗恶"，主张用基督教的博爱和自我修身来对待社会邪恶，体现出一种鲜明的基督教人道主义精神。例如他晚年最有成就的长篇小说《复活》，最集中最明显地展现了其作品的基督教思想特色。不仅其书名表达了《圣经·新约》中反复阐明的拯救、复活、升华的思想，而且在全书开头还引用《新约》福音书中的四段话来作为题词，表示自己的创作意图和要达到的目的。例如第一段话引自《马太福音》第18章："那时彼得进前来，对耶稣说：主啊，我弟兄得罪我，我当饶恕他几次呢？到第七次可以么？耶稣说：我对你说，不是到七次，乃是到七十个七次。"托尔斯泰借此强调要饶恕他人。引用的其他三段话分别指出正人先正己，人无完人、各有其罪，

---

① 《集外集拾遗补编·破恶声论》。

以及声明自己的创作构思远不如《圣经》，只是要为《圣经》的道理做出见证。用这四段话作为题词，宣扬了基督教宽恕、自责、忍让、谦卑的伦理精神。这部小说发表后，沙皇政府和宗教界人士指责他反对上帝、不信来世，于1901年以俄国东正教至圣宗教院的名义革除了他的教籍。这就是鲁迅说过的："托尔斯泰学不到，学到了也难做人，他生存时希腊教徒就年年诅咒他落地狱。"[①]鲁迅在日本留学初期就对托尔斯泰有所接触和了解。他在仙台学医时，因学习成绩较好而受到一些日本学生的嫉恨。在这些怀有民族偏见的日本学生看来，"中国是弱国，所以中国人当然是低能儿，分数在六十分以上，便不是自己的能力了"[②]。一次，鲁迅收到一封匿名信，开首第一句话是："你改悔罢！"关心当时政事的人都知道这句话的来由。它本是《圣经·新约》上的句子，当时托尔斯泰反对日俄战争，曾把这句话分别写在给俄国沙皇和日本天皇的信中。这信被日本的社会主义者译载在《平民新闻》上，用来做反战的宣传。这是鲁迅作品中提到自己接触托尔斯泰的最早记载。

在托尔斯泰看来，暴力本身就是恶，用暴力抗恶则是以恶抗恶，不但没有把旧恶除掉，反而产生了新恶。因此他号召人们抵制以暴力为后盾的政府和统治阶级，同时鼓吹不以暴力抗恶，主张社会上人们之间持基督教的博爱精神，进行和解，讲求团结，期望压迫者良心上的醒悟和忏悔，在道德上自我完善。1918—1925年的鲁迅，同托尔斯泰的上述思想颇有相通之处，主要表现在重视改革国民的"坏根性"。他曾把自己这一阶段的思想矛盾概括为"人道主义和个人主义这两种思想的消长起伏"[③]，并且相信"将来人道主义终当胜利"[④]。这一时期作品的根本主题，在于揭示和抨击人们的愚昧和麻木，寻求

---

① 《准风月谈·后记》。

② 《朝花夕拾·藤野先生》。

③ 《两地书·二四》。

④ 《书信·180820 致许寿裳》。

和促进人性的觉醒。如在《热风·无题》中说，由于对外界人性的发现，"成为我的怀疑人类的头上的一滴冷水"，再"看几页托尔斯泰的书，渐渐觉得我的周围，又远远地包着人类的希望"。但鲁迅并不完全地绝对地执着于爱的说教，而主张对于阻挠社会发展、人类向上的邪恶顽固势力进行毫不妥协的战斗，认为能憎才能爱。在这一根本点上，他是与托尔斯泰对立的。①1928 年以后，鲁迅对托尔斯泰的看法日趋深刻、全面，指出托尔斯泰既有真诚的一面，又有粉饰的一面，是一个"农民思想者"②。托尔斯泰所笃信的教义，从他的主观信念上看是真诚的，但从历史发展的客观进程上观察，他的那些信仰是对客观现实的粉饰，妨碍了人们去认识客观历史的真实面目。但鲁迅认为托尔斯泰还是难得的，因为他敢于向有权力的反动统治阶级抗争；而"托尔斯泰样"的托尔斯泰主义者，则忽视托氏思想的积极面，无限扩大其消极面，只向革命者要求人道，"可就不高明，一代不如一代"③！

由于基督教的深刻影响，也就使得欧洲艺术具有明显的基督教倾向，并且产生了以基督教《圣经》、教义、神话故事和历史传说等为题材，内容和形式的基督教艺术，其特点是突出基督教的象征、抽象和超越现实的意义，让人们通过这"可见的东西"和形象，来想象基督"无始无终地与自己同在"，用以表达宗教的信仰和情感。拿欧洲绘画为例，就受基督教影响颇大。

七、教皇宫的伟大壁画

早期基督教根据犹太教的宗教法规，反对偶像崇拜，曾一度禁止形体象征性艺术。后来随着基督教成为罗马帝国的国教，许多原来信仰多神教的异教徒皈依到基督教中，在各地修建的教堂中，描绘圣像和圣经故事的宗教画成了宣传教义的重要形式。在基督教影响下，欧

---

① 参阅张华：《鲁迅和外国作家》，陕西人民出版社 1981 年版。

② 《集外集·〈奔流〉编校后记（七）》。

③ 冯雪峰：《回忆鲁迅》。

洲绘画在其发展的不同时代和不同流派中，都产生过许多关于基督教题材的绘画作品，文艺复兴时代的绘画在这方面就很有代表性。文艺复兴前期，意大利壁画艺术就空前繁荣起来，代表人物有乔托、马萨丘等。乔托是意大利文艺复兴绘画第一个伟大代表，在西方近代美术发展中起了先驱者的作用。马萨丘是15世纪佛罗伦萨画派的奠基人。他们所绘宗教题材的人物画具有世俗的生活气息，注意运用透视学、解剖学和色彩学，对后来的绘画艺术产生过很大的影响。鲁迅1931年在介绍墨西哥画家理惠拉的壁画《贫人之夜》时，指出他的艺术风格的形成，就有"文艺复兴前期的壁画家的影响"①。在文艺复兴时代，一批杰出的绘画大师如群星灿烂，绘画园地也繁花似锦。这些人文主义者逐渐放弃那种象征超脱的手法，力求突破宗教的外壳以表现世俗的现实生活内容。因此，虽然仍是宗教题材，表现的还是圣母故事、耶稣生平、创世神话、最后审判以及关于基督教先知、使徒、圣徒、英雄和教皇的事迹或人物肖像等，但由于这些作品将灵与肉、信与情有机地结合起来，实质上是对现实人生的宣扬，对人的躯体和精神的讴歌，展示出宗教与人生的绚丽多姿，因而表露了持久的艺术魅力和生活美感，成为人类艺术宝库中的璀璨明珠。鲁迅针对苏汶攻击连环图画为"低级的形式"的论调，就以文艺复兴时期这些基督教题材绘画为例给予反驳。他说：

　　但若走进意大利的教皇宫——我没有游历意大利的幸福，所走进的自然只是纸上的教皇宫——去，就能看见凡有伟大的壁画，几乎都是《旧约》，《耶稣传》，《圣者传》的连环图画，艺术史家截取其中的一段，印在书上，题之曰《亚当的创造》，《最后之晚餐》，读者就不觉得这是下等，这在宣传了，然而那

---

① 《集外集拾遗补编·理惠拉壁画〈贫人之夜〉说明》。

原画，却明明是宣传的连环图画。①

现在提起密开朗该罗们的画来，谁也没有非议了，但实际上，那不是宗教的宣传画，《旧约》的连环图画么？而且是为了那时的"现在"的。②

鲁迅指出的意大利教皇宫"伟大的壁画"，就是文艺复兴时期著名艺术大师的作品。他还把米开朗琪罗（即密开朗该罗）、达·芬奇称之为"伟大的画手"。达·芬奇、米开朗琪罗、拉斐尔，被称为文艺复兴的三杰。达·芬奇把科学知识和艺术想象有机地结合起来，使绘画的表现水平发展到了一个新阶段。《最后的晚餐》是他为米兰圣玛利亚修道院食堂所画的壁画，也是他的代表作。该画根据《新约全书·马太福音》，描写耶稣殉难前与十二个门徒共进晚餐时，当众宣布一门徒出卖自己而引起群情激动的情景。在达·芬奇之前，有不少以此为题材的绘画，但画法僵板。达·芬奇很重视人物心理状态的表现。在这幅画上，他深刻地刻画了十二门徒的不同性格、气质、心理，每一个人都对耶稣所说的"你们之中有一个人已经出卖了我"这句话而反应各异，有的惊讶，有的愤慨，有的悲观，有的表白自己，而夹杂在人群中的叛徒犹大捂着钱袋和紧张地注视着耶稣的半倾斜动作，显示出这是一个心怀诡诈的恶人。这幅画突破了表现这一题材的传统手法，其构思的完美、情节的紧凑、人物形象的典型塑造以及表现手法等方面，都达到了前所未有的新的高度，是世界最伟大的作品之一。

鲁迅所说的《亚当的创造》，是根据《旧约·创世记》中上帝造人的故事所作的绘画。欧洲也有不少以此为题的绘画，最著名的是米开朗琪罗的作品。它是米开朗琪罗耗时四年又三个月所完成的圣彼得大教堂西斯廷礼拜堂拱顶壁画的一部分。亚当，是宗教神话传说中上

---

① 《南腔北调集·"连环图画"辩护》。
② 《南腔北调集·论"第三种人"》。

帝用泥土所造的男人。在这幅画中，画家并不去表现宗教画常有的神奇说教的气氛，而在画的构思中寄予了自己的理想。在他笔下，亚当是一个身体健美的青年，上帝是一个既威严、慈祥而精力又异常饱满的老人。上帝把手伸出去接触到亚当的手，亚当便从不知不觉的睡幻状态中苏醒过来，获得了生命、毅力与意志，他半支起身体，仰起了头，面向上帝表现出渴望给他以人的智慧的神情，他那健壮的躯体似乎就要迸发出无穷的力量。这幅画与米开朗琪罗的其他作品一样，处处显露着旺盛的战斗精神和朝气蓬勃的活力，充分赞扬了人的无比坚强的意志和创造力量。

八、哥特式艺术及影响

基督教教堂的建筑艺术，也是基督教文化的重要部分。前边说过，鲁迅编选的《凯绥·珂勒惠支版画选集》，收有关于德国农民战争的七幅连续画，其中第四幅为《圆洞门里的武装》，鲁迅在《序目》中做了说明："大家都在一个阴暗的圆洞门下武装了起来，从狭窄的戈谛克式阶级蜂拥而上：是一大群拼死的农民。光线愈高愈少；奇特的半暗，阴森的人相。"

"戈谛克式"，即哥特式，是基督教建筑的一种形式。基督教教堂的建筑风格，是基督教发展史在教堂建筑上的具体反映。一般来说，教堂建筑的主要形式是拜占庭式、罗马式和哥特式三种。拜占庭式教堂建筑，常用圆顶、拱形结构，是5世纪出现的。9—12世纪，西方教堂建筑因模仿古罗马流行的建筑式样而被称为"罗马式"建筑风格，以水平线和圆的拱券为主，墙壁面积很大，形体粗实、平稳，给人以沉重、严峻之感。12世纪后半叶，首先在法国出现了哥特式教堂建筑，其特点是尖塔高耸，在设计中利用尖拱券、飞扶壁、修长的立柱以及新的框架结构来加大支撑券顶的力量，层叠的窗户占墙面很大面积，使整个建筑以它直升的线条、伟岸雄壮的外观和教堂内的高广空间，从内部和外观上都给人以一种至高无上的感觉，努力把人引向超尘脱俗的彼岸世界，渲染着一种神秘、崇高、庄严、肃穆的宗教气氛。法国巴黎圣母院就是著名的哥特式教堂。哥特式教堂建筑在基督教建筑中很有代表性，正如有人说的："过去几个世纪直到今天，在人们头脑中，所谓中世纪艺术就是哥特式艺术。这种观念虽然忽略拜占庭和罗马式艺术，但也有它某种理由，那就是哥特式艺术的风格，至少在建筑中具有最生动的特征。"①哥特式教堂建筑不但对于诗人歌德和印象派创始人莫奈都产生过影响，以手法荒诞、情节离奇为特点的"哥特小说"，也是受它的影响出现的。日本有岛武郎也认为"罗丹的出现，是再兴戈谛克（按即哥特式）的精神"，鲁迅对此说是首肯的。②鲁迅所介绍的凯绥·珂勒惠支的版画《圆洞门里的武装》，其中"阴暗的圆洞门下""狭窄的阶级""光线愈高愈少"等，就是哥特式建筑特点的体现。

第三节　基督教的欺骗性

一、死人复活之类的"奇迹"

在阶级社会里，宗教表现为被压迫者对现实苦难的叹息，它所宣扬的宿命论和追求的精神虚幻的幸福，对人民群众的精神起着麻醉的作用。历史上，统治阶级一般都利用宗教作为麻痹人民斗争意志的工具。基督教也不例外。鲁迅既肯定了基督教在社会文化发展过程中的某些积极作用，又对它的教义采取坚决批判的态度，揭露了它愚弄人民的实质。

对基督教"奇迹"的批判。在基督教里，宣扬宗教领袖人物做出了许多超出人类所能的事情，称之为神迹奇事（Miracles）。在

---

① E.M.乌普约翰等著：《世界艺术史》，转引自孙月才著：《西方文化精神史论》，辽宁教育出版社 1990 年版，第 98 页。

② 《集外集·〈奔流〉编校后记》。

《旧约》中，有摩西投杖变蛇，耶和华用东风退海水，摩西以杖分合海水，以及在摩西率领下，以色列人在旷野四十年，身上衣不破、脚上鞋不坏等。在《新约》中，主要是耶稣施行的神迹奇事。耶稣是神，是无所不能的救世主，他能使盲人复明，使枯手复生，使哑巴讲话，使死人复活。《圣经》说，会堂管理人睚鲁的女儿死了，耶稣到了他的家，就说：退去吧！这姑娘不是死了，是睡着了。众人被撵出之后，耶稣拉着姑娘的手，对她说：我吩咐你起来。姑娘立时就起来了。①耶稣还能在海面上行走，把水变成酒，用五饼二鱼让五千人吃饱等。这些"奇迹"，显然都是编造出来的。1927年2月18日，鲁迅在香港基督教青年会讲演中，指出由于封建统治阶级的文化专制主义，终使中国寂然无声，而"要恢复这多年无声的中国，是不容易的，正如命令一个死掉的人道：'你活过来！'我虽然并不懂得宗教，但我以为正如想出现一个宗教上之所谓'奇迹'一样"②。死掉的人是不会活过来的，宗教上的"奇迹"，只能是愚弄人们的诳言。

二、"诗人死后坐在上帝身旁吃糖果"

对天堂地狱说的批判。基督教认为，世人都有罪，故皆应沉沦地狱，无法自救；但如信奉耶稣基督，便能得到救赎。不得救者不能进天堂；得救者灵魂可入天堂享永生。天堂是上帝在天居所。宝座前有众天使侍立，基督则坐在上帝的右边。地狱是不信基督、不悔改者死后灵魂受永罚的地方，谓该处"虫是不死的，火是不灭的"，并且"必用火当盐醃（腌）各人"。③鲁迅多次提到诗人死后坐在上帝身旁吃糖果的事。德国诗人海涅（1797—1856年）有这么一首诗：

　　　我梦见我自己做了上帝，

---

① 《圣经·新约·马可福音》第5章，第35—43节。

② 《三闲集·无声的中国》。

③ 《圣经·新约·马可福音》第9章，第48节。

> 昂然地高坐在天堂，
>
> 天使们环绕在我身旁，
>
> 不绝地称赞着我的诗章。
>
> 我在吃糕饼、糖果，喝着酒，
>
> 和天使们一起欢宴，
>
> 我享受着这些珍品，
>
> 却无须破费一个小钱。①

鲁迅说："那时的诗人，还大抵相信上帝，有的竟以为诗人死后，将得上帝的优待，坐在他旁边吃糖果哩。"②鲁迅在另一篇文章中说："从前海涅以为诗人最高贵，而上帝最公平，诗人在死后，便到上帝那里去，围着上帝坐着，上帝请他吃糖果。在现在，上帝请吃糖果的事，是当然无人相信的了。"③

遥远的"天堂"，只是幻想的幸福，是给人民身上的锁链装饰"幻想的花朵"，它要求人们去自觉地忍受一切现实的痛苦，甚至要求人们去爱剥削和压迫自己的仇敌，以便由此而换来死后的天国幸福。鲁迅说过："记得有一种小说里攻击牧师，说有一个乡下女人，向牧师历诉困苦的半生，请他救助，牧师听毕答道：'忍着吧，上帝使你在生前受苦，死后定当赐福的。'其实古今的圣贤以及哲人学者之所说，何尝能比这高明些。他们之所谓'将来'，不就是牧师之所谓'死后'么。"④

鲁迅认为，人们对于"将来"这回事，虽然不知情形怎样，但不必这样悲观，只要"那时的现在"比"现在的现在"好一点，就很好了，就是进步。"这些空想，也无法证明一定是空想，所以也可以算

---

① 转引自《集外集拾遗补编·〈勇敢的约翰〉校后记》注［11］。

② 《集外集拾遗补编·〈勇敢的约翰〉校后记》。

③ 《二心集·对于左翼作家联盟的意见》。

④ 《两地书·二》。

是人生的一种慰安，正如信徒的上帝。"①这就一针见血地揭露了基督教所宣扬的一套只是自欺欺人的安慰。也正如列宁指出的："对于工作一生而贫困一生的人，宗教教导他们在人间要顺从和忍耐，劝他们把希望寄托在天国的恩赐上。"②

三、服膺"以眼还眼，以牙还牙"

对基督教宣扬的爱仇敌说的批判。前边说过，基督教来源于犹太教，并把犹太教的经典承受下来作为它的经典的一个部分。但是，基督教在与犹太教分离过程中，在教义上也形成了一些与犹太教不同之处。例如，基督教的爱仇敌之说与犹太教的爱人之说就不相同。《旧约》律法书只主张爱自己的族人但主张恨敌人。爱族人的说法如"不可心里恨你的弟兄，……不可报仇，也不可埋怨你本国的子民，却要爱人如己"③。对仇敌则主张"以命偿命，以眼还眼，以牙还牙，以手还手，以脚还脚，以烙还烙，以伤还伤，以打还打"④。耶稣的基本主张是"博爱"，强调舍己爱人，把饶恕人作为得到上帝宽恕的前提，甚至提出"不要与恶人作对""爱仇敌"的主张。《新约》就反对"以眼还眼，以牙还牙"，如说："你们听见有话说：'以眼还眼，以牙还牙。'只是我告诉你们，不要与恶人作对，有人打你的右脸，连左脸也转过来由他打；有人想要告你，要拿你的里衣，连外衣也由他拿去。"⑤耶稣十二门徒之一的犹大出卖了耶稣，从大祭司那里领着许多人拿着火把刀棒来捉拿耶稣，当他与耶稣亲嘴时（这是犹大他们约定的暗号："我和谁亲嘴，谁就是耶稣"），耶稣说："朋友，你要做的事就做吧！"彼得拔刀反

---

① 《两地书·四》。

② 《列宁全集》第 10 卷，第 62—63 页。

③ 《圣经·旧约·利未记》第 19 章，第 17—18 节。

④ 《圣经·旧约·出埃及记》第 22 章，第 22—25 节。

⑤ 《圣经·新约全书·马太福音》第 5 章，第 38—40 节。

抗围住耶稣的人，削掉了大祭司仆人的一只耳朵。耶稣阻止说："收刀入鞘吧，凡动刀的必死在刀下！"说完治好那人的耳朵，束手就擒。① 耶稣在被钉上十字架时还为处死他的人祈祷说："父啊，赦免他们，因为他们所作的他们不晓得。"②

鲁迅从阶级对立和阶级斗争的现实出发，批判了那种空洞的所谓"博爱"。爱是由社会的客观存在决定的，有着鲜明的阶级性，不可能人人都相爱。从美人香草一直爱到麻风病人的人是没有的，正如同"饿人却不爱饱人"；③ "在帝国主义的主宰之下，必不容训练大众个个有了'人类之爱'，然后笑嘻嘻地拱手变为'大同世界'"④。鲁迅指出："不能只说爱是伟大的，憎也是伟大的。"⑤ 因为"能杀才能生，能憎才能爱"。⑥ "横眉冷对千夫指，俯首甘为孺子牛"，这是鲁迅爱憎观的生动而辩证的反映。鲁迅因此服膺并坚持"以眼还眼，以牙还牙"的。他主张对反动势力必须针锋相对，进行不屈不挠的斗争，痛打"落水狗"，不能手软，不能"费厄泼赖"。他在著名的《论"费厄泼赖"应该缓行》一文中指出："'犯而不校'是恕道，'以眼还眼，以牙还牙'是直道。中国最多的却是枉道：不打落水狗，反被狗咬了。"这个对敌斗争的重要经验，正如他所说："虽然不是我的血所写，却是见了我的同辈和比我年幼的青年们的血而写的。"⑦ 陈源把鲁迅叫作"土匪""思想界的权威"，鲁迅则以"东吉祥派""正人君子""通品"等字样加于陈源之上。他说："我要'以眼还眼，以牙还牙'，或者以半牙，以两牙还一牙，因为我是人，难于上帝似的铢两悉称。如果我没有做，那是我的无力，并非我

---

① 《圣经·新约全书·马太福音》第 26 章，第 47—54 节。

② 《圣经·新约·路加福音》第 23 章，第 34 节。

③ 《三闲集·文艺与革命》。

④ 《二心集·非革命的急进革命论者》。

⑤ 冯雪峰：《回忆鲁迅》，第 158 页。

⑥ 《且介亭杂文二集·七论"文人相轻。——两伤"》。

⑦ 《坟·写在〈坟〉后面》。

的大度，宽恕了加害于我的敌人。"①

对于仇敌，鲁迅坚持斗争，毫不宽恕。他在临终前一个月写的杂文《死》里，预拟了七条"遗嘱"，最后一条是："损着别人的牙眼，却反对报复，主张宽容的人，万勿和他接近。"他又说道："欧洲人临死时，往往有一种仪式，是请别人宽恕，自己也宽恕了别人。我的怨敌可谓多矣，倘有新式的人问起我来，怎么回答呢？我想了一想，决定的是：让他们怨恨去，我也一个都不宽恕。"这说明直到生命的终结，鲁迅都是主张并坚持"以眼还眼，以牙还牙"的古训。

第四节　基督教在中国

一、"巨唐道光，景风东扇"

一般认为，基督教首次传入中国是唐代，距今已有一千三百多年的历史。唐德宗建中二年（781年）的《大秦景教流行中国碑》有着确凿的证明。这个碑是明代天启三年（1623年），在西安附近的周至县发现的，碑额刻着"大秦景教流行中国碑"。景教是基督教中的聂斯托利派传入中国后的称呼。聂斯托利派是5世纪形成的基督教派别之一，后流行于叙利亚和波斯一带，7世纪时传入中国。碑上对何以称为"景教"作了解释："真常之道，妙而难名，功用昭彰，强称景教。"因该教发源于东罗马帝国，我国古代称罗马帝国为"大秦"，故在"景教"之前加"大秦"二字，有的甚至称之为"大秦教"，其寺院称为"波斯寺"或"大秦寺"。《大秦景教流行中国碑》，就是在唐代大秦寺遗址出土的。据该碑及有关文献记载，贞观九年（635年），景教教士叙利亚人阿罗本等，携带《圣经》，来到长安，唐太宗命大臣房玄龄在西郊迎接。贞观十二年（638年），唐太宗下诏，

---

① 见《华盖集续编·学界的三魂》注［1］。

以景教"济物利人，宜行天下"，准其传授，在义宁坊建大秦寺一所。唐高宗时又下令在各地建立景教寺院，并封阿罗本为"镇国大法主"。"巨唐道光，景风东扇"。在大唐开放的宗教政策下，景教盛极一时。会昌五年（845年），唐武宗灭佛，景教也受到波及，寺院被废弃，教士被逐，《大秦景教流行中国碑》也随即被埋入地下。此后聂斯托利派在内地销声匿迹，但在边远地带依然流行。《大秦景教流行中国碑》概述大秦景教于唐贞观九年（635年）从波斯传入中国后的活动和基督教教义，碑上刻有十字架和百合花图案，碑底和两侧有古叙利亚文教士题名，是研究基督教在中国传布和古代中西交通的珍贵资料。鲁迅对此碑也十分重视。据《鲁迅日记》，1912年12月，季自求以"《大秦景教流行中国碑》暨碑额碑侧共四枚见赠"。鲁迅亦曾托赴陕的杨莘士购买碑额拓本，1915年1月26日日记有记载。

二、元明时"景教父师以教理暨历算质学于中国"

"泊元明时，虽有一二景教父师，以教理暨历算质学于中国，而其道非盛。"[①]元代是基督教传入我国的第二次高潮，在13—14世纪。当时流传的主要有两派。一派是聂斯托利派，即景教。它在唐武宗灭佛后在我国一些少数民族中并没有绝迹，尤其大致在今蒙古国境内的克烈、乃蛮、蔑里乞三大部落及今内蒙古的汪古部落均崇奉景教。景教随着蒙古族的入主中国，又在中原地区盛行一时。另一派是天主教的圣方济各派。罗马教皇派遣教士东来，把罗马天主教带到中国。1294年，罗马教皇派特使孟高维诺来到元都城汗八里（今北京），不久获准在京传教，先后建教堂三座，当时在北京受洗入教者达六千余人。1307年教皇任命孟高维诺为汗八里总主教，成为天主教在中国的第一任主教。当时人们把在华的基督教各派统称为"也里可温教"。"也里可温"为蒙古语，意为"有福缘的人"或"信奉福

---

① 《坟·文化偏至论》。

音的人"。由于也里可温教信徒大多是蒙古人和迁居内地的中亚人，汉人信奉者不多，在内地居民中没有牢固的根基，所以随着元朝政权的倾覆，基督教在中国再次中断。诚如鲁迅所说的"其道非盛"。明末清初，基督教第三次传入中国，影响和势力最大的是天主教的耶稣会。其中最有名的是意大利籍传教士利玛窦（1552—1610年）。他认真研究中国经史，熟读"四书""五经"，操汉语，穿儒服，又将天文历法、舆地数理等西方文明介绍给中国士子，打开传教局面，使天主教在中国扎下根。明末，全国已有天主教徒三万余人，宫中贵族中领洗入教者多达五百余人。清王朝建立后，传教士继续受重用。顺治、康熙年间，大批耶稣会士来华。传教士除部分人在宫廷任职，大部分赴各地传教，康熙年间教徒人数多达三十万。不久，由于发生礼仪之争，导致清廷禁教，使天主教在中国的传播一度受挫。这一时期来华传教士，绝大多数是虔诚甚笃的基督徒，是要开创一番传教新事业，扩大基督教在中国的影响和势力。传教士的来华，也带来了西方的科学文化，主要有西洋历法、地理学、泰西水利法、几何与三角等数学理论、新式铳枪制造，以及西方的绘画、音乐、哲学、宗教等，使闭塞的中国士大夫耳目为之一新，对传统的中国文化带来了最初的有力冲击。当然，传教士来华本意并非为了科学，而是为了科学的对立物——宗教，利玛窦对此直言不讳，甚至说，他只是把科学作为对中国人的诱饵："垂钓人类的渔人以自己特殊的方法吸引人们的灵魂落入他的网中。"[1]这就是鲁迅所说的"以教理暨历算质学于中国"。但他们客观上却把西方资本主义文化引进了中国。

三、留意传说中的诸暨反教会事件

在近代，基督教是在西方帝国主义的大炮保护下连同鸦片一起输入中国的。鸦片战争以后，中国沦为半封建半殖民地国家，在不平

---

[1]《利玛窦中国札记》下册，第347页。

等条约的钳制下，清廷被迫取消禁教，大批传教士来华，教会势力兴旺起来。这些来华的传教士，大多自恃有传教条约做护身符，带着强烈的基督教本位和西方文化的优越感，以拯救者的姿态四处布道，在政治上大都站在侵略中国的各自政府一边，加上他们中有的还直接参与本国侵略中国的活动，理所当然激起受到西方列强侵凌的中国人的强烈反感和各种形式的反抗。近代教案的频频发生，就与此有很大关系。因此，许多中国人对基督教是憎恶的。这种憎恶，反映了那时先进的中国人对帝国主义侵略的同仇敌忾。严复指出，传教士危害近代中国政治。他在肯定历史上传教士传入西学的作用的同时，也揭露其在帝国主义侵略中国过程中所起的政治作用。他说，天主教始初的宗旨是"为上帝荣"，而实际上"所力争者，则权威耳"；它"设阴谋、贿权要，乃至用暗杀，启兵端，所不惮也"。由于不平等条约有保护传教士的规定，使他们在中国的所作所为，"其祸于吾国而害于治安"，"侵政治之权，为治功之梗"。他正确地指出："殖民传教，骄气阴谋。"[1]章太炎说："欧美各国的宗教，只奉耶稣基督，虽是极其下劣，若没有这基督教，也断不能到今日的地位。"他是从重视宗教作用的角度，既批判其"下劣"，又承认其巨大作用。他认为，如果在中国建立宗教，当然不能用基督教："基督教，西人用了，原是有益，中国用了，却是无益，因为中国人的信仰基督，并不是崇拜上帝，实在是崇拜西帝。"[2]在著名的《无神论》一文中，针对西方传教士论证上帝存在的四大理由，他用清代汉学家特有的辨伪方法，就《圣经》论《圣经》，逐点揭露其内在矛盾，认为每则立论都恰好证明这个创世主是人的虚构。同章太炎一样，鲁迅对西欧国家所信奉的基督教，只是肯定了它在西欧历史上的巨大作用。面对有些盲目

---

[1] 转引自肖万源：《中国近代思想家的宗教和鬼神观》，安徽人民出版社 1991 年版，第 156—157 页。

[2] 《演说辞》，载《民报》第 6 号。

崇外的国人要用基督教来替代中国人原有信仰的论调，鲁迅表现出极大的愤慨，予以尖锐的批驳。他说："谓中国人所崇拜者，不在无形而在实体，不在一宰而在百昌，斯其信崇，即为迷妄，则敢问无形一主，何以独为正神？"①在这里，鲁迅并非一定要国人"普崇万物"，而是批判崇外之盲目。

1898年2月，传闻诸暨县（今诸暨市）有武童刺死洋人四名，鲁迅在致杭州狱中的祖父及陪侍的二弟周作人信中告知此事。周作人在收到鲁迅信的第八天，即3月7日，在日记中写道："闻诸暨之事惟拆教堂，余俱讹传。"据《诸暨县志》"兵备"类记载："光绪二十年间，西教蔓延，耶稣在大雄寺之左，天主在后街，各造教堂，城乡多有功彼教者。民、教时相讦讼，官吏不能持平，民愤无所泄，势汹汹之。二十四年知县沈宝青设保卫于城，练勇二棚。禀大府遣把总二员率之，以防时变。"当时教会散布在我国沿海各地。鲁迅家附近的八字桥在1895年前就建起一所天主教堂。享有特权的传教士收买一些无赖"教民"，恣意侵侮乡民，引起人民的强烈反抗。绍兴和其他地方一样，反教会的斗争十分激烈。鲁迅向亲人及时地报道了传说中的诸暨县反教会事件，说明他在进学堂前，就已注意国家所遭受的侵略和人民群众的反抗斗争。

应该看到，鲁迅是从文化角度对待宗教，对待基督教的，始终重视、支持对基督教的研究。又如《鲁迅日记》1916年2月26日记载："吴雷川创景教书籍阅览所，捐四元。"

四、中国许多人信奉基督教，并非出于信仰

对名不副实的基督教徒的揭露。作为一个教徒，最重要的是要有虔诚的宗教信仰。但是，中国许多人信奉基督教并非出于信仰，而是为了获得眼前的好处。据记载，近代中国，有的教堂为了拉人入教，

---

① 《集外集拾遗补编·破恶声论》。

径直出钱收买。如当时北直隶各地就流传着这样的歌谣："你为什么信洋教？为了三块北洋造。神甫不给我洋钱，我不奉教！"[①]洋教会也知道中国人"皈依圣教的目的十分复杂，其中一部分人只是为了物质上的利益"。[②]鲁迅专门写了一篇题为《吃教》的文章，指出："耶稣教传入中国，教徒自以为信教，而教外的小百姓却都叫他们是'吃教'的。"他认为，"吃教"这两个字，真是提出了教徒的"精神"！在外国，也有不少名不副实的教徒。耶稣对门徒说："我实在告诉你们，财主进天国是难的。我又告诉你们，骆驼穿过针的眼，比财主进上帝的国还容易呢。"[③]鲁迅说，但说这话的耶稣，自己早已受难（Passion）了。现在欧美的大多富翁，几乎都是耶稣的信奉者。这就用阶级分析的方法，揭露了基督教的实质，道出了那些所谓基督教徒的虚伪性。

五、中国废止读经，教会学校还在读《四书》

对于基督教与中国封建文化相结合的批判。近代以来，西方传教士为了有利于基督教的传播，便把基督教教义中的一部分消极悲观思想和怯懦的奴化思想同中国儒家的封建旧礼教相结合，到维新运动时期基本上形成了一个文化上的反动同盟。进入20世纪以后，帝国主义文化同封建文化逐步地成为非常亲热的两兄弟。美国传教士林乐知第一个在中国系统地提出了"孔子加耶稣"的理论，认为"儒教之所重五伦，而吾教亦重五伦"；"儒教重五常，吾教亦重五常"。1896年10月，德国传教士安保罗在《万国公报》上发表了《救世教成全儒教说》，提出基督教与儒家思想应"彼此相为勉励，齐驾并辔，努力争先"。美国传教士李佳白的活动最为突出。他到中国后，改穿中国服，戴假辫子，一手拿《圣经》，一手捧"四书"，进行传教活动。

①《中国近代反帝反封建歌谣选》，中华书局1962年版，第496页。
②［法］史式微：《江南传教史》第2卷，上海译文出版社1983年版，第220页。
③《圣经·新约全书·马太福音》第19章，第23—24节。

为了把帝国主义文化与中国封建文化结合得更为紧密,李佳白于1897年2月在北京成立了"尚贤堂",邀请当时在北京的一批清朝官僚和士大夫充当会员。李佳白反对孙中山的革命主张,支持清政府"预备立宪"的骗局,辛亥革命后又支持袁世凯复辟,充当"孔教会"的高等顾问。尚贤堂打着"发明本教,研究他教"的旗号,每周举行例会,邀请"儒、佛、回、道各大教中的名人"轮流到尚贤堂演讲。到了20世纪20年代,"中国废止读经了,教会学校不是还请腐儒做先生,教学生读'四书'么?民国废去跪拜了,犹太学校不是偏请遗老做先生,要学生磕头拜寿么?"[①]事实上,在愚弄、麻醉人民方面,儒家与基督教有不少相通之处。如中国封建礼教主张女子必须从一而终,耶稣则教训"只在心里动了恶念,也要算犯奸淫",同是一类。[②]鲁迅说:"听说现在悟善社里的神主已经有了五块:孔子,老子,释迦牟尼,耶稣基督,谟哈默德。"[③]

六、《圣经》与近代"诗界革命"

新旧约《圣经》对我国近代文化也产生了不少影响。在晚清的"诗界革命"中,黄遵宪、谭嗣同、夏曾佑、梁启超等都喜欢用《新约》的词句、典故。1935年12月5日,鲁迅为杨霁云书一直幅:

帝杀黑龙才士隐 书飞赤鸟太平迟 此夏穗卿先生诗也故用僻典令人难解可恶之至 鲁迅

夏穗卿即夏曾佑,所谓"僻典",实即《圣经》中的典故。夏的这两句诗,反映了当时文化界一些人受《圣经》影响的情况。梁启超在《饮冰室诗话》中,对此作了说明。他说:"盖当时所谓新诗者,

---

① 《华盖集·忽然想到(五至六)》。

② 《准风月谈·男人的进化》。

③ 《华盖集·补白》。

颇喜挦扯新名词，以表自异。丙申、丁酉间，吾党数子皆好作此体。提倡之者为夏穗卿，而复生亦綦嗜之。"在他们的诗中，引用《圣经》故实甚多，"《新约》字面，络绎笔端"，"苟非当时同学者，断无从索解"。鲁迅所引夏诗的全诗为："滔滔孟夏逝如斯，亹亹文王鉴在兹。帝杀黑龙才士隐，书飞赤鸟太平迟。"《圣经》《启示录》中说，约翰被流放在拔摩的海岛上，因受圣灵感动而见到一系列异象。其中一个异象是看到天上的宝座，宝座下有遍体布满眼睛、身长六翼的四个活物，第四个似飞鹰，宝座上的神的右手上有七印封严的书卷。当羔羊揭开书卷的第七印时，七位天使开始吹号。到第四位天使吹号时，就见空中有飞鹰喊祸，日月星辰都暗了三分之一。[①]约翰还看到这样的异象：一个怀孕的妇女，身披太阳，脚踏月亮，头戴十二星的冠冕，在空中疼痛呼叫。这时，有一个七头戴冠、长有十角的大红龙站在孕妇的面前，要吞吃她生下的孩子。妇人所生男孩被提到上帝宝座那里，她则逃到旷野，在上帝给她准备的地方住了1260天。天使米迦勒率领同伴在空中与大龙交战。大龙就是那古蛇，名叫魔鬼，也叫撒旦，是迷惑普天下人的。大龙与他的同伙终被天使摔在地上。[②]夏诗所用典故，大概与上述故事有关。说是"大概"，因为《启示录》中语"荒诞曼延"，而"吾辈附会之"，常用其字面意义，这样形诸笔端的诗句，多是"无从臆解之语"。又如夏曾佑诗云："有人雄起琉璃海，兽魄蛙魂龙所徒。"谭嗣同诗云："三言不识乃鸡鸣，莫共龙蛙争夺土。"二人都用"龙蛙"语，其源也出自《启示录》，但却是对原故事的附会，"谓言龙者指孔子，言蛙者指孔子教徒云，故以此徽号互相期许"[③]。对于熟悉中国传统诗文典故的读者来说，此类洋故事，不啻是"僻典"，如不读《圣经》，则茫然

---

① 《圣经·新约·启示录》第4—8章。

② 《圣经·新约·启示录》第12章。

③ 梁启超：《饮冰室诗话》。

不知所云。鲁迅既"可恶之至"，而又录以赠人，至少说明他对夏曾佑这类诗作印象颇深，对其内容也是赏识的，这也可以视为中西文化交流史上的一个小插曲了。

七、"宁可使中夏无好历法，不可使中夏有西洋人"

基督教从唐代开始传入中国，不少来华传教士为中西文化交流起了积极的作用。鲁迅用这方面的有关事例，批判了盲目排外、守旧自大的意识。鲁迅多次提到两件事：一是杨光先参劾传教士汤若望，一是美国传教士斯密斯写的《中国人气质》一书。

汤若望（1591—1666年）是德国人，原名约翰·亚当·沙尔·冯·白尔，基督教罗马公教（即天主教）传教士。明天启二年（1622年）受耶稣会派遣到达广州。他后来跟随徐光启学习汉语，取名为汤若望。不久，他以惊人的天文学造诣赢得崇祯皇帝的信赖，召入历局。清顺治元年（1644年），任钦天监监正，主持新王朝修订历法的工作。这是外国传教士担任中国世俗官职之始。在中国古代社会，历法是相当重要的，它不但是指示农时的时间依据，还是历代帝王行使统治权力的王权的象征。历法历来由朝廷直接掌握制定，由帝王颁定。改朝换代要重新颁布新历，如发现时日与太阳的运转发生差错，也需得"改正朔"。1645年，汤"以修补新历全书告成，恭进御览"。[1]他在朝廷的地位步步升高，任钦天监监正一年多后，加太常寺少卿衔。1657年，"上授汤若望通政司通政使，加二级，又加一级"。1658年，"诰授汤若望光禄大夫，并恩赏若望祖先三代，一品封典"。[2]基督教在清初只是诸多宗教中的一种。出于对外来宗教的反感和对汤若望本人权势声望的嫉恨，在顺治末年朝廷内便出现了攻击汤若望及其教义的运动。率先发难的是杨光先。

---

① 《大清世宗祖章（顺治）皇帝实录（一）》第257页。

② 黄伯禄：《正教奉褒》第1册，第30页。转引自顾裕禄：《中国天主教的过去和现在》，上海社会科学院出版社1989年版，第30页。

杨光先原是明朝军中小官，清军入关后他改任清朝官吏。从顺治十七年（1660年）起杨光先就上奏参劾汤若望，说历书封面上不该用"依西洋新法"五字，批评汤若望"暗窃正朔之权，以予西洋"。这次参劾没有奏效。后来杨光先出版了《不得已》，在书中声称自己不能保持沉默，"不得已"而起来辩驳。他认为："宁可使中国无好历法，不可使中国有西洋人！"康熙四年（1665年）杨又上书礼部，指责历法推算该年十二月初一日日食的错误，汤若望等因而被判罪，汤不久获赦出狱。杨光先接任钦天监监正，复用旧历。康熙七年（1668年）杨光先因推闰失实下狱，后被驱逐回籍，死于途中。康熙又任命曾与汤若望一起下狱的传教士南怀仁为钦天监正监，恢复使用"时宪历"。①

传教士传入比当时中国先进的历法，是有利于中国的，杨光先等的攻击，正是他们缺乏科学知识，抱残守缺，盲目排斥外国好的东西的反映。鲁迅说："清顺治中，时宪书上印有'依西洋新法'五个字，痛哭流涕来劾洋人汤若望的偏是汉人杨光先。直到康熙初，争胜了，就教他做钦天监正去，则又叩阍以'但知推步之理，不知推步之数'辞。不准辞，则又痛苦流涕地来做《不得已》，说道'宁可使中夏无好历法，不可使中夏有西洋人'。然而终于连闰月都算错了，他大约以为好历法专属于西洋人，中夏人自己是学不得，也学不好的。"②

鲁迅指出，汉唐时代对域外来的动植物，毫不拘忌，来充装饰的花纹，这是因为魄力雄大，人民有充分的自信心，自由驱使外来事物，绝不介怀。而到衰敝陵夷之际，就神经衰弱过敏，"每遇外国东西，便觉得仿佛彼来俘我一样，推拒，惶恐，退缩，逃避，抖成一团，又必想一篇道理来掩饰，而国粹成为孱王和孱奴的宝贝"。他认为，像杨光先那样具有浓厚的排外意识的还大有人在，"例如杨光先的《不得已》是清初的著作，但看起来，他的思想是活着的，现在意

① 参阅江文汉：《明清间在华的天主教耶稣会士》第5章。
② 《坟·看镜有感》。

见和他相近的人们正多得很。"①鲁迅严肃指出："倘再不放开度量，大胆地，无畏地，将新文化尽量地吸收，则杨光先似的向西洋人历陈中夏的精神文明的时候，大概是不劳久待的罢。"②

鲁迅谈得较多的一个传教士是斯密斯（亚瑟·史密斯，汉名明恩溥）。斯密斯是美国人，居留中国五十余年，写了一本《中国人气质》的书。他认为，中国人是颇有点做戏气味的民族，精神略有亢奋，就成了戏子样，一字一句，一举手一投足，都装模作样，出于本心的分量，倒还是撑场面的分量多，这是因为太重体面的缘故。鲁迅对此深有同感。他说："我们试来博观和内省，便可知道这话并不过于刻毒。"③鲁迅是一个伟大的爱国主义者，正因为爱之深，所以对于我们民族的弱点就痛之切，哪怕是"洋鬼子"，只要他真正提出了我们民族的痼疾，我们也应该重视和欢迎。鲁迅1936年逝世前，还恳望中国人正视现实，不要自欺欺人："我至今还在希望有人翻出斯密斯的《支那人气质》（即《中国人气质》）来，看了这些，而自省，分析，明白那几点说的对，变革，挣扎，自做工夫，却不求别人的原谅和称赞，来证明究竟是怎样的中国人。"④

第五节　从耶稣受难谈起

一、"人之子"被可悯怜的同胞送上十字架

《圣经》是宗教经典，又是一部文学杰作，对西方文化的发展产生过重大的影响。鲁迅对《圣经》是颇为熟悉的。在他早期作品中，就有诸如"亚当之故家""弥耳之乐园""神赫斯怒，溲以洪

---

① 《且介亭杂文·随便翻翻》。

② 《坟·看镜有感》。

③ 《华盖集续编·马上支日记》。

④ 《且介亭杂文末编·"立此存照"（三）》。

水""撒旦"等不少《圣经》的内容和词语。新文学运动起来之后，他或从《圣经》中选材进行创作，或在作品中引用《圣经》的词语，虽不算很多，但却寄寓了深刻的意义。

在鲁迅的前期作品中，多次提到耶稣被众人钉了十字架一事。按照基督教的说法，耶稣是以拯救世界受苦受难者的救世主的面目来到世界的，是一位不随顺传统和众人，而成为被民众所弃绝、被家乡所驱逐、被故国所残害的先知。耶稣在耶路撒冷传道时，为门徒犹大所出卖，被捕后解交罗马帝国驻犹太总督彼拉多。彼拉多因耶稣无罪，想释放他，但遭到祭司长、文士和民间长老们的反对，结果被钉在十字架上。耶稣死后复活、升天。鲁迅多次提到此事。在《文化偏至论》中，他就悲叹那些先知先觉之士往往为庸众所嫉视、迫害，"一梭格拉第（即苏格拉底）也，而众希腊人鸩之，一耶稣基督也，而众犹太人磔之。""五四"时期，封建遗少刘少少咒骂白话文是"马太福音体"。鲁迅讽刺他对文化史一无所知，连福音书是革新体都不懂，却用它来骂白话文，真是浅薄得可以。鲁迅强调说："《马太福音》是好书，很应该看。犹太人钉杀耶稣的事，更应该细看。"①《马太福音》是《圣经·新约》的第1卷，排在四福音书之首，在教会内应用最广，引用最多。它以报福音的方式陈述耶稣基督的生平，证明《旧约》中关于一个弥赛亚将来临的预言在耶稣身上得以实现，对于"犹太人钉杀耶稣的事"，有着详细的叙述。鲁迅写于同一时期的《随感录六十五·暴君的臣民》指出，"暴君治下的臣民，大抵比暴君更暴"，"巡抚想救耶稣，众人却要求将他钉上十字架"即是一例。

1924年12月，鲁迅根据《马太福音》第27章，写了散文诗《复仇（二）》，以耶稣的遭遇为素材，塑造了一个为民众谋福音反而受到侮辱和迫害的社会改革者的形象。文中描写了耶稣受难以前如何受到兵丁们的戏弄、毒打、侮辱，如何不接受兵丁们给他喝的调有没药

---

① 《集外集拾遗补编·寸铁》。

的酒，如何受到路人的辱骂和同刑的强盗的讥诮，以及如何在被钉上十字架以后对着上帝的大声喊叫等，特别突出耶稣被钉杀时的精神状态：

> 四面都是敌意，可悲悯的，可咒诅的。
>
> 他在手足的痛楚中，玩味着可悯的人们的钉杀神之子的悲哀和可咒诅的人们要钉杀神之子，而神之子就要被钉杀了的欢喜。突然间，碎骨的大痛楚透到心髓了，他即沉酣于大欢喜和大悲悯中。
>
> 他腹部波动了，悲悯和咒诅的痛楚的波。
>
> 遍地都黑暗了。
>
> "以罗伊，以罗伊，拉马撒巴各大尼?!"（翻出来，就是：我的上帝，你为甚么离弃我?!）
>
> 上帝离弃了他，他终于还是一个"人之子"；然而以色列人连"人之子"都钉杀了。
>
> 钉杀了"人之子"的人们的身上，比钉杀了"神之子"的尤其血污，血腥。

耶稣到地上来，明明是为拯救以色列人的，为了把自己的同胞从罗马帝国和奴隶主的统治压迫下解放出来，然而却被众人钉了十字架。祭司长和文士们，是犹太教当权者，痛恨耶稣宣讲福音，是要置他于死地的，但是兵士、路人以及和他一起被钉的两个强盗，也打他的头，吐他，戏弄他，辱骂他，讥诮他，真是"四面都是敌意"。上帝离弃了他，他终于还是一个"人之子"。然而，以色列人却把自己的儿子——一个为他们谋解放、图改革的"人之子"杀害了。这是多么令人悲愤的事。耶稣对于痛苦和牺牲是早有准备的，他对钉杀他的同胞们可怕的愚昧行径是感到悲哀的。他不喝用没药调和的酒，就是不以自己的痛苦供"暴君的臣民"们作赏玩，要保持着清醒来玩味这悲哀，"沉酣于"他们的"可悲悯"和"可咒诅"，不让这些麻木的看客的无聊要求得到满足，这也即是对他们的复仇。

在《新约》中，受刑的耶稣是一个被神化了的宗教偶像，鲁迅则强调他是一个"人之子"，把耶稣当作为人民群众谋解放却反被不觉悟的群众侮辱、残害的英雄来抒写。这样写，也有文献上的根据。如在《马可福音》中，耶稣一向自称"人之子"，并预言自己将遭到杀害，这说明鲁迅对原始基督教的深刻见解。鲁迅把耶稣描写成一位"向庸众宣战"的个性主义者，一位对群众"哀其不幸，怒其不争"的改革者形象，也是结合当时中国革命斗争实际的。鲁迅当时不仅指出了人民群众的落后，而且在他看来，这些不觉悟的群众，还在不自觉地帮着统治者迫害先知先觉者。耶稣说过："我实在告诉你们，没有先知在自己家乡被人悦纳的。"[1]鲁迅说："预言者，即先觉，每为故国所不容，也每受时人的迫害。"[2]"先觉的人，历来总被阴险的小人昏庸的群众迫压排挤倾陷放逐杀戮。中国又格外凶。"[3]"孤独的精神的战士，虽然为民众战斗，却往往为这'所为'而灭亡。"[4]这是鲁迅目睹现实生活中的无数事例而形成的充满寂寞感的认识。在小说《药》中，年轻的革命者夏瑜因造反被清政府处以死刑，对他的行为很多群众都不可理解，成为人们酒后茶余的谈资。他在牢中向人宣传"这大清的天下是我们大家的"，却被人打了两个嘴巴，他挨打后说这些人"可怜可怜"，人们则认为他"发了疯了"。这位为人民谋解放的革命者的鲜血，被华小栓这样的被压迫群众糊里糊涂地当"药"吃掉了。这是多么可悲可悯的现实！前期的鲁迅从启蒙主义出发，对于人民群众在长期封建统治下形成的这种严重的精神痼疾，表示了深切的悲愤，提出必须唤起民众的觉悟，这是十分必要的。当然，他这时还没有形成完全正确的群众观点。

---

[1] 《圣经·新约·路加福音》第4章，第28—29节。

[2] 《华盖集续编·无花的蔷薇》。

[3] 《集外集拾遗补编·寸钉》。

[4] 《华盖集·这个与那个》。

二、耶稣受难与中国左翼文艺和无产者的处境

鲁迅在提到"受难"时，常注以英文Passion。Passion特指十字架上的耶稣受难。耶稣的被钉死对于基督教来说，有十分重大的意义。被钉死在十字架上，意味着耶稣以自己的血为人类赎罪。耶稣自甘受苦受难，他以自己的受难来拯救世界。意大利文艺复兴时期的基督教绘画，就有以耶稣受难为题材的作品，如被誉为"第一个奠定了现代绘画传统的天才"的乔托，在其《圣经》组画中，有一幅为《耶稣受难》。基督教音乐中，有一种"受难曲"，约自12世纪开始，在棕枝主日（复活节前的星期日）以及后几天中咏唱福音书中耶稣受难时用的平咏。在我国，耶稣受难的故事也颇有影响，清康熙皇帝就有一首咏耶稣受难的诗，描写耶稣"五千鞭打寸肤裂，六尺悬垂二盗齐"，"功求十字血成溪，百丈恩流分自西"。鲁迅在后期，也几次提到耶稣受难。如果说前期谈到此事，主要是表达对群众麻木、愚弱一面的悲愤之情，那么后期提及此事，则主要是对耶稣为拯救人类而自甘受难、毫不畏惧的精神的肯定和赞扬。

比利时画家麦绥莱尔有一组木刻《一个人的受难》（*Die Passion eines Menschen*），鲁迅作为"写实之作"而加以推荐。作品描写一个资本主义制度下的弃儿去学木匠，因年幼力不胜任而被人踢出。后为饥饿所逼去偷面包被捕，刑满获释又去做修路的苦工。这时，有人诱他去会妓女，他一度下水，悔悟之后便进厂做工，勤奋学习，也爱上了一个女工。罢工运动起来后，他投身斗争，站在前列，再次被捕并被枪杀。罗曼·罗兰1926年评论这套组画时说："在这里，一个普通工人——主人公的精神上的伟大，特别鲜明地闪耀在屈辱和不幸的生活环境中。他以坚强的自制力、深刻的自信心向那些审判和杀害他的刽子手们发出无情的挑战。"[①]这套组画共25幅，鲁迅为第24幅画

---

① 转引自李允经：《鲁迅与中外美术》，陕西人民出版社1992年版，第311页。

写的说明是："在受难的'神之子'耶稣像前，这'人之子'就受着裁判"；第25幅是："自然是死刑，他站着，等候着兵们的开枪"。鲁迅指出："耶稣说过，富翁想进天国，比骆驼走过针孔还要难。但说这话的人，自己当时却受难（Passion）了。现在是欧美的一切富翁，几乎都是耶稣的信奉者，而受难的就轮到了穷人。"①画家司徒乔画了一幅题为《荆冠上的亲吻》的画，上有耶稣基督，虽然胁下的矛伤在流血，但有一个天使在他荆冠上接吻。耶稣受难前，头上曾被人戴上用荆棘编成的刺冠戏弄，从此基督徒以荆棘冠来象征他们的谦卑和克己。据作者说，这"无非是对那些为人民献出自己生命的殉难者表示景仰和悼念"②，而鲁迅则认为，"无论如何，这是胜利"③。鲁迅在为美国《新群众》杂志而作的《黑暗中国的文艺界的现状》一文中，报道当时中国文艺界的现状说："左翼作家们正和一样被压迫被杀戮的无产者负着同一的运命，唯有左翼文艺现在和无产者一同受难（Passion），将来当然也将和无产者一同起来。"以耶稣受难来比喻中国左翼文艺和无产者的处境，说明鲁迅对受难牺牲的基督精神有着很深的心灵共鸣。在鲁迅思想上，替大众"受难"也是一种崇高的奉献，例如他曾反省自己"怎样地在'碰壁'，怎样地在做蜗牛，好像全世界的苦恼，萃于一身，在替大众受罪似的"④，他甚至以"窃火给人，虽遭天帝之虐待不悔，其博大坚忍正相同"⑤的普罗米修斯自比，这都说明他很看重"受难"的积极意义。

鲁迅在其他文章中提及耶稣，也大都抱着尊重的态度。例如，"五四"运动中，鲁迅对于《新青年》杂志的内容提出了意见，主张排除一切干扰，"开辟一条活路"："希望同感的人，因此转身，脱

①《南腔北调集·〈一个人的受难〉序》。
②司徒乔：《回忆鲁迅先生》，见《回忆伟大的鲁迅》。
③《三闲集·看司徒乔君的画》。
④《二心集·序言》。
⑤《二心集·"硬译"与"文学的阶级性"》。

了危险，容易进步。假如有人偏向别处走，再劝一番，固无不可；但若仍旧不信，便不必拼命去拉，各走自己的路。"鲁迅接着用耶稣和尼采对事物的不同态度表达了他的这个意见："耶稣说，见车要翻了，扶它一下。Nietzsche（尼采）说，见车要翻了，推它一下。我自然是赞成耶稣的话，但以为倘若不愿你扶，便不必硬扶，听它罢了。此后能够不翻，固然很好；倘若终于翻倒，然后再来切切实实的帮它抬。"①

"我自然是赞成耶稣的话"，表明鲁迅对耶稣精神的肯定，即对事物的发展变化要持宽容的态度，而不像尼采那样为破坏而破坏，成为不顾一切的破坏者。

欧洲流行一句谚语，叫"旧瓶不能装新酒"，出于《新约全书》。据说耶稣和门徒走遍城乡，在会堂里教训人，他的言行中有些地方和当时的传统教规不同，引起一些人的疑问。耶稣听见后，就用比喻说明他所传的福音。其中一个比喻说，福音如同新酒一样，不能装进犹太教的旧皮袋里，必须用新的方式方法才能充分表达和阐明。耶稣说："没有人把新酒装在旧皮袋里；若是这样，皮袋就裂开，酒漏出来，连皮袋也坏了。惟独把新酒装在新皮袋里，两样就都保存了。"②

"五四"运动兴起以后，提倡白话文学的人，认为文言和旧形式不能表现新的内容，常引用这话作为譬喻。鲁迅认为，用这句话来作譬喻，其实是不确的。"旧瓶可以装新酒，新瓶也可以装旧酒，倘若不信，将一瓶五加皮和一瓶白兰地互换起来试试看，五加皮装在白兰地瓶子里，也还是五加皮，这一种简单的试验，不但明示着'五更调''攒十字'的格调，也可以放进新的内容去，且又证实了新式青年的躯壳里，大可以埋伏下'桐城谬种'或'选学妖孽'的喽罗。"③

鲁迅在与"现代评论派"斗争中，说过这么一句话："我又不

①《集外集·渡河与引路》。
②《圣经·新约全书·马太福音》第9章，第17节。
③《准风月谈·重三感旧》。

学耶稣，何苦替别人来背十字架呢？"① "背十字架"是《圣经》的事迹。十字架原是古罗马帝国用以处死罪犯的刑具。罗马帝国统治巴勒斯坦时期，以色列人不断举行起义，反抗统治者。为了镇压起义，罗马帝国的叙利亚总督伐鲁斯曾将两千名起义者钉死在十字架上。据《新约》记载，耶稣就是在耶路撒冷的各各他被钉死在十字架上的。"背十字架"是耶稣的话。耶稣向门徒预言他上耶路撒冷去将被人杀害。他的门徒彼得就拉着劝他不要去，于是耶稣说："若有人要跟从我，就当舍己，背起他的十字架来跟从我。"②他又说："不背着他的十字架跟从我的，也不配做我的门徒。"③耶稣预感到自己要遭遇死亡的不幸，用"背十字架"告诉门徒，其所受磨炼和痛苦乃是对其忍耐、德行和信仰的考验。鲁迅在与"现代评论派"斗争中，"现代评论派"不但把鲁迅揭露、讽刺、批判他们的杂文作为广告以抬高自己，而且还以此来寻求同伙。他们把自己办不成事、出了乱子，都归咎于"鲁迅说了坏话的缘故"。鲁迅以"背十字架"为喻，说明这些罪名完全是别有用心强加于人的，他不能像耶稣为人类牺牲那样承担这毫无关系的责任。

基督教所崇奉的上帝，据《圣经》描绘，是一位主宰一切的全能的神灵。他的伟大远超人的理解能力，但他总是向人类启示自己。基督教教义中的上帝是无所不见、无所不知和无所不在的，他的本性是圣洁、公义、宽大和慈爱。鲁迅在一些文章中，曾以上帝的全能和公正为喻，但不乏嘲讽。如：

　　我不是公论家，有上帝一般决算功过的能力。④

① 《而已集·"意表之外"》。
② 《圣经·新约全书·马可福音》第8章，第34节。
③ 《圣经·新约全书·马可福音》第10章，第38节。
④ 《华盖集·我观北大》。

不是上帝，那里能够超然世外，真下公平的批评。①

什么"政潮"咧，"党"咧，仿佛他们都是上帝一样，超然象外，十分公平似的。②

鲁迅也曾提到过上帝创造的局限性：

莫非大作家动笔，一定故意只看社会不看人（不涉及人，社会上又看什么），舍已有之典型而写可有的典型的么？倘其如是，那真是上帝，上帝创造，即如宗教家说，亦有一定的范围，必以有存在之可能为限，故火中无鱼，泥里无鸟也。③

鲁迅在有的文章中还以幽默的口吻提到上帝或使用基督教徒祈祷时的用语，增强了文章的生动性，如：

（被那些忽然变为考古家的人拿走的"大内档案"）等到送还的时候，往往比原先要少一点，上帝在上，那倒是真的。④

但我对于有关面子的人物，……既非不说，而不尽说，而代以罗马字，——如果这样还不妥，那么，也只好听天由命了。上帝安我魂灵！⑤

---

① 《华盖集·并非闲话（二）》。
② 《华盖集·答 KS 君》。
③ 《书信·331220 致徐懋庸》。
④ 《而已集·谈所谓"大内档案"》。
⑤ 《而已集·谈所谓"大内档案"》。

有了这样的实用教育，智识就不过剩了。亚门！[①]

"亚门"又译"阿门"，为犹太教徒和基督教徒祈祷结束时的用语，表示"诚心所愿"。

鲁迅有着丰富的西方文化知识，在他的有的文章中，还引用过与基督教有关的西方传说故事，例如在《娜拉走后怎样》一文中，说到我们无权劝诱人做牺牲，也无权去阻止人做牺牲时，认为世上也尽有乐于牺牲、乐于受苦的人物，便举了一个例子：

> 欧洲有一个传说，耶稣去钉十字架时，休息在Ahasvar的檐下，Ahasvar不准他，于是被了咒诅，使他永世不得休息，直到末日裁判的时候。Ahasvar从此就歇不下，只是走，现在还在走。走是苦的，安息是乐的，他何以不安息呢？虽说背着咒诅，可是大约总该是觉得走比安息还适意，所以始终狂走的罢。

Ahasvar，为欧洲传说中的一个补鞋匠，被称为"流浪的犹太人"。

三、反对把搜求公道的希望寄托于罗马教皇

中国的基督教会从一开始就被西方传教士所操纵，他们传教目的实质上是文化侵略。随着西方列强不断扩大对华政治、经济、军事侵略，教会势力也插手中国政治，为帝国主义侵略效力。为了反对帝国主义利用宗教侵略中国的行径，1922年，中国的爱国人士在北京先后组织、成立了非基督教学生同盟、非宗教大同盟。1925年4月3日，《京报》载有北京非基督教大同盟的宣言，说明它的宗旨是"反对基督教及其在华之一切侵略活动"。该同盟又于4月15日创刊《科学与宗

---

① 《准风月谈·智识过剩》。

教》半月刊，当时很有影响，引起了普遍的反基督教的呼声。震惊中外的五卅惨案发生后，一些在中国的外国教士曾发表宣言，对中国学生的爱国斗争表面上表示同情，实际上是为了和缓当时的紧张局势。北京大学某些教授为五卅惨案于1925年6月13日致电罗马教皇，希望他"竭力发扬作为基督教的基础的友爱精神"，幻想得到罗马教皇的"同情和支持"。鲁迅对此提出了批评："我们确有点慌乱了，反基督教的叫喊的尾声还在，而许多人已颇佩服那教士的对于上海事件的公证；并且还有去向罗马教皇诉苦的。一流血，风气就会这样的转变。"①

企图向罗马教皇搜求公道、寻找支持，佩服于传教士的宣言，至少表明这些人对教会实质缺乏认识，在大是大非问题上何等糊涂！早在"五四"运动中，罗马教廷就特派教务巡阅使光若翰来华，"迭次表示反对此次学潮"，下令"万不可容许天主教公教之男女学生结队游行"，"如果违反，应得神罚处分"，"勿因稍事宽柔"。②五卅运动发生后，"中华全国基督教协进会"立即召集在华各基督教差会传教士举行紧急会议，策划进行干预，支持上海公共租界工部局的镇压行为，要求各报社对帝国主义屠杀中国人民的罪行"不要妄加论断"；组织"工人临时教育委员会"，瓦解罢工斗争；提出"沪案调查"的建议，以帮助英帝国主义开脱罪责；发表《告全国同道书》，蒙蔽欺骗广大教徒。基督教会的态度是多么鲜明！鲁迅反对有人在帝国主义强盗屠杀我们同胞时，还"张着含冤的眼睛，向世界搜求公道"，"还要皇皇然辩诬"，还要把希望寄托在罗马教皇那里。鲁迅认为，中国的前途，必须由中国人民自己来决定，"赤化"也好，"暴动"也好，都用不着别的国家来进行干涉。而对于阻碍中国人民决定自己命运的帝国主义刽子手，我们早就该抽刀而起，要求"以血偿血"了。③

---

① 《华盖集·忽然想到（十至十一）》。

② 转引自史全生主编：《中华民国文化史》上卷，吉林文史出版社1990年版，第72页。

③ 《华盖集·忽然想到（十至十一）》。

四、欧洲先前虐杀耶稣教徒，其残虐实不及中国

鲁迅还利用丰富的基督教知识，结合现实斗争，对国民党的反动统治，对黑暗的旧社会，以及病态的社会现象进行了深刻而有力的抨击和批判，收到了更好的斗争效果。

国民党反动派是在血泊中建立起法西斯统治，而又妄图以虐杀手段维持其统治的。面对"杀人如草不闻声"的黑暗现实，鲁迅进行了激烈的抗争。29年前后，欧洲的一些耶稣教徒常遭杀害，有的被钉十字架，有的被杀被焚，甚至有被绑进演技场或剧场喂食狮子的。在鲁迅看来，这种残虐程度还比不上当时的中国。他说："我曾查欧洲先前虐杀耶稣教徒的记录，其残虐实不及中国，有至死不屈者，史上在姓名之前就冠一'圣'字了。中国青年之至死不屈者，亦常有之，但皆秘不发表。"[①]秘密杀戮共产党人、进步人士，这是国民党反动派的惯技，著名的"左联"五烈士就是被秘密杀害于龙华的。鲁迅在上海"有感屠戮之凶"，曾写了篇题为《虐杀》的杂文（此文已佚），其中"讲些日本幕府的磔杀耶教徒"之事。[②]日本江户幕府时代封建统治阶级残酷迫害和屠杀天主教徒，其火刑之法，为远远以火焙之，十分苛酷。"后见唐人笔记，则云有官杀盗，亦用火缓焙，渴则饮以醋，此又日本人所不及者也。"[③]由外到中，以古喻今，矛头直指凶残的国民党反动派。

五、"婴儿杀戮"与用汽车冲杀游行学生

《新约全书·马太福音》第2章说，当犹太希律王的时候，耶稣生在犹太的伯利恒，希律王知道了，心里很不安。有主的使者向约瑟梦

---

① 《书信·330618 致曹聚仁》。

② 《二心集·做古文和做好人的秘诀》。

③ 《书信·340524 致杨霁云》。

中显现，让他们带着孩子逃往埃及。他们走后，希律就大大发怒，差人将伯利恒城里并四境所有凡两岁以里的男孩都杀尽了。1933年，贵州省教育厅厅长用汽车冲杀"九一八"事变纪念游行的小学生，造成大量伤亡。鲁迅把《圣经》里的故事与这件事联系起来，说："'身当其冲'，先前好像不过一句空话，现在却应验了，这应验不但在成人，而且到了小孩子。'婴儿杀戮'算是一种罪恶，已经是过去的事，将乳儿抛上空中去，接以枪尖，不过看作一种玩把戏的日子，恐怕也就不远了罢。"①愤怒谴责了国民党反动派对外投降、对内逞凶的罪行。

---

① 《准风月谈·冲》。

第六章

鲁迅与伊斯兰教

对于世界三大宗教之一的伊斯兰教，与佛教、基督教比起来，鲁迅在文章中提到得并不多，但这并不太多的论述，也显示了他见解的精辟，特别是在有关处理民族、宗教问题上，给我们留下了弥足珍贵的启示。

第一节　伊斯兰教与中国

一、穆罕默德与伊斯兰教

伊斯兰教是7世纪初穆罕默德于阿拉伯半岛创立的一神教。它的产生是当时阿拉伯半岛各部落从原始公社解体向阶级社会过渡，要求实现政治统一的愿望在意识形态上的反映。穆罕默德大约在570年诞生于麦加古来氏部落哈希姆家族，父母早亡，童年生活充满艰辛，曾放牧经商。约610年，穆罕默德在麦加开始宣扬末日审判、死后复活等教义。他反对多神崇拜，宣称真主安拉是宇宙万物的创造者和独一无二的主宰，认为整个宇宙及其一切生命终将有一天全部毁灭，然后安拉使一切生命复活，一切复生的灵魂及肉体都将接受安拉最终的判决，行善者进天国，永享欢乐，作恶者驱入火狱，自食其果。他宣布奉到真主的启示，号召族人皈依正道，"信仰唯一的安拉"，以免末日的惩罚。622年，由于受到麦加贵族的反对和迫害，穆罕默德和信徒们迁徙麦地那，并建立了政教合一的宗教公社。在阿拉伯语中，伊斯兰意为"顺从""皈服"。伊斯兰教徒通称穆斯林。穆斯林在阿拉伯语中意为"顺从者"，指信仰真主、服从先知的人。经过十年斗争，伊斯兰教在阿拉伯半岛取得统治地位，完成了阿拉伯半岛的统一。穆罕默德去世后，阿拉伯统治者打着"圣战"旗号向外扩张和征服。到8世纪中期，阿拉伯人建立了横跨亚、非、欧三洲的大帝国。14世纪，在奥斯曼帝国的对外扩张中，伊斯兰教又传播到了东南欧。伴随着这些历史进程，伊斯兰教也就成为从最初的哈里发国家到后来的各政教合一的封建国家和近、现代伊斯兰国家统治的精神支柱。

伊斯兰教的基本教义，根据《古兰经》，包括信安拉、信天使、信经典、信使者和信末日。根据圣训，还要加上信前定。伊斯兰教首要的、最基本的信条，是"万物非主，唯有真主"。伊斯兰教规定教徒的基本职责是：念清真言表白信仰；一日五次礼拜；每年莱麦丹（即伊斯兰教历9月）的全月斋戒；缴纳定量课税；如条件允许一生应朝觐麦加一次。中国穆斯林把这些义务统称为"五功"（念、礼、斋、课、朝）。履行"五功"，体现了个人对安拉全能的承认。此外，还规定行善和"为安拉之道"征战，即"圣战"。

伊斯兰教的根本经典是《古兰经》（也译为《可兰经》）。它是穆罕默德在610—632年这23年的传教活动中，针对当时实际情况，以奉真主颁降的名义，向弟子们口授的有关宗教和社会主张的条文。他死后，经他的弟子汇集、整理而成。全部《古兰经》共30卷，114章，6200余节，分"麦加篇章"和"麦地那篇章"两部分，包含有信仰、礼仪、风俗习惯、教法规定与教义原则等多方面的内容，是穆斯林宗教与世俗生活中的神圣指南。《古兰经》中的不少规定在长时间中已成了信仰伊斯兰教民族的共同习俗规范。全体穆斯林均遵照《古兰经》行事。在阿拉伯文中，"古兰"的意思是"诵读"，就是说，它不是穆罕默德"写"的，穆罕默德只不过是"吟诵"了真主通过天使哲布勒伊来降使给他的话。在穆斯林心目中，《古兰经》是神圣的。据说，610年斋月，真主在吉祥高贵的夜晚将全部经文降至第一层天，由天使哲布勒伊在尔后的23年陆续传达给先知和使者穆罕默德。据说最初的启示是："你应当奉你的创造主的名义而宣读，他曾用血块创造人。你应当宣读，你的主是最尊严的，他曾教人用笔写字，他曾教人知道自己所不知道的东西。"[①]最后的启示是："今天，我已为你们成全你们的宗教，我已完成我所赐你们的恩典，我已选择伊斯兰做你们的宗教。"[②]

埃及最大的海港城市亚历山大，在埃及托勒密王朝时期（公元前305—公元前30年）是地中海东部政治、经济和文化的中心。该城图书馆藏书甚丰，公元前48年罗马人入侵时被焚烧过半。残存部分，传说641年阿拉伯人攻陷该城时被毁。[③]鲁迅说："阿拉伯人攻陷亚历山德府（亚历山大）的时候，就烧掉了那里的图书馆，那理论是：如果那些书籍所讲的道理，和《可兰经》相同，则已有《可兰经》，无须留了；倘使不同，则是异端，不该留了。"[④]

虽说是传说，但也可从中看到《古兰经》在穆斯林心目中的至高无上的地位。

二、伊斯兰教与希伯来文化

鲁迅在《破恶声论》中说："希伯来之民，大观天然，怀不思议，则神来之事与接神之术兴，后之宗教，即以萌蘖。"前边讲了，希伯来文化对基督教的产生有很大影响。其实不仅如此，伊斯兰教与希伯来文化也有着渊源关系。

阿拉伯人和希伯来人都是闪族的后裔，他们的语言、风俗、习惯

---

① 《古兰经》第96章，第1—5节。
② 《古兰经》第5章，第3节。
③ 阿拉伯人攻陷亚历山大城毁掉那里的图书馆一事，据考证，为以讹传讹。参阅［美］希提著：《阿拉伯通史》（上册），商务印书馆1979年版，第193—194页。
④ 《准风月谈·华德焚书异同论》。

以及神话都很近似。伊斯兰教，一方面体现为与当时犹太教、基督教和多神崇拜的斗争，另一方面又受到犹太教、基督教的影响。《古兰经》中提到的28位重要人物中，《圣经》人物占24位。而穆斯林认为穆罕默德是更伟大的先知。《古兰经》中的许多传说故事和希伯来《圣经》中的传说故事相似。据统计，这类经文约占《古兰经》的四分之一。恩格斯曾在致马克思的一封信中说到二者的密切关系：

> 现在我已经完全弄清楚，犹太人的所谓圣书不过是古代阿拉伯的宗教传说和部落传说的记载，只是这些传说由于犹太人和与他们同一族系但从事游牧的邻族早已分离而有了改变。巴勒斯坦在靠阿拉伯的一面完全被沙漠，即贝都英人的土地环绕着，这种情况是叙述独特的原因。但是，古代阿拉伯的碑文、传说和《古兰经》以及一切系谱等等的易于解释，都证明主要内容是关于阿拉伯人的，或者更确切些说，是关于一般闪族的，就像我们这里的《艾达》和德国的英雄传说一样。[①]

随着《古兰经》的推广，希伯来圣经的影响也就更深远了。

三、"学问，虽远在中国，你们亦当往求之"

据传，穆罕默德有一条有名的"圣训"："学问，虽远在中国，你们亦当往求之。"伊斯兰教是7世纪传入中国的。651年，即唐高宗永徽二年，阿拉伯帝国哈里发奥斯曼向中国派来使节，此后，阿拉伯来我国的使节史不绝书，有的使者居留中土不归。在唐代，有不少的阿拉伯士兵及商人留居中国，如长安、扬州、广州等地，都有数以千计的大食人和波斯人留居，他们被称为"番商胡贾"。伊斯兰教的早期入华与这些伊斯兰教徒在唐朝的留居是同步的，他们独自地或

---

① 《马克思恩格斯全集》第28卷，第250—251页。

集体地过着宗教生活，保持着自己的生活习俗。元代伊斯兰教在我国发生重大变化，伊斯兰教徒开始遍及全国各地，史称"元时回回遍天下"①，伊斯兰教也由不被了解而成为与佛、道、基督教并列的"清教""真教"，伊斯兰教徒也成了中华民族的一部分。从元中叶起至清末，伊斯兰教随着回族的形成，在保持伊斯兰文化宗教特质的前提下使这种文化成为中国传统文化中一个有特色、有个性的部分。从唐代至17世纪时，我国已有回、维吾尔、哈萨克、塔吉克、塔塔尔、柯尔克孜、乌兹别克、东乡、撒拉、保安等十个少数民族的绝大多数人信奉伊斯兰教，蒙古、藏、白、傣等民族中也有少数信徒。伊斯兰教分布地区以西北五省（区）最为集中。

四、伊斯兰教与儒家思想

伊斯兰教是一种外来宗教，但它在漫长的历史进程中，也与中国传统文化相结合。明末王岱舆、刘智、马注、马德新等，学通四教（指佛、儒、道及伊斯兰教），用汉语结合中国传统的儒家思想来阐扬伊斯兰教教义，在译著中采用以儒诠经的方式，"俾得互相理会，知回、儒两教道本同源，初无二理"。伊斯兰教教义包含有信仰来世又注重现实的"两世"观念，从本体上讲，非但不劝人出世，反而要穆斯林积极地干预世事。中国伊斯兰教在教理上，接受程朱理学太极说中"万物统一于五行，五行统一于阴阳，阴阳统一于太极，太极本无极"的理论，提出阐述真主根本特征的"真一""数一""体一""三一通义"说，认为真一指真主独一无二，为天地万物之主宰；数一指真一显而为天地万物的种子，是"真一之所妙"；体一指"体认之一"，人通过自己认识造化万物的真主。在对穆斯林的要求方面，根据经训，着重吸收儒家伦理纲常的观念，提出子女孝顺父母、夫妻互相敬爱、长幼互敬、兄弟和睦、朋友忠信的"五典"之

---

① 《明史·西域传》。

说，认为五典即三纲的具体化。此外，在教坊制度、清真寺建筑、宗教教育、宗教节日及活动、习俗等方面，也都有明显的接受中国文化影响的痕迹，在世俗生活中表现了一种灵活的态度。但应看到，伊斯兰教在宗教信仰、宗教功课、教规等方面，仍然严格遵循《古兰经》和《圣训》。

第二节　伊斯兰教对世界文化发展的贡献

一、翻译诠释之业大盛

伊斯兰文化对世界文化发展做出了重大贡献，产生过积极的影响，鲁迅对此给予充分的肯定。

中世纪的欧洲，窒息在宗教神学的统治之下。教会垄断了文化知识。中世纪前期，西欧人大多不识字，教士向人民读《圣经》和讲道，一切不合教义的思想都遭到禁止，背离神学的书籍被烧毁。宗教裁判所迫害异教徒，甚至把他们烧死。教会的信条同时是政治信条，《圣经》上的词句在法庭上具有法律效力。这是个黑暗的时期，是科学文化遭受巨大摧残的时期。鲁迅说，这一时期，"景教诸国，则于科学无发扬。且不独不发扬而已，又进而摈斥天阏之，谓人之最可贵者，无逾于道德上之义务与宗教上之希望，苟致力于科学，斯谬用其能"[1]。

当基督教国家的科学正在衰落时，伊斯兰教国家的科学却蓬勃发展起来。鲁迅在《科学史教篇》中对此有过论述：

> 当时回教新立，政事学术，相辅而蒸，可尔特跋暨巴格达德之二帝，对峙东西，竞导希腊罗马之学，传之其国，又好读亚里士多德与柏拉图书。而学校亦林立，以治文理数理爱智质学及医

---

① 《坟·科学史教篇》。

药之事；质学有醇酒硝硫酸之发明，数学有代数三角之进步；又复设度测地，以摆计时，星表之作，亦始此顷，其学术之盛，盖几世界之中枢矣。

希腊既零落，罗马亦衰，而亚剌伯人继起，受学于那思得理亚与俄思人，翻译诠释之业大盛；……

在伊斯兰文化的形成和发展过程中，翻译活动起过重要的作用。约从8世纪中叶到10世纪的一百多年间，可以称得上是哈里发帝国的翻译运动时期。这一时期，阿拉伯人把当时可能掌握的一些希腊、叙利亚和印度、波斯的哲学、医学和科学方面的著作大都译成了阿拉伯文。在翻译运动结束之前，亚里士多德的著作大概都已译成阿拉伯文，柏拉图的《理想国》等也译成阿拉伯文。诚如鲁迅所说的，"翻译诠释之业大盛"。这时的翻译家主要是一些基督教徒、犹太教徒和皈依了伊斯兰教的袄教徒，因此鲁迅说是"受学于那思得理亚（即基督教）与俄思（今译犹太）人"。

二、伊斯兰科学的兴盛

阿拉伯人不仅大量翻译科学著作，吸收人类文明的各种科学成果，而且认真进行研究，在自身实践的基础上，丰富和发展了这些科学成就，做出了许多新的贡献。在化学（即鲁迅所说质学）上，他们发现了许多新的物质，如钾碱、硝酸银、升汞防腐剂、硝酸、硫酸和酒精（即醇酒）。"数学有代数三角之进步"。阿拉伯数学家确定三角学中正弦、余弦和正切的概念，创立了代数学。花剌子模的穆罕默德·伊本·穆萨（约780—850年）的代数著作《积分和方程计算法》共有八百多个例题，12世纪时译成拉丁文，成为欧洲各大学的主要数学教科书，一直使用到16世纪。在医学上，阿拉伯人也做出了显著贡献。他们的外科医生懂得使用麻醉剂，并且做了有些被认为是最困难的手术。布哈拉的阿维森纳被称为"医中之王"，他的《医典》代表中古时代阿拉伯医学的最高成就，自12世纪到16世纪一直被西方医学界称为权威著作。

伊斯兰科学的发展依赖于庞大的教育体系。伊斯兰教非常重视教育。当时帝国各地清真寺一般都附设学校和图书馆。先于西方一百年，在一些城市清真寺附设的宗教学校便发展成一系列宏大的大学，并吸引了东西方的留学生到这里来学习。尤其是在西班牙的科尔多瓦（即上述可尔特跋），有大量的基督徒留学生，阿拉伯哲学经由西班牙传到了巴黎、牛津和北意大利各大学，并且普遍地传到了西欧人的思想中。如鲁迅所说的："景教子弟，复多出入于日斯巴尼亚（即西班牙）之学校，取亚剌伯（即阿拉伯）科学而传诸宗邦，景教国之学术，为之一振。"①10世纪在巴格达（即上述巴格达德）、摩苏尔、设拉子、巴斯拉、莫夫等地都有独立的图书馆，成为帝国各地的文化中心。阿拉伯人对于东西文化交流起了很大的作用。

三、占星术与炼金术

鲁迅在肯定伊斯兰科学发展的同时又明确指出，它与希腊罗马科学有很大的不同之处："盖希腊罗马之科学，在探未知，而亚剌伯之科学，在模前有，故以注疏易征验，以评骘代会通，博览之风兴，而发见之事少，宇宙见象，在当时乃又神秘而不可测矣。怀念既尔，所学遂妄，科学隐，幻术兴，天学不昌，占星代起，所谓点金通幽之术，皆以昉也。"②

"占星"，即占星术，以观察星辰运行预言人事祸福的一种巫术。与伊斯兰天文学发展的同时，占星学也得到了发展。阿布·麦尔舍尔（？—886年）是占星学方面最闻名的人物。他提出星辰能影响万物的生死与祸福，还提出月亮升落能影响潮汐的原理。"点金"，

---

① 《坟·科学史教篇》。
② 《坟·科学史教篇》。

即炼金术，中古时代起源于阿拉伯的一种方术。最早从事炼金术的穆斯林是查比尔·伊本·哈彦。他希望从铅、锡、铜、铁等廉价金属中，通过一种神秘物质的媒介，炼出黄金与白银。鲁迅认为，虽然有这些荒诞无稽的东西，但也还有不能加以贬责的地方，就是当时的伊斯兰学者确实不是懒散而无所作为，因为精神松懈而陷入倒退保守，只是由于方法的错误，结果才劳而无功，至于他们全力以赴的精神，本来是足以令人惊叹的。例如上述从事炼金术的查比尔·伊本·哈彦，虽然没有达到目的，但他科学地叙述煅烧和还原两种操作方法；改良蒸馏、升华、熔化、结晶等方法，修改亚里士多德关于金属成分的理论，经过他修改的这种理论一直流传到18世纪现代化学诞生之前。

通过以上论述，可以看到，鲁迅对于伊斯兰教以及伊斯兰科学的成就、地位是有深入的了解与研究，得出的结论也是正确的。

四、历法：穆斯林的贡献

穆斯林在中国科技史上也有重大的贡献。特别是元代，阿拉伯的科学文化（主要在天文、历法、建筑、医学等几个方面）通过来华穆斯林传入中国。这里仅以天文历法为例。元世祖忽必烈对以波斯人札马剌丁为代表的一批穆斯林天文学家非常重视。《元史·历志》载："至元四年（1267年），西域札马剌丁撰进《万年历》，世祖稍颁行之。"札马剌丁还制作了地球仪、方位仪、天球仪等七种天文仪器。这些仪器，当时在世界上是罕见的。至元十三年（1276年），诏郭守敬等改治新历。在穆斯林的直接影响下，经过郭守敬的天才努力，至元十七年（1280年）新历成，赐名"授时历"，它比以往任何一代的历法都要精确。清人认为，《授时历》本于万年历。明历曰"大统历"。《明史》认为，明之《大统历》，实即元之《授时历》。明清鼎革，顺治元年（1644年）颁行"依西洋新法"的《时宪历》，结束了中国沿用360年之久的《授时历》。当时清朝官员杨光先反对施用

《时宪历》，鲁迅在《看镜有感》《随便翻翻》等文章中曾提及这件事，前边已有介绍。

五、阿拉伯文学成就

鲁迅对于阿拉伯文学也颇有研究，并有不少论述。

谈阿拉伯文学，不能不首先提到《古兰经》。《古兰经》不仅是伊斯兰教的经书与法典，也是阿拉伯文学史上第一部用阿拉伯语写成的散文巨著，它庄严典雅，华丽流畅，雄辩而有抒情色彩，韵律感强，对后世阿拉伯文学产生了深远的影响。此外，记录穆罕默德言行的《圣训》，内容丰富，语言简练明达，也是伊斯兰教的重要经典，阿拉伯散文的典范。

阿拔斯王朝（750—1258年）时期，阿拉伯文学在广泛吸收外来文化精髓的基础上发展起来，达到了空前的繁荣。诗人艾布·塔依布·穆泰奈比（915—965年）就是一个重要代表诗人。他晚年写了一首无题的抒情诗，最后四句是：

> 美丽的女人给了我短暂的幸福，
> 后来一片荒漠就把我们隔断开。
> 世界上最好的地方——
> 是骑在骏马的鞍上。
> 而经书——
> 则时时刻刻是最好的伴侣！

穆泰奈比少年时代曾与游牧人一起生活。早年辗转于伊拉克与叙利亚一带，曾想以诗歌求取功名，未能如愿，因而在萨玛瓦地区自称"先知"；曾鼓动并领导游牧民举行一次小规模的起义。据说，他因此被称为"穆泰奈比"（原意为"假冒先知"）。他先后为王公贵族写了大量颂诗。他的诗充满激情和感染力，富于哲理性，有诗人兼哲学家之称。他在诗歌艺术上能继承古诗的传统，又敢于创新，是阿拉伯诗歌革命的倡导者和先驱者，对后世影响很大。鲁迅在《关于女人》一文中曾提到这位阿拉伯的"古诗人"。

鲁迅在《读几本书》《关于翻译》《题未定草（一至三）》等文章中，都曾提到阿拉伯文学作品《一千零一夜》（又译《天方夜谭》），给予高度评价。《一千零一夜》是阿拉伯民间文学瑰宝，鲁迅在留日时就接触了它。1905年，周作人翻译《一千零一夜》中的一篇神话故事《侠女奴》（即《阿里巴巴和四十大盗》），并由鲁迅校阅。周作人译用的原书也是鲁迅寄回的。①

《一千零一夜》是中古阿拉伯文学的最高成就。该书讲国王山鲁亚杀死了与人私通的王后之后，仍不足以平息心头的怒火，便要宰相每晚找一个少女供他寻欢作乐，到天亮时就把她杀死。京城的少女几乎都被他杀光了，全国一片恐怖。这时，才貌双全的少女山鲁佐德，为了拯救无辜的姐妹们，自愿进宫。她利用这个暴君爱听故事的好奇心理，每晚给他讲一段精彩的故事，一直讲了一千零一夜，才免于一死。全书共134个大故事，每个故事又包含着若干小故事，组成一个庞大的故事群。这些故事来源于三个方面：一是印度、波斯的故事；二是伊拉克的故事；三是埃及的故事。它是中古时期阿拉伯社会复杂生活的生动图景的反映，从中可以看到尖锐的阶级矛盾、惊人的贫富悬殊、繁荣的商业贸易、发达的航海事业，以及婚丧习俗、手工技艺、宗教礼仪等。它描绘的人物，既有帝王将相、巨商大贾，也有樵夫渔父、巫医百工，还有乞丐奴隶、强盗草寇等，无不栩栩如生，跃然纸上。它最明显的艺术特色是浪漫主义的表现方法、丰富多彩的幻想和近乎荒诞的夸张。

《古兰经》说，安拉是真主，"是独一的主。真主是万物所依赖

---

① 见周遐寿：《鲁迅小说里的人物》。

的"①。又说："凡你们所享受的恩惠都是从真主降下的。然后，当你们遭难的时候，你们只向他祈祷。"②《一千零一夜》具有浓厚的伊斯兰教色彩：一方面宣传一切前定的宿命论，一方面着意描绘安拉的无穷威力。故事中众多的主人公由于笃信安拉，顺从主的旨意，因此无论身遇险境，还是面对邪恶，只要高喊安拉的大名或口中默念"没有办法也没有力量唯有靠托安拉"时，奇迹就出现，主人公便可化险为夷。"安拉是唯一的主宰""我把自己的一切托靠安拉啦""毫无办法，只盼伟大的安拉保佑了"等一类词句甚多。在《一千零一夜》里，还可看到《古兰经》在社会日常生活中的重要作用。许多故事的想象、善恶精灵的设置、历史人物及事件的转述等，都与《古兰经》有着渊源关系。

第三节　鲁迅关注北新书局事件

中国是一个统一的多民族的国家，各民族间有着久远的历史联系和相互影响，长期以来共同创造了光辉灿烂的中华民族文化，各民族又保持着自身的特色。在中国，汉族占人口的绝大多数；民族问题又常常同宗教问题交织在一起。因此，坚持民族平等，反对大汉族主义，尊重少数民族的风俗习惯和宗教信仰，同时反对任何破坏、分裂民族团结和祖国统一的行为，就是一个值得高度重视的大问题。鲁迅对于20世纪30年代因不尊重回族的风俗习惯而出现的回民闹事一事，就提出了正确而深刻的见解。

1932年，上海北新书局出版民间故事丛书，其中一册内有关于回民不食猪肉习俗的描写，把道听途说的无根之言写了进去，引起上

---

① 《古兰经》第112章，第1—2节。
② 《古兰经》第16章，第53节。

海、北京等地伊斯兰教信众的不满。1932年11月11日，鲁迅因母病从上海乘车赴北平；11月28日搭车离开北平回沪，恰与伊斯兰教代表同车，他在一封信中提到此事，表现出深沉的忧国忧民的感情："此次南来时，适与护教团代表同车，见送者数百人，气势甚盛，然则此事似尚未了，每当历代势衰，回教徒必有动作，史实如此，原因甚深，现今仅其发端，窃疑将来必有更巨于此者也。"①

伊斯兰教信众请愿以后，北新书局一度被封。要求登报道歉一事，拖了几天才见诸报端。11月10日，《申报》刊登了北新书局的道歉启事。

鲁迅对此事甚为关注，他在11月3日给许寿裳的一封信中谈了自己的看法。鲁迅青年时代就曾身受"异族轭下的不平之气，和被压迫民族的合辙之悲"②，强调民族之间的平等友爱，痛恨民族压迫。他在后来多次谈及元朝统治者把各族人民分为蒙古、色、汉、南四等，满清统治者强令汉人剃头留发所造成的痛苦。作为汉民族的一员，他是坚决反对大汉族主义的。在北新书局这一事件中，他态度很鲜明，认为责任在北新书局，编辑漫不经心，视一切如儿戏，宣传此种污辱伊斯兰教徒的无实之言，"既启回民之愤怒，又导汉人之轻薄"，这是一误；事发之后，本当自认失察，即应补救，反而一再延宕，致使事情弄大，书局亦遭受损失，这是二误。鲁迅与北新的关系很深，熟知他们的作风，在尖锐的批评中表现了他尊重兄弟民族的正确立场。鲁迅深恶有些汉人"油腔滑调，喜以秽语诬人"，因轻视、污辱少数民族及他们的宗教信仰、风俗习惯，乃至造成民族间的流血冲突。他在《教授杂咏》之三中，还以游戏笔墨提到这件事："世界有文学，少女多丰臀，鸡汤代猪肉，北新遂掩门。"

---

① 《书信·321202致许寿裳》。
② 《坟·杂忆》。

第七章

鲁迅与其他宗教

鲁迅除对世界三大宗教以及中国道教等进行过认真研究、有着很高的造诣外，在他的文章中，还提及一些其他宗教，有的谈得较多，如古代希腊罗马宗教；有的只是略略几笔，如摩尼教。鲁迅提到这些宗教，不是就宗教谈宗教，而往往是从文章的需要出发，运用这些宗教发展中的史实或神话传说，以增强文章的知识性和说服力。但我们通过他的笔墨不多的论述，也可以窥见他对这些宗教的看法和态度。

第一节　希腊罗马宗教

古希腊罗马是欧洲文化的发源地。瑰丽多姿、想象丰富的希腊罗马的神话和传说，既是当时该地宗教状况的具体反映，又是影响深远的文学瑰宝。学贯中西的鲁迅，早在留日时期就阅读了《希腊神话》。丰富的希腊罗马宗教知识，对于他准确地翻译欧洲文学作品起了不少的作用，也使他的一些杂文增色不少。

一、宙斯与奥林匹斯诸神

位于地中海东北部的古希腊，公元前8世纪以前还处在原始社会，公元前8—公元前6世纪奴隶社会逐渐形成，到公元前5—公元前4世纪进入希腊历史的全盛时期，公元前4世纪末以后逐渐衰微，称为"希腊化"时期。希腊宗教是在原有的原始宗教基础上，吸收爱琴宗教、克里特—迈锡尼宗教、埃及宗教等许多较古老宗教的传统而逐步形成。因此，它是十分驳杂的混成体，历史渊源各异的种种成分杂陈其中。希腊宗教具有较丰富的神话传说，较完整的神庙、祭司制度以及仪式典章，神灵的拟人化程度较高。它在宗教演化史中虽已达较高级阶段，但仍可看到图腾崇拜、自然崇拜的反映，有些神灵除以拟人形象为主外，仍保留与某种动物相连属的种种遗痕，如宙斯与凡间女子相会，或化为牡牛，或化为天鹅，或化为金雨，又如阿波罗与牡狼、阿耳忒弥斯与牝熊和扁角鹿、赫耳墨斯与绵羊等等。希腊在奴隶占有制共和国鼎盛时期，其主要的宗教形态是对城邦守护神"波利斯"的崇拜。这种崇拜带有官方国家祭仪的性质，全体属民均责无旁贷。希腊宗教从不知众所遵循的教义，然而祀奉城邦守护神的仪礼则须奉行无讹。对此类神祇不许稍有亵渎，违者定遭严惩。著名的古希腊哲学家苏格拉底就曾因"不敬城邦所奉之神，而另树新神"（官方控告书语），即遭指控，并被判处死刑。①

希腊宗教中的主要神系为奥林匹斯诸神。诸神之父是宙斯。传说宙斯之父为提坦神王克洛诺斯，因得悉子女中将有欲夺其位者，乃将众子女皆吞入腹中。当最幼的宙斯出生后，其母以石块为伪装的襁褓让克洛诺斯吞下，把宙斯藏了起来。宙斯成年后，靠祖母盖娅之力，迫使其父吐出众兄弟。接着宙斯同他的兄弟于奥林匹斯山建筑起坚固的堡垒，向他们的父亲克洛诺斯和提坦诸神开战，历时十年之久，终于推翻提坦神系而建立新神系，后成为希腊宗教各神系的主体。宙斯的子嗣甚多，皆为新神系的大小神灵。宙斯和众神都住在奥林匹斯山上。该山高约三千米，山顶终年积雪，常有云雾缭绕。据荷马史诗中的

---

① 参阅［苏］谢·亚·托卡列夫：《世界各民族历史上的宗教》，第438页。

描写，山顶有工匠神赫菲斯托斯为众神建造的黄金与青铜的宫殿。天宫的大门由三位时光女神守卫。众神每天在天宫的大厅里宴饮。宴饮时，阿波罗弹奏金琴，四位文艺女神随之起舞歌唱，直到太阳的明灯沉入大海以后，众神才各自去休息。在希腊民间，除崇拜众神之王宙斯以及家庭保护神外，还崇拜其他神系的诸神，还有祖先崇拜、英雄崇拜、鬼灵崇拜，以及相信恶魔、幽灵、复仇三女神等等。希腊宗教没有天堂、地狱和死后赏罚的观念，视冥间不是惩处恶人的地方，而是死者安息之所；最大的不幸即死后尸体不得火化而安葬入土，认为这将致使亡灵不得安息而成为漂泊于地面的孤魂。传说有些神灵与世人交媾而生育出英雄人物，他们死后就脱去凡胎而进入奥林匹斯成为诸神成员。

二、"神思富美"的希腊神话

在古希腊，宗教和神话是融为一体的。"神思富美"的希腊神话，就是希腊宗教的生动具体的反映。希腊神话包括神的故事和英雄传说两部分。神的故事主要包括关于开天辟地、神的产生、神的谱系、天上的改朝换代、人类的起源和神的日常活动的故事。希腊神话中的神和其他比较发达的宗教中的神不同，他们是"人化"了的神，和人是同形同性的，具有人的形象和人的思想感情。神和人不同之处主要在于神是不死的，且力量大，主宰着人类的祸福，而在品德方面有的还不如人，多数神很任性，爱享乐，慕虚荣，好捉弄人类。古希腊人常在神话中嘲笑神的邪恶，指责神的不公正。希腊神话中的英雄传说部分，是对于远古的历史、社会生活和人对自然做斗争等事件的回忆。英雄被当作神和人所生的后代。英雄传说以不同的家族为中心形成了许多系统，主要有赫拉克勒斯的十二件大功，忒修斯为民除害，伊阿宋取金羊毛和特洛伊战争等系统。希腊神话的发展，曾经历了希腊原始社会几百年的漫长时期。"从古代雅利安人的传统的对自然的崇拜而来的全部希腊神话，其发展本身，实质上也是由氏族及胞族所制约并在它们内部进行的。"①希腊神话是在氏族内部发展起来的，它并没有像某些古代民族的神话那样受到祭司阶层的影响而成为统一的宗教意识形态，相反，每个部落都以根据他们自己不断向前发展的生活经验和斗争经验所创造出来的神的形象和英雄的故事丰富了整个希腊神话的宝库。神话是"通过人民的幻想用一种不自觉的艺术方式加工过的自然和社会形式本身"②。错综虚幻、丰富多彩的神话，是古希腊人最初的意识活动，反映了他们对自然界和人类社会森罗万象的朦胧的认识。希腊神话是当时希腊文艺作品的重要题材，并对罗马以及后来欧洲文艺的发展有很大影响。希腊神话故事和《圣经》，一直被认为是西方文化的两大源泉。马克思对希腊神话评价很高，指出它是发展得最完美的人类童年的产物，具有永久的魅力。③《简明不列颠百科全书》在介绍希腊神话的重要地位时说，它在西方人的文化、艺术和感情的历史上怎样估计都不能说是过高；否认它的价值和意义也就等于否认西方文化本身的成就，以及受到它的启发的伟大作家和艺术家的天才。

三、《斯巴达之魂》与蝶尔飞神之灵

鲁迅对古希腊文化有着深刻的了解和研究，指出它"艺文思理，灿然可观"④，认为它不仅有着丰富的宗教神话传说，而且"科学之盛，殊不逊于艺文"。在早期写的《科学史教篇》中，鲁迅热情洋溢地介绍了古代希腊罗马在社会科学和自然科学上的伟大创造，列举了毕达哥拉斯的数理音阶、亚里士多德的解剖学和气象学、柏拉图的《蒂迈欧篇》和《理想国》、德谟克利特的原子论、阿基米德的流体力学、欧几里得的几何学、希罗的机械学等等，真是群星灿烂，蔚为

---

① 恩格斯：《家庭、私有制和国家的起源》，《马克思恩格斯选集》第4卷，第100页。
② 马克思：《〈政治经济学批判〉导言》，《马克思恩格斯选集》第2卷，第113页。
③《马克思恩格斯选集》第2卷，第114页。
④《坟·文化偏至论》。

大观。这些人或为哲学家，或为数学家，或为物理学家，都对人类文明的发展做出了巨大的贡献。鲁迅充分肯定了古代希腊科学家的探索精神。他说："盖尔时智者，实不仅启上举诸学之端而已，且运其思理，至于精微，冀直解宇宙之元质。"泰勒斯认为构成宇宙的元素是水，阿那克西米尼说是气，赫拉克利特则说是火。鲁迅认为，这些说法当然不恰当，但当时的学者们就想说明宇宙的奥妙，能对所不明白的事情提出疑问，对自然界进行探索，不肯停留在肤浅空泛的认识上，和近代人比起来，简直分不出有什么高低。因此，"希腊学术之隆，为至可褒而不可黜"。希腊人民又是勇于保卫祖国、富有光荣斗争传统的人民。公元前480年，波斯人入侵希腊。希腊的斯巴达勇士以三百人扼守温泉关，与波斯王率领的数万侵略军苦斗，终于全军死难，仅有一人因病休养，没有参加战斗，得以生还。可是这仅存的人回家后，他的妻子还指斥他辱没国家，最后又以死谏之。鲁迅在《斯巴达之魂》中，热情地歌颂了斯巴达男女青年敢于以寡敌众、血战到底的爱国牺牲精神，借以激励正在为反对帝国主义瓜分中国而战斗的中国人民。在这篇小说中，写到斯巴达人决心死战到底，向太阳神阿波罗再拜；写到斯巴达三百人血战而死后说："初月相照，皎皎残尸，马迹之间，血痕犹湿，其悲蝶尔飞神之不灵者欤。""蝶尔飞神"即阿波罗神。蝶尔飞今译德尔菲，有古希腊祭祀阿波罗的神殿，在帕尔那索斯山的南麓。

四、万苦不屈的普罗米修斯

鲁迅在他的文章中，曾引用过一些希腊神话故事，其中引用较多的是盗火给人类的普罗米修斯。

希腊宗教中的神，多数都有凡人的弱点，如任性、妒忌、爱报复等，但其中有一位保护人类抵制神灵暴力，并为人类的幸福而做自我牺牲的巨神，他就是普罗米修斯。传说他依靠弟弟埃庇米修斯的帮助，用泥和水创造了人，赋予人以生命，并教会人类从事建筑、航海、医药等技术，使人类有了文化。后来由于人们减少对神的献祭，激怒的宙斯夺走了人间的火种。普罗米修斯又机智地盗取了天火给予人类。残暴的宙斯对此十分惧怕，并对人类和普罗米修斯进行报复，用锁链和楔子把普罗米修斯钉在高加索山顶的峭岩上，并差秃鹰每天啄食他的肝脏，肝脏随啄随长。普罗米修斯就在这样的痛苦中度过了三万年，直到宙斯的儿子赫拉克勒斯为寻觅金苹果路过高加索时，才射死大鹰，使他得以解放，回到奥林匹斯山。在雅典，曾有纪念普罗米修斯的节日。有关他的神话故事，是希腊古典艺术、诗歌、戏剧广泛采用的题材。古希腊悲剧家埃斯库罗斯的剧作《被缚的普罗米修斯》是普罗米修斯三部曲中现存的第一部［第二部《被释放的普罗米修斯》和第三部《送火者普罗米修斯》（现已不存）］，塑造了这位不屈的战士的形象。他面对酷刑，毫无惧色，憎恨不正义的神，宁可承受亿万年的苦难也决不向敌视人类的宙斯屈服。普罗米修斯这一光彩照人的悲剧英雄形象，从古到今都获得进步人类的称赞。"普罗米修斯之火"，意味着那在人类心灵中熊熊燃烧着的火焰，为在科学发明、艺术创造和一切社会活动中追求崇高的目的而永不熄灭。马克思十分欣赏普罗米修斯的自白："说老实话，我痛恨所有的神灵。"因为这些神灵不承认人的自我意识具有最高的神性。不应该有任何神灵同人的自我意识并列。他盛赞普罗米修斯"是哲学历史书上最高尚的圣者和殉道者"[①]。

鲁迅也是一个献身于中国人民解放事业的伟大的"殉道者"。他对普罗米修斯充满敬意，也以普罗米修斯的精神激励自己。在他的文章中，多次提到这位希腊神话中的英雄。他说过，希腊人所用的火，据说是普罗米修斯从天上偷来的，而中国则说是燧人氏发现或发明的，"因为并非偷儿，所以拴在山上，给老雕去啄的灾难是免掉了，然而也没有普洛美修斯（即普罗米修斯）那样的被传扬，被

---

① 转引自柏拉威尔著：《马克思与世界文学》，三联书店 1980 年版，第 32 页。

崇拜。"①鲁迅在《摩罗诗力说》中论述英国诗人雪莱时，介绍了他的诗剧《解放了的普罗米修斯》，指出"事本希腊神话"，"假普洛美迢（即普罗米修斯）为人类之精神，以爱与正义自由故，不恤艰苦，力抗压制主者傉必多（今译宙斯），窃火贻人，受絷于山顶，猛鸷日啄其肉，而终不降。傉必多为之辟易；普洛美迢乃眷女子珂希亚，获其爱而毕。珂希亚者，理想也。"

五、"我从别国里窃得火来，本意却在煮自己的肉"

鲁迅在斗争实际中深切地体会到，"以史底唯物论批评文艺的书"，"是极直捷爽快的，有许多暧昧难解的问题，都可说明"。②1928年无产阶级革命文学运动兴起，迫切需要用马克思主义的文艺理论去指导；同时要粉碎国民党反动派的文化围剿，也必须掌握马克思主义这个强有力的思想武器。为了现实斗争的需要，也为了改造自己的主观世界，鲁迅便自觉地努力学习马克思主义，着重钻研哲学和文艺理论方面的著作。从1928年起，他购买了《社会主义从空想到科学的发展》《论反对派》等经典著作和许多社会科学的书籍，仅从1月到3月，就三十多种。他介绍了卢那察尔斯基的《艺术论》及其《文艺批评》、普列汉诺夫的《艺术论》、苏联的《文艺政策》等。这些理论著作对无产阶级文学论争中的一些问题的解决，起到了指导性作用，又为30年代左翼文艺的开展，奠定了理论基础。同时，鲁迅还译介了一批苏联在革命和建设中出现的优秀作品。鲁迅把自己的这一工作，比为"普罗米修斯偷天火给人类""私运军火给造反的奴隶"③。他说："人往往以神话中的Prometheus（即普罗米修斯）比革命者，以为窃火给人，虽遭天帝之虐待不悔，其博大坚忍正相同。但我从别国里窃得火来，本意却在煮自己的肉的，以为倘能

---

① 《且介亭杂文·关于中国的两三件事》。

② 《书信·280722致韦素园》。

③ 《许广平忆鲁迅》，广东人民出版社1979年版，第674页。

味道较好，庶几在咀嚼者那一面也得到较多的好处，我也不枉费了身躯……"①

普罗米修斯被钉在峭岩上，每天被鹰啄食肝脏，忍受肉体的痛苦，鲁迅则忍受着精神上的煎熬。偷来的"火种"，往往需要在自己身上试验，如鲁迅所说的首先要解剖自己，而且是无情面地解剖自己。这些理论，"打着我所不佩服的批评家的伤处了的时候我就一笑，打着我的伤处了的时候我就忍疼，却决不肯有所增减"②。鲁迅也希望这些从别国里窃来的"火"，为人们起到指明方向、鼓舞斗争的作用，使"看客所见的结果仍是火和光"。

六、"别一个窃火者"

火是人类第一次控制和利用的重要的自然力，它使得猿人的生活和生产方式发生了飞跃的变化，因此，"在人类的意识中，火的重要性是如此之大，以至地球上没有哪个民族没有解释火的起源的故事。火被看成珍贵财富，许多神话说到神不愿把它分给凡人，人们不得不去偷火"③。在《别一个窃火者》一文中，鲁迅引用了与希腊神话大致相近的非洲土人瓦仰安提族的一则神话。瓦仰安提族也有一个窃火者，他从天上偷了火来，传给该族祖先，因此触怒了大神大拉斯。大拉斯不是把他锁在山巅，而是秘密地锁在黑暗的地牢里，派来的不是大鹰，而是蚊子、跳蚤、臭虫以及苍蝇，使他备受凌辱。鲁迅这里以各民族传说窃火者被折磨迫害的神话来比喻革命者在当时黑暗中国所处的险恶环境，歌颂了为传播革命火种而不畏牺牲的无产阶级革命战士。

七、潘多拉的盒子

希腊神话说，普罗米修斯盗天火给人间后，宙斯十分震怒，除

---

① 《二心集·"硬译"与"文学的阶级性"》。

② 《二心集·"硬译"与"文学的阶级性"》。

③ 利普斯：《事物的起源》，四川人民出版社 1982 年版，第 18 页。

了残酷惩罚普罗米修斯外，还对人类实行报复。宙斯让造了一个少女，取名潘多拉，即众神"给予一切天赋的女人"的意思，然后送到人间给普罗米修斯的弟弟埃庇米修斯为妻，并交给她一只箱子，内装疾病、灾害、罪恶等祸患，"希望"则藏在箱底。潘多拉和埃庇米修斯见面时，打开箱盖，以致疾病、灾难、瘟疫等一切不幸与灾祸都从盒子里飞了出来，布满人间。当她慌忙盖上盒盖时，里面只剩下"希望"这唯一美好的东西了。"潘多拉的盒子"便被比喻为灾难的渊薮，招来不幸的礼物。鲁迅1903年发表在《浙江潮》的《中国地质略论》一文中，曾用到这个典故。地质年代古生代的第五个纪，是个主要的造煤时代，故名石炭纪。鲁迅指出，石炭纪之于中国，"实蔓延分布，无地无之，合计石炭之量，远驾欧土"。他认为发展煤炭工业对中国有着非常重要的意义，"是实榜陀罗Pandora（即潘多拉）之万祸筐底之希望，得之则日近于光明璀璨之前途，失之则惟愁苦终穷以死者也，吾国人其善所择哉"。当时，腐朽的清政府出卖国家主权，不断借外资开矿筑路，致使帝国主义列强加紧掠夺我矿山资源及控制我国铁路交通等经济命脉，因此激起中国人民的强烈反抗。鲁迅这篇文章，是参加在东京上野召开的浙江特别同乡会之后，为了响应会议的决议，支援祖国护矿斗争而写的。鲁迅以深厚的爱国主义感情、强烈的反帝反封建斗争的激情，把中国储量丰富的煤炭资源比作潘多拉盒子最底层的"希望"，得到它就会有光明前景，失去它就难免穷困处境。鲁迅的这个比喻，今天看来，也是新鲜、贴切而又启人深思。

八、"银河"不是"牛奶路"

鲁迅对于希腊神话颇为熟悉，这从他纠正赵景深的有关误译中也可看到。梁实秋竭力抵制鲁迅等左翼文艺战士传播马克思主义文艺理论，攻击鲁迅的翻译是"硬译"，鲁迅对此给予驳斥。1931年3月，在上海复旦大学任教的赵景深发表了《论翻译》一文，提出了"与其信而不顺，不如顺而不信"的错误翻译理论。他在《翻译论之再零碎》中曾说，别人的批评，"对于我的论点就成为风马牛了"。鲁迅用以子之矛攻子之盾的方法，有力地讽刺和驳斥了他的翻译主张。赵景深1922年翻译契诃夫的小说《樊凯》（通译《万卡》）时，把英语Milky way（银河），误译成"牛奶路"。鲁迅指出，赵景深之所以误译，是对这个词的来源不清楚，这个词与一则希腊神话故事有关："却说希腊神话里的大神宙斯是一位很有些喜欢女人的神，他有一回到人间去，和某女士生了一个男孩子。物必有偶，宙斯太太却偏又是一个很有些嫉妒心的女神。她一知道，拍桌打凳的大怒了一通之后，便将那孩子取到天上，要看机会将他害死。然而孩子是天真的，他满不知道，有一回，碰着了宙太太的乳头，便一吸，太太大吃一惊，将他一推，跌落到人间，不但没有被害，后来还成了英雄。但宙太太的乳汁，却因此一吸，喷了出来，飞散天空，成为银河，也就是'牛奶路'，——不，其实是'神奶路'。但白种人是一切'奶'都叫'Milk'的，我们看惯了罐头牛奶上的文字，有时就不免误译……"①

宙斯妻子赫拉洒落的乳汁成为银河，诚如鲁迅所说，"这故事无须查字典，在图画上也能看见"；本来与"牛"不是沾边的，却无缘无故地"牛"了进去。

九、风马牛

赵景深的另一处误译，则把"马"译成了"牛"，这也与希腊神话有关。赵在介绍德国作家提斯的"青年四部曲"时，把第四部《半人半马怪》译为《半人半牛怪》。鲁迅说，"Zentaut"这个名词，"大约是源于希腊的，英文字典上也就有，我们还常常看见用它作画材的图画，上半身是人，下半身却是马，不是牛"。希腊神话中确有一个半人半牛的怪物，却是人身牛首，名叫弥诺陶洛斯

① 《二心集·风马牛》。

（Minotaurus），是弥诺斯的妻子帕西淮同波塞冬派来的海牛发生反常性关系的产物。它住在代达罗斯为其建造的迷宫里，吞噬犯人和由雅典每年（一说三年）一次作为贡品送来的七对童男童女，后来为忒修斯所杀。Zentaut不是Minotaurus。鲁迅讽刺说："牛、马同是哺乳动物，为了要'顺'，固然混用一回也不关紧要，但究竟马是奇蹄类，牛是偶蹄类，有些不同，还是分别了好。"①

在《教授杂咏四首》的第二首诗里，鲁迅又讽刺了赵景深的误译：

> 可怜织女星，化为马郎妇。
>
> 乌鹊疑不来，迢迢牛奶路。

织女星本来是牛郎的妻子，由于赵景深牛马不分，她也可化为"马郎妇"。神话中说，牛郎织女在银河两边相望，每年七月七日，乌鸦喜鹊搭成桥，使他们相会，但现在赵景深把银河译成了牛奶路，恐怕会导致"乌鹊疑不来"了。

十、"普洛克鲁思德斯之床"与国民党图书杂志审查委员会

20世纪30年代，"第三种人"鼓吹"为艺术而艺术"，攻击左翼批评是"普洛克鲁思德斯之床"，弄得他们写不出东西来了。希腊神话中说，强盗普洛克鲁思德斯有长短不同的两张床，他把长人放在短床上，将他锯短；又把矮人放在长床上，将他拉长。由这个传说产生的"普洛克鲁思德斯之床"的典故，用以比喻割裂实际的呆板公式，或强令别人合于自立的清规戒律，以自己的尺度严格地度量别人、"逼人就范"。这种对左翼批评无中生有的攻击，鲁迅给予尖锐的反击。1934年5月，国民党"中央宣传委员会图书杂志审查委员

---

① 《二心集·风马牛》。

会"成立了。鲁迅说，"现在这张床真的摆出来了"。他们对革命的和进步的作品，极力阻挠、压制、禁止，因为这些东西都不合他们的"床"，但"却只有'第三种人'睡得很不长不短，刚刚合适"。因此，"第三种人"对左翼批评的攻击，只是"仰面唾天，掉在自己的眼睛里，天下真会有这等事"①。

十一、赫拉克勒斯战胜安泰乌斯的启示

希腊神话故事，大都有生动完整的情节、鲜明的人物形象，人们可从不同角度着眼，或者突出其中某个方面，从而得到教益。也只有善于进行分析，才能使耳熟能详的希腊故事生发出新意，给人以启发。鲁迅对于赫拉克勒斯战胜安泰乌斯故事的运用，就是一例。

赫拉克勒斯为希腊宗教中的英雄，天神宙斯的儿子，因具神奇大力，又被称为大力神。传说他初生时，就在摇篮里奋力掐死了两条毒蛇。安泰乌斯也是希腊宗教故事人物。他是地母神盖娅同海神波塞冬所生之子，传说是战无不胜的巨人，因为他不论在战车或战马上力竭时，只要与地面一接触，就会从那里不断吸取新的力量。他的形象成为那种同祖国——母亲保持联系就能得到力量的象征。但是他的这个秘密被赫拉克勒斯所识破，把他奋力腾空举起而不使他触地，使他力竭而被杀死。对于这个故事，人们多从失败者安泰乌斯着眼。安泰乌斯的死是一场悲剧，使人们感到惋惜，他给人的深刻教训，就是遇事要脚踏实地，一步一个脚印，不能好高骛远、不切实际、脱离人民群众。鲁迅则从战胜者赫拉克勒斯方面着眼，肯定他的英雄主义，要人们像他那样的战斗。

20世纪30年代，一些人把文艺界的论争笼统地斥之为"文人相轻"，"互相评头品足"，企图混淆是非界限，抹杀左翼文艺界对各种资产阶级思想的批判的阶级斗争性质。鲁迅认为，所谓"文人相

---

① 《且介亭杂文二集·叶紫作〈丰收〉序》。

轻"，不但是混淆黑白的口号，掩护着文坛的昏暗，也在给有一些人"挂着羊头卖狗肉"的。他指出，现在文坛上的纠纷，其实并不是为了文笔的短长，而是由于不同是非爱憎的对立造成的。鲁迅因此对革命的文学家提出殷切的期望：

> 他得像热烈地主张着所是一样，热烈地攻击着所非，像热烈地拥抱着所爱一样，更热烈地拥抱着所憎——恰如赫尔库来斯（Hercules，即赫拉克勒斯）的紧抱了巨人安太乌斯（Antaeus）一样，因为要折断他的肋骨。①

鲁迅认为，文人还是人，既然还是人，他心里就仍然有是非，有爱憎。"从圣贤一直敬到骗子屠夫，从美人香草一直爱到麻风病菌的文人，在这世界上是找不到的。"因此革命文学家要有明确的是非观念和热烈的好恶，不做和事佬，不回避社会矛盾。

十二、"思士陵天，骄阳毁其羽翮"

鲁迅中外文学素养深厚，文章中喜用典，且多是明用，使人一目了然，有的则融化在字里行间，几乎不露痕迹，犹如旧体诗词的暗用典，不仔细琢磨，一下子还不容易发现。对于希腊神话故事的运用，也有这种情况。例如在骈体文《〈淑姿的信〉序》中，有"思士陵天，骄阳毁其羽翮"的话，这前半的"思士"，用的中国古典，见《山海经·大荒东经》；后半是希腊神话，为"伊凯鲁斯（Icarus）冒险失败之故事"②。伊凯鲁斯和他的父亲巧匠德达拉斯（Daedalus）生于雅典，后来到克里村岛为那里的米诺斯（Minos）国王建造迷宫，用以圈禁神牛。宫殿建成后，国王却把他囚禁起来。

---

① 《且介亭杂文二集·再论"文人相轻"》。
② 见许寿裳：《我所认识的鲁迅·〈鲁迅旧体诗集〉序》。

德达拉斯用蜡粘着翅膀，与儿子从空中逃离克里村岛。儿子未听从父亲的警告，愈飞愈昂扬向上，接近了太阳，蜡被融化，坠入爱琴海而死。伊凯鲁斯的不幸遭遇，引起多少壮志难酬、命运多舛的青年的同情和共鸣。

淑姿姓金，她去世后，她丈夫把她的信收集起来，请求鲁迅作序出版。鲁迅与他们夫妇素昧平生，但从淑姿的信里可以看出她的丈夫是个"薄幸郎君"，而使淑姿赍恨以殁。鲁迅深为淑姿抱不平，但因是男方要求，不便直斥，故在序中隐约其词。①淑姿本来有着美好的理想："爰有静女……夜看朗月，觉天人之必圆，春撷繁花，谓芳馨之永住。……向曼远之将来，构辉煌之好梦。"虽然她颇欲振奋，并抱着美好的梦想步向人生，但理想与现实的矛盾是那么巨大。一个人渴望高翔远游，却往往苦于无路可走，没有目标；或者按自己的幻想去行动时，不免于碰壁，最后毁灭在无情的现实面前。在这种情况下，只有发感慨，抒孤愤。"远瞩所至，始见来日之大难，修眉渐颦，终敛当年之巧笑，衔深哀于不答，铸孤愤以成辞，远人焉居，长途难却。"一个有抱负、有作为的女性感到无路可走，只能抑郁而终。这就是鲁迅在序言开始时说的："夫嘉葩失荫，薄寒夺其芳菲，思士陵天，骄阳毁其羽翮。"

十三、古希腊艺术与所谓"静穆"之境

作为奴隶制时期西方艺术成就代表的希腊艺术——从荷马史诗到雅典的雕塑，它的艺术特征也受到希腊宗教的影响，即对人的本质力量充满乐观和自信，把神也表现为理想的人的典型化身，具有所谓"人性与神性的自在的统一"②。它的美学特征，既有凝重静穆的一面，也有热烈壮丽的一面。但是长期以来，把古希腊艺术特征主要

---

① 参阅许广平：《鲁迅回忆录·同情妇女》。
② 黑格尔：《美学》第 1 卷，第 99 页。

归结为"静穆"，是一种很有影响的观点。例如德国艺术史家温克尔曼在《关于在绘画和雕刻艺术里模仿希腊作品的一些意见》中就说："希腊艺术杰作的一般特征是一种高贵的单纯和一种静穆的伟大。"[①]这种看法是不全面的。在古希腊的艺术作品中，有许多都不是静穆的象征，而是高度激情的产物。罗素对此有过深刻的分析。他指出，关于希腊人，传统的看法是他们表现了一种可钦可敬的静穆，能够置身局外、不动感情地观赏热情，这是非常片面的看法。他认为，"虽非所有的希腊人，但有一大部分希腊人是热情的、不幸的、处于与自我交战的状态，一方面被理智所驱遣，另一方面又被热情所驱遣，既有想象天堂的能力，又有创造地狱的那种顽强的自我肯定力。他们有'什么都不过分'的格言；但在事实上，他们什么都是过分的，——在纯粹思想上，在诗歌上，在宗教上，以及在犯罪上。当他们伟大的时候，正是热情与理智的这种结合使得他们伟大的"[②]。

朱光潜为了证明艺术的最高境界"都不在热烈"而是"静穆"的观点，举了古希腊艺术为例。他说，"静穆"是一种豁然大悟，得到皈依的心情，"懂得这个道理，我们可以明白古希腊人何以把和平静穆看作诗的极境，把诗神亚波罗摆在蔚蓝的山巅，俯瞰众生扰攘，而眉宇间却常如做甜蜜梦，不露一丝被扰动的神色？"他说："古希腊——尤其是古希腊的造型艺术——常使我们觉得这种'静穆'的风味。"

鲁迅对朱光潜的观点给予批评："古希腊人，也许把和平静穆看作诗的极境的罢，这一点我毫无知识。但以现存的希腊诗歌而论，荷马的史诗，是雄大而活泼的，沙孚的恋歌，是明白而热烈的，都不静穆。……至于亚波罗之在山巅，那可因为他是'神'的缘故，无论古今，凡神像，总是放在较高之处的。这像，我曾见过照相，睁着眼睛，神清气爽，并不像'常如做甜蜜梦'。不过看见实物，是否'使

---

① 引自《宗白华美学文学译文选》，北京大学出版社1982年版，第2页。

② 罗素：《西方哲学史》上卷，第44—46页。

我们觉得这种静穆的风味'，在我可就很难断定了，但是，倘使真的觉得，我以为也许有些因为他'古'的缘故。"①

把"静穆"作为"极境"即美的最高境界，在阶级社会里只不过是一种幻想，在现实中根本不存在。事实上，古希腊的优秀艺术作品却很少有这种境界。所谓"静穆"的实质，就是企图抹杀一切矛盾，超越现实世界的扰攘纷争，以自我欣赏和自我陶醉来代替现实，这只能是虚无缥缈的东西。

曾有这么一个故事：一个土财主把买得的一件土花斑驳、古色古香的周鼎擦得干干净净，使它闪闪地发着青光。"雅士"们听到后都无不大笑。鲁迅认为，这件事却给人以启示，即鼎在周代，恰如锅在我们现在，一定是干干净净，闪光发亮的。鲁迅由此谈到对古希腊雕刻"一味醇朴"的看法。他说："例如古希腊雕刻罢，我总以为它现在之见得'只剩一味醇朴'者，原因之一，是在曾埋土中，或久经风雨，失去了锋棱和光泽的缘故，雕造的当时，一定是崭新、雪白，而且发闪的。所以我们现在所见的希腊之美，其实并不准是当时希腊人之所谓美，我们应该悬想它是一件新东西。"②

鲁迅的见解是深刻的。我们今天所见的希腊艺术之美，并不一定是当时希腊人之所谓美。正如一位英国学者所说："据说希腊的雕刻大多数涂有颜色。现在，当我们面对希腊遗存的最优秀的作品时，那种特殊的简朴洁白的色泽之美，因带些死亡和完成的气氛而显得分外高洁，这种现在支配我们感官的情调却并不是出自希腊艺术家的原有意图。庙宇同样在它们的废墟中也有一种月光般的魅力，超然出世之美。在它们美妙的青春时代，这些肯定是不存在的。"③鲁迅对朱光潜"静穆"是艺术的"最高境界"提出批评，因为这是一个片面的并与

---

① 《且介亭杂文二集·"题未定"草（六至九）》。

② 《且介亭杂文二集·"题未定"草（六至九）》。

③ ［英］赫·乔·韦尔斯著：《世界史纲》，人民出版社 1982 年版，第 369 页。

艺术史上的事实不相符合的观点，特别是在风沙扑面、狼虎成群的中国20世纪30年代，不是提倡崇高刚健的战斗风格，而是鼓吹抹杀一切斗争的消极避世的美学观，显然不利于鼓舞我国人民的战斗精神。鲁迅的批评无疑是正确的。

十四、罗马宗教与希腊宗教

罗马宗教与希腊宗教有密切关系。所谓罗马宗教，指古代罗马人在基督教化之前的原有宗教。罗马人约于公元前10世纪在意大利半岛台伯河下游形成部落集团。罗马人初期流行自然崇拜，并相信众精灵的存在，崇敬家庭——氏族守护神。农事崇拜和信仰在罗马人的宗教中居于显著地位。罗马宗教的神灵多与农作物关系密切，例如马尔斯在古典时期被奉为战神，开始则为农业和畜牧业的守护神、春神以及丰饶繁衍之神；法乌努斯为牲畜和牧人的守护神；女神维纳斯，后与女神阿芙洛狄忒相混同，演化为爱与美之女神，原为司园艺和葡萄栽培之神；利伯尔为司酿酒之神等。另外一些神，诸如奥普斯、孔苏斯等，或为某些农事的化身，或为与农事息息相关的种种自然现象的体现。公元前5世纪以前，罗马有自己的独立的自然神系统。公元前5世纪以来，在同邻族的交往和斗争中，受到伊特鲁里亚宗教和希腊宗教的影响，特别是希腊本土被罗马征服后，这种影响更为明显。渐成主神的丘比特及其他诸神如维纳斯、马尔斯、狄安娜等，多受希腊神灵形象的影响而有所变化，希腊之神阿波罗等，也为罗马人所敬奉。古罗马多神教虽然吸收了古希腊多神教的诸神系统，但是许多主要神祇仍保留着罗马宗教的名称。在希腊影响下，出现了一些宏伟的神殿建筑和神灵偶像。与希腊宗教相比，罗马人的宗教观念较少诗情感受和哲学玄想，而注重宗教律法观念，严格遵守确定的仪节程式和规诫。

希腊宗教对罗马宗教的影响也反映在神话中，就是丰富多彩的希腊神话被罗马人所承袭。罗马神话，主要据希腊神话故事改编而成，涉及古罗马人的诸神、英雄和宗教习俗。罗马神话同样是丰富的艺术宝藏。鲁迅的文章中也曾引用过罗马神话故事，这里仅以他用过的爱神丘比特为例。

十五、"灵台无计逃神矢"

鲁迅1903年在日本东京剪辫后，拍了一张照片，并在照片上题诗赠许寿裳，诗曰：

> 灵台无计逃神矢，风雨如磐暗故园。
>
> 寄意寒星荃不察，我以我血荐轩辕。[1]

这是一首充满爱国主义激情的光辉诗篇。诗里表达了青年鲁迅身在异国，无法摆脱对灾难深重的祖国的深沉关切和忧虑，感叹同胞尚未觉醒，发出决心为祖国的复兴献出自己鲜血和生命的战斗誓言。这是鲁迅在民族危机严重的时刻，在革命思潮的激荡下，发出的时代强音。"我以我血荐轩辕"，成为他毕生恪守的最可贵的格言。

这首诗第一句中的"神矢"，就出自罗马神话，为小爱神的箭。小爱神始见于希腊神话，叫厄洛斯（Eros），是希腊神话中最古老的神祇之一，被认为是自然力创造本原的化身。厄洛斯是爱情的化身，他挽弓箭射向凡人和神祇的金殿，百发百中，能唤起他们心中的爱情，而爱情则会带来欢乐、幸福、忧愁、痛苦，甚至死亡。就是天神宙斯也躲不开厄洛斯之箭。后来转到罗马神话，叫丘比特（Cupid）。他的形象是个长着金翅膀，张弓搭箭，背负箭筒的裸体美少年。传说被他的箭射中者，将对他所指定的对象倾心热爱不已。在鲁迅诗中，"灵台"指心，言心有灵智能容纳各种智慧。鲁迅把中了小爱神的神箭借作受到革命思想的刺激，从而激起民主主义革命的强烈感情来。"无计逃神矢"，指出受到民主主义革命的刺激是无法逃避的。

---

[1] 《集外集拾遗·自题小像》。

十六、反封建礼教的《爱之神》

鲁迅"五四"时期发表的新诗《爱之神》，更是以小爱神丘比特为题材，但又赋予了完全新的意义。全诗如下：

> 一个小娃子展开翅子在空中，
> 一手搭箭，一手张弓，
> 不知怎么一下，一箭射着前胸。
> "小娃子先生，谢你胡乱栽培！
> 但得告诉我：我应该爱谁？"
> 娃子着慌，摇头说："唉！
> 你是还有心胸的人，竟也说这宗话。
> 你应该爱谁，我怎么知道。
> 总之我的箭是放过了！
> 你要爱谁，便没命的去爱他；
> 你要是谁也不爱，也可以没命的去自己死掉。"

诗中搭箭张弓、展翅空中的小男孩，是一个活脱脱的"爱之神"形象。他的箭本来是要射到男女双方的心里，从而使两人发生热恋，但在鲁迅笔下，小爱神的箭却只射中男方的心，男的有了爱情的要求，却找不到爱的对象，不知道爱谁。这是原来的神话中所没有的，是鲁迅的改动，是对典故的活用，也可以说是他的创造。

这首诗是"五四"时期反对封建礼教的产物。当时有个少年，写了一首题为《爱情》的诗寄给鲁迅，大意是，他的婚姻，全凭别人主张、撮合，男与女牲口似的住在一起，"爱情，可怜我不知道你是什么！"这是血的蒸气，是醒过来人的真声音。因为"东方发白，人类向各族所要的是'人'，——自然也是'人之子'"，"魔鬼手上，终有漏光的处所，掩不住光明：人之子醒了；他知道了人类间应有爱

383

情。"鲁迅这首诗写被"爱之神"的箭射中，正是青年人冲破封建礼教束缚的反映，他们觉醒了，要求的是爱情，只是由于长期受"父母之命，媒妁之言"的礼教毒害，虽然醒了，但还不懂得爱情，只好向"爱之神"请教："我应该爱谁？""爱之神"从两方面给予回答：一、"你要爱谁，便没命的去爱他"。这是冲破封建礼教的叛逆的呼声，为了真正的爱情，应该一往无前，直至献出一切。二、"你要是谁也不爱，也可以没命的去自己死掉"。这是因为，女性方面本来也没有罪，是不能责备的，她们已做了旧习惯的牺牲，"我们既然自觉着人类的道德"，"也只好陪着做一世牺牲，完结了四千年的旧账"。但是做一世牺牲是万分可怕的事，如何勾销这"可怕"？"完全解放了我们的孩子！"①我们知道，鲁迅本人的婚姻就是包办的，毫无爱情可言，他的婚姻生活是痛苦的。他的这首诗，喊出了反对封建婚姻制度的强音，暴露了封建礼教吃人的罪恶，从而给罗马神话中的"爱之神"，赋予了鲜明的时代特色和深刻的思想内涵。

希腊罗马神话故事十分丰富，其中不少成为西方文学中常用的典故。鲁迅在翻译西方文学作品时，对这类典故的出处及故事中的细枝末节都力求弄清楚，以使译文准确。例如维纳斯是罗马宗教中的爱神和美神，原为意大利半岛的古老女神，具有繁殖神的职能。在古典时代的艺术作品中，她的形象是一个韶华正茂、容光焕发的女人。从公元前4世纪起，她常被描绘成裸体女人。鲁迅曾翻译果戈理的《死魂灵》，该书第2部第3章中有一句"近乎刚出浴的眉提希（即米洛斯）的威奴斯（即维纳斯）的位置"，注云："威奴斯是罗马神话上的美和爱欲的女神，至今还存留着当时的好几种雕像。'眉提希的威奴斯'（Venus de Medici）为克莱阿美纳斯（Cleomenes）所雕刻，一手当胸，一手置胸腹之间。"为了要说明这姿势，鲁迅花了很多力气。曹靖华在一篇文章中说："他（指鲁迅）知道眉提希的威奴斯，

---

① 以上引文均见《热风·四十》。

为克莱阿美纳斯所雕刻，但他没有见过雕刻的图像，不知出浴者的姿势，于是东翻西查，却偏觅不得，又买了日本新出的《美术百科全书》来查，依然没有，后来化了更多的力气，才查到注明来。"①

鲁迅这种严谨的作风、认真的态度，是值得学习的。

第二节　拜火教

一、《沉默之塔》中拜火教徒的分裂

1921年，鲁迅翻译了日本作家森鸥外的短篇小说《沉默之塔》。小说描写的是派希族内部分裂，因为恐惧"危险的洋书"而相互残杀，那些看"危险书籍"的青年被杀后用车子运进沉默之塔去喂乌鸦。而危险书籍就是"自然主义和社会主义的书"。

派希族（Parsi）即拜火教徒。鲁迅论及作者创作此篇的意图时指出："文中用拜火教徒者，想因为火和太阳是同类，所以借来影射他的本国。"鲁迅认为，它对于当时中国的现实社会也是一面镜子。他说："我们现在也正可借此来比照中国，发一大笑。只是中国用的是一个过激主义的符牒，而以为危险的意思也没有派希族那样分明罢了。"②"过激主义"是日本资产阶级对布尔什维主义的诽谤性的译称，当时中国反动派也沿用这个词进行反共宣传。鲁迅这里用《沉默之塔》的故事比照中国，表面上轻轻几笔，但实际上婉转含蓄地打中了黑暗中国的病态，揭露了"五四"前后中国反动势力视外来先进思想为"洪水猛兽"，千方百计阻挠马克思主义在中国传播的黑暗现实，反映了鲁迅对反动势力的愤慨，表现了他的鲜明的革命立场。

① 转引自许寿裳：《我所认识的鲁迅》。
② 《译文序跋集·〈沉默之塔〉译者附记》。

二、翻译《察拉图斯忒拉的序言》

鲁迅对拜火教有较多的研究。《沉默之塔》原为《代〈察拉图斯忒拉〉译本的序》。《察拉图斯忒拉》原名为《扎拉图斯特拉如是说》，是尼采的主要著作，鲁迅对此十分欣赏，最初用文言翻译了第1卷《序言》的前3节，题为《察罗堵斯德罗绪言》，后又用白话重新翻译，止于《序言》的前九节，题为《察拉图斯忒拉的序言》。鲁迅说："第一节叙Zarathustra入山之后，又大悟下山；而他的下去（Vntergang），就是上去。Zarathustra是波斯拜火教的教主，中国早知道，古来译作苏鲁支的就是；但本书只是用他的名字，与教义无关，惟上山下山及鹰蛇，却根据着火教的经典（Avesta）和神话。"①

很显然，尼采这部宣扬权力意志、重新估定一切价值以及永远循环学说的著作，与拜火教本身并没有什么关系，而是假托古代波斯拜火教的教主向他的门徒和人民的训说，来宣扬自己的一套主张。也就是说，在这部颇同小说的作品中，拜火教主为假托的主角。

三、崇奉火与光明的宗教

拜火教在公元前6世纪由琐罗亚斯德在波斯东部大夏（今阿富汗的巴尔赫）创建，以后发展到波斯各地。伊朗称为琐罗亚斯德教，又用它信奉的最高神祇名，叫玛兹达教。因为崇火，拜占庭人称为拜火者。"琐罗亚斯德"为希腊语的称呼，在古波斯语中作查拉图斯特拉（Zarathustra，即前述察拉图斯忒拉、扎拉图斯特拉、察罗堵斯德罗），意为"像老骆驼那样的男子"或"骆驼的驾驭者"。该教奉《阿韦斯达》为经典，主张世间有光明与黑暗两种本原针锋相对的二元论。认为火、光明、清净、创造、生是善端，其神为众阿胡拉，最

---

① 《译文序跋集·〈察拉图斯忒拉的序言〉译者附记》。

高神是阿胡拉·玛兹达，即智慧或主宰之神；而黑暗、恶浊、不净、破坏、死是恶端，其神为众提婆，最高神是安格拉·曼纽，即诳惑、恶、道德窳败之神。该教认为在善恶两端之争中，人有自由选择的意志，也有决定自己命运之权。人死之后，阿胡拉·玛兹达将根据其在世时的言行，进行末日审判，通过"裁判之桥"，送上天堂或投入地狱。其道德箴言是"善思、善言、善行"，认为火是光明、善的代表，阿胡拉·玛兹达的象征。敦促世人皈依诸光明神灵，敬拜阿胡拉·玛兹达，并与众提婆及其所造之一切，与诸般不洁相抗争，这样就可承嘉惠，福运绵长。《阿韦斯达》充分阐述了这一观念，例如："混沌初开，即有二神；其行径迥然不同，一善一恶，及于思、言、行。两神奉其一；尊善而弃恶。……此二神须皈依其一：诳惑、邪恶之神，抑或忠诚、圣洁之神。如奉前者，势必劫难临头；如奉后者，敬礼以诚，阿胡拉·玛兹达则福佑其万事亨通。"[1]拜火教在3—7世纪成为波斯萨珊王朝的国教，中亚各国都崇奉此教。7世纪阿拉伯人征服波斯后，随着伊斯兰教的传播，该教在波斯本土逐渐衰落，其中一部分教徒因不愿改宗其他信仰，向印度西海岸迁移，在南亚次大陆得到发展。

鲁迅对拜火教的教义是很了解的。《察拉图斯忒拉的序言》第1节，说到察拉图斯忒拉在山上保真养晦了十年，有一天早晨，他面对太阳说，自己要降到最深处去，"好像夜间你走到海后边，把光明送到下面的世界去一样。""我要像你一样地'下山'去，我将要去的人间是这样称呼这件事的。"[2]拜火教崇奉光明之神，光明之神为太阳等自然现象或元素的化身。察拉图斯忒拉由鹰与蛇的指引而"下山"，就是要把光明送到人间。这显然与拜火教的教义有关。因此鲁迅说"惟上山下山及鹰蛇"，却根据着拜火教的经典《阿韦斯达》

---

[1] 转引自［苏］谢·亚·托卡列夫：《世界各民族历史上的宗教》，第374页。

[2] 引自尹溟译：《查拉斯图拉如是说》，文化艺术出版社1987年版，第3—4页。

和神话。但尼采引用这些是为了表达自己的思想和学说。因此鲁迅又指出，在尼采这部著作中，"鹰与蛇都是标征：蛇表聪明，表永远轮回（Ewige Wieder Kunst）；鹰表高傲，表超人。聪明和高傲是超人；愚昧和高傲便是群众。而这愚昧的高傲是教育（Bildung）的结果"①。

四、"寂没塔"：拜火教的独特葬式

小说《沉默之塔》中把死人送进塔里去喂乌鸦，其实是拜火教的一种独特的葬式。拜火教的仪礼，特别注重守洁和杜绝诸般不洁。所谓"不洁"，大多与"死"有关。一切尸骸，均被视为不洁，切忌触及奉为神圣的自然元素——土、水，而火尤甚。为了使尸骸不触及土、水和火，拜火教徒实行"天葬"，即露置遗体，任凭猛禽啄食。人们为此特地建造了一种圆塔式建筑，顶层呈凹状，四周有阶台，中央为井穴；塔顶分三层，以放置尸体，任鹰隼啄尽尸肉，骨殖则投入井穴。人们把这类塔式建筑称之为"寂没塔"。②这"寂没塔"，也就是"沉默之塔"。

五、拜火教教主"苏鲁支"

鲁迅说中国早就知道波斯拜火教的教主，"古来译作苏鲁支的就是"。这里提及拜火教在中国的传播情况。拜火教在中国历史上还被称为"祆教""火祆教""火教"等。拜火教在萨珊王朝时大规模传入中亚。北魏孝明帝时，曾和波斯通使往来，知其"俗事火神天神"③。北魏、北周、北齐的皇帝都曾带头奉祀。北魏灵太后"废诸淫祀，而胡天神不在其列"④。隋唐时拜火教颇盛，信者渐多。隋代并置萨保对拜火教徒加以管理。《隋书·百官志》规定："雍州

---

① 《译文序跋集·〈察拉图斯忒拉的序言〉译者附记》。
② 参阅《世界各民族历史上的宗教》第378页。
③ 《北史》卷九十七《西域传》。
④ 《魏书》卷十三《皇后列传》。

萨保为视七品。诸州胡二百户已上萨保为视正九品。"萨保即拜火教徒移民首领。隋唐时长安、洛阳都建立"袄祠",并设立"萨保府"和"祀官"。唐代仅长安城中,就有胡袄祠、袄祠、西袄祠、南袄祠四所。会昌毁佛时,拜火教亦同遭禁止。北宋末南宋初在汴梁、镇江等地还有袄祠,民间也有拜火的习惯。宋代姚宽的《西溪丛语》卷上,就有把拜火教教主琐罗亚斯德旧译为"苏鲁支"的记载。因此鲁迅说对此"中国早知道"了。宋代以后,中国书籍对拜火教不再提及。

第三节　摩尼教

一、摩尼与摩尼教

鲁迅提倡多读书,主张"随便翻翻",认为这样好处很多。例如,"看见了宋人笔记里的'食菜事魔'",就知道"哦呵,原来'古已有之'"①。

所谓"食菜事魔",即五代两宋时的民间宗教明教,它由古代波斯摩尼教发展而来,又受道教很大影响。摩尼教旧译"明教""明尊教""末尼教""牟尼教"等,为伊朗古代宗教之一,3世纪由摩尼创立。摩尼出生在波斯宿利城附近的玛地纳,采纳拜火教、基督教、佛教教义,自称为上帝选派的最后一名"先知",主张善、恶二元论,称宇宙间有善神(又名光明之神)和恶神(又名黑暗之神);世界原由善神所造,但已被恶神腐蚀,声称摩尼为光明的代表,宣扬光明与黑暗斗争。摩尼教与波斯国教拜火教相对立。277年,摩尼被波斯王巴拉姆一世处死,摩尼教也被视为异端,加以禁断,教徒多逃亡中亚和印度,4—6世纪摩尼教在北非和地中海沿岸各地极为流行。

---

① 《且介亭杂文·随便翻翻》。

二、从摩尼教到秘密宗教及与农民起义

摩尼教在唐代已传入中国。武则天延载元年（694年），"波斯国人拂多诞持《二宗经》伪教来朝"[①]。拂多诞是摩尼教经师，汉译"知教义者"，所持《二宗经》是摩尼所著，与《三际经》同是摩尼教祖的基本经典，尚有敦煌石窟发现的残本，存北京图书馆，称《波斯教残经》。唐德宗贞元时，曾令摩尼师祈雨。长安建有摩尼教大云光明寺，长江流域荆、洪、扬、越各州及河南府、太原府等地都立过摩尼寺。唐武宗灭佛时，摩尼教也遭受严重打击，转而成为秘密宗教和农民起义的组织工具。五代梁末陈州母乙首先利用摩尼教发动起义；北宋方腊起义中，摩尼教农民是一支重要的骨干力量；南宋初年，又有信州、严州等地的农民起义。宋王朝因此对摩尼教防范甚严，诬为"食菜事魔"。所谓"事魔"，是因为他们供奉摩尼；"食菜"，是由于提倡素食。鲁迅所说的宋人笔记，指庄季裕的《鸡肋编》，该书卷上载：

> 事魔食菜法……近时事者益众，云自福建流至温州，遂及二浙，睦州方腊之乱，其徒处处相煽而起。闻其法断荤酒，不事神佛祖先，不会宾客，死则裸葬。……始投其党，有甚贫者，众率财以助，积微以至于小康矣。凡出入经过，虽不识，党人皆馆谷焉；人物用之无问，谓为一家，故有"无碍被"之说。……但禁令太严，每有告知，株连既广，又常籍没，全家流放，与死为等；必协力同心，以拒官吏，州县惮之，率不敢按，反致增多。

鲁迅在《随便翻翻》一文中引用摩尼教为例，是有感而发的；但我们由此可以看到鲁迅的博学多识。

---

① 《佛祖统纪》卷三十九。

第四节　印度宗教

对于我国近邻的印度，鲁迅一直是充满感情的，这不仅因为印度"负令誉于史初，开文化之曙色"，是世界上一个有着悠久历史和丰富文化传统的文明古国，而且由于它在历史上不断遭受外来的侵略与蹂躏，已"群生辍响，荣华收光"，成为沉入暗影里的"影国"，与当时的中国一样，都面临着民族救亡的艰巨任务。古代印度的宗教，除过作为世界三大宗教之一的佛教外，还有过吠陀教、婆罗门教，以及流行至今的印度教。产生于古印度的佛教传入中国后，逐渐与中国封建传统文化融合，形成了颇具特色的中国佛教，成为中国传统文化的一部分。鲁迅对佛教进行过精深的研究，前边已辟专章论述。对于吠陀教、婆罗门教、印度教，鲁迅在他的文章中也曾有所论及。

一、吠陀教与《吠陀》四种

鲁迅对印度灿烂的古代文学给予崇高的评价，他说："天竺古有《韦陀》四种，瑰丽幽夐，称世界大文；其《摩诃婆罗多》暨《罗摩衍那》二赋，亦至美妙。厥后有诗人加黎陀萨（Kalidasa）者出，以传奇鸣世，间染抒情之篇；日耳曼诗宗瞿提（W. von Goethe），至崇为两间之绝唱。"[①]

"天竺"为古代印度的别称。鲁迅这里所提到的，即与古印度的吠陀教有关。

原居中亚细亚一带的雅利安人，属印欧语系，约在公元前2000年左右，他们中的一支侵入印度西北部。吠陀教就是由这些雅利安游牧部落的信仰演化而成。《韦陀》通译《吠陀》，是用古梵文写成的

---

① 《坟·摩罗诗力说》。

印度—雅利安人的作品，吠陀教的教义就包含其中。该教最早教义与讲印欧语的其他民族特别是伊朗人的某些信仰有共同之处。信仰多神，所信神祇据说有33神，《吠陀》中也有3399神之说。崇拜种种神化的自然力和祖先、英雄人物等。日月星辰、雷雨闪电、山河草木以及动物等，都被幻化为神，并根据这些神所在位置分为天、空、地三界。在天界的有天神伐楼拿、太阳神苏利耶、黎明神乌莎斯等；在空界的有雷神因陀罗、风神伐由、雨神帕阇尼耶等；在地界的有火神阿耆尼、酒神苏摩、河神娑罗室伐底等。这些神好多是雅利安人从伊朗带来的。在后期吠陀中，已有向一神教发展的趋向，出现了很多抽象神。

被鲁迅盛称的《吠陀》，是梵文Veda的音译，原是知识、学问的意思，主要指宗教知识。印度古代传统，将古印度流传至今的文献（包括诗歌在内），通称为"吠陀"。它主要是对神的赞歌、祭词、咒词等，基本上是宗教文学。《吠陀》共有四种：一是《梨俱吠陀》。为最早的吠陀本集，"梨俱"意为颂赞，供大祭司在祭礼上选用。二是《娑摩吠陀》。"娑摩"指祭祀用的歌曲。三是《夜柔吠陀》。"夜柔"意为祭祀，包括一部分圣歌，一部分散文词句，有些散文偶尔用韵，甚至处处涌现诗意的奔放。四是《阿达婆吠陀》。"阿达婆"为咒语之意，是巫术、咒语的会集，主要是祈福禳灾的咒法和法术，但也包含一些哲学和科学的萌芽。《吠陀》编订成集约在公元前十几世纪到公元前6世纪。其中主要的两部为《梨俱吠陀》和《阿达婆吠陀》，前者收诗一千多首，共约四万行，后者收诗也达七百多首。《吠陀》对印度宗教以及整个文化的发展有着重大的影响。鲁迅在《破恶声论》中提到"吠陀之民"，就是以"吠陀"借指印度，可见它的名气之大。《吠陀》里有许多瑰奇的神话故事。例如，在吠陀教中，雷神因陀罗为至高无上的天神，甚至被尊为太阳与光明之主。有一则因陀罗大战宇宙之蛇弗栗多的故事。弗栗多是个巨妖，被视为"雷雨云"的化身，本领非凡，诸神闻之丧胆，唯有因陀罗与之鏖战，勇降此妖魔。鲁迅在谈到宗教起源时，曾举过这个例子，他说："故吠陀之民，见夫凄风烈雨，黑云如盘，奔电时作，则以为因陀罗与敌斗，为之栗然生虔敬意。"[1]正由于《吠陀》中充满了雄奇美妙的幻想，不但是印度古代文学的宝藏，也是世界文学中最古老的遗产，因此鲁迅誉之为"瑰丽幽复，称世界大文"。

二、《摩诃婆罗多》与《罗摩衍那》

《摩诃婆罗多》与《罗摩衍那》，并称为印度两大史诗，为印度教经典的一部分。关于印度教，下面还要谈到，这里就介绍被鲁迅称之为"亦至美妙"的这两部叙事诗。《摩诃婆罗多》，意为"伟大的婆罗多王后裔"，为世界最长的史诗之一。该诗据说是以约公元前1400—公元前1000年之间的史实为根据，描述持国王子的众子即俱卢族诸子与般度族的五兄弟争夺王位的斗争故事。持国王子虽为长子但双目失明，因此在父亲死后未能继位，次子般度为王。后般度弃位出家隐修，持国登位。般度死后，其五个孩子被流放，合娶黑公主，五兄弟又遇见他们的堂兄黑天。长兄坚战与俱卢族长子难敌掷骰子，不料输掉一切，五兄弟又被迫退居森林二十年。两家终于在俱卢之野大战，俱卢族举族覆灭，般度族也仅存五兄弟和黑天，黑天后来又被猎人误杀。般度族五兄弟连同黑公主和正义之神达摩化身而成的狗前往因陀罗天堂。在途中他们次第倒下，只有坚战一人到达天门。他的忠贞经过考验，终于与诸弟和黑公主团圆，永享幸福。这部长达十万余颂（每颂包括两行诗）诗的篇幅相当于古希腊《荷马史诗》两部分总和的八倍，既有很高的文学价值，又有深刻的宗教寓意。印度教的重要经典《薄伽梵歌》就是《摩诃婆罗多》中的第6篇《毗湿摩》。《罗摩衍那》意为罗摩的游记。该诗较《摩诃婆罗多》短些，亦达两万四千颂。描述王子罗摩因遭人暗算而丧失王储身份，遂与妻子悉多

---

[1]《集外集拾遗补编·破恶声论》。

及异母之弟罗什曼那一起退居森林十四年。楞伽岛魔王罗波那将悉多劫走，罗摩兄弟设法营救。他们在神猴哈努曼和罗波那亲弟维毗沙那的支援下进攻楞伽岛。罗摩杀死罗波那，救出悉多，夫妻团聚，恢复王位。罗摩和哈努曼受到毗湿奴教的特别崇敬，罗摩被说成是护持神毗湿奴的一个化身。

苏曼殊1913年发表的《燕子龛随笔》中说，印度这两部长篇叙事诗，"欧洲治文学者视为鸿宝"，犹如《奥德赛》《伊利亚特》之于希腊也，"此土向无译述，唯《华严疏抄》中有云：《婆罗多书》《罗摩衍书》，是其名称"。按《华严疏抄》一书，全名为《大方广佛华严经疏抄会本》，系唐代僧人澄观所作，澄观是唐兴元、元和间人，那么在一千多年以前，中国已经知道这两部史诗的名称了。这两部史诗不但是印度神话的宝库，而且是后来的印度文艺作品的取之不竭的源泉。印度各时代、各民族的作者都从它们那里获得思想、主题、情节。5世纪的印度诗人、剧作家迦梨陀娑的诗剧《沙恭达罗》，叙述的就是《摩诃婆罗多》中国王豆扇陀和沙恭达罗恋爱的故事，即鲁迅所说的"以传奇鸣世，间染抒情之篇"。这部诗剧1789年曾由英国梵文学者威廉·琼斯译成英文，传至德国，伟大的诗人和思想家歌德（鲁迅译为瞿提）读后，于1791年题诗赞美："春华瑰丽，亦扬其芬；秋实盈衍，亦蕴其珍；悠悠天隅，恢恢地轮；彼美一人，沙恭达纶。"（此为苏曼殊译文）这就是鲁迅所说的"至崇为两间之绝唱"。

三、婆罗门教的杀人祭神

《阿Q正传》中写到县上半夜到未庄捉拿阿Q时，竟派了一队兵、一队团丁、一队警察、五个侦探围住阿Q住的土谷祠，对正门架着机关枪。某人写信给鲁迅，指责"写捉拿一个无聊的阿Q而用机关枪，是太远于事理"。鲁迅以北洋军阀政府用机关枪对付徒手请愿的学生的罪行，提醒读者"不要用普通的眼光看中国"。他说："我的一个朋友从印度回来，那地方真古怪，每当自己走过恒河边，就觉得还要防被捉去杀掉而祭天。我在中国也时时起这一类的恐惧。普通认为romantic（浪漫，充满诗意）的，在中国是平常事；机关枪不装在土谷祠外，还装到哪里去呢？"①

这里说的印度的事，与印度古代的婆罗门教有关。

婆罗门教是印度古代宗教之一，源于约公元2000年前的吠陀教，约形成于公元前7世纪，以《吠陀》为最古经典。婆罗门教也是多神信仰，奉梵天、毗湿奴和湿婆为三大主神，并认为他们是三相神，分别代表宇宙的"创造"、"护持"和"毁灭"。主张吠陀天启、祭祀万能、婆罗门至上三大纲领。该教把人分为四个种姓：婆罗门（祭司）、刹帝利（武士）、吠舍（农民和工商业者）、首陀罗（无技术的劳动者）。前三个种姓称为"再生族"，意思是婆罗门教使他们获得第二次生命；第四个种姓没有信仰宗教的权利，不能在宗教中重生，是宗教所不救的贱民，一直成为印度社会延续至今的社会体制。

在印度宗教中，盛行对水的崇拜以及对水之祛除污秽的笃信。流经印度的南亚大河恒河，被视为圣河，传说由于仙人的祈求，恒河水从毗湿奴的脚尖流出，自天而降。婆罗门教的主神湿婆为了拯救大地，截断河水，让它流入自己的眉梢，再分七条溪流淌下。虔诚的教徒常到恒河沐浴，或将死者骨灰投入河中，认为可涤除罪恶。又传说湿婆神的"精力"化生婆婆娣，喜欢撕裂吞食带血而颤动的生肉，所以恒河一带信仰湿婆神的教徒，"每年秋中，觅一人，质状端美，杀取血肉，用以祀之，以祈嘉福"②。鲁迅以婆罗门教的这个祭仪来比照当时中国的黑暗现实，揭露了北洋军阀政府的反动本质及其残虐行为。

婆罗门教后来发展为印度教，即新婆罗门教，此前的就称为古婆罗门教。婆罗门教纯属贵族，与民众隔绝，必然会引起他们的失望

---

① 《华盖集·忽然想到（七至九）》。
② 见《大慈恩寺三藏法师传》卷三。

与不满，加剧社会矛盾。为了与新兴起的佛教抗衡，以迎合民众的需求，该教便吸收佛教、耆那教的若干教义和民间的多种信仰，逐渐演化为新婆罗门教——印度教。8—9世纪，商羯罗对婆罗门教进行了一系列改革。由于统治者的支持，印度教在全国获得优势，直到现代。印度教的基本教义与婆罗门教类同，后逐步形成毗湿奴教、湿婆教和性力派三大派别。

四、毗那夜迦般的恶少年

鲁迅1903年翻译了法国雨果的短篇小说《哀尘》。这是他翻译的第一篇外国文学作品。《哀尘》是雨果《随见录》中题为《芳梯的来历》的一篇，后来写入《悲惨世界》第5卷。这篇小说，是作者叙述他在1841年见到一个女子被迫害的遭遇：在一个大雪纷飞的日子，一个无赖少年绅士，无端地用雪球玩弄和袭击一个叫芳梯的穷苦女子，这个女子不得不自卫时，警察则公开袒护有权势的恶少年，被欺凌的女子反被监禁六个月。鲁迅对小说主人公"辗转苦痛于社会之陷阱"的遭遇寄予同情，他说："噫嘻定律，胡独加此贱女子之身！频那夜迦，衣文明之衣，跳踉大跃于璀璨庄严之世界，而彼贱女子者，乃仅求为一贱女子而不可得，谁实为之，而令若是！"[①]频那夜迦，又译毗那夜迦，即印度教神话中之欢喜天。欢喜天有男女二天，男天系湿婆神即大自在天的长子，像头人身，为暴害世界之神。鲁迅把恶少年比作为害逞凶的毗那夜迦，发出了"莽莽尘球，亚欧同慨，滔滔逝水，来日方长"的慨叹，对于利用宗教杀人、法律压人以及人吃人的罪恶社会加以鞭挞。这篇小说是鲁迅留日初期翻译的，说明他对印度教很早就有所了解和研究。

---

① 《译文序跋集·〈哀尘〉译者附记》。

五、"我爱这攻击别国的'撒提'之幼稚的俄国盲诗人埃罗先珂"

婆罗门教和印度教提倡一种寡妇殉葬制度，叫"撒提"，即丈夫死后，妻子便随同丈夫的尸体自焚。长期以来，已形成印度的社会风俗。"撒提"的梵文原意为"贞节的妇女"。这种风俗的形成，可能与这样的一种古老信念有关，即一个男子，死后也应像在人间那样需要有个伴侣；而在女子的宗教心理中，则认为不如此就不可能在再生轮回中获得超度。早在《摩诃婆罗多》中，就提到一些女皇经受"撒提"的事例。

1921年，鲁迅翻译了俄国盲诗人和童话家爱罗先珂的童话《狭的笼》。它写印度一个小小的动物园，一直接到世界的尽头，都无一不是禁锢自由的"狭的笼"。从动物到人，都被禁锢在这"狭的笼"里。东印度土著的侯王拉阇的第201位新夫人，冀求逃脱这"狭的笼"的生活。当她要被当作"撒提"献给提婆——圣天时，曾祈求有人将自己从婆罗门的手里救出去。但在受了婆罗门的诅咒之后，她忏悔自己"违背了圣婆罗门的意志"，因而"只剩了到地狱去的路"，并亲手用锋利的匕首把自己引向这条路去。在童话里，爱罗先珂"用了血和泪"描写了印度妇女的苦难命运，对杀害妇女的反动殉葬制度"撒提"予以抨击。鲁迅对爱罗先珂的人道主义精神表示称颂。他认为，对这种习俗的任何美化，即使出于得过诺贝尔文学奖的诗圣泰戈尔之笔，也无异于植物曼陀罗花，虽然美丽，却是有毒的。他说："广人哉诗人的眼泪，我爱这攻击别国的'撒提'之幼稚的俄国盲诗人埃罗先珂，实在远过于赞美本国的'撒提'受过诺贝尔奖金的印度诗圣泰戈尔；我诅咒美而有毒的曼陀罗华。"[①]

---

① 《译文序跋集·〈狭的笼〉译者附记》。

后记

　　《鲁迅与宗教文化》，是我近几年学习、研究鲁迅的一个小结，也是我写的关于鲁迅思想研究的第二本书。

　　1983年，由中国社科院文研所主编的《鲁迅研究》杂志第2期，刊登了我的《鲁迅宗教观初探》一文。这是名副其实的"初探"：一方面，在当时鲁迅研究领域，关于鲁迅宗教观研究的专文，似还未见到，因此，素昧平生的杂志编辑在给笔者复信中，称拙文有"开拓性意义"；另一方面，才疏学浅的我，不论是对于鲁迅作品的钻研，还是关于宗教知识的掌握，都远远不够。这篇八千来字的文章，只着重论及鲁迅与佛教、道教的关系，而事实上，鲁迅的宗教观是一个很大的题目，有着丰富的内容。这也增加了我继续探索的勇气。尔后，又写了《鲁迅与佛学》，作为参加1986年中国社科院在北京召开的"鲁迅与中外文化"学术讨论会的论文。该文节刊于《鲁迅研究》丛刊第12辑。《鲁迅研究年刊》主编阎愈新先生约稿，遂写了《鲁迅与基督教》一文，载该刊1991年、1992年合刊号。

　　1992年初，陕西人民教育出版社决定出版鲁迅研究书系，向全国征稿，承蒙不弃，约我写一部《鲁迅与宗教文化》。既为陕西人民教育出版社嘉惠学人的壮举所感动，又觉得确有必要系统探索鲁迅与宗教文化，遂接受了任务。从动笔到完稿，约略一年。这期间，又适逢工作调动，于是搬家，安家，熟悉新环境，几次想辍止，由于出版社的督促、鼓励，并在时间上一再宽限，使我鼓起勇气，坚持下来，终于拿出了这个东西。在写作过程中，好几位同志帮我查找资料，给予大力支持，在此谨致谢忱。

由于时间紧促，加之笔者学养有限，不当和错误之处在所难免，敬请方家指正。

郑欣淼

1993年6月27日于北京方庄寓所

再版后记

　　《鲁迅与宗教文化》写出已十来年，而现在能有再版的机会，却是我没有料到的。

　　这十多年的鲁迅研究，是在平实地推进着。平实得近乎平淡，和曾有过的热闹形成强烈反差。虽不时冒出一些贬损乃至否定鲁迅的耸人的观点，但往往如过眼云烟，总的是波澜不惊。版本众多的鲁迅著作仍是书店里的长销书，研究鲁迅的论文和专著仍在不断涌现，中国当代的文化建设仍绕不开鲁迅这个话题。这是回到常态的学术研究应有的现象，也是一门学科日益成熟的表现。

　　平淡未必无奇。在这涌动的学术潮流中，海内外一批新进的力量的不断加入，使鲁迅研究展现出新的气象和生机。我高兴地知道，越来越多的大学生对鲁迅著作产生了兴趣，不少攻读中国现代文学或文艺理论的研究生，以鲁迅作为学位论文，从不同方面阐发着鲁迅的意义。因了拙作《鲁迅与宗教文化》，这些年曾有几位研究者或在校研究生以鲁迅宗教观为研究对象，或通信，或电话，与我商讨有关问题。在2004年8月青岛大学与北京鲁迅博物馆联合举办的"鲁迅研究二十年"国际学术讨论会上，我更了解到海外鲁迅研究也出现令人鼓舞的局面。即以韩国为例，从20世纪60年代以来，以鲁迅研究为硕士学位论文的48人，博士学位论文的14人；在中国台湾，鲁迅著作开禁以来，13人的硕士学位论文、1人的博士学位论义是研究鲁迅的。鲁迅研究已成为名副其实的国际性的学科，在似乎沉寂之中呈现出蓬勃拓展的势头。可能有些人不理解或不愿意看到，但却是事实。

　　拙作的这次再版，出版社送来清样，要求最好十天内校完。毕竟十来年了，在鲁迅宗教文化问题上我也有一些新的体会，便提出乘机作点修订，请出版社给予时间上的宽限。但一个月过去了，我还未动手，精力上、时间上的限制，使我放弃了这一不自量力的想法，索性作罢，对原文未作任何改动。当然，我还会继续认真地研究，尔后如有机会再进行修订。

郑欣淼

2004年11月28日

于北京故宫博物院

《郑欣淼文集》书目

卷一　故宫学概论

卷二　故宫与故宫学初集

卷三　故宫与故宫学二集

卷四　故宫与故宫学三集

卷五　天府永藏：两岸故宫博物院文物藏品概述

卷六　紫禁城：一部十五世纪以来的中国史

卷七　太和充满：郑欣淼说故宫

卷八　故宫纪事

卷九　故宫识珍

卷十　守望故宫：郑欣淼访谈录

卷十一　文化批判与国民性改造

卷十二　鲁迅与宗教文化

卷十三　鲁迅是一种力量

卷十四　政策学

卷十五　畎亩问计：郑欣淼陕青调查摭拾

卷十六　社会主义文化新论

卷十七　文脉长存：郑欣淼文博笔记

卷十八　咀华漫录：郑欣淼艺文序跋集

卷十九　新故杂语

卷二十　郑欣淼诗词稿（庚子增订本）

卷二十一　诗心纪程　中华诗词之美